建设工程招标投标政策和收费标准汇编

上册

主　编 · 周同伟
副主编 · 朱婧琎　邓 凯

中国石化出版社
HTTP://WWW.SINOPEC-PRESS.COM

图书在版编目（CIP）数据

建设工程招标投标政策和收费标准汇编：上、下册／周同伟主编. —北京：中国石化出版社，2020.4
ISBN 978-7-5114-5716-5

Ⅰ.①建… Ⅱ.①周… Ⅲ.①建筑工程-招标投标法-汇编-中国②建筑工程-费用-标准-汇编-中国
Ⅳ.①D922.297.9②TU723

中国版本图书馆 CIP 数据核字（2020）第 041147 号

中国石化出版社出版发行

地址:北京市东城区安定门外大街 58 号
邮编:100011 电话:(010)57512500
发行部电话:(010)57512575
http://www.sinopec-press.com
E-mail:press@sinopec.com
北京科信印刷有限公司印刷
全国各地新华书店经销

*

710×1000 毫米 16 开本 48 印张 788 千字
2020 年 4 月第 1 版　2020 年 4 月第 1 次印刷
定价:260.00 元(上下册)

《建设工程招标投标政策和收费标准汇编》编委会

前　言

工程招投标作为一种竞争性的工程发包方式，是国际普遍做法。20世纪80年代，我国在工程建设领域引入招标投标机制。经过40年的发展，我国的招标拍卖制度体系基本健全，对规范建筑市场主体行为、优化配置资源、促进建筑业与国际接轨、健全社会主义市场经济体制发挥了重要作用。为便于政府部门、投资主体、工程建设单位、研究机构掌握工程建设领域招标投标政策和取费标准，规范建设工程招标投标活动，我们对中央和地方出台的招标采购法律法规政策标准作了系统梳理和汇总，形成了《建设工程招标投标政策和收费标准汇编》。

本书分上、下两册。上册是招标投标法律法规政策，按照效力等级排序，收编了法律、法规、规章、规范性文件及司法解释等7类94个文件；下册是招标投标中的收费规范，收编了20个取费标准和依据。本书是从事建筑安装工程招标采购管理的工具书，是政府部门、招投标机构、房地产开发建设单位的实务政策指南，也是高等院校和研究机构从事建安工程招标采购政策研究的参考用书。

本书由北京房山新城投资有限责任公司的周同伟主编，朱婧琎、邓凯副主编，邓凯、郭磊统稿。在编写过程中，得到了北京市房山区建设工程招标投标管理办公室的大力支持，北京房山新城投资有限责任公司的郭磊、杜阳同志提供了全部资料，唐建丽、姜继忠、赵月做了大量整理工作，在此一并表示感谢。

由于编者水平所限，疏漏之处在所难免，恳请批评指正。

目　　录

第一部分　法律

第二部分　行政法规及国务院文件

第三部分　部门规章及规范性文件

第四部分　北京市相关法规及规范性文件

（一）北京市法规

(二)规范性文件

第五部分　法律法规适用解释及意见

第一部分

法律

中华人民共和国招标投标法

《中华人民共和国招标投标法》是为了规范招标投标活动，保护国家利益、社会公共利益和招标投标活动当事人的合法权益，提高经济效益，保证项目质量制定的法律。

1999 年 8 月 30 日第九届全国人民代表大会常务委员会第十一次会议通过。根据 2017 年 12 月 27 日第十二届全国人民代表大会常务委员会第三十一次会议《关于修改〈中华人民共和国招标投标法〉、〈中华人民共和国计量法〉的决定》修正。

第一章　总　　则

第一条　为了规范招标投标活动，保护国家利益、社会公共利益和招标投标活动当事人的合法权益，提高经济效益，保证项目质量，制定本法。

第二条　在中华人民共和国境内进行招标投标活动，适用本法。

第三条　在中华人民共和国境内进行下列工程建设项目包括项目的勘察、设计、施工、监理以及与工程建设有关的重要设备、材料等的采购，必须进行招标：

（一）大型基础设施、公用事业等关系社会公共利益、公众安全的项目；

（二）全部或者部分使用国有资金投资或者国家融资的项目；

（三）使用国际组织或者外国政府贷款、援助资金的项目。

前款所列项目的具体范围和规模标准，由国务院发展计划部门会同国务院有关部门制订，报国务院批准。

法律或者国务院对必须进行招标的其他项目的范围有规定的，依照其规定。

第四条　任何单位和个人不得将依法必须进行招标的项目化整为零或者以其他任何方式规避招标。

第五条　招标投标活动应当遵循公开、公平、公正和诚实信用的原则。

第六条 依法必须进行招标的项目，其招标投标活动不受地区或者部门的限制。任何单位和个人不得违法限制或者排斥本地区、本系统以外的法人或者其他组织参加投标，不得以任何方式非法干涉招标投标活动。

第七条 招标投标活动及其当事人应当接受依法实施的监督。有关行政监督部门依法对招标投标活动实施监督，依法查处招标投标活动中的违法行为。对招标投标活动的行政监督及有关部门的具体职权划分，由国务院规定。

第二章 招 标

第八条 招标人是依照本法规定提出招标项目、进行招标的法人或者其他组织。

第九条 招标项目按照国家有关规定需要履行项目审批手续的，应当先履行审批手续，取得批准。

招标人应当有进行招标项目的相应资金或者资金来源已经落实，并应当在招标文件中如实载明。

第十条 招标分为公开招标和邀请招标。

公开招标，是指招标人以招标公告的方式邀请不特定的法人或者其他组织投标。

邀请招标，是指招标人以投标邀请书的方式邀请特定的法人或者其他组织投标。

第十一条 国务院发展计划部门确定的国家重点项目和省、自治区、直辖市人民政府确定的地方重点项目不适宜公开招标的，经国务院发展计划部门或者省、自治区、直辖市人民政府批准，可以进行邀请招标。

第十二条 招标人有权自行选择招标代理机构，委托其办理招标事宜。任何单位和个人不得以任何方式为招标人指定招标代理机构。

招标人具有编制招标文件和组织评标能力的，可以自行办理招标事宜。任何单位和个人不得强制其委托招标代理机构办理招标事宜。

依法必须进行招标的项目，招标人自行办理招标事宜的，应当向有关行政监督部门备案。

第十三条 招标代理机构是依法设立、从事招标代理业务并提供相关服务的社会中介组织。招标代理机构应当具备下列条件：

（一）有从事招标代理业务的营业场所和相应资金；

（二）有能够编制招标文件和组织评标的相应专业力量。

第十四条 招标代理机构与行政机关和其他国家机关不得存在隶属关系或者其他利益关系。

第十五条 招标代理机构应当在招标人委托的范围内办理招标事宜，并遵守本法关于招标人的规定。

第十六条 招标人采用公开招标方式的，应当发布招标公告。依法必须进行招标的项目的招标公告，应当通过国家指定的报刊、信息网络或者其他媒介发布。

招标公告应当载明招标人的名称和地址、招标项目的性质、数量、实施地点和时间以及获取招标文件的办法等事项。

第十七条 招标人采用邀请招标方式的，应当向三个以上具备承担招标项目的能力、资信良好的特定的法人或者其他组织发出投标邀请书。

投标邀请书应当载明本法第十六条第二款规定的事项。

第十八条 招标人可以根据招标项目本身的要求，在招标公告或者投标邀请书中，要求潜在投标人提供有关资质证明文件和业绩情况，并对潜在投标人进行资格审查；国家对投标人的资格条件有规定的，依照其规定。

招标人不得以不合理的条件限制或者排斥潜在投标人，不得对潜在投标人实行歧视待遇。

第十九条 招标人应当根据招标项目的特点和需要编制招标文件。招标文件应当包括招标项目的技术要求、对投标人资格审查的标准、投标报价要求和评标标准等所有实质性要求和条件以及拟签订合同的主要条款。

国家对招标项目的技术、标准有规定的，招标人应当按照其规定在招标文件中提出相应要求。

招标项目需要划分标段、确定工期的，招标人应当合理划分标段、确定工期，并在招标文件中载明。

第二十条 招标文件不得要求或者标明特定的生产供应者以及含有倾向或者排斥潜在投标人的其他内容。

第二十一条 招标人根据招标项目的具体情况，可以组织潜在投标人踏勘项目现场。

第二十二条 招标人不得向他人透露已获取招标文件的潜在投标人的名称、数量以及可能影响公平竞争的有关招标投标的其他情况。招标人设有标底的，标底必须保密。

第二十三条 招标人对已发出的招标文件进行必要的澄清或者修改的，应当在招标文件要求提交投标文件截止时间至少十五日前，以书面形式通知所有招标文件收受人。该澄清或者修改的内容为招标文件的组成部分。

第二十四条 招标人应当确定投标人编制投标文件所需要的合理时间；但是，依法必须进行招标的项目，自招标文件开始发出之日起至投标人提交投标文件截止之日止，最短不得少于二十日。

第三章 投 标

第二十五条 投标人是响应招标、参加投标竞争的法人或者其他组织。

依法招标的科研项目允许个人参加投标的，投标的个人适用本法有关投标人的规定。

第二十六条 投标人应当具备承担招标项目的能力；国家有关规定对投标人资格条件或者招标文件对投标人资格条件有规定的，投标人应当具备规定的资格条件。

第二十七条 投标人应当按照招标文件的要求编制投标文件。投标文件应当对招标文件提出的实质性要求和条件作出响应。

招标项目属于建设施工的，投标文件的内容应当包括拟派出的项目负责人与主要技术人员的简历、业绩和拟用于完成招标项目的机械设备等。

第二十八条 投标人应当在招标文件要求提交投标文件的截止时间前，将投标文件送达投标地点。招标人收到投标文件后，应当签收保存，不得开启。投标人少于三个的，招标人应当依照本法重新招标。

在招标文件要求提交投标文件的截止时间后送达的投标文件，招标人应当拒收。

第二十九条 投标人在招标文件要求提交投标文件的截止时间前，可以补充、修改或者撤回已提交的投标文件，并书面通知招标人。补充、修改的内容为投标文件的组成部分。

第三十条 投标人根据招标文件载明的项目实际情况，拟在中标后将中标项目的部分非主体、非关键性工作进行分包的，应当在投标文件中载明。

第三十一条 两个以上法人或者其他组织可以组成一个联合体，以一个投标人的身份共同投标。

联合体各方均应当具备承担招标项目的相应能力；国家有关规定或者招标文件对投标人资格条件有规定的，联合体各方均应当具备规定的相应资格条件。由同一专业的单位组成的联合体，按照资质等级较低的单位确定资质等级。

联合体各方应当签订共同投标协议，明确约定各方拟承担的工作和责任，并将共同投标协议连同投标文件一并提交招标人。联合体中标的，联合体各方应当共同与招标人签订合同，就中标项目向招标人承担连带责任。

招标人不得强制投标人组成联合体共同投标，不得限制投标人之间的竞争。

第三十二条 投标人不得相互串通投标报价，不得排挤其他投标人的公平竞争，损害招标人或者其他投标人的合法权益。

投标人不得与招标人串通投标，损害国家利益、社会公共利益或者他人的合法权益。

禁止投标人以向招标人或者评标委员会成员行贿的手段谋取中标。

第三十三条 投标人不得以低于成本的报价竞标，也不得以他人名义投标或者以其他方式弄虚作假，骗取中标。

第四章 开标、评标和中标

第三十四条 开标应当在招标文件确定的提交投标文件截止时间的同一时间公开进行；开标地点应当为招标文件中预先确定的地点。

第三十五条 开标由招标人主持，邀请所有投标人参加。

第三十六条 开标时，由投标人或者其推选的代表检查投标文件的密封情况，也可以由招标人委托的公证机构检查并公证；经确认无误后，由工作人员当众拆封，宣读投标人名称、投标价格和投标文件的其他主要内容。

招标人在招标文件要求提交投标文件的截止时间前收到的所有投标文件，开标时都应当当众予以拆封、宣读。

开标过程应当记录，并存档备查。

第三十七条 评标由招标人依法组建的评标委员会负责。

依法必须进行招标的项目，其评标委员会由招标人的代表和有关技术、经济等方面的专家组成，成员人数为五人以上单数，其中技术、经济等方面的专家不得少于成员总数的三分之二。

前款专家应当从事相关领域工作满八年并具有高级职称或者具有同等专业水平，由招标人从国务院有关部门或者省、自治区、直辖市人民政府有关部门提供的专家名册或者招标代理机构的专家库内的相关专业的专家名单中确定；一般招标项目可以采取随机抽取方式，特殊招标项目可以由招标人直接确定。

与投标人有利害关系的人不得进入相关项目的评标委员会；已经进入的应当更换。

评标委员会成员的名单在中标结果确定前应当保密。

第三十八条 招标人应当采取必要的措施，保证评标在严格保密的情况下进行。

任何单位和个人不得非法干预、影响评标的过程和结果。

第三十九条 评标委员会可以要求投标人对投标文件中含义不明确的内容作必要的澄清或者说明，但是澄清或者说明不得超出投标文件的范围或者改变投标文件的实质性内容。

第四十条 评标委员会应当按照招标文件确定的评标标准和方法，对投标文件进行评审和比较；设有标底的，应当参考标底。评标委员会完成评标后，应当向招标人提出书面评标报告，并推荐合格的中标候选人。

招标人根据评标委员会提出的书面评标报告和推荐的中标候选人确定中标人。招标人也可以授权评标委员会直接确定中标人。

国务院对特定招标项目的评标有特别规定的，从其规定。

第四十一条 中标人的投标应当符合下列条件之一：

（一）能够最大限度地满足招标文件中规定的各项综合评价标准；

（二）能够满足招标文件的实质性要求，并且经评审的投标价格最低；但是投标价格低于成本的除外。

第四十二条 评标委员会经评审，认为所有投标都不符合招标文件要求的，可以否决所有投标。

依法必须进行招标的项目的所有投标被否决的，招标人应当依照本法重新招标。

第四十三条 在确定中标人前，招标人不得与投标人就投标价格、投标方案等实质性内容进行谈判。

第四十四条 评标委员会成员应当客观、公正地履行职务，遵守职业道德，对所提出的评审意见承担个人责任。评标委员会成员不得私下接触投标人，不得收受投标人的财物或者其他好处。评标委员会成员和参与评标的有关工作人员不得透露对投标文件的评审和比较、中标候选人的推荐情况以及与评标有关的其他情况。

第四十五条 中标人确定后，招标人应当向中标人发出中标通知书，并同时将中标结果通知所有未中标的投标人。中标通知书对招标人和中标人具有法律效力。中标通知书发出后，招标人改变中标结果的，或者中标人放弃中标项目的，应当依法承担法律责任。

第四十六条 招标人和中标人应当自中标通知书发出之日起三十日内，按照招标文件和中标人的投标文件订立书面合同。招标人和中标人不得再行订立背离合同实质性内容的其他协议。招标文件要求中标人提交履约保证金的，中标人应当提交。

第四十七条 依法必须进行招标的项目，招标人应当自确定中标人之日起十五日内，向有关行政监督部门提交招标投标情况的书面报告。

第四十八条 中标人应当按照合同约定履行义务，完成中标项目。中标人不得向他人转让中标项目，也不得将中标项目肢解后分别向他人转让。中标人按照合同约定或者经招标人同意，可以将中标项目的部分非主体、非关键性工作分包给他人完成。接受分包的人应当具备相应的资格条件，并不得再次分包。中标人应当就分包项目向招标人负责，接受分包的人就分包项目承担连带责任。

第五章 法律责任

第四十九条 违反本法规定，必须进行招标的项目而不招标的，将必须进行招标的项目化整为零或者以其他任何方式规避招标的，责令限期改正，可以处项目合同金额千分之五以上千分之十以下的罚款；对全部或者部分使用国有资金的项目，可以暂停项目执行或者暂停资金拨付；对单位直接负责的主管人员和其他直接责任人员依法给予处分。

第五十条 招标代理机构违反本法规定，泄露应当保密的与招标投标活动有关的情况和资料的，或者与招标人、投标人串通损害国家利益、社会公共利益或者他人合法权益的，处五万元以上二十五万元以下的罚款，对单位直接负责的主管人员和其他直接责任人员处单位罚款数额百分之五以上百分之十以下的罚款；有违法所得的，并处没收违法所得；情节严重的，禁止其一年至二年内代理依法必须进行招标的项目并予以公告，直至由工商行政管理机关吊销营业执照；构成犯罪的，依法追究刑事责任。给他人造成损失的，依法承担赔偿责任。前款所列行为影响中标结果的，中标无效。

第五十一条 招标人以不合理的条件限制或者排斥潜在投标人的，对潜在投标人实行歧视待遇的，强制要求投标人组成联合体共同投标的，或者限制投标人之间竞争的，责令改正，可以处一万元以上五万元以下的罚款。

第五十二条 依法必须进行招标的项目的招标人向他人透露已获取招标文件的潜在投标人的名称、数量或者可能影响公平竞争的有关招标投标的其他情况的，或者泄露标底的，给予警告，可以并处一万元以上十万元以下的罚款；对单位直接负责的主管人员和其他直接责任人员依法给予处分；构成犯罪的，依法追究刑事责任。前款所列行为影响中标结果的，中标无效。

第五十三条 投标人相互串通投标或者与招标人串通投标的，投标人以向招标人或者评标委员会成员行贿的手段谋取中标的，中标无效，处中标项目金额千分之五以上千分之十以下的罚款，对单位直接负责的主管人员和其他直接责任人员处单位罚款数额百分之五以上百分之十以下的罚款；有违法所得的，并处没收违法所得；情节严重的，取消其一年至二年内参加依法必须进行招标的项目的投标资格并予以公告，直至由工商行政管理机关吊销营业执照；构成犯罪的，依法追究刑事责任。给他人造成损失的，依法承担赔偿责任。

第五十四条 投标人以他人名义投标或者以其他方式弄虚作假，骗取中标的，中标无效，给招标人造成损失的，依法承担赔偿责任；构成犯罪的，依法追究刑事责任。依法必须进行招标的项目的投标人有前款所列行为尚未构成犯罪的，处中标项目金额千分之五以上千分之十以下的罚款，对单位直接负责的主管人员和其他直接责任人员处单位罚款数额百分之五以上百分之十以下的罚款；有违法所得的，并处没收违法所得；情节严重的，取消其一年至三年内参加依法必须进行招标的项目的投标资格并予以公告，直至由工商行政管理机关吊销营业执照。

第五十五条 依法必须进行招标的项目，招标人违反本法规定，与投标人就投标价格、投标方案等实质性内容进行谈判的，给予警告，对单位直接负责的主管人员和其他直接责任人员依法给予处分。前款所列行为影响中标结果的，中标无效。

第五十六条 评标委员会成员收受投标人的财物或者其他好处的，评标委员会成员或者参加评标的有关工作人员向他人透露对投标文件的评审和比较、中标候选人的推荐以及与评标有关的其他情况的，给予警告，没收收受的财物，可以并处三千元以上五万元以下的罚款，对有所列违法行为的评标委员会成员取消担任评标委员会成员的资格，不得再参加任何依法必须进行招标的项目的评标；构成犯罪的，依法追究刑事责任。

第五十七条 招标人在评标委员会依法推荐的中标候选人以外确定中标人的，依法必须进行招标的项目在所有投标被评标委员会否决后自行确定中标人的，中标无效。责令改正，可以处中标项目金额千分之五以上千分之十以下的罚款；对单位直接负责的主管人员和其他直接责任人员依法给予处分。

第五十八条 中标人将中标项目转让给他人的，将中标项目肢解后分别转让给他人的，违反本法规定将中标项目的部分主体、关键性工作分包给他人的，或者分包人再次分包的，转让、分包无效，处转让、分包项目金额千分之五以上千分之十以下的罚款；有违法所得的，并处没收违法所得；可以责令停业整顿；情节严重的，由工商行政管理机关吊销营业执照。

第五十九条 招标人与中标人不按照招标文件和中标人的投标文件订立合同的，或者招标人、中标人订立背离合同实质性内容的协议的，责令改正；可以处中标项目金额千分之五以上千分之十以下的罚款。

第六十条 中标人不履行与招标人订立的合同的，履约保证金不予退还，给招标人造成的损失超过履约保证金数额的，还应当对超过部分予以赔偿；没有提交履约保证金的，应当对招标人的损失承担赔偿责任。中标人不按照与招标人订立的合同履行义务，情节严重的，取消其二年至五年内参加依法必须进行招标的项目的投标资格并予以公告，直至由工商行政管理机关吊销营业执照。因不可抗力不能履行合同的，不适用前两款规定。

第六十一条 本章规定的行政处罚，由国务院规定的有关行政监督部门决定。本法已对实施行政处罚的机关作出规定的除外。

第六十二条 任何单位违反本法规定，限制或者排斥本地区、本系统以外的法人或者其他组织参加投标的，为招标人指定招标代理机构的，强制招标人委托招标代理机构办理招标事宜的，或者以其他方式干涉招标投标活动的，责令改正；对单位直接负责的主管人员和其他直接责任人员依法给予警告、记过、记大过的处分，情节较重的，依法给予降级、撤职、开除的处分。个人利用职权进行前款违法行为的，依照前款规定追究责任。

第六十三条 对招标投标活动依法负有行政监督职责的国家机关工作人员徇私舞弊、滥用职权或者玩忽职守，构成犯罪的，依法追究刑事责任；不构成犯罪的，依法给予行政处分。

第六十四条 依法必须进行招标的项目违反本法规定，中标无效的，应当依照本法规定的中标条件从其余投标人中重新确定中标人或者依照本法重新进行招标。

第六章 附 则

第六十五条 投标人和其他利害关系人认为招标投标活动不符合本法有关规定的，有权向招标人提出异议或者依法向有关行政监督部门投诉。

第六十六条 涉及国家安全、国家秘密、抢险救灾或者属于利用扶贫资金实行以工代赈、需要使用农民工等特殊情况，不适宜进行招标的项目，按照国家有关规定可以不进行招标。

第六十七条 使用国际组织或者外国政府贷款、援助资金的项目进行招标，贷款方、资金提供方对招标投标的具体条件和程序有不同规定的，可以适用其规定，但违背中华人民共和国的社会公共利益的除外。

第六十八条 本法自 2000 年 1 月 1 日起施行。

中华人民共和国政府采购法

2002年6月29日第九届全国人民代表大会常务委员会第二十八次会议通过。根据2014年8月31日第十二届全国人民代表大会常务委员会第十次会议《关于修改〈中华人民共和国保险法〉等五部法律的决定》修正。

第一章　总　则

第一条　为了规范政府采购行为，提高政府采购资金的使用效益，维护国家利益和社会公共利益，保护政府采购当事人的合法权益，促进廉政建设，制定本法。

第二条　在中华人民共和国境内进行的政府采购适用本法。本法所称政府采购，是指各级国家机关、事业单位和团体组织，使用财政性资金采购依法制定的集中采购目录以内的或者采购限额标准以上的货物、工程和服务的行为。政府集中采购目录和采购限额标准依照本法规定的权限制定。本法所称采购，是指以合同方式有偿取得货物、工程和服务的行为，包括购买、租赁、委托、雇用等。本法所称货物，是指各种形态和种类的物品，包括原材料、燃料、设备、产品等。本法所称工程，是指建设工程，包括建筑物和构筑物的新建、改建、扩建、装修、拆除、修缮等。本法所称服务，是指除货物和工程以外的其他政府采购对象。

第三条　政府采购应当遵循公开透明原则、公平竞争原则、公正原则和诚实信用原则。

第四条　政府采购工程进行招标投标的，适用招标投标法。

第五条　任何单位和个人不得采用任何方式，阻挠和限制供应商自由进入本地区和本行业的政府采购市场。

第六条　政府采购应当严格按照批准的预算执行。

第七条　政府采购实行集中采购和分散采购相结合。集中采购的范围由省级以上人民政府公布的集中采购目录确定。属于中央预算的政府采购项目，其集中采购目录由国务院确定并公布；属于地方预算的政府采购项目，其集中采购目录由省、自治区、直辖市人民政府或者其授权的机构确定并公布。纳入集中采购目录的政府采购项目，应当实行集中采购。

第八条 政府采购限额标准，属于中央预算的政府采购项目，由国务院确定并公布；属于地方预算的政府采购项目，由省、自治区、直辖市人民政府或者其授权的机构确定并公布。

第九条 政府采购应当有助于实现国家的经济和社会发展政策目标，包括保护环境，扶持不发达地区和少数民族地区，促进中小企业发展等。

第十条 政府采购应当采购本国货物、工程和服务。但有下列情形之一的除外：(一)需要采购的货物、工程或者服务在中国境内无法获取或者无法以合理的商业条件获取的；(二)为在中国境外使用而进行采购的；(三)其他法律、行政法规另有规定的。前款所称本国货物、工程和服务的界定，依照国务院有关规定执行。

第十一条 政府采购的信息应当在政府采购监督管理部门指定的媒体上及时向社会公开发布，但涉及商业秘密的除外。

第十二条 在政府采购活动中，采购人员及相关人员与供应商有利害关系的，必须回避。供应商认为采购人员及相关人员与其他供应商有利害关系的，可以申请其回避。前款所称相关人员，包括招标采购中评标委员会的组成人员，竞争性谈判采购中谈判小组的组成人员，询价采购中询价小组的组成人员等。

第十三条 各级人民政府财政部门是负责政府采购监督管理的部门，依法履行对政府采购活动的监督管理职责。各级人民政府其他有关部门依法履行与政府采购活动有关的监督管理职责。

第二章 政府采购当事人

第十四条 政府采购当事人是指在政府采购活动中享有权利和承担义务的各类主体，包括采购人、供应商和采购代理机构等。

第十五条 采购人是指依法进行政府采购的国家机关、事业单位、团体组织。

第十六条 集中采购机构为采购代理机构。设区的市、自治州以上人民政府根据本级政府采购项目组织集中采购的需要设立集中采购机构。集中采购机构是非营利事业法人，根据采购人的委托办理采购事宜。

第十七条 集中采购机构进行政府采购活动，应当符合采购价格低于市场平均价格、采购效率更高、采购质量优良和服务良好的要求。

第十八条 采购人采购纳入集中采购目录的政府采购项目，必须委托集中采购机构代理采购；采购未纳入集中采购目录的政府采购项目，可以自行采购，也可以委托集中采购机构在委托的范围内代理采购。纳入集中采购目录属于通用的政府采购项目的，应当委托集中采购机构代理采购；属于本部门、本系统有特殊要求的项目，应当实行部门集中采购；属于本单位有特殊要求的项目，经省级以上人民政府批准，可以自行采购。

第十九条 采购人可以委托集中采购机构以外的采购代理机构，在委托的范围内办理政府采购事宜。采购人有权自行选择采购代理机构，任何单位和个人不得以任何方式为采购人指定采购代理机构。

第二十条 采购人依法委托采购代理机构办理采购事宜的，应当由采购人与采购代理机构签订委托代理协议，依法确定委托代理的事项，约定双方的权利义务。

第二十一条 供应商是指向采购人提供货物、工程或者服务的法人、其他组织或者自然人。

第二十二条 供应商参加政府采购活动应当具备下列条件：(一)具有独立承担民事责任的能力；(二)具有良好的商业信誉和健全的财务会计制度；(三)具有履行合同所必需的设备和专业技术能力；(四)有依法缴纳税收和社会保障资金的良好记录；(五)参加政府采购活动前三年内，在经营活动中没有重大违法记录；(六)法律、行政法规规定的其他条件。采购人可以根据采购项目的特殊要求，规定供应商的特定条件，但不得以不合理的条件对供应商实行差别待遇或者歧视待遇。

第二十三条 采购人可以要求参加政府采购的供应商提供有关资质证明文件和业绩情况，并根据本法规定的供应商条件和采购项目对供应商的特定要求，对供应商的资格进行审查。

第二十四条 两个以上的自然人、法人或者其他组织可以组成一个联合体，以一个供应商的身份共同参加政府采购。以联合体形式进行政府采购的，参加联合体的供应商均应当具备本法第二十二条规定的条件，并应当向采购人提交联合协议，载明联合体各方承担的工作和义务。联合体各方应当共同与采购人签订采购合同，就采购合同约定的事项对采购人承担连带责任。

第二十五条 政府采购当事人不得相互串通损害国家利益、社会公共利益和其他当事人的合法权益；不得以任何手段排斥其他供应商参与竞争。供应商不得以向采购人、采购代理机构、评标委员会的组成人员、竞争性谈判小组的组成人员、询价小组的组成人员行贿或者采取其他不正当手段谋取中标或者成交。采购代理机构不得以向采购人行贿或者采取其他不正当手段谋取非法利益。

第三章 政府采购方式

第二十六条 政府采购采用以下方式：(一)公开招标；(二)邀请招标；(三)竞争性谈判；(四)单一来源采购；(五)询价；(六)国务院政府采购监督管理部门认定的其他采购方式。公开招标应作为政府采购的主要采购方式。

第二十七条 采购人采购货物或者服务应当采用公开招标方式的，其具体数额标准，属于中央预算的政府采购项目，由国务院规定；属于地方预算的政府采购项目，由省、自治区、直辖市人民政府规定；因特殊情况需要采用公开招标以外的采购方式的，应当在采购活动开始前获得设区的市、自治州以上人民政府采购监督管理部门的批准。

第二十八条 采购人不得将应当以公开招标方式采购的货物或者服务化整为零或者以其他任何方式规避公开招标采购。

第二十九条 符合下列情形之一的货物或者服务，可以依照本法采用邀请招标方式采购：(一)具有特殊性，只能从有限范围的供应商处采购的；(二)采用公开招标方式的费用占政府采购项目总价值的比例过大的。

第三十条 符合下列情形之一的货物或者服务，可以依照本法采用竞争性谈判方式采购：(一)招标后没有供应商投标或者没有合格标的或者重新招标未能成立的；(二)技术复杂或者性质特殊，不能确定详细规格或者具体要求的；(三)采用招标所需时间不能满足用户紧急需要的；(四)不能事先计算出价格总额的。

第三十一条 符合下列情形之一的货物或者服务，可以依照本法采用单一来源方式采购：(一)只能从唯一供应商处采购的；(二)发生了不可预见的紧急情况不能从其他供应商处采购的；(三)必须保证原有采购项目一致性或者服务配套的要求，需要继续从原供应商处添购，且添购资金总额不超过原合同采购金额百分之十的。

第三十二条 采购的货物规格、标准统一、现货货源充足且价格变化幅度小的政府采购项目，可以依照本法采用询价方式采购。

第四章 政府采购程序

第三十三条 负有编制部门预算职责的部门在编制下一财政年度部门预算时，应当将该财政年度政府采购的项目及资金预算列出，报本级财政部门汇总。部门预算的审批，按预算管理权限和程序进行。

第三十四条 货物或者服务项目采取邀请招标方式采购的，采购人应当从符合相应资格条件的供应商中，通过随机方式选择三家以上的供应商，并向其发出投标邀请书。

第三十五条 货物和服务项目实行招标方式采购的，自招标文件开始发出之日起至投标人提交投标文件截止之日止，不得少于二十日。

第三十六条 在招标采购中，出现下列情形之一的，应予废标：(一)符合专业条件的供应商或者对招标文件作实质响应的供应商不足三家的；(二)出现影响采购公正的违法、违规行为的；(三)投标人的报价均超过了采购预算，采购人不能支付的；(四)因重大变故，采购任务取消的。废标后，采购人应当将废标理由通知所有投标人。

第三十七条 废标后，除采购任务取消情形外，应当重新组织招标；需要采取其他方式采购的，应当在采购活动开始前获得设区的市、自治州以上人民政府采购监督管理部门或者政府有关部门批准。

第三十八条 采用竞争性谈判方式采购的，应当遵循下列程序：(一)成立谈判小组。谈判小组由采购人的代表和有关专家共三人以上的单数组成，其中专家的人数不得少于成员总数的三分之二。(二)制定谈判文件。谈判文件应当明确谈判程序、谈判内容、合同草案的条款以及评定成交的标准等事项。(三)确定邀请参加谈判的供应商名单。谈判小组从符合相应资格条件的供应商名单中确定不少于三家的供应商参加谈判，并向其提供谈判文件。(四)谈判。谈判小组所有成员集中与单一供应商分别进行谈判。在谈判中，谈判的任何一方不得透露与谈判有关的其他供应商的技术资料、价格和其他信息。谈判文件有实质性变动的，谈判小组应当以书面形式通知所有参加谈判的供应商。(五)确定成交供应商。谈判结束后，谈判小组应当要求所有参加谈判的供应商在规定时间内进行最后报价，采购人从谈判小组提出的成交候选人中根据符合采购需求、质量和服务相等且报价最低的原则确定成交供应商，并将结果通知所有参加谈判的未成交的供应商。

第三十九条 采取单一来源方式采购的，采购人与供应商应当遵循本法规定的原则，在保证采购项目质量和双方商定合理价格的基础上进行采购。

第四十条 采取询价方式采购的，应当遵循下列程序：(一)成立询价小组。询价小组由采购人的代表和有关专家共三人以上的单数组成，其中专家的人数不得少于成员总数的三分之二。询价小组应当对采购项目的价格构成和评定成交的标准等事项作出规定。(二)确定被询价的供应商名单。询价小组根据采购需求，从符合相应资格条件的供应商名单中确定不少于三家的供应商，并向其发出询价通知书让其报价。(三)询价。询价小组要求被询价的供应商一次报出不得更改的价格。(四)确定成交供应商。采购人根据符合采购需求、质量和服务相等且报价最低的原则确定成交供应商，并将结果通知所有被询价的未成交的供应商。

第四十一条 采购人或者其委托的采购代理机构应当组织对供应商履约的验收。大型或者复杂的政府采购项目，应当邀请国家认可的质量检测机构参加验收工作。验收方成员应当在验收书上签字，并承担相应的法律责任。

第四十二条 采购人、采购代理机构对政府采购项目每项采购活动的采购文件应当妥善保存，不得伪造、变造、隐匿或者销毁。采购文件的保存期限为从采购结束之日起至少保存十五年。采购文件包括采购活动记录、采购预算、招标文件、投标文件、评标标准、评估报告、定标文件、合同文本、验收证明、质疑答复、投诉处理决定及其他有关文件、资料。采购活动记录至少应当包括下列内容：(一)采购项目类别、名称；(二)采购项目预算、资金构成和合同价格；(三)采购方式，采用公开招标以外的采购方式的，应当载明原因；(四)邀请和选择供应商的条件及原因；(五)评标标准及确定中标人的原因；(六)废标的原因；(七)采用招标以外采购方式的相应记载。

第五章 政府采购合同

第四十三条 政府采购合同适用合同法。采购人和供应商之间的权利和义务，应当按照平等、自愿的原则以合同方式约定。采购人可以委托采购代理机构代表其与供应商签订政府采购合同。由采购代理机构以采购人名义签订合同的，应当提交采购人的授权委托书，作为合同附件。

第四十四条 政府采购合同应当采用书面形式。

第四十五条 国务院政府采购监督管理部门应当会同国务院有关部门，规定政府采购合同必须具备的条款。

第四十六条 采购人与中标、成交供应商应当在中标、成交通知书发出之日起三十日内，按照采购文件确定的事项签订政府采购合同。中标、成交通知书对采购人和中标、成交供应商均具有法律效力。中标、成交通知书发出后，采购人改变中标、成交结果的，或者中标、成交供应商放弃中标、成交项目的，应当依法承担法律责任。

第四十七条 政府采购项目的采购合同自签订之日起七个工作日内，采购人应当将合同副本报同级政府采购监督管理部门和有关部门备案。

第四十八条 经采购人同意，中标、成交供应商可以依法采取分包方式履行合同。政府采购合同分包履行的，中标、成交供应商就采购项目和分包项目向采购人负责，分包供应商就分包项目承担责任。

第四十九条 政府采购合同履行中，采购人需追加与合同标的相同的货物、工程或者服务的，在不改变合同其他条款的前提下，可以与供应商协商签订补充合同，但所有补充合同的采购金额不得超过原合同采购金额的百分之十。

第五十条 政府采购合同的双方当事人不得擅自变更、中止或者终止合同。政府采购合同继续履行将损害国家利益和社会公共利益的，双方当事人应当变更、中止或者终止合同。有过错的一方应当承担赔偿责任，双方都有过错的，各自承担相应的责任。

第六章 质疑与投诉

第五十一条 供应商对政府采购活动事项有疑问的，可以向采购人提出询问，采购人应当及时作出答复，但答复的内容不得涉及商业秘密。

第五十二条 供应商认为采购文件、采购过程和中标、成交结果使自己的权益受到损害的，可以在知道或者应知其权益受到损害之日起七个工作日内，以书面形式向采购人提出质疑。

第五十三条 采购人应当在收到供应商的书面质疑后七个工作日内作出答复，并以书面形式通知质疑供应商和其他有关供应商，但答复的内容不得涉及商业秘密。

第五十四条 采购人委托采购代理机构采购的，供应商可以向采购代理机构提出询问或者质疑，采购代理机构应当依照本法第五十一条、第五十三条的规定就采购人委托授权范围内的事项作出答复。

第五十五条 质疑供应商对采购人、采购代理机构的答复不满意或者采购人、采购代理机构未在规定的时间内作出答复的，可以在答复期满后十五个工作日内向同级政府采购监督管理部门投诉。

第五十六条 政府采购监督管理部门应当在收到投诉后三十个工作日内，对投诉事项作出处理决定，并以书面形式通知投诉人和与投诉事项有关的当事人。

第五十七条 政府采购监督管理部门在处理投诉事项期间，可以视具体情况书面通知采购人暂停采购活动，但暂停时间最长不得超过三十日。

第五十八条 投诉人对政府采购监督管理部门的投诉处理决定不服或者政府采购监督管理部门逾期未作处理的，可以依法申请行政复议或者向人民法院提起行政诉讼。

第七章　监督检查

第五十九条 政府采购监督管理部门应当加强对政府采购活动及集中采购机构的监督检查。监督检查的主要内容是：(一)有关政府采购的法律、行政法规和规章的执行情况；(二)采购范围、采购方式和采购程序的执行情况；(三)政府采购人员的职业素质和专业技能。

第六十条 政府采购监督管理部门不得设置集中采购机构，不得参与政府采购项目的采购活动。采购代理机构与行政机关不得存在隶属关系或者其他利益关系。

第六十一条 集中采购机构应当建立健全内部监督管理制度。采购活动的决策和执行程序应当明确，并相互监督、相互制约。经办采购的人员与负责采购合同审核、验收人员的职责权限应当明确，并相互分离。

第六十二条 集中采购机构的采购人员应当具有相关职业素质和专业技能，符合政府采购监督管理部门规定的专业岗位任职要求。集中采购机构对其工作人员应当加强教育和培训；对采购人员的专业水平、工作实绩和职业道德状况定期进行考核。采购人员经考核不合格的，不得继续任职。

第六十三条 政府采购项目的采购标准应当公开。采用本法规定的采购方式的，采购人在采购活动完成后，应当将采购结果予以公布。

第六十四条 采购人必须按照本法规定的采购方式和采购程序进行采购。任何单位和个人不得违反本法规定，要求采购人或者采购工作人员向其指定的供应商进行采购。

第六十五条 政府采购监督管理部门应当对政府采购项目的采购活动进行检查，政府采购当事人应当如实反映情况，提供有关材料。

第六十六条 政府采购监督管理部门应当对集中采购机构的采购价格、节约资金效果、服务质量、信誉状况、有无违法行为等事项进行考核，并定期如实公布考核结果。

第六十七条 依照法律、行政法规的规定对政府采购负有行政监督职责的政府有关部门，应当按照其职责分工，加强对政府采购活动的监督。

第六十八条 审计机关应当对政府采购进行审计监督。政府采购监督管理部门、政府采购各当事人有关政府采购活动，应当接受审计机关的审计监督。

第六十九条 监察机关应当加强对参与政府采购活动的国家机关、国家公务员和国家行政机关任命的其他人员实施监察。

第七十条 任何单位和个人对政府采购活动中的违法行为，有权控告和检举，有关部门、机关应当依照各自职责及时处理。

第八章 法律责任

第七十一条 采购人、采购代理机构有下列情形之一的，责令限期改正，给予警告，可以并处罚款，对直接负责的主管人员和其他直接责任人员，由其行政主管部门或者有关机关给予处分，并予通报：(一)应当采用公开招标方式而擅自采用其他方式采购的；(二)擅自提高采购标准的；(三)以不合理的条件对供应商实行差别待遇或者歧视待遇的；(四)在招标采购过程中与投标人进行协商谈判的；(五)中标、成交通知书发出后不与中标、成交供应商签订采购合同的；(六)拒绝有关部门依法实施监督检查的。

第七十二条 采购人、采购代理机构及其工作人员有下列情形之一，构成犯罪的，依法追究刑事责任；尚不构成犯罪的，处以罚款，有违法所得的，并处没收违法所得，属于国家机关工作人员的，依法给予行政处分：(一)与供应商或者采购代理机构恶意串通的；(二)在采购过程中接受贿赂或者获取其他不正当利益的；(三)在有关部门依法实施的监督检查中提供虚假情况的；(四)开标前泄露标底的。

第七十三条 有前两条违法行为之一影响中标、成交结果或者可能影响中标、成交结果的，按下列情况分别处理：(一)未确定中标、成交供应商的，终止采购活动；（二）中标、成交供应商已经确定但采购合同尚未履行的，撤销合同，从合格的中标、成交候选人中另行确定中标、成交供应商；（三）采购合同已经履行的，给采购人、供应商造成损失的，由责任人承担赔偿责任。

第七十四条 采购人对应当实行集中采购的政府采购项目，不委托集中采购机构实行集中采购的，由政府采购监督管理部门责令改正；拒不改正的，停止按预算向其支付资金，由其上级行政主管部门或者有关机关依法给予其直接负责的主管人员和其他直接责任人员处分。

第七十五条 采购人未依法公布政府采购项目的采购标准和采购结果的，责令改正，对直接负责的主管人员依法给予处分。

第七十六条 采购人、采购代理机构违反本法规定隐匿、销毁应当保存的采购文件或者伪造、变造采购文件的，由政府采购监督管理部门处以二万元以上十万元以下的罚款，对其直接负责的主管人员和其他直接责任人员依法给予处分；构成犯罪的，依法追究刑事责任。

第七十七条 供应商有下列情形之一的，处以采购金额千分之五以上千分之十以下的罚款，列入不良行为记录名单，在一至三年内禁止参加政府采购活动，有违法所得的，并处没收违法所得，情节严重的，由工商行政管理机关吊销营业执照；构成犯罪的，依法追究刑事责任：（一）提供虚假材料谋取中标、成交的；（二）采取不正当手段诋毁、排挤其他供应商的；（三）与采购人、其他供应商或者采购代理机构恶意串通的；（四）向采购人、采购代理机构行贿或者提供其他不正当利益的；（五）在招标采购过程中与采购人进行协商谈判的；（六）拒绝有关部门监督检查或者提供虚假情况的。供应商有前款第（一）至（五）项情形之一的，中标、成交无效。

第七十八条 采购代理机构在代理政府采购业务中有违法行为的，按照有关法律规定处以罚款，可以在一至三年内禁止其代理政府采购业务，构成犯罪的，依法追究刑事责任。

第七十九条 政府采购当事人有本法第七十一条、第七十二条、第七十七条违法行为之一，给他人造成损失的，并应依照有关民事法律规定承担民事责任。

第八十条 政府采购监督管理部门的工作人员在实施监督检查中违反本法规定滥用职权，玩忽职守，徇私舞弊的，依法给予行政处分；构成犯罪的，依法追究刑事责任。

第八十一条 政府采购监督管理部门对供应商的投诉逾期未作处理的，给予直接负责的主管人员和其他直接责任人员行政处分。

第八十二条 政府采购监督管理部门对集中采购机构业绩的考核，有虚假陈述，隐瞒真实情况的，或者不作定期考核和公布考核结果的，应当及时纠正，由其上级机关或者监察机关对其负责人进行通报，并对直接负责的人员依法给予行政处分。集中采购机构在政府采购监督管理部门考核中，虚报业绩，隐瞒真实情况的，处以二万元以上二十万元以下的罚款，并予以通报；情节严重的，取消其代理采购的资格。

第八十三条 任何单位或者个人阻挠和限制供应商进入本地区或者本行业政府采购市场的，责令限期改正；拒不改正的，由该单位、个人的上级行政主管部门或者有关机关给予单位责任人或者个人处分。

第九章 附则

第八十四条 使用国际组织和外国政府贷款进行的政府采购，贷款方、资金提供方与中方达成的协议对采购的具体条件另有规定的，可以适用其规定，但不得损害国家利益和社会公共利益。

第八十五条 对因严重自然灾害和其他不可抗力事件所实施的紧急采购和涉及国家安全和秘密的采购，不适用本法。

第八十六条 军事采购法规由中央军事委员会另行制定。

第八十七条 本法实施的具体步骤和办法由国务院规定。

第八十八条 本法自 2003 年 1 月 1 日起施行。

中华人民共和国建筑法

1997年11月1日第八届全国人民代表大会常务委员会第二十八次会议通过，根据2011年4月22日第十一届全国人民代表大会常务委员会第二十次会议《关于修改〈中华人民共和国建筑法〉的决定》第一次修正，根据2019年4月23日第十三届全国人民代表大会常务委员会第十次会议《关于修改〈中华人民共和国建筑法〉等八部法律的决定》第二次修正。

第一章　总　　则

第一条　为了加强对建筑活动的监督管理，维护建筑市场秩序，保证建筑工程的质量和安全，促进建筑业健康发展，制定本法。

第二条　在中华人民共和国境内从事建筑活动，实施对建筑活动的监督管理，应当遵守本法。

本法所称建筑活动，是指各类房屋建筑及其附属设施的建造和与其配套的线路、管道、设备的安装活动。

第三条　建筑活动应当确保建筑工程质量和安全，符合国家的建筑工程安全标准。

第四条　国家扶持建筑业的发展，支持建筑科学技术研究，提高房屋建筑设计水平，鼓励节约能源和保护环境，提倡采用先进技术、先进设备、先进工艺、新型建筑材料和现代管理方式。

第五条　从事建筑活动应当遵守法律、法规，不得损害社会公共利益和他人的合法权益。

任何单位和个人都不得妨碍和阻挠依法进行的建筑活动。

第六条　国务院建设行政主管部门对全国的建筑活动实施统一监督管理。

第二章　建筑许可

第一节　建筑工程施工许可

第七条　建筑工程开工前，建设单位应当按照国家有关规定向工程所在地县级以上人民政府建设行政主管部门申请领取施工许可证；但是，国务院建设行政主管部门确定的限额以下的小型工程除外。

按照国务院规定的权限和程序批准开工报告的建筑工程，不再领取施工许可证。

第八条　申请领取施工许可证，应当具备下列条件：

（一）已经办理该建筑工程用地批准手续；

（二）依法应当办理建设工程规划许可证的，已经取得建设工程规划许可证；

（三）需要拆迁的，其拆迁进度符合施工要求；

（四）已经确定建筑施工企业；

（五）有满足施工需要的资金安排、施工图纸及技术资料；

（六）有保证工程质量和安全的具体措施。

建设行政主管部门应当自收到申请之日起七日内，对符合条件的申请颁发施工许可证。

第九条　建设单位应当自领取施工许可证之日起三个月内开工。因故不能按期开工的，应当向发证机关申请延期；延期以两次为限，每次不超过三个月。既不开工又不申请延期或者超过延期时限的，施工许可证自行废止。

第十条　在建的建筑工程因故中止施工的，建设单位应当自中止施工之日起一个月内，向发证机关报告，并按照规定做好建筑工程的维护管理工作。

建筑工程恢复施工时，应当向发证机关报告；中止施工满一年的工程恢复施工前，建设单位应当报发证机关核验施工许可证。

第十一条　按照国务院有关规定批准开工报告的建筑工程，因故不能按期开工或者中止施工的，应当及时向批准机关报告情况。因故不能按期开工超过六个月的，应当重新办理开工报告的批准手续。

第二节　从业资格

第十二条　从事建筑活动的建筑施工企业、勘察单位、设计单位和工程监理单位，应当具备下列条件：

（一）有符合国家规定的注册资本；

（二）有与其从事的建筑活动相适应的具有法定执业资格的专业技术人员；

（三）有从事相关建筑活动所应有的技术装备；

（四）法律、行政法规规定的其他条件。

第十三条 从事建筑活动的建筑施工企业、勘察单位、设计单位和工程监理单位，按照其拥有的注册资本、专业技术人员、技术装备和已完成的建筑工程业绩等资质条件，划分为不同的资质等级，经资质审查合格，取得相应等级的资质证书后，方可在其资质等级许可的范围内从事建筑活动。

第十四条 从事建筑活动的专业技术人员，应当依法取得相应的执业资格证书，并在执业资格证书许可的范围内从事建筑活动。

第三章　建筑工程发包与承包

第一节　一般规定

第十五条 建筑工程的发包单位与承包单位应当依法订立书面合同，明确双方的权利和义务。

发包单位和承包单位应当全面履行合同约定的义务。不按照合同约定履行义务的，依法承担违约责任。

第十六条 建筑工程发包与承包的招标投标活动，应当遵循公开、公正、平等竞争的原则，择优选择承包单位。

建筑工程的招标投标，本法没有规定的，适用有关招标投标法律的规定。

第十七条 发包单位及其工作人员在建筑工程发包中不得收受贿赂、回扣或者索取其他好处。

承包单位及其工作人员不得利用向发包单位及其工作人员行贿、提供回扣或者给予其他好处等不正当手段承揽工程。

第十八条 建筑工程造价应当按照国家有关规定，由发包单位与承包单位在合同中约定。公开招标发包的，其造价的约定，须遵守招标投标法律的规定。

发包单位应当按照合同的约定，及时拨付工程款项。

第二节　发包

第十九条 建筑工程依法实行招标发包，对不适于招标发包的可以直接发包。

第二十条 建筑工程实行公开招标的，发包单位应当依照法定程序和方式，发布招标公告，提供载有招标工程的主要技术要求、主要的合同条款、评标的标准和方法以及开标、评标、定标的程序等内容的招标文件。

开标应当在招标文件规定的时间、地点公开进行。开标后应当按照招标文件规定的评标标准和程序对标书进行评价、比较，在具备相应资质条件的投标者中，择优选定中标者。

第二十一条 建筑工程招标的开标、评标、定标由建设单位依法组织实施，并接受有关行政主管部门的监督。

第二十二条 建筑工程实行招标发包的，发包单位应当将建筑工程发包给依法中标的承包单位。建筑工程实行直接发包的，发包单位应当将建筑工程发包给具有相应资质条件的承包单位。

第二十三条 政府及其所属部门不得滥用行政权力，限定发包单位将招标发包的建筑工程发包给指定的承包单位。

第二十四条 提倡对建筑工程实行总承包，禁止将建筑工程肢解发包。

建筑工程的发包单位可以将建筑工程的勘察、设计、施工、设备采购一并发包给一个工程总承包单位，也可以将建筑工程勘察、设计、施工、设备采购的一项或者多项发包给一个工程总承包单位；但是，不得将应当由一个承包单位完成的建筑工程肢解成若干部分发包给几个承包单位。

第二十五条 按照合同约定，建筑材料、建筑构配件和设备由工程承包单位采购的，发包单位不得指定承包单位购入用于工程的建筑材料、建筑构配件和设备或者指定生产厂、供应商。

第三节 承包

第二十六条 承包建筑工程的单位应当持有依法取得的资质证书，并在其资质等级许可的业务范围内承揽工程。

禁止建筑施工企业超越本企业资质等级许可的业务范围或者以任何形式用其他建筑施工企业的名义承揽工程。禁止建筑施工企业以任何形式允许其他单位或者个人使用本企业的资质证书、营业执照，以本企业的名义承揽工程。

第二十七条 大型建筑工程或者结构复杂的建筑工程，可以由两个以上的承包单位联合共同承包。共同承包的各方对承包合同的履行承担连带责任。

两个以上不同资质等级的单位实行联合共同承包的，应当按照资质等级低的单位的业务许可范围承揽工程。

第二十八条 禁止承包单位将其承包的全部建筑工程转包给他人，禁止承包单位将其承包的全部建筑工程肢解以后以分包的名义分别转包给他人。

第二十九条 建筑工程总承包单位可以将承包工程中的部分工程发包给具有相应资质条件的分包单位；但是，除总承包合同中约定的分包外，必须经建设单位认可。施工总承包的，建筑工程主体结构的施工必须由总承包单位自行完成。

建筑工程总承包单位按照总承包合同的约定对建设单位负责；分包单位按照分包合同的约定对总承包单位负责。总承包单位和分包单位就分包工程对建设单位承担连带责任。

禁止总承包单位将工程分包给不具备相应资质条件的单位。禁止分包单位将其承包的工程再分包。

第四章 建筑工程监理

第三十条 国家推行建筑工程监理制度。

国务院可以规定实行强制监理的建筑工程的范围。

第三十一条 实行监理的建筑工程，由建设单位委托具有相应资质条件的工程监理单位监理。建设单位与其委托的工程监理单位应当订立书面委托监理合同。

第三十二条 建筑工程监理应当依照法律、行政法规及有关的技术标准、设计文件和建筑工程承包合同，对承包单位在施工质量、建设工期和建设资金使用等方面，代表建设单位实施监督。

工程监理人员认为工程施工不符合工程设计要求、施工技术标准和合同约定的，有权要求建筑施工企业改正。

工程监理人员发现工程设计不符合建筑工程质量标准或者合同约定的质量要求的，应当报告建设单位要求设计单位改正。

第三十三条 实施建筑工程监理前，建设单位应当将委托的工程监理单位、监理的内容及监理权限，书面通知被监理的建筑施工企业。

第三十四条 工程监理单位应当在其资质等级许可的监理范围内，承担工程监理业务。

工程监理单位应当根据建设单位的委托，客观、公正地执行监理任务。

工程监理单位与被监理工程的承包单位以及建筑材料、建筑构配件和设备供应单位不得有隶属关系或者其他利害关系。

工程监理单位不得转让工程监理业务。

第三十五条 工程监理单位不按照委托监理合同的约定履行监理义务，对应当监督检查的项目不检查或者不按照规定检查，给建设单位造成损失的，应当承担相应的赔偿责任。

工程监理单位与承包单位串通，为承包单位谋取非法利益，给建设单位造成损失的，应当与承包单位承担连带赔偿责任。

第五章 建筑安全生产管理

第三十六条 建筑工程安全生产管理必须坚持安全第一、预防为主的方针，建立健全安全生产的责任制度和群防群治制度。

第三十七条 建筑工程设计应当符合按照国家规定制定的建筑安全规程和技术规范，保证工程的安全性能。

第三十八条 建筑施工企业在编制施工组织设计时，应当根据建筑工程的特点制定相应的安全技术措施；对专业性较强的工程项目，应当编制专项安全施工组织设计，并采取安全技术措施。

第三十九条 建筑施工企业应当在施工现场采取维护安全、防范危险、预防火灾等措施；有条件的，应当对施工现场实行封闭管理。

施工现场对毗邻的建筑物、构筑物和特殊作业环境可能造成损害的，建筑施工企业应当采取安全防护措施。

第四十条 建设单位应当向建筑施工企业提供与施工现场相关的地下管线资料，建筑施工企业应当采取措施加以保护。

第四十一条 建筑施工企业应当遵守有关环境保护和安全生产的法律、法规的规定，采取控制和处理施工现场的各种粉尘、废气、废水、固体废物以及噪声、振动对环境的污染和危害的措施。

第四十二条 有下列情形之一的，建设单位应当按照国家有关规定办理申请批准手续：

（一）需要临时占用规划批准范围以外场地的；

（二）可能损坏道路、管线、电力、邮电通讯等公共设施的；

（三）需要临时停水、停电、中断道路交通的；

（四）需要进行爆破作业的；

（五）法律、法规规定需要办理报批手续的其他情形。

第四十三条 建设行政主管部门负责建筑安全生产的管理，并依法接受劳动行政主管部门对建筑安全生产的指导和监督。

第四十四条 建筑施工企业必须依法加强对建筑安全生产的管理，执行安全生产责任制度，采取有效措施，防止伤亡和其他安全生产事故的发生。

建筑施工企业的法定代表人对本企业的安全生产负责。

第四十五条 施工现场安全由建筑施工企业负责。实行施工总承包的，由总承包单位负责。分包单位向总承包单位负责，服从总承包单位对施工现场的安全生产管理。

第四十六条 建筑施工企业应当建立健全劳动安全生产教育培训制度，加强对职工安全生产的教育培训；未经安全生产教育培训的人员，不得上岗作业。

第四十七条 建筑施工企业和作业人员在施工过程中，应当遵守有关安全生产的法律、法规和建筑行业安全规章、规程，不得违章指挥或者违章作业。作业人员有权对影响人身健康的作业程序和作业条件提出改进意见，有权获得安全生产所需的防护用品。作业人员对危及生命安全和人身健康的行为有权提出批评、检举和控告。

第四十八条 建筑施工企业应当依法为职工参加工伤保险缴纳工伤保险费。鼓励企业为从事危险作业的职工办理意外伤害保险，支付保险费。

第四十九条 涉及建筑主体和承重结构变动的装修工程，建设单位应当在施工前委托原设计单位或者具有相应资质条件的设计单位提出设计方案；没有设计方案的，不得施工。

第五十条 房屋拆除应当由具备保证安全条件的建筑施工单位承担，由建筑施工单位负责人对安全负责。

第五十一条 施工中发生事故时，建筑施工企业应当采取紧急措施减少人员伤亡和事故损失，并按照国家有关规定及时向有关部门报告。

第六章 建筑工程质量管理

第五十二条 建筑工程勘察、设计、施工的质量必须符合国家有关建筑工程安全标准的要求，具体管理办法由国务院规定。

有关建筑工程安全的国家标准不能适应确保建筑安全的要求时，应当及时修订。

第五十三条 国家对从事建筑活动的单位推行质量体系认证制度。从事建筑活动的单位根据自愿原则可以向国务院产品质量监督管理部门或者国务院产品质量监督管理部门授权的部门认可的认证机构申请质量体系认证。经认证合格的，由认证机构颁发质量体系认证证书。

第五十四条 建设单位不得以任何理由，要求建筑设计单位或者建筑施工企业在工程设计或者施工作业中，违反法律、行政法规和建筑工程质量、安全标准，降低工程质量。

建筑设计单位和建筑施工企业对建设单位违反前款规定提出的降低工程质量的要求，应当予以拒绝。

第五十五条 建筑工程实行总承包的，工程质量由工程总承包单位负责，总承包单位将建筑工程分包给其他单位的，应当对分包工程的质量与分包单位承担连带责任。分包单位应当接受总承包单位的质量管理。

第五十六条 建筑工程的勘察、设计单位必须对其勘察、设计的质量负责。勘察、设计文件应当符合有关法律、行政法规的规定和建筑工程质量、安全标准、建筑工程勘察、设计技术规范以及合同的约定。设计文件选用的建筑材料、建筑构配件和设备，应当注明其规格、型号、性能等技术指标，其质量要求必须符合国家规定的标准。

第五十七条 建筑设计单位对设计文件选用的建筑材料、建筑构配件和设备，不得指定生产厂、供应商。

第五十八条 建筑施工企业对工程的施工质量负责。

建筑施工企业必须按照工程设计图纸和施工技术标准施工，不得偷工减料。工程设计的修改由原设计单位负责，建筑施工企业不得擅自修改工程设计。

第五十九条 建筑施工企业必须按照工程设计要求、施工技术标准和合同的约定，对建筑材料、建筑构配件和设备进行检验，不合格的不得使用。

第六十条 建筑物在合理使用寿命内，必须确保地基基础工程和主体结构的质量。

建筑工程竣工时，屋顶、墙面不得留有渗漏、开裂等质量缺陷；对已发现的质量缺陷，建筑施工企业应当修复。

第六十一条 交付竣工验收的建筑工程，必须符合规定的建筑工程质量标准，有完整的工程技术经济资料和经签署的工程保修书，并具备国家规定的其他竣工条件。

建筑工程竣工经验收合格后，方可交付使用；未经验收或者验收不合格的，不得交付使用。

第六十二条 建筑工程实行质量保修制度。

建筑工程的保修范围应当包括地基基础工程、主体结构工程、屋面防水工程和其他土建工程，以及电气管线、上下水管线的安装工程，供热、供冷系统工程等项目；保修的期限应当按照保证建筑物合理寿命年限内正常使用，维护使用者合法权益的原则确定。具体的保修范围和最低保修期限由国务院规定。

第六十三条 任何单位和个人对建筑工程的质量事故、质量缺陷都有权向建设行政主管部门或者其他有关部门进行检举、控告、投诉。

第七章 法律责任

第六十四条 违反本法规定，未取得施工许可证或者开工报告未经批准擅自施工的，责令改正，对不符合开工条件的责令停止施工，可以处以罚款。

第六十五条 发包单位将工程发包给不具有相应资质条件的承包单位的，或者违反本法规定将建筑工程肢解发包的，责令改正，处以罚款。

超越本单位资质等级承揽工程的，责令停止违法行为，处以罚款，可以责令停业整顿，降低资质等级；情节严重的，吊销资质证书；有违法所得的，予以没收。

未取得资质证书承揽工程的，予以取缔，并处罚款；有违法所得的，予以没收。

以欺骗手段取得资质证书的，吊销资质证书，处以罚款；构成犯罪的，依法追究刑事责任。

第六十六条 建筑施工企业转让、出借资质证书或者以其他方式允许他人以本企业的名义承揽工程的，责令改正，没收违法所得，并处罚款，可以责令停业整顿，降低资质等级；情节严重的，吊销资质证书。对因该项承揽工程不符合规定的质量标准造成的损失，建筑施工企业与使用本企业名义的单位或者个人承担连带赔偿责任。

第六十七条 承包单位将承包的工程转包的，或者违反本法规定进行分包的，责令改正，没收违法所得，并处罚款，可以责令停业整顿，降低资质等级；情节严重的，吊销资质证书。

承包单位有前款规定的违法行为的，对因转包工程或者违法分包的工程不符合规定的质量标准造成的损失，与接受转包或者分包的单位承担连带赔偿责任。

第六十八条 在工程发包与承包中索贿、受贿、行贿，构成犯罪的，依法追究刑事责任；不构成犯罪的，分别处以罚款，没收贿赂的财物，对直接负责的主管人员和其他直接责任人员给予处分。

对在工程承包中行贿的承包单位，除依照前款规定处罚外，可以责令停业整顿，降低资质等级或者吊销资质证书。

第六十九条 工程监理单位与建设单位或者建筑施工企业串通，弄虚作假、降低工程质量的，责令改正，处以罚款，降低资质等级或者吊销资质证书；有违法所得的，予以没收；造成损失的，承担连带赔偿责任；构成犯罪的，依法追究刑事责任。

工程监理单位转让监理业务的，责令改正，没收违法所得，可以责令停业整顿，降低资质等级；情节严重的，吊销资质证书。

第七十条 违反本法规定，涉及建筑主体或者承重结构变动的装修工程擅自施工的，责令改正，处以罚款；造成损失的，承担赔偿责任；构成犯罪的，依法追究刑事责任。

第七十一条 建筑施工企业违反本法规定，对建筑安全事故隐患不采取措施予以消除的，责令改正，可以处以罚款；情节严重的，责令停业整顿，降低资质等级或者吊销资质证书；构成犯罪的，依法追究刑事责任。

建筑施工企业的管理人员违章指挥、强令职工冒险作业，因而发生重大伤亡事故或者造成其他严重后果的，依法追究刑事责任。

第七十二条 建设单位违反本法规定，要求建筑设计单位或者建筑施工企业违反建筑工程质量、安全标准，降低工程质量的，责令改正，可以处以罚款；构成犯罪的，依法追究刑事责任。

第七十三条 建筑设计单位不按照建筑工程质量、安全标准进行设计的，责令改正，处以罚款；造成工程质量事故的，责令停业整顿，降低资质等级或者吊销资质证书，没收违法所得，并处罚款；造成损失的，承担赔偿责任；构成犯罪的，依法追究刑事责任。

第七十四条 建筑施工企业在施工中偷工减料的，使用不合格的建筑材料、建筑构配件和设备的，或者有其他不按照工程设计图纸或者施工技术标准施工的行为的，责令改正，处以罚款；情节严重的，责令停业整顿，降低资质等级或者吊销资质证书；造成建筑工程质量不符合规定的质量标准的，负责返工、修理，并赔偿因此造成的损失；构成犯罪的，依法追究刑事责任。

第七十五条 建筑施工企业违反本法规定，不履行保修义务或者拖延履行保修义务的，责令改正，可以处以罚款，并对在保修期内因屋顶、墙面渗漏、开裂等质量缺陷造成的损失，承担赔偿责任。

第七十六条 本法规定的责令停业整顿、降低资质等级和吊销资质证书的行政处罚，由颁发资质证书的机关决定；其他行政处罚，由建设行政主管部门或者有关部门依照法律和国务院规定的职权范围决定。

依照本法规定被吊销资质证书的，由工商行政管理部门吊销其营业执照。

第七十七条 违反本法规定，对不具备相应资质等级条件的单位颁发该等级资质证书的，由其上级机关责令收回所发的资质证书，对直接负责的主管人员和其他直接责任人员给予行政处分；构成犯罪的，依法追究刑事责任。

第七十八条 政府及其所属部门的工作人员违反本法规定，限定发包单位将招标发包的工程发包给指定的承包单位的，由上级机关责令改正；构成犯罪的，依法追究刑事责任。

第七十九条 负责颁发建筑工程施工许可证的部门及其工作人员对不符合施工条件的建筑工程颁发施工许可证的，负责工程质量监督检查或者竣工验收的部门及其工作人员对不合格的建筑工程出具质量合格文件或者按合格工程验收的，由上级机关责令改正，对责任人员给予行政处分；构成犯罪的，依法追究刑事责任；造成损失的，由该部门承担相应的赔偿责任。

第八十条 在建筑物的合理使用寿命内，因建筑工程质量不合格受到损害的，有权向责任者要求赔偿。

第八章 附　　则

第八十一条 本法关于施工许可、建筑施工企业资质审查和建筑工程发包、承包、禁止转包，以及建筑工程监理、建筑工程安全和质量管理的规定，适用于其他专业建筑工程的建筑活动，具体办法由国务院规定。

第八十二条 建设行政主管部门和其他有关部门在对建筑活动实施监督管理中，除按照国务院有关规定收取费用外，不得收取其他费用。

第八十三条 省、自治区、直辖市人民政府确定的小型房屋建筑工程的建筑活动，参照本法执行。

依法核定作为文物保护的纪念建筑物和古建筑等的修缮，依照文物保护的有关法律规定执行。

抢险救灾及其他临时性房屋建筑和农民自建低层住宅的建筑活动，不适用本法。

第八十四条 军用房屋建筑工程建筑活动的具体管理办法，由国务院、中央军事委员会依据本法制定。

第八十五条 本法自 1998 年 3 月 1 日起施行。

中华人民共和国合同法

由中华人民共和国第九届全国人民代表大会第二次会议于1999年3月15日通过，于1999年10月1日起施行。

第一章　一般规定

第一条　立法目的

为了保护合同当事人的合法权益，维护社会经济秩序，促进社会主义现代化建设，制定本法。

第二条　合同定义

本法所称合同是平等主体的自然人、法人、其他组织之间设立、变更、终止民事权利义务关系的协议。

婚姻、收养、监护等有关身份关系的协议，适用其他法律的规定。

第三条　平等原则

合同当事人的法律地位平等，一方不得将自己的意志强加给另一方。

第四条　合同自由原则

当事人依法享有自愿订立合同的权利，任何单位和个人不得非法干预。

第五条　公平原则

当事人应当遵循公平原则确定各方的权利和义务。

第六条　诚实信用原则

当事人行使权利、履行义务应当遵循诚实信用原则。

第七条　遵纪守法原则

当事人订立、履行合同，应当遵守法律、行政法规，尊重社会公德，不得扰乱社会经济秩序，损害社会公共利益。

第八条　依合同履行义务原则

依法成立的合同，对当事人具有法律约束力。当事人应当按照约定履行自己的义务，不得擅自变更或者解除合同。

依法成立的合同，受法律保护。

第二章 合同的订立

第九条 订立合同的能力

当事人订立合同，应当具有相应的民事权利能力和民事行为能力。当事人依法可以委托代理人订立合同。

第十条 合同的形式

当事人订立合同，有书面形式、口头形式和其他形式。法律、行政法规规定采用书面形式的，应当采用书面形式。当事人约定采用书面形式的，应当采用书面形式。

第十一条 书面形式

书面形式是指合同书、信件和数据电文(包括电报、电传、传真、电子数据交换和电子邮件)等可以有形地表现所载内容的形式。

第十二条 合同内容

合同的内容由当事人约定，一般包括以下条款：(一)当事人的名称或者姓名和住所；(二)标的；(三)数量；(四)质量；(五)价款或者报酬；(六)履行期限、地点和方式；(七)违约责任；(八)解决争议的方法。当事人可以参照各类合同的示范文本订立合同。

第十三条 订立合同方式

当事人订立合同，采取要约、承诺方式。

第十四条 要约

要约是希望和他人订立合同的意思表示，该意思表示应当符合下列规定：(一)内容具体确定；(二)表明经受要约人承诺，要约人即受该意思表示约束。

第十五条 要约邀请

要约邀请是希望他人向自己发出要约的意思表示。寄送的价目表、拍卖公告、招标公告、招股说明书、商业广告等为要约邀请。商业广告的内容符合要约规定的，视为要约。

第十六条 要约的生效

要约到达受要约人时生效。采用数据电文形式订立合同，收件人指定特定系统接收数据电文的，该数据电文进入该特定系统的时间，视为到达时间；未指定特定系统的，该数据电文进入收件人的任何系统的首次时间，视为到达时间。

第十七条 要约的撤回

要约可以撤回。撤回要约的通知应当在要约到达受要约人之前或者与要约同时到达受要约人。

第十八条 要约的撤销

要约可以撤销。撤销要约的通知应当在受要约人发出承诺通知之前到达受要约人。

第十九条 要约不得撤销的情形

有下列情形之一的，要约不得撤销：(一)要约人确定了承诺期限或者以其他形式明示要约不可撤销；(二)受要约人有理由认为要约是不可撤销的，并已经为履行合同作了准备工作。

第二十条 要约的失效

有下列情形之一的，要约失效：(一)拒绝要约的通知到达要约人；(二)要约人依法撤销要约；(三)承诺期限届满，受要约人未作出承诺；(四)受要约人对要约的内容作出实质性变更。

第二十一条 承诺的定义

承诺是受要约人同意要约的意思表示。

第二十二条 承诺的方式

承诺应当以通知的方式作出，但根据交易习惯或者要约表明可以通过行为作出承诺的除外。

第二十三条 承诺的期限

承诺应当在要约确定的期限内到达要约人。要约没有确定承诺期限的，承诺应当依照下列规定到达：(一)要约以对话方式作出的，应当即时作出承诺，但当事人另有约定的除外；(二)要约以非对话方式作出的，承诺应当在合理期限内到达。

第二十四条 承诺期限的起点

要约以信件或者电报作出的，承诺期限自信件载明的日期或者电报交发之日开始计算。信件未载明日期的，自投寄该信件的邮戳日期开始计算。要约以电话、传真等快速通讯方式作出的，承诺期限自要约到达受要约人时开始计算。

第二十五条 合同成立时间

承诺生效时合同成立。

第二十六条 承诺的生效

承诺通知到达要约人时生效。承诺不需要通知的，根据交易习惯或者要约的要求作出承诺的行为时生效。采用数据电文形式订立合同的，承诺到达的时间适用本法第十六条第二款的规定。

第二十七条 承诺的撤回

承诺可以撤回。撤回承诺的通知应当在承诺通知到达要约人之前或者与承诺通知同时到达要约人。

第二十八条 新要约

受要约人超过承诺期限发出承诺的，除要约人及时通知受要约人该承诺有效的以外，为新要约。

第二十九条 迟到的承诺

受要约人在承诺期限内发出承诺，按照通常情形能够及时到达要约人，但因其他原因承诺到达要约人时超过承诺期限的，除要约人及时通知受要约人因承诺超过期限不接受该承诺的以外，该承诺有效。

第三十条 承诺的变更

承诺的内容应当与要约的内容一致。受要约人对要约的内容作出实质性变更的，为新要约。有关合同标的、数量、质量、价款或者报酬、履行期限、履行地点和方式、违约责任和解决争议方法等的变更，是对要约内容的实质性变更。

第三十一条 承诺的内容

承诺对要约的内容作出非实质性变更的，除要约人及时表示反对或者要约表明承诺不得对要约的内容作出任何变更的以外，该承诺有效，合同的内容以承诺的内容为准。

第三十二条 合同成立时间

当事人采用合同书形式订立合同的，自双方当事人签字或者盖章时合同成立。

第三十三条 确认书与合同成立

当事人采用信件、数据电文等形式订立合同的，可以在合同成立之前要求签订确认书。签订确认书时合同成立。

第三十四条 合同成立地点

承诺生效的地点为合同成立的地点。采用数据电文形式订立合同的，收件人的主营业地为合同成立的地点；没有主营业地的，其经常居住地为合同成立的地点。当事人另有约定的，按照其约定。

第三十五条 书面合同成立地点

当事人采用合同书形式订立合同的，双方当事人签字或者盖章的地点为合同成立的地点。

第三十六条 书面合同与合同成立

法律、行政法规规定或者当事人约定采用书面形式订立合同，当事人未采用书面形式但一方已经履行主要义务，对方接受的，该合同成立。

第三十七条 合同书与合同成立

采用合同书形式订立合同，在签字或者盖章之前，当事人一方已经履行主要义务，对方接受的，该合同成立。

第三十八条 依国家计划订立合同

国家根据需要下达指令性任务或者国家订货任务的，有关法人、其他组织之间应当依照有关法律、行政法规规定的权利和义务订立合同。

第三十九条 格式合同条款定义及使用人义务

采用格式条款订立合同的，提供格式条款的一方应当遵循公平原则确定当事人之间的权利和义务，并采取合理的方式提请对方注意免除或者限制其责任的条款，按照对方的要求，对该条款予以说明。格式条款是当事人为了重复使用而预先拟定，并在订立合同时未与对方协商的条款。

第四十条 格式合同条款的无效

格式条款具有本法第五十二条和第五十三条规定情形的，或者提供格式条款一方免除其责任、加重对方责任、排除对方主要权利的，该条款无效。

第四十一条 格式合同的解释

对格式条款的理解发生争议的，应当按照通常理解予以解释。对格式条款有两种以上解释的，应当作出不利于提供格式条款一方的解释。格式条款和非格式条款不一致的，应当采用非格式条款。

第四十二条 缔约过失

当事人在订立合同过程中有下列情形之一，给对方造成损失的，应当承担损害赔偿责任：(一)假借订立合同，恶意进行磋商；(二)故意隐瞒与订立合同有关的重要事实或者提供虚假情况；(三)有其他违背诚实信用原则的行为。

第四十三条 保密义务

当事人在订立合同过程中知悉的商业秘密，无论合同是否成立，不得泄露或者不正当地使用。泄露或者不正当地使用该商业秘密给对方造成损失的，应当承担损害赔偿责任。

第三章　合同的效力

第四十四条　合同的生效

依法成立的合同，自成立时生效。法律、行政法规规定应当办理批准、登记等手续生效的，依照其规定。

第四十五条　附条件的合同

当事人对合同的效力可以约定附条件。附生效条件的合同，自条件成就时生效。附解除条件的合同，自条件成就时失效。当事人为自己的利益不正当地阻止条件成就的，视为条件已成就；不正当地促成条件成就的，视为条件不成就。

第四十六条　附期限的合同

当事人对合同的效力可以约定附期限。附生效期限的合同，自期限届至时生效。附终止期限的合同，自期限届满时失效。

第四十七条　限制行为能力人订立的合同

限制民事行为能力人订立的合同，经法定代理人追认后，该合同有效，但纯获利益的合同或者与其年龄、智力、精神健康状况相适应而订立的合同，不必经法定代理人追认。相对人可以催告法定代理人在一个月内予以追认。法定代理人未作表示的，视为拒绝追认。合同被追认之前，善意相对人有撤销的权利。撤销应当以通知的方式作出。

第四十八条　无权代理人订立的合同

行为人没有代理权、超越代理权或者代理权终止后以被代理人名义订立的合同，未经被代理人追认，对被代理人不发生效力，由行为人承担责任。相对人可以催告被代理人在一个月内予以追认。被代理人未作表示的，视为拒绝追认。合同被追认之前，善意相对人有撤销的权利。撤销应当以通知的方式作出。

第四十九条　表见代理

行为人没有代理权、超越代理权或者代理权终止后以被代理人名义订立合同，相对人有理由相信行为人有代理权的，该代理行为有效。

第五十条　法定代表人越权行为

法人或者其他组织的法定代表人、负责人超越权限订立的合同，除相对人知道或者应当知道其超越权限的以外，该代表行为有效。

第五十一条 无处分权人订立的合同

无处分权的人处分他人财产，经权利人追认或者无处分权的人订立合同后取得处分权的，该合同有效。

第五十二条 合同无效的法定情形

有下列情形之一的，合同无效：(一)一方以欺诈、胁迫的手段订立合同，损害国家利益；(二)恶意串通，损害国家、集体或者第三人利益；(三)以合法形式掩盖非法目的；(四)损害社会公共利益；(五)违反法律、行政法规的强制性规定。

第五十三条 合同免责条款的无效

合同中的下列免责条款无效：(一)造成对方人身伤害的；(二)因故意或者重大过失造成对方财产损失的。

第五十四条 可撤销合同

下列合同，当事人一方有权请求人民法院或者仲裁机构变更或者撤销：(一)因重大误解订立的；(二)在订立合同时显失公平的。一方以欺诈、胁迫的手段或者乘人之危，使对方在违背真实意思的情况下订立的合同，受损害方有权请求人民法院或者仲裁机构变更或者撤销。当事人请求变更的，人民法院或者仲裁机构不得撤销。

第五十五条 撤销权的消灭

有下列情形之一的，撤销权消灭：(一)具有撤销权的当事人自知道或者应当知道撤销事由之日起一年内没有行使撤销权；(二)具有撤销权的当事人知道撤销事由后明确表示或者以自己的行为放弃撤销权。

第五十六条 合同自始无效与部分有效

无效的合同或者被撤销的合同自始没有法律约束力。合同部分无效，不影响其他部分效力的，其他部分仍然有效。

第五十七条 合同解决争议条款的效力

合同无效、被撤销或者终止的，不影响合同中独立存在的有关解决争议方法的条款的效力。

第五十八条 合同无效或被撤销的法律后果

合同无效或者被撤销后，因该合同取得的财产，应当予以返还；不能返还或者没有必要返还的，应当折价补偿。有过错的一方应当赔偿对方因此所受到的损失，双方都有过错的，应当各自承担相应的责任。

第五十九条 恶意串通获取财产的返还

当事人恶意串通，损害国家、集体或者第三人利益的，因此取得的财产收归国家所有或者返还集体、第三人。

第四章 合同的履行

第六十条 严格履行与诚实信用

当事人应当按照约定全面履行自己的义务。当事人应当遵循诚实信用原则，根据合同的性质、目的和交易习惯履行通知、协助、保密等义务。

第六十一条 合同约定不明的补救

合同生效后，当事人就质量、价款或者报酬、履行地点等内容没有约定或者约定不明确的，可以协议补充；不能达成补充协议的，按照合同有关条款或者交易习惯确定。

第六十二条 合同约定不明时的履行

当事人就有关合同内容约定不明确，依照本法第六十一条的规定仍不能确定的，适用下列规定：(一)质量要求不明确的，按照国家标准、行业标准履行；没有国家标准、行业标准的，按照通常标准或者符合合同目的的特定标准履行。(二)价款或者报酬不明确的，按照订立合同时履行地的市场价格履行；依法应当执行政府定价或者政府指导价的，按照规定履行。(三)履行地点不明确，给付货币的，在接受货币一方所在地履行；交付不动产的，在不动产所在地履行；其他标的，在履行义务一方所在地履行。(四)履行期限不明确的，债务人可以随时履行，债权人也可以随时要求履行，但应当给对方必要的准备时间。(五)履行方式不明确的，按照有利于实现合同目的的方式履行。(六)履行费用的负担不明确的，由履行义务一方负担。

第六十三条 交付期限与价格执行

执行政府定价或者政府指导价的，在合同约定的交付期限内政府价格调整时，按照交付时的价格计价。逾期交付标的物的，遇价格上涨时，按照原价格执行；价格下降时，按照新价格执行。逾期提取标的物或者逾期付款的，遇价格上涨时，按照新价格执行；价格下降时，按照原价格执行。

第六十四条 向第三人履行合同

当事人约定由债务人向第三人履行债务的，债务人未向第三人履行债务或者履行债务不符合约定，应当向债权人承担违约责任。

第六十五条 第三人不履行合同的责任承担

当事人约定由第三人向债权人履行债务，第三人不履行债务或者履行债务不符合约定，债务人应当向债权人承担违约责任。

第六十六条 同时履行抗辩权

当事人互负债务，没有先后履行顺序的，应当同时履行。一方在对方履行之前有权拒绝其履行要求。一方在对方履行债务不符合约定时，有权拒绝其相应的履行要求。

第六十七条 先履行义务

当事人互负债务，有先后履行顺序，先履行一方未履行的，后履行一方有权拒绝其履行要求。先履行一方履行债务不符合约定的，后履行一方有权拒绝其相应的履行要求。

第六十八条 不安抗辩权

应当先履行债务的当事人，有确切证据证明对方有下列情形之一的，可以中止履行：(一)经营状况严重恶化；(二)转移财产、抽逃资金，以逃避债务；(三)丧失商业信誉；(四)有丧失或者可能丧失履行债务能力的其他情形。当事人没有确切证据中止履行的，应当承担违约责任。

第六十九条 不安抗辩权的行使

当事人依照本法第六十八条的规定中止履行的，应当及时通知对方。对方提供适当担保时，应当恢复履行。中止履行后，对方在合理期限内未恢复履行能力并且未提供适当担保的，中止履行的一方可以解除合同。

第七十条 因债权人原因致债务履行困难的处理

债权人分立、合并或者变更住所没有通知债务人，致使履行债务发生困难的，债务人可以中止履行或者将标的物提存。

第七十一条 债务的提前履行

债权人可以拒绝债务人提前履行债务，但提前履行不损害债权人利益的除外。债务人提前履行债务给债权人增加的费用，由债务人负担。

第七十二条 债务的部分履行

债权人可以拒绝债务人部分履行债务，但部分履行不损害债权人利益的除外。债务人部分履行债务给债权人增加的费用，由债务人负担。

第七十三条 债权人的代位权

因债务人怠于行使其到期债权，对债权人造成损害的，债权人可以向人民法院请求以自己的名义代位行使债务人的债权，但该债权专属于债务人自身的除外。代位权的行使范围以债权人的债权为限。债权人行使代位权的必要费用，由债务人负担。

第七十四条 债权人的撤销权

因债务人放弃其到期债权或者无偿转让财产，对债权人造成损害的，债权人可以请求人民法院撤销债务人的行为。债务人以明显不合理的低价转让财产，对债权人造成损害，并且受让人知道该情形的，债权人也可以请求人民法院撤销债务人的行为。撤销权的行使范围以债权人的债权为限。债权人行使撤销权的必要费用，由债务人负担。

第七十五条 撤销权的期间

撤销权自债权人知道或者应当知道撤销事由之日起一年内行使。自债务人的行为发生之日起五年内没有行使撤销权的，该撤销权消灭。

第七十六条 当事人变化对合同履行的影响

合同生效后，当事人不得因姓名、名称的变更或者法定代表人、负责人、承办人的变动而不履行合同义务。

第五章 合同的变更和转让

第七十七条 合同变更条件

当事人协商一致，可以变更合同。法律、行政法规规定变更合同应当办理批准、登记等手续的，依照其规定。

第七十八条 合同变更内容不明的处理

当事人对合同变更的内容约定不明确的，推定为未变更。

第七十九条 债权的转让

债权人可以将合同的权利全部或者部分转让给第三人，但有下列情形之一的除外：(一)根据合同性质不得转让；(二)按照当事人约定不得转让；(三)依照法律规定不得转让。

第八十条 债权转让的通知义务

债权人转让权利的，应当通知债务人。未经通知，该转让对债务人不发生效力。债权人转让权利的通知不得撤销，但经受让人同意的除外。

第八十一条 从权利的转移

债权人转让权利的，受让人取得与债权有关的从权利，但该从权利专属于债权人自身的除外。

第八十二条 债务人的抗辩权

债务人接到债权转让通知后，债务人对让与人的抗辩，可以向受让人主张。

第八十三条 债务人的抵销权

债务人接到债权转让通知时，债务人对让与人享有债权，并且债务人的债权先于转让的债权到期或者同时到期的，债务人可以向受让人主张抵销。

第八十四条 债权人同意

债务人将合同的义务全部或者部分转移给第三人的，应当经债权人同意。

第八十五条 承担人的抗辩

债务人转移义务的，新债务人可以主张原债务人对债权人的抗辩。

第八十六条 从债的转移

债务人转移义务的，新债务人应当承担与主债务有关的从债务，但该从债务专属于原债务人自身的除外。

第八十七条 合同转让形式要件

法律、行政法规规定转让权利或者转移义务应当办理批准、登记等手续的，依照其规定。

第八十八条 概括转让

当事人一方经对方同意，可以将自己在合同中的权利和义务一并转让给第三人。

第八十九条 概括转让的效力

权利和义务一并转让的，适用本法第七十九条、第八十一条至第八十三条、第八十五条至第八十七条的规定。

第九十条 新当事人的概括承受

当事人订立合同后合并的，由合并后的法人或者其他组织行使合同权利，履行合同义务。当事人订立合同后分立的，除债权人和债务人另有约定的以外，由分立的法人或者其他组织对合同的权利和义务享有连带债权，承担连带债务。

第六章 合同的权利义务终止

第九十一条 合同消灭的原因

有下列情形之一的，合同的权利义务终止：（一）债务已经按照约定履行；（二）合同解除；（三）债务相互抵销；（四）债务人依法将标的物提存；（五）债权人免除债务；(六)债权债务同归于一人；(七)法律规定或者当事人约定终止的其他情形。

第九十二条 合同终止后的义务

合同的权利义务终止后，当事人应当遵循诚实信用原则，根据交易习惯履行通知、协助、保密等义务。

第九十三条 合同约定解除

当事人协商一致，可以解除合同。当事人可以约定一方解除合同的条件。解除合同的条件成就时，解除权人可以解除合同。

第九十四条 合同的法定解除

有下列情形之一的，当事人可以解除合同：(一)因不可抗力致使不能实现合同目的；(二)在履行期限届满之前，当事人一方明确表示或者以自己的行为表明不履行主要债务；(三)当事人一方迟延履行主要债务，经催告后在合理期限内仍未履行；(四)当事人一方迟延履行债务或者有其他违约行为致使不能实现合同目的；(五)法律规定的其他情形。

第九十五条 解除权消灭

法律规定或者当事人约定解除权行使期限，期限届满当事人不行使的，该权利消灭。法律没有规定或者当事人没有约定解除权行使期限，经对方催告后在合理期限内不行使的，该权利消灭。

第九十六条 解除权的行使

当事人一方依照本法第九十三条第二款、第九十四条的规定主张解除合同的，应当通知对方。合同自通知到达对方时解除。对方有异议的，可以请求人民法院或者仲裁机构确认解除合同的效力。法律、行政法规规定解除合同应当办理批准、登记等手续的，依照其规定。

第九十七条 解除的效力

合同解除后，尚未履行的，终止履行；已经履行的，根据履行情况和合同性质，当事人可以要求恢复原状、采取其他补救措施，并有权要求赔偿损失。

第九十八条 结算、清理条款效力

合同的权利义务终止，不影响合同中结算和清理条款的效力。

第九十九条 债务的抵销及行使

当事人互负到期债务，该债务的标的物种类、品质相同的，任何一方可以将自己的债务与对方的债务抵销，但依照法律规定或者按照合同性质不得抵销的除外。当事人主张抵销的，应当通知对方。通知自到达对方时生效。抵销不得附条件或者附期限。

第一百条 债务的约定抵销

当事人互负债务，标的物种类、品质不相同的，经双方协商一致，也可以抵销。

第一百零一条 提存的要件

有下列情形之一，难以履行债务的，债务人可以将标的物提存：(一)债权人无正当理由拒绝受领；(二)债权人下落不明；(三)债权人死亡未确定继承人或者丧失民事行为能力未确定监护人；(四)法律规定的其他情形。标的物不适于提存或者提存费用过高的，债务人依法可以拍卖或者变卖标的物，提存所得的价款。

第一百零二条 提存后的通知

标的物提存后，除债权人下落不明的以外，债务人应当及时通知债权人或者债权人的继承人、监护人。

第一百零三条 提存的效力

标的物提存后，毁损、灭失的风险由债权人承担。提存期间，标的物的孳息归债权人所有。提存费用由债权人负担。

第一百零四条 提存物的受领及受领权消灭

债权人可以随时领取提存物，但债权人对债务人负有到期债务的，在债权人未履行债务或者提供担保之前，提存部门根据债务人的要求应当拒绝其领取提存物。债权人领取提存物的权利，自提存之日起五年内不行使而消灭，提存物扣除提存费用后归国家所有。

第一百零五条 免除的效力

债权人免除债务人部分或者全部债务的，合同的权利义务部分或者全部终止。

第一百零六条 混同的效力

债权和债务同归于一人的，合同的权利义务终止，但涉及第三人利益的除外。

第七章 违约责任

第一百零七条 违约责任

当事人一方不履行合同义务或者履行合同义务不符合约定的，应当承担继续履行、采取补救措施或者赔偿损失等违约责任。

第一百零八条 拒绝履行

当事人一方明确表示或者以自己的行为表明不履行合同义务的，对方可以在履行期限届满之前要求其承担违约责任。

第一百零九条 金钱债务的违约责任

当事人一方未支付价款或者报酬的，对方可以要求其支付价款或者报酬。

第一百一十条 非金钱债务的违约责任

当事人一方不履行非金钱债务或者履行非金钱债务不符合约定的，对方可以要求履行，但有下列情形之一的除外：（一）法律上或者事实上不能履行；（二）债务的标的不适于强制履行或者履行费用过高；（三）债权人在合理期限内未要求履行。

第一百一十一条 瑕疵履行

质量不符合约定的，应当按照当事人的约定承担违约责任。对违约责任没有约定或者约定不明确，依照本法第六十一条的规定仍不能确定的，受损害方根据标的的性质以及损失的大小，可以合理选择要求对方承担修理、更换、重作、退货、减少价款或者报酬等违约责任。

第一百一十二条 履行、补救措施后的损失赔偿

当事人一方不履行合同义务或者履行合同义务不符合约定的，在履行义务或者采取补救措施后，对方还有其他损失的，应当赔偿损失。

第一百一十三条 损害赔偿的范围

当事人一方不履行合同义务或者履行合同义务不符合约定，给对方造成损失的，损失赔偿额应当相当于因违约所造成的损失，包括合同履行后可以获得的利益，但不得超过违反合同一方订立合同时预见到或者应当预见到的因违反合同可能造成的损失。经营者对消费者提供商品或者服务有欺诈行为的，依照《中华人民共和国消费者权益保护法》的规定承担损害赔偿责任。

第一百一十四条 违约金

当事人可以约定一方违约时应当根据违约情况向对方支付一定数额的违约金，也可以约定因违约产生的损失赔偿额的计算方法。约定的违约金低于造成的损失的，当事人可以请求人民法院或者仲裁机构予以增加；约定的违约金过分高于造成的损失的，当事人可以请求人民法院或者仲裁机构予以适当减少。当事人

就迟延履行约定违约金的，违约方支付违约金后，还应当履行债务。

第一百一十五条 定金

当事人可以依照《中华人民共和国担保法》约定一方向对方给付定金作为债权的担保。债务人履行债务后，定金应当抵作价款或者收回。给付定金的一方不履行约定的债务的，无权要求返还定金；收受定金的一方不履行约定的债务的，应当双倍返还定金。

第一百一十六条 违约金与定金的选择

当事人既约定违约金，又约定定金的，一方违约时，对方可以选择适用违约金或者定金条款。

第一百一十七条 不可抗力

因不可抗力不能履行合同的，根据不可抗力的影响，部分或者全部免除责任，但法律另有规定的除外。当事人迟延履行后发生不可抗力的，不能免除责任。本法所称不可抗力，是指不能预见、不能避免并不能克服的客观情况。

第一百一十八条 不可抗力的通知与证明

当事人一方因不可抗力不能履行合同的，应当及时通知对方，以减轻可能给对方造成的损失，并应当在合理期限内提供证明。

第一百一十九条 减损规则

当事人一方违约后，对方应当采取适当措施防止损失的扩大；没有采取适当措施致使损失扩大的，不得就扩大的损失要求赔偿。当事人因防止损失扩大而支出的合理费用，由违约方承担。

第一百二十条 双方违约的责任

当事人双方都违反合同的，应当各自承担相应的责任。

第一百二十一条 因第三人的过错造成的违约

当事人一方因第三人的原因造成违约的，应当向对方承担违约责任。当事人一方和第三人之间的纠纷，依照法律规定或者按照约定解决。

第一百二十二条 责任竞合

因当事人一方的违约行为，侵害对方人身、财产权益的，受损害方有权选择依照本法要求其承担违约责任或者依照其他法律要求其承担侵权责任。

第八章 其他规定

第一百二十三条 其他规定的适用

其他法律对合同另有规定的，依照其规定。

第一百二十四条 无名合同

本法分则或者其他法律没有明文规定的合同，适用本法总则的规定，并可以参照本法分则或者其他法律最相类似的规定。

第一百二十五条 合同解释

当事人对合同条款的理解有争议的，应当按照合同所使用的词句、合同的有关条款、合同的目的、交易习惯以及诚实信用原则，确定该条款的真实意思。合同文本采用两种以上文字订立并约定具有同等效力的，对各文本使用的词句推定具有相同含义。各文本使用的词句不一致的，应当根据合同的目的予以解释。

第一百二十六条 涉外合同

涉外合同的当事人可以选择处理合同争议所适用的法律，但法律另有规定的除外。涉外合同的当事人没有选择的，适用与合同有最密切联系的国家的法律。在中华人民共和国境内履行的中外合资经营企业合同、中外合作经营企业合同、中外合作勘探开发自然资源合同，适用中华人民共和国法律。

第一百二十七条 合同监督机关

工商行政管理部门和其他有关行政主管部门在各自的职权范围内，依照法律、行政法规的规定，对利用合同危害国家利益、社会公共利益的违法行为，负责监督处理；构成犯罪的，依法追究刑事责任。

第一百二十八条 合同争议的解决

当事人可以通过和解或者调解解决合同争议。当事人不愿和解、调解或者和解、调解不成的，可以根据仲裁协议向仲裁机构申请仲裁。涉外合同的当事人可以根据仲裁协议向中国仲裁机构或者其他仲裁机构申请仲裁。当事人没有订立仲裁协议或者仲裁协议无效的，可以向人民法院起诉。当事人应当履行发生法律效力的判决、仲裁裁决、调解书；拒不履行的，对方可以请求人民法院执行。

第一百二十九条 特殊时效

因国际货物买卖合同和技术进出口合同争议提起诉讼或者申请仲裁的期限为四年，自当事人知道或者应当知道其权利受到侵害之日起计算。因其他合同争议提起诉讼或者申请仲裁的期限，依照有关法律的规定。

第九章 买卖合同

第一百三十条 定义

买卖合同是出卖人转移标的物的所有权于买受人，买受人支付价款的合同。

第一百三十一条 买卖合同的内容

买卖合同的内容除依照本法第十二条的规定以外，还可以包括包装方式、检验标准和方法、结算方式、合同使用的文字及其效力等条款。

第一百三十二条 标的物

出卖的标的物，应当属于出卖人所有或者出卖人有权处分。法律、行政法规禁止或者限制转让的标的物，依照其规定。

第一百三十三条 标的物所有权转移时间

标的物的所有权自标的物交付时起转移，但法律另有规定或者当事人另有约定的除外。

第一百三十四条 标的物所有权转移的约定

当事人可以在买卖合同中约定买受人未履行支付价款或者其他义务的，标的物的所有权属于出卖人。

第一百三十五条 出卖人的基本义务

出卖人应当履行向买受人交付标的物或者交付提取标的物的单证，并转移标的物所有权的义务。

第一百三十六条 有关单证和资料的交付

出卖人应当按照约定或者交易习惯向买受人交付提取标的物单证以外的有关单证和资料。

第一百三十七条 知识产权归属

出卖具有知识产权的计算机软件等标的物的，除法律另有规定或者当事人另有约定的以外，该标的物的知识产权不属于买受人。

第一百三十八条 交付的时间

出卖人应当按照约定的期限交付标的物。约定交付期间的，出卖人可以在该交付期间内的任何时间交付。

第一百三十九条 交付时间的推定

当事人没有约定标的物的交付期限或者约定不明确的，适用本法第六十一条、第六十二条第四项的规定。

第一百四十条 占有标的物与交付时间

标的物在订立合同之前已为买受人占有的，合同生效的时间为交付时间。

第一百四十一条 交付的地点

出卖人应当按照约定的地点交付标的物。当事人没有约定交付地点或者约定不明确，依照本法第六十一条的规定仍不能确定的，适用下列规定：（一）标的物需要运输的，出卖人应当将标的物交付给第一承运人以运交给买受人；（二）标的物不需要运输，出卖人和买受人订立合同时知道标的物在某一地点的，出卖人应当在该地点交付标的物；不知道标的物在某一地点的，应当在出卖人订立合同时的营业地交付标的物。

第一百四十二条 标的物的风险负担

标的物毁损、灭失的风险，在标的物交付之前由出卖人承担，交付之后由买受人承担，但法律另有规定或者当事人另有约定的除外。

第一百四十三条 买受人违约交付的风险承担

因买受人的原因致使标的物不能按照约定的期限交付的，买受人应当自违反约定之日起承担标的物毁损、灭失的风险。

第一百四十四条 在途标的物的风险承担

出卖人出卖交由承运人运输的在途标的物，除当事人另有约定的以外，毁损、灭失的风险自合同成立时起由买受人承担。

第一百四十五条 标的物交付给第一承运人后的风险承担

当事人没有约定交付地点或者约定不明确，依照本法第一百四十一条第二款第一项的规定标的物需要运输的，出卖人将标的物交付给第一承运人后，标的物毁损、灭失的风险由买受人承担。

第一百四十六条 买受人不履行接收标的物义务的风险承担

出卖人按照约定或者依照本法第一百四十一条第二款第二项的规定将标的物置于交付地点，买受人违反约定没有收取的，标的物毁损、灭失的风险自违反约定之日起由买受人承担。

第一百四十七条 未交付单证、资料与风险承担

出卖人按照约定未交付有关标的物的单证和资料的，不影响标的物毁损、灭失风险的转移。

第一百四十八条 标的物的瑕疵担保责任

因标的物质量不符合质量要求，致使不能实现合同目的的，买受人可以拒绝接受标的物或者解除合同。买受人拒绝接受标的物或者解除合同的，标的物毁损、灭失的风险由出卖人承担。

第一百四十九条 风险承担不影响瑕疵担保

标的物毁损、灭失的风险由买受人承担的，不影响因出卖人履行债务不符合约定，买受人要求其承担违约责任的权利。

第一百五十条 标的物权利瑕疵担保

出卖人就交付的标的物，负有保证第三人不得向买受人主张任何权利的义务，但法律另有规定的除外。

第一百五十一条 权利瑕疵担保责任和免除

买受人订立合同时知道或者应当知道第三人对买卖的标的物享有权利的，出卖人不承担本法第一百五十条规定的义务。

第一百五十二条 中止支付价款权

买受人有确切证据证明第三人可能就标的物主张权利的，可以中止支付相应的价款，但出卖人提供适当担保的除外。

第一百五十三条 标的物的瑕疵担保

出卖人应当按照约定的质量要求交付标的物。出卖人提供有关标的物质量说明的，交付的标的物应当符合该说明的质量要求。

第一百五十四条 法定质量担保

当事人对标的物的质量要求没有约定或者约定不明确，依照本法第六十一条的规定仍不能确定的，适用本法第六十二条第一项的规定。

第一百五十五条 承受人权利

出卖人交付的标的物不符合质量要求的，买受人可以依照本法第一百一十一条的规定要求承担违约责任。

第一百五十六条 标的物包装方式

出卖人应当按照约定的包装方式交付标的物。对包装方式没有约定或者约定不明确，依照本法第六十一条的规定仍不能确定的，应当按照通用的方式包装，没有通用方式的，应当采取足以保护标的物的包装方式。

第一百五十七条 买受人的检验义务

买受人收到标的物时应当在约定的检验期间内检验。没有约定检验期间的，应当及时检验。

第一百五十八条 买受人的通知义务及免除

当事人约定检验期间的，买受人应当在检验期间内将标的物的数量或者质量不符合约定的情形通知出卖人。买受人怠于通知的，视为标的物的数量或者质量符合约定。当事人没有约定检验期间的，买受人应当在发现或者应当发现标的物的数量或者质量不符合约定的合理期间内通知出卖人。买受人在合理期间内未通知或者自标的物收到之日起两年内未通知出卖人的，视为标的物的数量或者质量符合约定，但对标的物有质量保证期的，适用质量保证期，不适用该两年的规定。出卖人知道或者应当知道提供的标的物不符合约定的，买受人不受前两款规定的通知时间的限制。

第一百五十九条 买受人的基本义务

买受人应当按照约定的数额支付价款。对价款没有约定或者约定不明确的，适用本法第六十一条、第六十二条第二项的规定。

第一百六十条 支付价款的地点

买受人应当按照约定的地点支付价款。对支付地点没有约定或者约定不明确，依照本法第六十一条的规定仍不能确定的，买受人应当在出卖人的营业地支付，但约定支付价款以交付标的物或者交付提取标的物单证为条件的，在交付标的物或者交付提取标的物单证的所在地支付。

第一百六十一条 支付价款的时间

买受人应当按照约定的时间支付价款。对支付时间没有约定或者约定不明确，依照本法第六十一条的规定仍不能确定的，买受人应当在收到标的物或者提取标的物单证的同时支付。

第一百六十二条 多交标的物的处理

出卖人多交标的物的，买受人可以接收或者拒绝接收多交的部分。买受人接收多交部分的，按照合同的价格支付价款；买受人拒绝接收多交部分的，应当及时通知出卖人。

第一百六十三条 标的物孳息的归属

标的物在交付之前产生的孳息，归出卖人所有，交付之后产生的孳息，归买受人所有。

第一百六十四条 解除合同与主物的关系

因标的物的主物不符合约定而解除合同的，解除合同的效力及于从物。因标的物的从物不符合约定被解除的，解除的效力不及于主物。

第一百六十五条 数物并存的合同解除

标的物为数物，其中一物不符合约定的，买受人可以就该物解除，但该物与他物分离使标的物的价值显受损害的，当事人可以就数物解除合同。

第一百六十六条 分批交付标的物的合同解除

出卖人分批交付标的物的，出卖人对其中一批标的物不交付或者交付不符合约定，致使该批标的物不能实现合同目的的，买受人可以就该批标的物解除。出卖人不交付其中一批标的物或者交付不符合约定，致使今后其他各批标的物的交付不能实现合同目的的，买受人可以就该批以及今后其他各批标的物解除。买受人如果就其中一批标的物解除，该批标的物与其他各批标的物相互依存的，可以就已经交付和未交付的各批标的物解除。

第一百六十七条 分期付款买卖中的合同解除

分期付款的买受人未支付到期价款的金额达到全部价款的五分之一的，出卖人可以要求买受人支付全部价款或者解除合同。出卖人解除合同的，可以向买受人要求支付该标的物的使用费。

第一百六十八条 样品买卖

凭样品买卖的当事人应当封存样品，并可以对样品质量予以说明。出卖人交付的标的物应当与样品及其说明的质量相同。

第一百六十九条 样品买卖特殊责任

凭样品买卖的买受人不知道样品有隐蔽瑕疵的，即使交付的标的物与样品相同，出卖人交付的标的物的质量仍然应当符合同种物的通常标准。

第一百七十条 试用买卖的试用期间

试用买卖的当事人可以约定标的物的试用期间。对试用期间没有约定或者约定不明确，依照本法第六十一条的规定仍不能确定的，由出卖人确定。

第一百七十一条 买受人对标的物的认可

试用买卖的买受人在试用期内可以购买标的物，也可以拒绝购买。试用期间届满，买受人对是否购买标的物未作表示的，视为购买。

第一百七十二条 招标投标买卖

招标投标买卖的当事人的权利和义务以及招标投标程序等，依照有关法律、行政法规的规定。

第一百七十三条 拍卖

拍卖的当事人的权利和义务以及拍卖程序等，依照有关法律、行政法规的规定。

第一百七十四条 买卖合同准用于有偿合同

法律对其他有偿合同有规定的，依照其规定；没有规定的，参照买卖合同的有关规定。

第一百七十五条 互易合同

当事人约定易货交易，转移标的物的所有权的，参照买卖合同的有关规定。

第十章 供用电、水、气、热力合同

第一百七十六条 定义

供用电合同是供电人向用电人供电，用电人支付电费的合同。

第一百七十七条 主要条款

供用电合同的内容包括供电的方式、质量、时间，用电容量、地址、性质，计量方式，电价、电费的结算方式，供用电设施的维护责任等条款。

第一百七十八条 履行地

供用电合同的履行地点，按照当事人约定；当事人没有约定或者约定不明确的，供电设施的产权分界处为履行地点。

第一百七十九条 安全供电义务及责任

供电人应当按照国家规定的供电质量标准和约定安全供电。供电人未按照国家规定的供电质量标准和约定安全供电，造成用电人损失的，应当承担损害赔偿责任。

第一百八十条 中断供电的通知义务

供电人因供电设施计划检修、临时检修、依法限电或者用电人违法用电等原因，需要中断供电时，应当按照国家有关规定事先通知用电人。未事先通知用电人中断供电，造成用电人损失的，应当承担损害赔偿责任。

第一百八十一条 不可抗力断电的抢修义务

因自然灾害等原因断电，供电人应当按照国家有关规定及时抢修。未及时抢修，造成用电人损失的，应当承担损害赔偿责任。

第一百八十二条 用电人交付电费义务

用电人应当按照国家有关规定和当事人的约定及时交付电费。用电人逾期不交付电费的，应当按照约定支付违约金。经催告用电人在合理期限内仍不交付电费和违约金的，供电人可以按照国家规定的程序中止供电。

第一百八十三条 安全用电义务

用电人应当按照国家有关规定和当事人的约定安全用电。用电人未按照国家有关规定和当事人的约定安全用电，造成供电人损失的，应当承担损害赔偿责任。

第一百八十四条 供用水、气、热力合同

供用水、供用气、供用热力合同，参照供用电合同的有关规定。

第十一章 赠与合同

第一百八十五条 定义

赠与合同是赠与人将自己的财产无偿给予受赠人，受赠人表示接受赠与的合同。

第一百八十六条 赠与合同的任意撤销与限制

赠与人在赠与财产的权利转移之前可以撤销赠与。具有救灾、扶贫等社会公益、道德义务性质的赠与合同或者经过公证的赠与合同，不适用前款规定。

第一百八十七条 赠与的登记等手续

赠与的财产依法需要办理登记等手续的，应当办理有关手续。

第一百八十八条 受赠人的交付请求权

具有救灾、扶贫等社会公益、道德义务性质的赠与合同或者经过公证的赠与合同，赠与人不交付赠与的财产的，受赠人可以要求交付。

第一百八十九条 赠与人责任

因赠与人故意或者重大过失致使赠与的财产毁损、灭失的，赠与人应当承担损害赔偿责任。

第一百九十条 附义务赠与

赠与可以附义务。赠与附义务的，受赠人应当按照约定履行义务。

第一百九十一条 赠与的瑕疵担保责任

赠与的财产有瑕疵的，赠与人不承担责任。附义务的赠与，赠与的财产有瑕疵的，赠与人在附义务的限度内承担与出卖人相同的责任。赠与人故意不告知瑕疵或者保证无瑕疵，造成受赠人损失的，应当承担损害赔偿责任。

第一百九十二条 赠与的法定撤销

受赠人有下列情形之一的，赠与人可以撤销赠与：(一)严重侵害赠与人或者赠与人的近亲属；(二)对赠与人有扶养义务而不履行；(三)不履行赠与合同约定的义务。赠与人的撤销权，自知道或者应当知道撤销原因之日起一年内行使。

第一百九十三条 赠与人的继承人或法定代理人的撤销权

因受赠人的违法行为致使赠与人死亡或者丧失民事行为能力的，赠与人的继

承人或者法定代理人可以撤销赠与。赠与人的继承人或者法定代理人的撤销权，自知道或者应当知道撤销原因之日起六个月内行使。

第一百九十四条 赠与财产的返还

撤销权人撤销赠与的，可以向受赠人要求返还赠与的财产。

第一百九十五条 赠与义务的免除

赠与人的经济状况显著恶化，严重影响其生产经营或者家庭生活的，可以不再履行赠与义务。

第十二章 借款合同

第一百九十六条 定义

借款合同是借款人向贷款人借款，到期返还借款并支付利息的合同。

第一百九十七条 合同形式及主要条款

借款合同采用书面形式，但自然人之间借款另有约定的除外。借款合同的内容包括借款种类、币种、用途、数额、利率、期限和还款方式等条款。

第一百九十八条 合同的担保

订立借款合同，贷款人可以要求借款人提供担保。担保依照《中华人民共和国担保法》的规定。

第一百九十九条 借款人提供其真实情况的义务

订立借款合同，借款人应当按照贷款人的要求提供与借款有关的业务活动和财务状况的真实情况。

第二百条 利息的预先扣除

借款的利息不得预先在本金中扣除。利息预先在本金中扣除的，应当按照实际借款数额返还借款并计算利息。

第二百零一条 贷款违约责任

贷款人未按照约定的日期、数额提供借款，造成借款人损失的，应当赔偿损失。借款人未按照约定的日期、数额收取借款的，应当按照约定的日期、数额支付利息。

第二百零二条 贷款人的检查、监督权

贷款人按照约定可以检查、监督借款的使用情况。借款人应当按照约定向贷款人定期提供有关财务会计报表等资料。

第二百零三条 借款使用的限制

借款人未按照约定的借款用途使用借款的，贷款人可以停止发放借款、提前收回借款或者解除合同。

第二百零四条 利率

办理贷款业务的金融机构贷款的利率，应当按照中国人民银行规定的贷款利率的上下限确定。

第二百零五条 利息的支付

借款人应当按照约定的期限支付利息。对支付利息的期限没有约定或者约定不明确，依照本法第六十一条的规定仍不能确定，借款期间不满一年的，应当在返还借款时一并支付；借款期间一年以上的，应当在每届满一年时支付，剩余期间不满一年的，应当在返还借款时一并支付。

第二百零六条 借款的返还期限

借款人应当按照约定的期限返还借款。对借款期限没有约定或者约定不明确，依照本法第六十一条的规定仍不能确定的，借款人可以随时返还；贷款人可以催告借款人在合理期限内返还。

第二百零七条 逾期利息

借款人未按照约定的期限返还借款的，应当按照约定或者国家有关规定支付逾期利息。

第二百零八条 提前偿还借款的利息计算

借款人提前偿还借款的，除当事人另有约定的以外，应当按照实际借款的期间计算利息。

第二百零九条 借款展期

借款人可以在还款期限届满之前向贷款人申请展期。贷款人同意的，可以展期。

第二百一十条 自然人间借款合同的生效时间

自然人之间的借款合同，自贷款人提供借款时生效。

第二百一十一条 自然人间借款合同的利率

自然人之间的借款合同对支付利息没有约定或者约定不明确的，视为不支付利息。自然人之间的借款合同约定支付利息的，借款的利率不得违反国家有关限制借款利率的规定。

第十三章 租赁合同

第二百一十二条 定义

租赁合同是出租人将租赁物交付承租人使用、收益，承租人支付租金的合同。

第二百一十三条 合同的主要条款

租赁合同的内容包括租赁物的名称、数量、用途、租赁期限、租金及其支付期限和方式、租赁物维修等条款。

第二百一十四条 租赁期限

租赁期限不得超过二十年。超过二十年的，超过部分无效。租赁期间届满，当事人可以续订租赁合同，但约定的租赁期限自续订之日起不得超过二十年。

第二百一十五条 租赁合同的形式

租赁期限六个月以上的，应当采用书面形式。当事人未采用书面形式的，视为不定期租赁。

第二百一十六条 出租人基本义务

出租人应当按照约定将租赁物交付承租人，并在租赁期间保持租赁物符合约定的用途。

第二百一十七条 承租人基本义务

承租人应当按照约定的方法使用租赁物。对租赁物的使用方法没有约定或者约定不明确，依照本法第六十一条的规定仍不能确定的，应当按照租赁物的性质使用。

第二百一十八条 正当使用租赁物的责任

承租人按照约定的方法或者租赁物的性质使用租赁物，致使租赁物受到损耗的，不承担损害赔偿责任。

第二百一十九条 未正当使用租赁物的责任

承租人未按照约定的方法或者租赁物的性质使用租赁物，致使租赁物受到损失的，出租人可以解除合同并要求赔偿损失。

第二百二十条 租赁物的维修

出租人应当履行租赁物的维修义务，但当事人另有约定的除外。

第二百二十一条 出租人履行维修义务

承租人在租赁物需要维修时可以要求出租人在合理期限内维修。出租人未履行维修义务的，承租人可以自行维修，维修费用由出租人负担。因维修租赁物影响承租人使用的，应当相应减少租金或者延长租期。

第二百二十二条 租凭物的保管

承租人应当妥善保管租赁物，因保管不善造成租赁物毁损、灭失的，应当承担损害赔偿责任。

第二百二十三条 租赁物的改善

承租人经出租人同意，可以对租赁物进行改善或者增设他物。承租人未经出租人同意，对租赁物进行改善或者增设他物的，出租人可以要求承租人恢复原状或者赔偿损失。

第二百二十四条 转租

承租人经出租人同意，可以将租赁物转租给第三人。承租人转租的，承租人与出租人之间的租赁合同继续有效，第三人对租赁物造成损失的，承租人应当赔偿损失。承租人未经出租人同意转租的，出租人可以解除合同。

第二百二十五条 租赁物的收益

在租赁期间因占有、使用租赁物获得的收益，归承租人所有，但当事人另有约定的除外。

第二百二十六条 支付租金的期限

承租人应当按照约定的期限支付租金。对支付期限没有约定或者约定不明确，依照本法第六十一条的规定仍不能确定，租赁期间不满一年的，应当在租赁期间届满时支付；租赁期间一年以上的，应当在每届满一年时支付，剩余期间不满一年的，应当在租赁期间届满时支付。

第二百二十七条 租金的未支付、迟延支付和逾期不支付

承租人无正当理由未支付或者迟延支付租金的，出租人可以要求承租人在合理期限内支付。承租人逾期不支付的，出租人可以解除合同。

第二百二十八条 租赁物的权利瑕疵

因第三人主张权利，致使承租人不能对租赁物使用、收益的，承租人可以要求减少租金或者不支付租金。第三人主张权利的，承租人应当及时通知出租人。

第二百二十九条 所有权变动后的合同效力

租赁物在租赁期间发生所有权变动的，不影响租赁合同的效力。

第二百三十条 优先购买权

出租人出卖租赁房屋的，应当在出卖之前的合理期限内通知承租人，承租人享有以同等条件优先购买的权利。

第二百三十一条 租赁物的灭失

因不可归责于承租人的事由，致使租赁物部分或者全部毁损、灭失的，承租

人可以要求减少租金或者不支付租金；因租赁物部分或者全部毁损、灭失，致使不能实现合同目的的，承租人可以解除合同。

第二百三十二条 租期不明的处理

当事人对租赁期限没有约定或者约定不明确，依照本法第六十一条的规定仍不能确定的，视为不定期租赁。当事人可以随时解除合同，但出租人解除合同应当在合理期限之前通知承租人。

第二百三十三条 租赁物的瑕疵担保

租赁物危及承租人的安全或者健康的，即使承租人订立合同时明知该租赁物质量不合格，承租人仍然可以随时解除合同。

第二百三十四条 共同居住人的居住权

承租人在房屋租赁期间死亡的，与其生前共同居住的人可以按照原租赁合同租赁该房屋。

第二百三十五条 租赁物的返还

租赁期间届满，承租人应当返还租赁物。返还的租赁物应当符合按照约定或者租赁物的性质使用后的状态。

第二百三十六条 续租

租赁期间届满，承租人继续使用租赁物，出租人没有提出异议的，原租赁合同继续有效，但租赁期限为不定期。

第十四章 融资租赁合同

第二百三十七条 定义

融资租赁合同是出租人根据承租人对出卖人、租赁物的选择，向出卖人购买租赁物，提供给承租人使用，承租人支付租金的合同。

第二百三十八条 合同的主要条款及形式

融资租赁合同的内容包括租赁物名称、数量、规格、技术性能、检验方法、租赁期限、租金构成及其支付期限和方式、币种、租赁期间届满租赁物的归属等条款。融资租赁合同应当采用书面形式。

第二百三十九条 租赁物的购买

出租人根据承租人对出卖人、租赁物的选择订立的买卖合同，出卖人应当按照约定向承租人交付标的物，承租人享有与受领标的物有关的买受人的权利。

第二百四十条 索赔权

出租人、出卖人、承租人可以约定，出卖人不履行买卖合同义务的，由承租人行使索赔的权利。承租人行使索赔权利的，出租人应当协助。

第二百四十一条 买卖合同的变更

出租人根据承租人对出卖人、租赁物的选择订立的买卖合同，未经承租人同意，出租人不得变更与承租人有关的合同内容。

第二百四十二条 租赁物所有权

出租人享有租赁物的所有权。承租人破产的，租赁物不属于破产财产。

第二百四十三条 租金的确定

融资租赁合同的租金，除当事人另有约定的以外，应当根据购买租赁物的大部分或者全部成本以及出租人的合理利润确定。

第二百四十四条 租赁物的瑕疵担保责任

租赁物不符合约定或者不符合使用目的的，出租人不承担责任，但承租人依赖出租人的技能确定租赁物或者出租人干预选择租赁物的除外。

第二百四十五条 租赁物的占有和使用

出租人应当保证承租人对租赁物的占有和使用。

第二百四十六条 租赁物造成的损害责任

承租人占有租赁物期间，租赁物造成第三人的人身伤害或者财产损害的，出租人不承担责任。

第二百四十七条 租赁物的保管、使用、维修

承租人应当妥善保管、使用租赁物。承租人应当履行占有租赁物期间的维修义务。

第二百四十八条 承租人拒付租金责任

承租人应当按照约定支付租金。承租人经催告后在合理期限内仍不支付租金的，出租人可以要求支付全部租金；也可以解除合同，收回租赁物。

第二百四十九条 租赁物价值的部分返还权

当事人约定租赁期间届满租赁物归承租人所有，承租人已经支付大部分租金，但无力支付剩余租金，出租人因此解除合同收回租赁物的，收回的租赁物的价值超过承租人欠付的租金以及其他费用的，承租人可以要求部分返还。

第二百五十条 租赁期满租赁物归属

出租人和承租人可以约定租赁期间届满租赁物的归属。对租赁物的归属没有约定或者约定不明确，依照本法第六十一条的规定仍不能确定的，租赁物的所有

权归出租人。

第十五章　承揽合同

第二百五十一条　定义

承揽合同是承揽人按照定作人的要求完成工作，交付工作成果，定作人给付报酬的合同。承揽包括加工、定作、修理、复制、测试、检验等工作。

第二百五十二条　合同的主要条款

承揽合同的内容包括承揽的标的、数量、质量、报酬、承揽方式、材料的提供、履行期限、验收标准和方法等条款。

第二百五十三条　承揽工作的完成

承揽人应当以自己的设备、技术和劳力，完成主要工作，但当事人另有约定的除外。承揽人将其承揽的主要工作交由第三人完成的，应当就该第三人完成的工作成果向定作人负责；未经定作人同意的，定作人也可以解除合同。

第二百五十四条　承揽人对辅助性工作的责任

承揽人可以将其承揽的辅助工作交由第三人完成。承揽人将其承揽的辅助工作交由第三人完成的，应当就该第三人完成的工作成果向定作人负责。

第二百五十五条　承揽人提供材料的义务

承揽人提供材料的，承揽人应当按照约定选用材料，并接受定作人检验。

第二百五十六条　定作人提供材料及双方义务

定作人提供材料的，定作人应当按照约定提供材料。承揽人对定作人提供的材料，应当及时检验，发现不符合约定时，应当及时通知定作人更换、补齐或者采取其他补救措施。承揽人不得擅自更换定作人提供的材料，不得更换不需要修理的零部件。

第二百五十七条　承揽人的通知义务

承揽人发现定作人提供的图纸或者技术要求不合理的，应当及时通知定作人。因定作人怠于答复等原因造成承揽人损失的，应当赔偿损失。

第二百五十八条　中途变更工作要求的责任

定作人中途变更承揽工作的要求，造成承揽人损失的，应当赔偿损失。

第二百五十九条　定作人的协助义务

承揽工作需要定作人协助的，定作人有协助的义务。定作人不履行协助义务致使承揽工作不能完成的，承揽人可以催告定作人在合理期限内履行义务，并可以顺延履行期限；定作人逾期不履行的，承揽人可以解除合同。

第二百六十条 承揽人接受监督检查的义务

承揽人在工作期间，应当接受定作人必要的监督检验。定作人不得因监督检验妨碍承揽人的正常工作。

第二百六十一条 验收质量保证

承揽人完成工作的，应当向定作人交付工作成果，并提交必要的技术资料和有关质量证明。定作人应当验收该工作成果。

第二百六十二条 质量不合约定的责任

承揽人交付的工作成果不符合质量要求的，定作人可以要求承揽人承担修理、重作、减少报酬、赔偿损失等违约责任。

第二百六十三条 支付报酬期限

定作人应当按照约定的期限支付报酬。对支付报酬的期限没有约定或者约定不明确，依照本法第六十一条的规定仍不能确定的，定作人应当在承揽人交付工作成果时支付；工作成果部分交付的，定作人应当相应支付。

第二百六十四条 承揽人的留置权

定作人未向承揽人支付报酬或者材料费等价款的，承揽人对完成的工作成果享有留置权，但当事人另有约定的除外。

第二百六十五条 材料的保管

承揽人应当妥善保管定作人提供的材料以及完成的工作成果，因保管不善造成毁损、灭失的，应当承担损害赔偿责任。

第二百六十六条 承揽人的保密义务

承揽人应当按照定作人的要求保守秘密，未经定作人许可，不得留存复制品或者技术资料。

第二百六十七条 共同承揽

共同承揽人对定作人承担连带责任，但当事人另有约定的除外。

第二百六十八条 定作人的解除权

定作人可以随时解除承揽合同，造成承揽人损失的，应当赔偿损失。

第十六章 建设工程合同

第二百六十九条 定义

建设工程合同是承包人进行工程建设，发包人支付价款的合同。建设工程合同包括工程勘察、设计、施工合同。

第二百七十条 合同形式

建设工程合同应当采用书面形式。

第二百七十一条 招标投标

建设工程的招标投标活动，应当依照有关法律的规定公开、公平、公正进行。

第二百七十二条 总包与分包

发包人可以与总承包人订立建设工程合同，也可以分别与勘察人、设计人、施工人订立勘察、设计、施工承包合同。发包人不得将应当由一个承包人完成的建设工程肢解成若干部分发包给几个承包人。总承包人或者勘察、设计、施工承包人经发包人同意，可以将自己承包的部分工作交由第三人完成。第三人就其完成的工作成果与总承包人或者勘察、设计、施工承包人向发包人承担连带责任。承包人不得将其承包的全部建设工程转包给第三人或者将其承包的全部建设工程肢解以后以分包的名义分别转包给第三人。禁止承包人将工程分包给不具备相应资质条件的单位。禁止分包单位将其承包的工程再分包。建设工程主体结构的施工必须由承包人自行完成。

第二百七十三条 重大建设工程合同的订立

国家重大建设工程合同，应当按照国家规定的程序和国家批准的投资计划、可行性研究报告等文件订立。

第二百七十四条 勘察、设计合同主要内容

勘察、设计合同的内容包括提交有关基础资料和文件(包括概预算)的期限、质量要求、费用以及其他协作条件等条款。

第二百七十五条 施工合同主要条款

施工合同的内容包括工程范围、建设工期、中间交工工程的开工和竣工时间、工程质量、工程造价、技术资料交付时间、材料和设备供应责任、拨款和结算、竣工验收、质量保修范围和质量保证期、双方相互协作等条款。

第二百七十六条 建设工程监理

建设工程实行监理的，发包人应当与监理人采用书面形式订立委托监理合同。发包人与监理人的权利和义务以及法律责任，应当依照本法委托合同以及其他有关法律、行政法规的规定。

第二百七十七条 发包人检查权

发包人在不妨碍承包人正常作业的情况下，可以随时对作业进度、质量进行检查。

第二百七十八条 隐蔽工程的验收

隐蔽工程在隐蔽以前，承包人应当通知发包人检查。发包人没有及时检查的，承包人可以顺延工程日期，并有权要求赔偿停工、窝工等损失。

第二百七十九条 竣工验收

建设工程竣工后，发包人应当根据施工图纸及说明书、国家颁发的施工验收规范和质量检验标准及时进行验收。验收合格的，发包人应当按照约定支付价款，并接收该建设工程。建设工程竣工经验收合格后，方可交付使用；未经验收或者验收不合格的，不得交付使用。

第二百八十条 勘察、设计人质量责任

勘察、设计的质量不符合要求或者未按照期限提交勘察、设计文件拖延工期，造成发包人损失的，勘察人、设计人应当继续完善勘察、设计，减收或者免收勘察、设计费并赔偿损失。

第二百八十一条 施工人的质量责任

因施工人的原因致使建设工程质量不符合约定的，发包人有权要求施工人在合理期限内无偿修理或者返工、改建。经过修理或者返工、改建后，造成逾期交付的，施工人应当承担违约责任。

第二百八十二条 质量保证责任

因承包人的原因致使建设工程在合理使用期限内造成人身和财产损害的，承包人应当承担损害赔偿责任。

第二百八十三条 发包人违约责任

发包人未按照约定的时间和要求提供原材料、设备、场地、资金、技术资料的，承包人可以顺延工程日期，并有权要求赔偿停工、窝工等损失。

第二百八十四条 发包人原因致工程停建、缓建的责任

因发包人的原因致使工程中途停建、缓建的，发包人应当采取措施弥补或者减少损失，赔偿承包人因此造成的停工、窝工、倒运、机械设备调迁、材料和构件积压等损失和实际费用。

第二百八十五条 发包人的原因致勘察、设计、返工、停工或修改设计的责任

因发包人变更计划，提供的资料不准确，或者未按照期限提供必需的勘察、

设计工作条件而造成勘察、设计的返工、停工或者修改设计，发包人应当按照勘察人、设计人实际消耗的工作量增付费用。

第二百八十六条 工程价款的支付

发包人未按照约定支付价款的，承包人可以催告发包人在合理期限内支付价款。发包人逾期不支付的，除按照建设工程的性质不宜折价、拍卖的以外，承包人可以与发包人协议将该工程折价，也可以申请人民法院将该工程依法拍卖。建设工程的价款就该工程折价或者拍卖的价款优先受偿。

第二百八十七条 适用承揽合同的规定

本章没有规定的，适用承揽合同的有关规定。

第十七章 运输合同

第二百八十八条 定义

运输合同是承运人将旅客或者货物从起运地点运输到约定地点，旅客、托运人或者收货人支付票款或者运输费用的合同。

第二百八十九条 公共运输承运人

从事公共运输的承运人不得拒绝旅客、托运人通常、合理的运输要求。

第二百九十条 按约定期间运输义务

承运人应当在约定期间或者合理期间内将旅客、货物安全运输到约定地点。

第二百九十一条 按约定路线运输义务

承运人应当按照约定的或者通常的运输路线将旅客、货物运输到约定地点。

第二百九十二条 旅客、托运人或收货人基本义务

旅客、托运人或者收货人应当支付票款或者运输费用。承运人未按照约定路线或者通常路线运输增加票款或者运输费用的，旅客、托运人或者收货人可以拒绝支付增加部分的票款或者运输费用。

第二百九十三条 合同的成立

客运合同自承运人向旅客交付客票时成立，但当事人另有约定或者另有交易习惯的除外。

第二百九十四条 持有效客票乘运义务

旅客应当持有效客票乘运。旅客无票乘运、超程乘运、越级乘运或者持失效客票乘运的，应当补交票款，承运人可以按照规定加收票款。旅客不交付票款的，承运人可以拒绝运输。

第二百九十五条 退票与变更

旅客因自己的原因不能按照客票记载的时间乘坐的，应当在约定的时间内办理退票或者变更手续。逾期办理的，承运人可以不退票款，并不再承担运输义务。

第二百九十六条 按约定限量携带行李义务

旅客在运输中应当按照约定的限量携带行李。超过限量携带行李的，应当办理托运手续。

第二百九十七条 违禁品或危险物品的携带禁止

旅客不得随身携带或者在行李中夹带易燃、易爆、有毒、有腐蚀性、有放射性以及有可能危及运输工具上人身和财产安全的危险物品或者其他违禁物品。旅客违反前款规定的，承运人可以将违禁物品卸下、销毁或者送交有关部门。旅客坚持携带或者夹带违禁物品的，承运人应当拒绝运输。

第二百九十八条 承运人告知重要事项义务

承运人应当向旅客及时告知有关不能正常运输的重要事由和安全运输应当注意的事项。

第二百九十九条 承运人迟延运输

承运人应当按照客票载明的时间和班次运输旅客。承运人迟延运输的，应当根据旅客的要求安排改乘其他班次或者退票。

第三百条 承运人变更运输工具

承运人擅自变更运输工具而降低服务标准的，应当根据旅客的要求退票或者减收票款；提高服务标准的，不应当加收票款。

第三百零一条 对旅客的救助义务

承运人在运输过程中，应当尽力救助患有急病、分娩、遇险的旅客。

第三百零二条 旅客伤亡的损害赔偿责任

承运人应当对运输过程中旅客的伤亡承担损害赔偿责任，但伤亡是旅客自身健康原因造成的或者承运人证明伤亡是旅客故意、重大过失造成的除外。前款规定适用于按照规定免票、持优待票或者经承运人许可搭乘的无票旅客。

第三百零三条 对行李的赔偿责任

在运输过程中旅客自带物品毁损、灭失，承运人有过错的，应当承担损害赔偿责任。旅客托运的行李毁损、灭失的，适用货物运输的有关规定。

第三百零四条 托运人告知义务

托运人办理货物运输，应当向承运人准确表明收货人的名称或者姓名或者凭指示的收货人，货物的名称、性质、重量、数量，收货地点等有关货物运输的必要情况。因托运人申报不实或者遗漏重要情况，造成承运人损失的，托运人应当承担损害赔偿责任。

第三百零五条 托运人提交文件义务

货物运输需要办理审批、检验等手续的，托运人应当将办理完有关手续的文件提交承运人。

第三百零六条 托运人的包装义务

托运人应当按照约定的方式包装货物。对包装方式没有约定或者约定不明确的，适用本法第一百五十六条的规定。托运人违反前款规定的，承运人可以拒绝运输。

第三百零七条 托运人运送危险货物的义务

托运人托运易燃、易爆、有毒、有腐蚀性、有放射性等危险物品的，应当按照国家有关危险物品运输的规定对危险物品妥善包装，作出危险物标志和标签，并将有关危险物品的名称、性质和防范措施的书面材料提交承运人。托运人违反前款规定的，承运人可以拒绝运输，也可以采取相应措施以避免损失的发生，因此产生的费用由托运人承担。

第三百零八条 托运人请求变更的权利

在承运人将货物交付收货人之前，托运人可以要求承运人中止运输、返还货物、变更到达地或者将货物交给其他收货人，但应当赔偿承运人因此受到的损失。

第三百零九条 承运人的通知义务及收货人及时提货义务

货物运输到达后，承运人知道收货人的，应当及时通知收货人，收货人应当及时提货。收货人逾期提货的，应当向承运人支付保管费等费用。

第三百一十条 收货人对货物的检验

收货人提货时应当按照约定的期限检验货物。对检验货物的期限没有约定或者约定不明确，依照本法第六十一条的规定仍不能确定的，应当在合理期限内检验货物。收货人在约定的期限或者合理期限内对货物的数量、毁损等未提出异议的，视为承运人已经按照运输单证的记载交付的初步证据。

第三百一十一条 承运人的赔偿责任

承运人对运输过程中货物的毁损、灭失承担损害赔偿责任，但承运人证明货物的毁损、灭失是因不可抗力、货物本身的自然性质或者合理损耗以及托运人、收货人的过错造成的，不承担损害赔偿责任。

第三百一十二条　确定货损额的方法

货物的毁损、灭失的赔偿额，当事人有约定的，按照其约定；没有约定或者约定不明确，依照本法第六十一条的规定仍不能确定的，按照交付或者应当交付时货物到达地的市场价格计算。法律、行政法规对赔偿额的计算方法和赔偿限额另有规定的，依照其规定。

第三百一十三条　相继运输的责任承担

两个以上承运人以同一运输方式联运的，与托运人订立合同的承运人应当对全程运输承担责任。损失发生在某一运输区段的，与托运人订立合同的承运人和该区段的承运人承担连带责任。

第三百一十四条　货物的灭失与运费的处理

货物在运输过程中因不可抗力灭失，未收取运费的，承运人不得要求支付运费；已收取运费的，托运人可以要求返还。

第三百一十五条　运送物的留置

托运人或者收货人不支付运费、保管费以及其他运输费用的，承运人对相应的运输货物享有留置权，但当事人另有约定的除外。

第三百一十六条　货物的提存

收货人不明或者收货人无正当理由拒绝受领货物的，依照本法第一百零一条的规定，承运人可以提存货物。

第三百一十七条　多式联运经营人的权利义务

多式联运经营人负责履行或者组织履行多式联运合同，对全程运输享有承运人的权利，承担承运人的义务。

第三百一十八条　多式联运的责任制度

多式联运经营人可以与参加多式联运的各区段承运人就多式联运合同的各区段运输约定相互之间的责任，但该约定不影响多式联运经营人对全程运输承担的义务。

第三百一十九条　联运单据的转让

多式联运经营人收到托运人交付的货物时，应当签发多式联运单据。按照托运人的要求，多式联运单据可以是可转让单据，也可以是不可转让单据。

第三百二十条　托运人的损害赔偿责任

因托运人托运货物时的过错造成多式联运经营人损失的，即使托运人已经转让多式联运单据，托运人仍然应当承担损害赔偿责任。

第三百二十一条 赔偿责任适用法律的规定

货物的毁损、灭失发生于多式联运的某一运输区段的，多式联运经营人的赔偿责任和责任限额，适用调整该区段运输方式的有关法律规定。货物毁损、灭失发生的运输区段不能确定的，依照本章规定承担损害赔偿责任。

第十八章 技术合同

第三百二十二条 定义

技术合同是当事人就技术开发、转让、咨询或者服务订立的确立相互之间权利和义务的合同。

第三百二十三条 订立技术合同的原则

订立技术合同，应当有利于科学技术的进步，加速科学技术成果的转化、应用和推广。

第三百二十四条 技术合同的主要条款

技术合同的内容由当事人约定，一般包括以下条款：(一)项目名称；(二)标的的内容、范围和要求；(三)履行的计划、进度、期限、地点、地域和方式；(四)技术情报和资料的保密；(五)风险责任的承担；(六)技术成果的归属和收益的分成办法；(七)验收标准和方法；(八)价款、报酬或者使用费及其支付方式；(九)违约金或者损失赔偿的计算方法；(十)解决争议的方法；(十一)名词和术语的解释。与履行合同有关的技术背景资料、可行性论证和技术评价报告、项目任务书和计划书、技术标准、技术规范、原始设计和工艺文件，以及其他技术文档，按照当事人的约定可以作为合同的组成部分。技术合同涉及专利的，应当注明发明创造的名称、专利申请人和专利权人、申请日期、申请号、专利号以及专利权的有效期限。

第三百二十五条 技术合同价款、报酬或使用费

技术合同价款、报酬或者使用费的支付方式由当事人约定，可以采取一次总算、一次总付或者一次总算、分期支付，也可以采取提成支付或者提成支付附加预付入门费的方式。约定提成支付的，可以按照产品价格、实施专利和使用技术秘密后新增的产值、利润或者产品销售额的一定比例提成，也可以按照约定的其他方式计算。提成支付的比例可以采取固定比例、逐年递增比例或者逐年递减比

例。约定提成支付的，当事人应当在合同中约定查阅有关会计账目的办法。

第三百二十六条 职务技术成果的经济权属

职务技术成果的使用权、转让权属于法人或者其他组织的，法人或者其他组织可以就该项职务技术成果订立技术合同。法人或者其他组织应当从使用和转让该项职务技术成果所取得的收益中提取一定比例，对完成该项职务技术成果的个人给予奖励或者报酬。法人或者其他组织订立技术合同转让职务技术成果时，职务技术成果的完成人享有以同等条件优先受让的权利。职务技术成果是执行法人或者其他组织的工作任务，或者主要是利用法人或者其他组织的物质技术条件所完成的技术成果。

第三百二十七条 非职务技术成果的经济权属

非职务技术成果的使用权、转让权属于完成技术成果的个人，完成技术成果的个人可以就该项非职务技术成果订立技术合同。

第三百二十八条 技术成果的精神权属

完成技术成果的个人有在有关技术成果文件上写明自己是技术成果完成者的权利和取得荣誉证书、奖励的权利。

第三百二十九条 技术合同的无效

非法垄断技术、妨碍技术进步或者侵害他人技术成果的技术合同无效。

第三百三十条 定义及合同形式

技术开发合同是指当事人之间就新技术、新产品、新工艺或者新材料及其系统的研究开发所订立的合同。技术开发合同包括委托开发合同和合作开发合同。技术开发合同应当采用书面形式。当事人之间就具有产业应用价值的科技成果实施转化订立的合同，参照技术开发合同的规定。

第三百三十一条 委托人义务

委托开发合同的委托人应当按照约定支付研究开发经费和报酬；提供技术资料、原始数据；完成协作事项；接受研究开发成果。

第三百三十二条 受托人义务

委托开发合同的研究开发人应当按照约定制定和实施研究开发计划；合理使用研究开发经费；按期完成研究开发工作，交付研究开发成果，提供有关的技术资料和必要的技术指导，帮助委托人掌握研究开发成果。

第三百三十三条 委托人的违约责任

委托人违反约定造成研究开发工作停滞、延误或者失败的，应当承担违约责任。

第三百三十四条 受托人的违约责任

研究开发人违反约定造成研究开发工作停滞、延误或者失败的，应当承担违约责任。

第三百三十五条 合作开发各方的主要义务

合作开发合同的当事人应当按照约定进行投资，包括以技术进行投资；分工参与研究开发工作；协作配合研究开发工作。

第三百三十六条 合作开发各方的违约责任

合作开发合同的当事人违反约定造成研究开发工作停滞、延误或者失败的，应当承担违约责任。

第三百三十七条 合同的解除

因作为技术开发合同标的的技术已经由他人公开，致使技术开发合同的履行没有意义的，当事人可以解除合同。

第三百三十八条 风险负担及通知义务

在技术开发合同履行过程中，因出现无法克服的技术困难，致使研究开发失败或者部分失败的，该风险责任由当事人约定。没有约定或者约定不明确，依照本法第六十一条的规定仍不能确定的，风险责任由当事人合理分担。当事人一方发现前款规定的可能致使研究开发失败或者部分失败的情形时，应当及时通知另一方并采取适当措施减少损失。没有及时通知并采取适当措施，致使损失扩大的，应当就扩大的损失承担责任。

第三百三十九条 技术成果的归属

委托开发完成的发明创造，除当事人另有约定的以外，申请专利的权利属于研究开发人。研究开发人取得专利权的，委托人可以免费实施该专利。研究开发人转让专利申请权的，委托人享有以同等条件优先受让的权利。

第三百四十条 合作开发技术成果的归属

合作开发完成的发明创造，除当事人另有约定的以外，申请专利的权利属于合作开发的当事人共有。当事人一方转让其共有的专利申请权的，其他各方享有以同等条件优先受让的权利。合作开发的当事人一方声明放弃其共有的专利申请权的，可以由另一方单独申请或者由其他各方共同申请。申请人取得专利权的，放弃专利申请权的一方可以免费实施该专利。合作开发的当事人一方不同意申请专利的，另一方或者其他各方不得申请专利。

第三百四十一条 技术秘密成果的归属与分享

委托开发或者合作开发完成的技术秘密成果的使用权、转让权以及利益的分配办法，由当事人约定。没有约定或者约定不明确，依照本法第六十一条的规定仍不能确定的，当事人均有使用和转让的权利，但委托开发的研究开发人不得在向委托人交付研究开发成果之前，将研究开发成果转让给第三人。

第三百四十二条 内容及形式

技术转让合同包括专利权转让、专利申请权转让、技术秘密转让、专利实施许可合同。技术转让合同应当采用书面形式。

第三百四十三条 技术转让范围的约定

技术转让合同可以约定让与人和受让人实施专利或者使用技术秘密的范围，但不得限制技术竞争和技术发展。

第三百四十四条 专利实施许可合同的限制

专利实施许可合同只在该专利权的存续期间内有效。专利权有效期限届满或者专利权被宣布无效的，专利权人不得就该专利与他人订立专利实施许可合同。

第三百四十五条 专利实施许可合同让与人主要义务

专利实施许可合同的让与人应当按照约定许可受让人实施专利，交付实施专利有关的技术资料，提供必要的技术指导。

第三百四十六条 专利实施许可合同受让人主要义务

专利实施许可合同的受让人应当按照约定实施专利，不得许可约定以外的第三人实施该专利；并按照约定支付使用费。

第三百四十七条 技术秘密转让合同让与人的义务

技术秘密转让合同的让与人应当按照约定提供技术资料，进行技术指导，保证技术的实用性、可靠性，承担保密义务。

第三百四十八条 技术秘密转让合同的受让人义务

技术秘密转让合同的受让人应当按照约定使用技术，支付使用费，承担保密义务。

第三百四十九条 技术转让合同让与人基本义务

技术转让合同的让与人应当保证自己是所提供的技术的合法拥有者，并保证所提供的技术完整、无误、有效，能够达到约定的目标。

第三百五十条 技术转让合同受让人技术保密义务

技术转让合同的受让人应当按照约定的范围和期限，对让与人提供的技术中尚未公开的秘密部分，承担保密义务。

第三百五十一条 让与人违约责任

让与人未按照约定转让技术的，应当返还部分或者全部使用费，并应当承担违约责任；实施专利或者使用技术秘密超越约定的范围的，违反约定擅自许可第三人实施该项专利或者使用该项技术秘密的，应当停止违约行为，承担违约责任；违反约定的保密义务的，应当承担违约责任。

第三百五十二条 受让人违约责任

受让人未按照约定支付使用费的，应当补交使用费并按照约定支付违约金；不补交使用费或者支付违约金的，应当停止实施专利或者使用技术秘密，交还技术资料，承担违约责任；实施专利或者使用技术秘密超越约定的范围的，未经让与人同意擅自许可第三人实施该专利或者使用该技术秘密的，应当停止违约行为，承担违约责任；违反约定的保密义务的，应当承担违约责任。

第三百五十三条 技术合同让与人侵权责任

受让人按照约定实施专利、使用技术秘密侵害他人合法权益的，由让与人承担责任，但当事人另有约定的除外。

第三百五十四条 后续技术成果的归属与分享

当事人可以按照互利的原则，在技术转让合同中约定实施专利、使用技术秘密后续改进的技术成果的分享办法。没有约定或者约定不明确，依照本法第六十一条的规定仍不能确定的，一方后续改进的技术成果，其他各方无权分享。

第三百五十五条 技术进出口合同的法律适用

法律、行政法规对技术进出口合同或者专利、专利申请合同另有规定的，依照其规定。

第三百五十六条 内容

技术咨询合同包括就特定技术项目提供可行性论证、技术预测、专题技术调查、分析评价报告等合同。技术服务合同是指当事人一方以技术知识为另一方解决特定技术问题所订立的合同，不包括建设工程合同和承揽合同。

第三百五十七条 技术咨询合同委托人主要义务

技术咨询合同的委托人应当按照约定阐明咨询的问题，提供技术背景材料及有关技术资料、数据；接受受托人的工作成果，支付报酬。

第三百五十八条 技术咨询合同受托人主要义务

技术咨询合同的受托人应当按照约定的期限完成咨询报告或者解答问题；提

出的咨询报告应当达到约定的要求。

第三百五十九条 委托人与受托人的违约责任

技术咨询合同的委托人未按照约定提供必要的资料和数据，影响工作进度和质量，不接受或者逾期接受工作成果的，支付的报酬不得追回，未支付的报酬应当支付。技术咨询合同的受托人未按期提出咨询报告或者提出的咨询报告不符合约定的，应当承担减收或者免收报酬等违约责任。技术咨询合同的委托人按照受托人符合约定要求的咨询报告和意见作出决策所造成的损失，由委托人承担，但当事人另有约定的除外。

第三百六十条 技术服务合同委托人义务

技术服务合同的委托人应当按照约定提供工作条件，完成配合事项；接受工作成果并支付报酬。

第三百六十一条 技术服务合同受托人义务

技术服务合同的受托人应当按照约定完成服务项目，解决技术问题，保证工作质量，并传授解决技术问题的知识。

第三百六十二条 技术服务合同双方当事人的违约责任

技术服务合同的委托人不履行合同义务或者履行合同义务不符合约定，影响工作进度和质量，不接受或者逾期接受工作成果的，支付的报酬不得追回，未支付的报酬应当支付。技术服务合同的受托人未按照合同约定完成服务工作的，应当承担免收报酬等违约责任。

第三百六十三条 新创技术成果的归属和分享

在技术咨询合同、技术服务合同履行过程中，受托人利用委托人提供的技术资料和工作条件完成的新的技术成果，属于受托人。委托人利用受托人的工作成果完成的新的技术成果，属于委托人。当事人另有约定的，按照其约定。

第三百六十四条 技术培训合同、技术中介合同的法律适用

法律、行政法规对技术中介合同、技术培训合同另有规定的，依照其规定。

第十九章 保管合同

第三百六十五条 定义

保管合同是保管人保管寄存人交付的保管物，并返还该物的合同。

第三百六十六条 保管费的支付

寄存人应当按照约定向保管人支付保管费。当事人对保管费没有约定或者约

定不明确，依照本法第六十一条的规定仍不能确定的，保管是无偿的。

第三百六十七条 保管合同的成立

保管合同自保管物交付时成立，但当事人另有约定的除外。

第三百六十八条 保管凭证

寄存人向保管人交付保管物的，保管人应当给付保管凭证，但另有交易习惯的除外。

第三百六十九条 保管行为的要求

保管人应当妥善保管保管物。当事人可以约定保管场所或者方法。除紧急情况或者为了维护寄存人利益的以外，不得擅自改变保管场所或者方法。

第三百七十条 保管物有瑕疵或需特殊保管时寄存人的义务

寄存人交付的保管物有瑕疵或者按照保管物的性质需要采取特殊保管措施的，寄存人应当将有关情况告知保管人。寄存人未告知，致使保管物受损失的，保管人不承担损害赔偿责任；保管人因此受损失的，除保管人知道或者应当知道并且未采取补救措施的以外，寄存人应当承担损害赔偿责任。

第三百七十一条 第三人代为保管

保管人不得将保管物转交第三人保管，但当事人另有约定的除外。保管人违反前款规定，将保管物转交第三人保管，对保管物造成损失的，应当承担损害赔偿责任。

第三百七十二条 保管人不得使用保管物的义务

保管人不得使用或者许可第三人使用保管物，但当事人另有约定的除外。

第三百七十三条 第三人主张权利的返还

第三人对保管物主张权利的，除依法对保管物采取保全或者执行的以外，保管人应当履行向寄存人返还保管物的义务。第三人对保管人提起诉讼或者对保管物申请扣押的，保管人应当及时通知寄存人。

第三百七十四条 保管物的毁损灭失与保管人责任

保管期间，因保管人保管不善造成保管物毁损、灭失的，保管人应当承担损害赔偿责任，但保管是无偿的，保管人证明自己没有重大过失的，不承担损害赔偿责任。

第三百七十五条 寄存人的告示义务

寄存人寄存货币、有价证券或者其他贵重物品的，应当向保管人声明，由保管人验收或者封存。寄存人未声明的，该物品毁损、灭失后，保管人可以按照一般物品予以赔偿。

第三百七十六条　保管物领取

寄存人可以随时领取保管物。当事人对保管期间没有约定或者约定不明确的，保管人可以随时要求寄存人领取保管物；约定保管期间的，保管人无特别事由，不得要求寄存人提前领取保管物。

第三百七十七条　保管物的返还

保管期间届满或者寄存人提前领取保管物的，保管人应当将原物及其孳息归还寄存人。

第三百七十八条　货币等的返还

保管人保管货币的，可以返还相同种类、数量的货币。保管其他可替代物的，可以按照约定返还相同种类、品质、数量的物品。

第三百七十九条　保管费支付期限

有偿的保管合同，寄存人应当按照约定的期限向保管人支付保管费。当事人对支付期限没有约定或者约定不明确，依照本法第六十一条的规定仍不能确定的，应当在领取保管物的同时支付。

第三百八十条　保管人的留置权

寄存人未按照约定支付保管费以及其他费用的，保管人对保管物享有留置权，但当事人另有约定的除外。

第二十章　仓储合同

第三百八十一条　定义

仓储合同是保管人储存存货人交付的仓储物，存货人支付仓储费的合同。

第三百八十二条　仓储合同生效时间

仓储合同自成立时生效。

第三百八十三条　危险物品的储存

储存易燃、易爆、有毒、有腐蚀性、有放射性等危险物品或者易变质物品，存货人应当说明该物品的性质，提供有关资料。存货人违反前款规定的，保管人可以拒收仓储物，也可以采取相应措施以避免损失的发生，因此产生的费用由存货人承担。保管人储存易燃、易爆、有毒、有腐蚀性、有放射性等危险物品的，应当具备相应的保管条件。

第三百八十四条　仓储物的验收

保管人应当按照约定对入库仓储物进行验收。保管人验收时发现入库仓储物与约定不符合的，应当及时通知存货人。保管人验收后，发生仓储物的品种、数量、质量不符合约定的，保管人应当承担损害赔偿责任。

第三百八十五条 仓单

存货人交付仓储物的，保管人应当给付仓单。

第三百八十六条 仓单应载事项

保管人应当在仓单上签字或者盖章。仓单包括下列事项：(一)存货人的名称或者姓名和住所；(二)仓储物的品种、数量、质量、包装、件数和标记；(三)仓储物的损耗标准；(四)储存场所；(五)储存期间；(六)仓储费；(七)仓储物已经办理保险的，其保险金额、期间以及保险人的名称；(八)填发人、填发地和填发日期。

第三百八十七条 仓单的背书及其效力

仓单是提取仓储物的凭证。存货人或者仓单持有人在仓单上背书并经保管人签字或者盖章的，可以转让提取仓储物的权利。

第三百八十八条 检查权

保管人根据存货人或者仓单持有人的要求，应当同意其检查仓储物或者提取样品。

第三百八十九条 保管人的通知义务

保管人对入库仓储物发现有变质或者其他损坏的，应当及时通知存货人或者仓单持有人。

第三百九十条 保管人的催告义务

保管人对入库仓储物发现有变质或者其他损坏，危及其他仓储物的安全和正常保管的，应当催告存货人或者仓单持有人作出必要的处置。因情况紧急，保管人可以作出必要的处置，但事后应当将该情况及时通知存货人或者仓单持有人。

第三百九十一条 仓储物提取时间

当事人对储存期间没有约定或者约定不明确的，存货人或者仓单持有人可以随时提取仓储物，保管人也可以随时要求存货人或者仓单持有人提取仓储物，但应当给予必要的准备时间。

第三百九十二条 仓单持有人提取仓储物

储存期间届满，存货人或者仓单持有人应当凭仓单提取仓储物。存货人或者仓单持有人逾期提取的，应当加收仓储费；提前提取的，不减收仓储费。

第三百九十三条 保管人的提存权

储存期间届满，存货人或者仓单持有人不提取仓储物的，保管人可以催告其在合理期限内提取，逾期不提取的，保管人可以提存仓储物。

第三百九十四条 保管人违约责任

储存期间，因保管人保管不善造成仓储物毁损、灭失的，保管人应当承担损害赔偿责任。因仓储物的性质、包装不符合约定或者超过有效储存期造成仓储物变质、损坏的，保管人不承担损害赔偿责任。

第三百九十五条 仓储合同的法律适用

本章没有规定的，适用保管合同的有关规定。

第二十一章　委托合同

第三百九十六条 定义

委托合同是委托人和受托人约定，由受托人处理委托人事务的合同。

第三百九十七条 委托范围

委托人可以特别委托受托人处理一项或者数项事务，也可以概括委托受托人处理一切事务。

第三百九十八条 委托费用

委托人应当预付处理委托事务的费用。受托人为处理委托事务垫付的必要费用，委托人应当偿还该费用及其利息。

第三百九十九条 受托人服从指示的义务

受托人应当按照委托人的指示处理委托事务。需要变更委托人指示的，应当经委托人同意；因情况紧急，难以和委托人取得联系的，受托人应当妥善处理委托事务，但事后应当将该情况及时报告委托人。

第四百条 亲自处理及转委托

受托人应当亲自处理委托事务。经委托人同意，受托人可以转委托。转委托经同意的，委托人可以就委托事务直接指示转委托的第三人，受托人仅就第三人的选任及其对第三人的指示承担责任。转委托未经同意的，受托人应当对转委托的第三人的行为承担责任，但在紧急情况下受托人为维护委托人的利益需要转委托的除外。

第四百零一条 受托人的报告义务

受托人应当按照委托人的要求，报告委托事务的处理情况。委托合同终止时，受托人应当报告委托事务的结果。

第四百零二条 委托人的介入权

受托人以自己的名义，在委托人的授权范围内与第三人订立的合同，第三人在订立合同时知道受托人与委托人之间的代理关系的，该合同直接约束委托人和第三人，但有确切证据证明该合同只约束受托人和第三人的除外。

第四百零三条 委托人对第三人的权利及第三人选择相对人的权利

受托人以自己的名义与第三人订立合同时，第三人不知道受托人与委托人之间的代理关系的，受托人因第三人的原因对委托人不履行义务，受托人应当向委托人披露第三人，委托人因此可以行使受托人对第三人的权利，但第三人与受托人订立合同时如果知道该委托人就不会订立合同的除外。受托人因委托人的原因对第三人不履行义务，受托人应当向第三人披露委托人，第三人因此可以选择受托人或者委托人作为相对人主张其权利，但第三人不得变更选定的相对人。委托人行使受托人对第三人的权利的，第三人可以向委托人主张其对受托人的抗辩。第三人选定委托人作为其相对人的，委托人可以向第三人主张其对受托人的抗辩以及受托人对第三人的抗辩。

第四百零四条 受托人交付财产义务

受托人处理委托事务取得的财产，应当转交给委托人。

第四百零五条 委托人支付报酬的义务

受托人完成委托事务的，委托人应当向其支付报酬。因不可归责于受托人的事由，委托合同解除或者委托事务不能完成的，委托人应当向受托人支付相应的报酬。当事人另有约定的，按照其约定。

第四百零六条 受托人的损害赔偿责任

有偿的委托合同，因受托人的过错给委托人造成损失的，委托人可以要求赔偿损失。无偿的委托合同，因受托人的故意或者重大过失给委托人造成损失的，委托人可以要求赔偿损失。受托人超越权限给委托人造成损失的，应当赔偿损失。

第四百零七条 委托人的赔偿责任

受托人处理委托事务时，因不可归责于自己的事由受到损失的，可以向委托人要求赔偿损失。

第四百零八条 另行委托

委托人经受托人同意，可以在受托人之外委托第三人处理委托事务。因此给受托人造成损失的，受托人可以向委托人要求赔偿损失。

第四百零九条 受托人的连带责任

两个以上的受托人共同处理委托事务的，对委托人承担连带责任。

第四百一十条 任意解除权

委托人或者受托人可以随时解除委托合同。因解除合同给对方造成损失的，除不可归责于该当事人的事由以外，应当赔偿损失。

第四百一十一条 委托合同的终止

委托人或者受托人死亡、丧失民事行为能力或者破产的，委托合同终止，但当事人另有约定或者根据委托事务的性质不宜终止的除外。

第四百一十二条 委托人的后合同义务

因委托人死亡、丧失民事行为能力或者破产，致使委托合同终止将损害委托人利益的，在委托人的继承人、法定代理人或者清算组织承受委托事务之前，受托人应当继续处理委托事务。

第四百一十三条 受托人死亡后其继承人等的义务

因受托人死亡、丧失民事行为能力或者破产，致使委托合同终止的，受托人的继承人、法定代理人或者清算组织应当及时通知委托人。因委托合同终止将损害委托人利益的，在委托人作出善后处理之前，受托人的继承人、法定代理人或者清算组织应当采取必要措施。

第二十二章 行纪合同

第四百一十四条 定义

行纪合同是行纪人以自己的名义为委托人从事贸易活动，委托人支付报酬的合同。

第四百一十五条 处理委托事务的费用承担

行纪人处理委托事务支出的费用，由行纪人负担，但当事人另有约定的除外。

第四百一十六条 行纪人对委托物的保管义务

行纪人占有委托物的，应当妥善保管委托物。

第四百一十七条 委托物的处理

委托物交付给行纪人时有瑕疵或者容易腐烂、变质的，经委托人同意，行纪人可以处分该物；和委托人不能及时取得联系的，行纪人可以合理处分。

第四百一十八条 未按指示进行行纪活动的后果

行纪人低于委托人指定的价格卖出或者高于委托人指定的价格买入的，应当经委托人同意。未经委托人同意，行纪人补偿其差额的，该买卖对委托人发生效力。行纪人高于委托人指定的价格卖出或者低于委托人指定的价格买入的，可以按照约定增加报酬。没有约定或者约定不明确，依照本法第六十一条的规定仍不能确定的，该利益属于委托人。委托人对价格有特别指示的，行纪人不得违背该指示卖出或者买入。

第四百一十九条 行纪人的介入权

行纪人卖出或者买入具有市场定价的商品，除委托人有相反的意思表示的以外，行纪人自己可以作为买受人或者出卖人。行纪人有前款规定情形的，仍然可以要求委托人支付报酬。

第四百二十条 委托物的处置

行纪人按照约定买入委托物，委托人应当及时受领。经行纪人催告，委托人无正当理由拒绝受领的，行纪人依照本法第一百零一条的规定可以提存委托物。委托物不能卖出或者委托人撤回出卖，经行纪人催告，委托人不取回或者不处分该物的，行纪人依照本法第一百零一条的规定可以提存委托物。

第四百二十一条 行纪人与第三人的关系

行纪人与第三人订立合同的，行纪人对该合同直接享有权利、承担义务。第三人不履行义务致使委托人受到损害的，行纪人应当承担损害赔偿责任，但行纪人与委托人另有约定的除外。

第四百二十二条 行纪人的报酬请求权及留置权

行纪人完成或者部分完成委托事务的，委托人应当向其支付相应的报酬。委托人逾期不支付报酬的，行纪人对委托物享有留置权，但当事人另有约定的除外。

第四百二十三条 对委托合同的适用

本章没有规定的，适用委托合同的有关规定。

第二十三章 居间合同

第四百二十四条 定义

居间合同是居间人向委托人报告订立合同的机会或者提供订立合同的媒介服务，委托人支付报酬的合同。

第四百二十五条 居间人如实报告义务

居间人应当就有关订立合同的事项向委托人如实报告。居间人故意隐瞒与订立合同有关的重要事实或者提供虚假情况，损害委托人利益的，不得要求支付报酬并应当承担损害赔偿责任。

第四百二十六条 居间人的报酬请求权

居间人促成合同成立后，委托人应当按照约定支付报酬。对居间人的报酬没有约定或者约定不明确，依照本法第六十一条的规定仍不能确定的，根据居间人的劳务合理确定。因居间人提供订立合同的媒介服务而促成合同成立的，由该合同的当事人平均负担居间人的报酬。居间人促成合同成立的，居间活动的费用，由居间人负担。

第四百二十七条 未促成合同成立的处理

居间人未促成合同成立的，不得要求支付报酬，但可以要求委托人支付从事居间活动支出的必要费用。

附　　则

第四百二十八条 生效日期及废止条款

本法自 1999 年 10 月 1 日起施行，《中华人民共和国经济合同法》《中华人民共和国涉外经济合同法》《中华人民共和国技术合同法》同时废止。

第二部分

行政法规及国务院文件

中华人民共和国招标投标法实施条例

（国务院令第709号）

（2011年12月20日中华人民共和国国务院令第613号公布根据2017年3月1日《国务院关于修改和废止部分行政法规的决定》修订根据2018年3月19日《国务院关于修改和废止部分行政法规的决定》修正根据2019年3月2日《国务院关于修改部分行政法规的决定》修正）

第一章 总　　则

第一条 为了规范招标投标活动，根据《中华人民共和国招标投标法》（以下简称招标投标法），制定本条例。

第二条 招标投标法第三条所称工程建设项目，是指工程以及与工程建设有关的货物、服务。

前款所称工程，是指建设工程，包括建筑物和构筑物的新建、改建、扩建及其相关的装修、拆除、修缮等；所称与工程建设有关的货物，是指构成工程不可分割的组成部分，且为实现工程基本功能所必需的设备、材料等；所称与工程建设有关的服务，是指为完成工程所需的勘察、设计、监理等服务。

第三条 依法必须进行招标的工程建设项目的具体范围和规模标准，由国务院发展改革部门会同国务院有关部门制订，报国务院批准后公布施行。

第四条 国务院发展改革部门指导和协调全国招标投标工作，对国家重大建设项目的工程招标投标活动实施监督检查。国务院工业和信息化、住房城乡建设、交通运输、铁道、水利、商务等部门，按照规定的职责分工对有关招标投标活动实施监督。

县级以上地方人民政府发展改革部门指导和协调本行政区域的招标投标工作。县级以上地方人民政府有关部门按照规定的职责分工，对招标投标活动实施监督，依法查处招标投标活动中的违法行为。县级以上地方人民政府对其所属部门有关招标投标活动的监督职责分工另有规定的，从其规定。

财政部门依法对实行招标投标的政府采购工程建设项目的政府采购政策执行情况实施监督。

监察机关依法对与招标投标活动有关的监察对象实施监察。

第五条 设区的市级以上地方人民政府可以根据实际需要，建立统一规范的招标投标交易场所，为招标投标活动提供服务。招标投标交易场所不得与行政监督部门存在隶属关系，不得以营利为目的。

国家鼓励利用信息网络进行电子招标投标。

第六条 禁止国家工作人员以任何方式非法干涉招标投标活动。

第二章 招　　标

第七条 按照国家有关规定需要履行项目审批、核准手续的依法必须进行招标的项目，其招标范围、招标方式、招标组织形式应当报项目审批、核准部门审批、核准。项目审批、核准部门应当及时将审批、核准确定的招标范围、招标方式、招标组织形式通报有关行政监督部门。

第八条 国有资金占控股或者主导地位的依法必须进行招标的项目，应当公开招标；但有下列情形之一的，可以邀请招标：

（一）技术复杂、有特殊要求或者受自然环境限制，只有少量潜在投标人可供选择；

（二）采用公开招标方式的费用占项目合同金额的比例过大。

有前款第二项所列情形，属于本条例第七条规定的项目，由项目审批、核准部门在审批、核准项目时作出认定；其他项目由招标人申请有关行政监督部门作出认定。

第九条 除招标投标法第六十六条规定的可以不进行招标的特殊情况外，有下列情形之一的，可以不进行招标：

（一）需要采用不可替代的专利或者专有技术；

（二）采购人依法能够自行建设、生产或者提供；

（三）已通过招标方式选定的特许经营项目投资人依法能够自行建设、生产或者提供；

（四）需要向原中标人采购工程、货物或者服务，否则将影响施工或者功能配套要求；

（五）国家规定的其他特殊情形。

招标人为适用前款规定弄虚作假的，属于招标投标法第四条规定的规避招标。

第十条 招标投标法第十二条第二款规定的招标人具有编制招标文件和组织评标能力，是指招标人具有与招标项目规模和复杂程度相适应的技术、经济等方面的专业人员。

第十一条 国务院住房城乡建设、商务、发展改革、工业和信息化等部门，按照规定的职责分工对招标代理机构依法实施监督管理。

第十二条 招标代理机构应当拥有一定数量的具备编制招标文件、组织评标等相应能力的专业人员。

第十三条 招标代理机构在招标人委托的范围内开展招标代理业务，任何单位和个人不得非法干涉。

招标代理机构代理招标业务，应当遵守招标投标法和本条例关于招标人的规定。招标代理机构不得在所代理的招标项目中投标或者代理投标，也不得为所代理的招标项目的投标人提供咨询。

第十四条 招标人应当与被委托的招标代理机构签订书面委托合同，合同约定的收费标准应当符合国家有关规定。

第十五条 公开招标的项目，应当依照招标投标法和本条例的规定发布招标公告、编制招标文件。

招标人采用资格预审办法对潜在投标人进行资格审查的，应当发布资格预审公告、编制资格预审文件。

依法必须进行招标的项目的资格预审公告和招标公告，应当在国务院发展改革部门依法指定的媒介发布。在不同媒介发布的同一招标项目的资格预审公告或者招标公告的内容应当一致。指定媒介发布依法必须进行招标的项目的境内资格预审公告、招标公告，不得收取费用。

编制依法必须进行招标的项目的资格预审文件和招标文件，应当使用国务院发展改革部门会同有关行政监督部门制定的标准文本。

第十六条 招标人应当按照资格预审公告、招标公告或者投标邀请书规定的时间、地点发售资格预审文件或者招标文件。资格预审文件或者招标文件的发售期不得少于 5 日。

招标人发售资格预审文件、招标文件收取的费用应当限于补偿印刷、邮寄的成本支出，不得以营利为目的。

第十七条 招标人应当合理确定提交资格预审申请文件的时间。依法必须进行招标的项目提交资格预审申请文件的时间，自资格预审文件停止发售之日起不得少于5日。

第十八条 资格预审应当按照资格预审文件载明的标准和方法进行。

国有资金占控股或者主导地位的依法必须进行招标的项目，招标人应当组建资格审查委员会审查资格预审申请文件。资格审查委员会及其成员应当遵守招标投标法和本条例有关评标委员会及其成员的规定。

第十九条 资格预审结束后，招标人应当及时向资格预审申请人发出资格预审结果通知书。未通过资格预审的申请人不具有投标资格。

通过资格预审的申请人少于3个的，应当重新招标。

第二十条 招标人采用资格后审办法对投标人进行资格审查的，应当在开标后由评标委员会按照招标文件规定的标准和方法对投标人的资格进行审查。

第二十一条 招标人可以对已发出的资格预审文件或者招标文件进行必要的澄清或者修改。澄清或者修改的内容可能影响资格预审申请文件或者投标文件编制的，招标人应当在提交资格预审申请文件截止时间至少3日前，或者投标截止时间至少15日前，以书面形式通知所有获取资格预审文件或者招标文件的潜在投标人；不足3日或者15日的，招标人应当顺延提交资格预审申请文件或者投标文件的截止时间。

第二十二条 潜在投标人或者其他利害关系人对资格预审文件有异议的，应当在提交资格预审申请文件截止时间2日前提出；对招标文件有异议的，应当在投标截止时间10日前提出。招标人应当自收到异议之日起3日内作出答复；作出答复前，应当暂停招标投标活动。

第二十三条 招标人编制的资格预审文件、招标文件的内容违反法律、行政法规的强制性规定，违反公开、公平、公正和诚实信用原则，影响资格预审结果或者潜在投标人投标的，依法必须进行招标的项目的招标人应当在修改资格预审文件或者招标文件后重新招标。

第二十四条 招标人对招标项目划分标段的，应当遵守招标投标法的有关规定，不得利用划分标段限制或者排斥潜在投标人。依法必须进行招标的项目的招标人不得利用划分标段规避招标。

第二十五条 招标人应当在招标文件中载明投标有效期。投标有效期从提交投标文件的截止之日起算。

第二十六条 招标人在招标文件中要求投标人提交投标保证金的，投标保证金不得超过招标项目估算价的2%。投标保证金有效期应当与投标有效期一致。依法必须进行招标的项目的境内投标单位，以现金或者支票形式提交的投标保证金应当从其基本账户转出。

招标人不得挪用投标保证金。

第二十七条 招标人可以自行决定是否编制标底。一个招标项目只能有一个标底。标底必须保密。

接受委托编制标底的中介机构不得参加受托编制标底项目的投标，也不得为该项目的投标人编制投标文件或者提供咨询。

招标人设有最高投标限价的，应当在招标文件中明确最高投标限价或者最高投标限价的计算方法。招标人不得规定最低投标限价。

第二十八条 招标人不得组织单个或者部分潜在投标人踏勘项目现场。

第二十九条 招标人可以依法对工程以及与工程建设有关的货物、服务全部或者部分实行总承包招标。以暂估价形式包括在总承包范围内的工程、货物、服务属于依法必须进行招标的项目范围且达到国家规定规模标准的，应当依法进行招标。

前款所称暂估价，是指总承包招标时不能确定价格而由招标人在招标文件中暂时估定的工程、货物、服务的金额。

第三十条 对技术复杂或者无法精确拟定技术规格的项目，招标人可以分两阶段进行招标。

第一阶段，投标人按照招标公告或者投标邀请书的要求提交不带报价的技术建议，招标人根据投标人提交的技术建议确定技术标准和要求，编制招标文件。

第二阶段，招标人向在第一阶段提交技术建议的投标人提供招标文件，投标人按照招标文件的要求提交包括最终技术方案和投标报价的投标文件。

招标人要求投标人提交投标保证金的，应当在第二阶段提出。

第三十一条 招标人终止招标的，应当及时发布公告，或者以书面形式通知被邀请的或者已经获取资格预审文件、招标文件的潜在投标人。已经发售资格预审文件、招标文件或者已经收取投标保证金的，招标人应当及时退还所收取的资格预审文件、招标文件的费用，以及所收取的投标保证金及银行同期存款利息。

第三十二条 招标人不得以不合理的条件限制、排斥潜在投标人或者投标人。

招标人有下列行为之一的，属于以不合理条件限制、排斥潜在投标人或者投标人：

（一）就同一招标项目向潜在投标人或者投标人提供有差别的项目信息；

（二）设定的资格、技术、商务条件与招标项目的具体特点和实际需要不相适应或者与合同履行无关；

（三）依法必须进行招标的项目以特定行政区域或者特定行业的业绩、奖项作为加分条件或者中标条件；

（四）对潜在投标人或者投标人采取不同的资格审查或者评标标准；

（五）限定或者指定特定的专利、商标、品牌、原产地或者供应商；

（六）依法必须进行招标的项目非法限定潜在投标人或者投标人的所有制形式或者组织形式；

（七）以其他不合理条件限制、排斥潜在投标人或者投标人。

第三章　投　　标

第三十三条　投标人参加依法必须进行招标的项目的投标，不受地区或者部门的限制，任何单位和个人不得非法干涉。

第三十四条　与招标人存在利害关系可能影响招标公正性的法人、其他组织或者个人，不得参加投标。

单位负责人为同一人或者存在控股、管理关系的不同单位，不得参加同一标段投标或者未划分标段的同一招标项目投标。

违反前两款规定的，相关投标均无效。

第三十五条　投标人撤回已提交的投标文件，应当在投标截止时间前书面通知招标人。招标人已收取投标保证金的，应当自收到投标人书面撤回通知之日起5日内退还。

投标截止后投标人撤销投标文件的，招标人可以不退还投标保证金。

第三十六条　未通过资格预审的申请人提交的投标文件，以及逾期送达或者不按照招标文件要求密封的投标文件，招标人应当拒收。

招标人应当如实记载投标文件的送达时间和密封情况，并存档备查。

第三十七条　招标人应当在资格预审公告、招标公告或者投标邀请书中载明是否接受联合体投标。

招标人接受联合体投标并进行资格预审的，联合体应当在提交资格预审申请文件前组成。资格预审后联合体增减、更换成员的，其投标无效。

联合体各方在同一招标项目中以自己名义单独投标或者参加其他联合体投标的，相关投标均无效。

第三十八条 投标人发生合并、分立、破产等重大变化的，应当及时书面告知招标人。投标人不再具备资格预审文件、招标文件规定的资格条件或者其投标影响招标公正性的，其投标无效。

第三十九条 禁止投标人相互串通投标。

有下列情形之一的，属于投标人相互串通投标：

（一）投标人之间协商投标报价等投标文件的实质性内容；

（二）投标人之间约定中标人；

（三）投标人之间约定部分投标人放弃投标或者中标；

（四）属于同一集团、协会、商会等组织成员的投标人按照该组织要求协同投标；

（五）投标人之间为谋取中标或者排斥特定投标人而采取的其他联合行动。

第四十条 有下列情形之一的，视为投标人相互串通投标：

（一）不同投标人的投标文件由同一单位或者个人编制；

（二）不同投标人委托同一单位或者个人办理投标事宜；

（三）不同投标人的投标文件载明的项目管理成员为同一人；

（四）不同投标人的投标文件异常一致或者投标报价呈规律性差异；

（五）不同投标人的投标文件相互混装；

（六）不同投标人的投标保证金从同一单位或者个人的账户转出。

第四十一条 禁止招标人与投标人串通投标。

有下列情形之一的，属于招标人与投标人串通投标：

（一）招标人在开标前开启投标文件并将有关信息泄露给其他投标人；

（二）招标人直接或者间接向投标人泄露标底、评标委员会成员等信息；

（三）招标人明示或者暗示投标人压低或者抬高投标报价；

（四）招标人授意投标人撤换、修改投标文件；

（五）招标人明示或者暗示投标人为特定投标人中标提供方便；

（六）招标人与投标人为谋求特定投标人中标而采取的其他串通行为。

第四十二条 使用通过受让或者租借等方式获取的资格、资质证书投标的，属于招标投标法第三十三条规定的以他人名义投标。

投标人有下列情形之一的，属于招标投标法第三十三条规定的以其他方式弄虚作假的行为：

（一）使用伪造、变造的许可证件；

（二）提供虚假的财务状况或者业绩；

（三）提供虚假的项目负责人或者主要技术人员简历、劳动关系证明；

（四）提供虚假的信用状况；

（五）其他弄虚作假的行为。

第四十三条 提交资格预审申请文件的申请人应当遵守招标投标法和本条例有关投标人的规定。

第四章 开标、评标和中标

第四十四条 招标人应当按照招标文件规定的时间、地点开标。

投标人少于3个的，不得开标；招标人应当重新招标。

投标人对开标有异议的，应当在开标现场提出，招标人应当当场作出答复，并制作记录。

第四十五条 国家实行统一的评标专家专业分类标准和管理办法。具体标准和办法由国务院发展改革部门会同国务院有关部门制定。

省级人民政府和国务院有关部门应当组建综合评标专家库。

第四十六条 除招标投标法第三十七条第三款规定的特殊招标项目外，依法必须进行招标的项目，其评标委员会的专家成员应当从评标专家库内相关专业的专家名单中以随机抽取方式确定。任何单位和个人不得以明示、暗示等任何方式指定或者变相指定参加评标委员会的专家成员。

依法必须进行招标的项目的招标人非因招标投标法和本条例规定的事由，不得更换依法确定的评标委员会成员。更换评标委员会的专家成员应当依照前款规定进行。

评标委员会成员与投标人有利害关系的，应当主动回避。

有关行政监督部门应当按照规定的职责分工，对评标委员会成员的确定方式、评标专家的抽取和评标活动进行监督。行政监督部门的工作人员不得担任本部门负责监督项目的评标委员会成员。

第四十七条 招标投标法第三十七条第三款所称特殊招标项目，是指技术复杂、专业性强或者国家有特殊要求，采取随机抽取方式确定的专家难以保证胜任评标工作的项目。

第四十八条 招标人应当向评标委员会提供评标所必需的信息，但不得明示或者暗示其倾向或者排斥特定投标人。

招标人应当根据项目规模和技术复杂程度等因素合理确定评标时间。超过三分之一的评标委员会成员认为评标时间不够的，招标人应当适当延长。

评标过程中，评标委员会成员有回避事由、擅离职守或者因健康等原因不能继续评标的，应当及时更换。被更换的评标委员会成员作出的评审结论无效，由更换后的评标委员会成员重新进行评审。

第四十九条 评标委员会成员应当依照招标投标法和本条例的规定，按照招标文件规定的评标标准和方法，客观、公正地对投标文件提出评审意见。招标文件没有规定的评标标准和方法不得作为评标的依据。

评标委员会成员不得私下接触投标人，不得收受投标人给予的财物或者其他好处，不得向招标人征询确定中标人的意向，不得接受任何单位或者个人明示或者暗示提出的倾向或者排斥特定投标人的要求，不得有其他不客观、不公正履行职务的行为。

第五十条 招标项目设有标底的，招标人应当在开标时公布。标底只能作为评标的参考，不得以投标报价是否接近标底作为中标条件，也不得以投标报价超过标底上下浮动范围作为否决投标的条件。

第五十一条 有下列情形之一的，评标委员会应当否决其投标：

（一）投标文件未经投标单位盖章和单位负责人签字；

（二）投标联合体没有提交共同投标协议；

（三）投标人不符合国家或者招标文件规定的资格条件；

（四）同一投标人提交两个以上不同的投标文件或者投标报价，但招标文件要求提交备选投标的除外；

（五）投标报价低于成本或者高于招标文件设定的最高投标限价；

（六）投标文件没有对招标文件的实质性要求和条件作出响应；

（七）投标人有串通投标、弄虚作假、行贿等违法行为。

第五十二条 投标文件中有含义不明确的内容、明显文字或者计算错误，评标委员会认为需要投标人作出必要澄清、说明的，应当书面通知该投标人。投标人的澄清、说明应当采用书面形式，并不得超出投标文件的范围或者改变投标文件的实质性内容。

评标委员会不得暗示或者诱导投标人作出澄清、说明，不得接受投标人主动提出的澄清、说明。

第五十三条 评标完成后，评标委员会应当向招标人提交书面评标报告和中标候选人名单。中标候选人应当不超过3个，并标明排序。

评标报告应当由评标委员会全体成员签字。对评标结果有不同意见的评标委员会成员应当以书面形式说明其不同意见和理由，评标报告应当注明该不同意见。评标委员会成员拒绝在评标报告上签字又不书面说明其不同意见和理由的，视为同意评标结果。

第五十四条 依法必须进行招标的项目，招标人应当自收到评标报告之日起3日内公示中标候选人，公示期不得少于3日。

投标人或者其他利害关系人对依法必须进行招标的项目的评标结果有异议的，应当在中标候选人公示期间提出。招标人应当自收到异议之日起3日内作出答复；作出答复前，应当暂停招标投标活动。

第五十五条 国有资金占控股或者主导地位的依法必须进行招标的项目，招标人应当确定排名第一的中标候选人为中标人。排名第一的中标候选人放弃中标、因不可抗力不能履行合同、不按照招标文件要求提交履约保证金，或者被查实存在影响中标结果的违法行为等情形，不符合中标条件的，招标人可以按照评标委员会提出的中标候选人名单排序依次确定其他中标候选人为中标人，也可以重新招标。

第五十六条 中标候选人的经营、财务状况发生较大变化或者存在违法行为，招标人认为可能影响其履约能力的，应当在发出中标通知书前由原评标委员会按照招标文件规定的标准和方法审查确认。

第五十七条 招标人和中标人应当依照招标投标法和本条例的规定签订书面合同，合同的标的、价款、质量、履行期限等主要条款应当与招标文件和中标人的投标文件的内容一致。招标人和中标人不得再行订立背离合同实质性内容的其他协议。

招标人最迟应当在书面合同签订后5日内向中标人和未中标的投标人退还投标保证金及银行同期存款利息。

第五十八条 招标文件要求中标人提交履约保证金的，中标人应当按照招标文件的要求提交。履约保证金不得超过中标合同金额的10%。

第五十九条 中标人应当按照合同约定履行义务，完成中标项目。中标人不得向他人转让中标项目，也不得将中标项目肢解后分别向他人转让。

中标人按照合同约定或者经招标人同意，可以将中标项目的部分非主体、非关键性工作分包给他人完成。接受分包的人应当具备相应的资格条件，并不得再次分包。

中标人应当就分包项目向招标人负责，接受分包的人就分包项目承担连带责任。

第五章 投诉与处理

第六十条 投标人或者其他利害关系人认为招标投标活动不符合法律、行政法规规定的，可以自知道或者应当知道之日起10日内向有关行政监督部门投诉。投诉应当有明确的请求和必要的证明材料。

就本条例第二十二条、第四十四条、第五十四条规定事项投诉的，应当先向招标人提出异议，异议答复期间不计算在前款规定的期限内。

第六十一条 投诉人就同一事项向两个以上有权受理的行政监督部门投诉的，由最先收到投诉的行政监督部门负责处理。

行政监督部门应当自收到投诉之日起3个工作日内决定是否受理投诉，并自受理投诉之日起30个工作日内作出书面处理决定；需要检验、检测、鉴定、专家评审的，所需时间不计算在内。

投诉人捏造事实、伪造材料或者以非法手段取得证明材料进行投诉的，行政监督部门应当予以驳回。

第六十二条 行政监督部门处理投诉，有权查阅、复制有关文件、资料，调查有关情况，相关单位和人员应当予以配合。必要时，行政监督部门可以责令暂停招标投标活动。

行政监督部门的工作人员对监督检查过程中知悉的国家秘密、商业秘密，应当依法予以保密。

第六章 法律责任

第六十三条 招标人有下列限制或者排斥潜在投标人行为之一的，由有关行政监督部门依照招标投标法第五十一条的规定处罚：

（一）依法应当公开招标的项目不按照规定在指定媒介发布资格预审公告或者招标公告；

（二）在不同媒介发布的同一招标项目的资格预审公告或者招标公告的内容不一致，影响潜在投标人申请资格预审或者投标。

依法必须进行招标的项目的招标人不按照规定发布资格预审公告或者招标公告，构成规避招标的，依照招标投标法第四十九条的规定处罚。

第六十四条 招标人有下列情形之一的，由有关行政监督部门责令改正，可以处10万元以下的罚款：

（一）依法应当公开招标而采用邀请招标；

（二）招标文件、资格预审文件的发售、澄清、修改的时限，或者确定的提交资格预审申请文件、投标文件的时限不符合招标投标法和本条例规定；

（三）接受未通过资格预审的单位或者个人参加投标；

（四）接受应当拒收的投标文件。

招标人有前款第一项、第三项、第四项所列行为之一的，对单位直接负责的主管人员和其他直接责任人员依法给予处分。

第六十五条 招标代理机构在所代理的招标项目中投标、代理投标或者向该项目投标人提供咨询的，接受委托编制标底的中介机构参加受托编制标底项目的投标或者为该项目的投标人编制投标文件、提供咨询的，依照招标投标法第五十条的规定追究法律责任。

第六十六条 招标人超过本条例规定的比例收取投标保证金、履约保证金或者不按照规定退还投标保证金及银行同期存款利息的，由有关行政监督部门责令改正，可以处5万元以下的罚款；给他人造成损失的，依法承担赔偿责任。

第六十七条 投标人相互串通投标或者与招标人串通投标的，投标人向招标人或者评标委员会成员行贿谋取中标的，中标无效；构成犯罪的，依法追究刑事责任；尚不构成犯罪的，依照招标投标法第五十三条的规定处罚。投标人未中标的，对单位的罚款金额按照招标项目合同金额依照招标投标法规定的比例计算。

投标人有下列行为之一的，属于招标投标法第五十三条规定的情节严重行为，由有关行政监督部门取消其1年至2年内参加依法必须进行招标的项目的投标资格：

（一）以行贿谋取中标；

（二）3年内2次以上串通投标；

（三）串通投标行为损害招标人、其他投标人或者国家、集体、公民的合法利益，造成直接经济损失30万元以上；

（四）其他串通投标情节严重的行为。

投标人自本条第二款规定的处罚执行期限届满之日起3年内又有该款所列违法行为之一的，或者串通投标、以行贿谋取中标情节特别严重的，由工商行政管理机关吊销营业执照。

法律、行政法规对串通投标报价行为的处罚另有规定的，从其规定。

第六十八条 投标人以他人名义投标或者以其他方式弄虚作假骗取中标的，中标无效；构成犯罪的，依法追究刑事责任；尚不构成犯罪的，依照招标投标法第五十四条的规定处罚。依法必须进行招标的项目的投标人未中标的，对单位的罚款金额按照招标项目合同金额依照招标投标法规定的比例计算。

投标人有下列行为之一的，属于招标投标法第五十四条规定的情节严重行为，由有关行政监督部门取消其1年至3年内参加依法必须进行招标的项目的投标资格：

（一）伪造、变造资格、资质证书或者其他许可证件骗取中标；

（二）3年内2次以上使用他人名义投标；

（三）弄虚作假骗取中标给招标人造成直接经济损失30万元以上；

（四）其他弄虚作假骗取中标情节严重的行为。

投标人自本条第二款规定的处罚执行期限届满之日起3年内又有该款所列违法行为之一的，或者弄虚作假骗取中标情节特别严重的，由工商行政管理机关吊销营业执照。

第六十九条 出让或者出租资格、资质证书供他人投标的，依照法律、行政法规的规定给予行政处罚；构成犯罪的，依法追究刑事责任。

第七十条 依法必须进行招标的项目的招标人不按照规定组建评标委员会，或者确定、更换评标委员会成员违反招标投标法和本条例规定的，由有关行政监督部门责令改正，可以处10万元以下的罚款，对单位直接负责的主管人员和其他直接责任人员依法给予处分；违法确定或者更换的评标委员会成员作出的评审结论无效，依法重新进行评审。

国家工作人员以任何方式非法干涉选取评标委员会成员的，依照本条例第八十条的规定追究法律责任。

第七十一条 评标委员会成员有下列行为之一的，由有关行政监督部门责令改正；情节严重的，禁止其在一定期限内参加依法必须进行招标的项目的评标；情节特别严重的，取消其担任评标委员会成员的资格：

（一）应当回避而不回避；

（二）擅离职守；

（三）不按照招标文件规定的评标标准和方法评标；

（四）私下接触投标人；

（五）向招标人征询确定中标人的意向或者接受任何单位或者个人明示或者暗示提出的倾向或者排斥特定投标人的要求；

（六）对依法应当否决的投标不提出否决意见；

（七）暗示或者诱导投标人作出澄清、说明或者接受投标人主动提出的澄清、说明；

（八）其他不客观、不公正履行职务的行为。

第七十二条 评标委员会成员收受投标人的财物或者其他好处的，没收收受的财物，处3000元以上5万元以下的罚款，取消担任评标委员会成员的资格，不得再参加依法必须进行招标的项目的评标；构成犯罪的，依法追究刑事责任。

第七十三条 依法必须进行招标的项目的招标人有下列情形之一的，由有关行政监督部门责令改正，可以处中标项目金额10‰以下的罚款；给他人造成损失的，依法承担赔偿责任；对单位直接负责的主管人员和其他直接责任人员依法给予处分：

（一）无正当理由不发出中标通知书；

（二）不按照规定确定中标人；

（三）中标通知书发出后无正当理由改变中标结果；

（四）无正当理由不与中标人订立合同；

（五）在订立合同时向中标人提出附加条件。

第七十四条 中标人无正当理由不与招标人订立合同，在签订合同时向招标人提出附加条件，或者不按照招标文件要求提交履约保证金的，取消其中标资格，投标保证金不予退还。对依法必须进行招标的项目的中标人，由有关行政监督部门责令改正，可以处中标项目金额10‰以下的罚款。

第七十五条 招标人和中标人不按照招标文件和中标人的投标文件订立合同，合同的主要条款与招标文件、中标人的投标文件的内容不一致，或者招标人、中标人订立背离合同实质性内容的协议的，由有关行政监督部门责令改正，可以处中标项目金额5‰以上10‰以下的罚款。

第七十六条 中标人将中标项目转让给他人的，将中标项目肢解后分别转让给他人的，违反招标投标法和本条例规定将中标项目的部分主体、关键性工作分包给他人的，或者分包人再次分包的，转让、分包无效，处转让、分包项目金额5‰以上10‰以下的罚款；有违法所得的，并处没收违法所得；可以责令停业整顿；情节严重的，由工商行政管理机关吊销营业执照。

第七十七条 投标人或者其他利害关系人捏造事实、伪造材料或者以非法手段取得证明材料进行投诉，给他人造成损失的，依法承担赔偿责任。

招标人不按照规定对异议作出答复，继续进行招标投标活动的，由有关行政监督部门责令改正，拒不改正或者不能改正并影响中标结果的，依照本条例第八十一条的规定处理。

第七十八条 国家建立招标投标信用制度。有关行政监督部门应当依法公告对招标人、招标代理机构、投标人、评标委员会成员等当事人违法行为的行政处理决定。

第七十九条 项目审批、核准部门不依法审批、核准项目招标范围、招标方式、招标组织形式的，对单位直接负责的主管人员和其他直接责任人员依法给予处分。

有关行政监督部门不依法履行职责，对违反招标投标法和本条例规定的行为不依法查处，或者不按照规定处理投诉、不依法公告对招标投标当事人违法行为的行政处理决定的，对直接负责的主管人员和其他直接责任人员依法给予处分。项目审批、核准部门和有关行政监督部门的工作人员徇私舞弊、滥用职权、玩忽职守，构成犯罪的，依法追究刑事责任。

第八十条 国家工作人员利用职务便利，以直接或者间接、明示或者暗示等任何方式非法干涉招标投标活动，有下列情形之一的，依法给予记过或者记大过处分；情节严重的，依法给予降级或者撤职处分；情节特别严重的，依法给予开除处分；构成犯罪的，依法追究刑事责任：

（一）要求对依法必须进行招标的项目不招标，或者要求对依法应当公开招标的项目不公开招标；

（二）要求评标委员会成员或者招标人以其指定的投标人作为中标候选人或者中标人，或者以其他方式非法干涉评标活动，影响中标结果；

（三）以其他方式非法干涉招标投标活动。

第八十一条 依法必须进行招标的项目的招标投标活动违反招标投标法和本条例的规定，对中标结果造成实质性影响，且不能采取补救措施予以纠正的，招标、投标、中标无效，应当依法重新招标或者评标。

第七章 附 则

第八十二条 招标投标协会按照依法制定的章程开展活动，加强行业自律和服务。

第八十三条 政府采购的法律、行政法规对政府采购货物、服务的招标投标另有规定的，从其规定。

第八十四条 本条例自 2012 年 2 月 1 日起施行。

国务院建设工程安全生产管理条例

（国务院令 393 号）

《建设工程安全生产管理条例》已经 2003 年 11 月 12 日国务院第 28 次常务会议通过，现予公布，自 2004 年 2 月 1 日起施行。

第一章 总 则

第一条 为了加强建设工程安全生产监督管理，保障人民群众生命和财产安全，根据《中华人民共和国建筑法》《中华人民共和国安全生产法》，制定本条例。

第二条 在中华人民共和国境内从事建设工程的新建、扩建、改建和拆除等有关活动及实施对建设工程安全生产的监督管理，必须遵守本条例。

本条例所称建设工程，是指土木工程、建筑工程、线路管道和设备安装工程及装修工程。

第三条 建设工程安全生产管理，坚持安全第一、预防为主的方针。

第四条 建设单位、勘察单位、设计单位、施工单位、工程监理单位及其他与建设工程安全生产有关的单位，必须遵守安全生产法律、法规的规定，保证建设工程安全生产，依法承担建设工程安全生产责任。

第五条 国家鼓励建设工程安全生产的科学技术研究和先进技术的推广应用，推进建设工程安全生产的科学管理。

第二章 建设单位的安全责任

第六条 建设单位应当向施工单位提供施工现场及毗邻区域内供水、排水、供电、供气、供热、通信、广播电视等地下管线资料，气象和水文观测资料，相邻建筑物和构筑物、地下工程的有关资料，并保证资料的真实、准确、完整。

建设单位因建设工程需要，向有关部门或者单位查询前款规定的资料时，有关部门或者单位应当及时提供。

第七条 建设单位不得对勘察、设计、施工、工程监理等单位提出不符合建设工程安全生产法律、法规和强制性标准规定的要求，不得压缩合同约定的工期。

第八条 建设单位在编制工程概算时，应当确定建设工程安全作业环境及安全施工措施所需费用。

第九条 建设单位不得明示或者暗示施工单位购买、租赁、使用不符合安全施工要求的安全防护用具、机械设备、施工机具及配件、消防设施和器材。

第十条 建设单位在申请领取施工许可证时，应当提供建设工程有关安全施工措施的资料。

依法批准开工报告的建设工程，建设单位应当自开工报告批准之日起 15 日内，将保证安全施工的措施报送建设工程所在地的县级以上地方人民政府建设行政主管部门或者其他有关部门备案。

第十一条 建设单位应当将拆除工程发包给具有相应资质等级的施工单位。

建设单位应当在拆除工程施工 15 日前，将下列资料报送建设工程所在地的县级以上地方人民政府建设行政主管部门或者其他有关部门备案：

（一）施工单位资质等级证明；

（二）拟拆除建筑物、构筑物及可能危及毗邻建筑的说明；

（三）拆除施工组织方案；

（四）堆放、清除废弃物的措施。

实施爆破作业的，应当遵守国家有关民用爆炸物品管理的规定。

第三章 勘察、设计、工程监理及其他有关单位的安全责任

第十二条 勘察单位应当按照法律、法规和工程建设强制性标准进行勘察，提供的勘察文件应当真实、准确，满足建设工程安全生产的需要。

勘察单位在勘察作业时，应当严格执行操作规程，采取措施保证各类管线、设施和周边建筑物、构筑物的安全。

第十三条 设计单位应当按照法律、法规和工程建设强制性标准进行设计，防止因设计不合理导致生产安全事故的发生。

设计单位应当考虑施工安全操作和防护的需要，对涉及施工安全的重点部位和环节在设计文件中注明，并对防范生产安全事故提出指导意见。

采用新结构、新材料、新工艺的建设工程和特殊结构的建设工程，设计单位

应当在设计中提出保障施工作业人员安全和预防生产安全事故的措施建议。

设计单位和注册建筑师等注册执业人员应当对其设计负责。

第十四条 工程监理单位应当审查施工组织设计中的安全技术措施或者专项施工方案是否符合工程建设强制性标准。

工程监理单位在实施监理过程中，发现存在安全事故隐患的，应当要求施工单位整改；情况严重的，应当要求施工单位暂时停止施工，并及时报告建设单位。施工单位拒不整改或者不停止施工的，工程监理单位应当及时向有关主管部门报告。

工程监理单位和监理工程师应当按照法律、法规和工程建设强制性标准实施监理，并对建设工程安全生产承担监理责任。

第十五条 为建设工程提供机械设备和配件的单位，应当按照安全施工的要求配备齐全有效的保险、限位等安全设施和装置。

第十六条 出租的机械设备和施工机具及配件，应当具有生产(制造)许可证、产品合格证。

出租单位应当对出租的机械设备和施工机具及配件的安全性能进行检测，在签订租赁协议时，应当出具检测合格证明。

禁止出租检测不合格的机械设备和施工机具及配件。

第十七条 在施工现场安装、拆卸施工起重机械和整体提升脚手架、模板等自升式架设设施，必须由具有相应资质的单位承担。

安装、拆卸施工起重机械和整体提升脚手架、模板等自升式架设设施，应当编制拆装方案、制定安全施工措施，并由专业技术人员现场监督。

施工起重机械和整体提升脚手架、模板等自升式架设设施安装完毕后，安装单位应当自检，出具自检合格证明，并向施工单位进行安全使用说明，办理验收手续并签字。

第十八条 施工起重机械和整体提升脚手架、模板等自升式架设设施的使用达到国家规定的检验检测期限的，必须经具有专业资质的检验检测机构检测。经检测不合格的，不得继续使用。

第十九条 检验检测机构对检测合格的施工起重机械和整体提升脚手架、模板等自升式架设设施，应当出具安全合格证明文件，并对检测结果负责。

第四章　施工单位的安全责任

第二十条 施工单位从事建设工程的新建、扩建、改建和拆除等活动，应当具备国家规定的注册资本、专业技术人员、技术装备和安全生产等条件，依法取得相应等级的资质证书，并在其资质等级许可的范围内承揽工程。

第二十一条 施工单位主要负责人依法对本单位的安全生产工作全面负责。施工单位应当建立健全安全生产责任制度和安全生产教育培训制度，制定安全生产规章制度和操作规程，保证本单位安全生产条件所需资金的投入，对所承担的建设工程进行定期和专项安全检查，并做好安全检查记录。

施工单位的项目负责人应当由取得相应执业资格的人员担任，对建设工程项目的安全施工负责，落实安全生产责任制度、安全生产规章制度和操作规程，确保安全生产费用的有效使用，并根据工程的特点组织制定安全施工措施，消除安全事故隐患，及时、如实报告生产安全事故。

第二十二条 施工单位对列入建设工程概算的安全作业环境及安全施工措施所需费用，应当用于施工安全防护用具及设施的采购和更新、安全施工措施的落实、安全生产条件的改善，不得挪作他用。

第二十三条 施工单位应当设立安全生产管理机构，配备专职安全生产管理人员。

专职安全生产管理人员负责对安全生产进行现场监督检查。发现安全事故隐患，应当及时向项目负责人和安全生产管理机构报告；对违章指挥、违章操作的，应当立即制止。

专职安全生产管理人员的配备办法由国务院建设行政主管部门会同国务院其他有关部门制定。

第二十四条 建设工程实行施工总承包的，由总承包单位对施工现场的安全生产负总责。

总承包单位应当自行完成建设工程主体结构的施工。

总承包单位依法将建设工程分包给其他单位的，分包合同中应当明确各自的安全生产方面的权利、义务。总承包单位和分包单位对分包工程的安全生产承担连带责任。

分包单位应当服从总承包单位的安全生产管理，分包单位不服从管理导致生产安全事故的，由分包单位承担主要责任。

第二十五条 垂直运输机械作业人员、安装拆卸工、爆破作业人员、起重信号工、登高架设作业人员等特种作业人员，必须按照国家有关规定经过专门的安全作业培训，并取得特种作业操作资格证书后，方可上岗作业。

第二十六条 施工单位应当在施工组织设计中编制安全技术措施和施工现场临时用电方案，对下列达到一定规模的危险性较大的分部分项工程编制专项施工方案，并附具安全验算结果，经施工单位技术负责人、总监理工程师签字后实施，由专职安全生产管理人员进行现场监督：

（一）基坑支护与降水工程；

（二）土方开挖工程；

（三）模板工程；

（四）起重吊装工程；

（五）脚手架工程；

（六）拆除、爆破工程；

（七）国务院建设行政主管部门或者其他有关部门规定的其他危险性较大的工程。

对前款所列工程中涉及深基坑、地下暗挖工程、高大模板工程的专项施工方案，施工单位还应当组织专家进行论证、审查。

本条第一款规定的达到一定规模的危险性较大工程的标准，由国务院建设行政主管部门会同国务院其他有关部门制定。

第二十七条 建设工程施工前，施工单位负责项目管理的技术人员应当对有关安全施工的技术要求向施工作业班组、作业人员作出详细说明，并由双方签字确认。

第二十八条 施工单位应当在施工现场入口处、施工起重机械、临时用电设施、脚手架、出入通道口、楼梯口、电梯井口、孔洞口、桥梁口、隧道口、基坑边沿、爆破物及有害危险气体和液体存放处等危险部位，设置明显的安全警示标志。安全警示标志必须符合国家标准。

施工单位应当根据不同施工阶段和周围环境及季节、气候的变化，在施工现场采取相应的安全施工措施。施工现场暂时停止施工的，施工单位应当做好现场防护，所需费用由责任方承担，或者按照合同约定执行。

第二十九条 施工单位应当将施工现场的办公、生活区与作业区分开设置，并保持安全距离；办公、生活区的选址应当符合安全性要求。职工的膳食、饮水、休息场所等应当符合卫生标准。施工单位不得在尚未竣工的建筑物内设置员工集体宿舍。

施工现场临时搭建的建筑物应当符合安全使用要求。施工现场使用的装配式活动房屋应当具有产品合格证。

第三十条 施工单位对因建设工程施工可能造成损害的毗邻建筑物、构筑物和地下管线等，应当采取专项防护措施。

施工单位应当遵守有关环境保护法律、法规的规定，在施工现场采取措施，防止或者减少粉尘、废气、废水、固体废物、噪声、振动和施工照明对人和环境的危害和污染。

在城市市区内的建设工程，施工单位应当对施工现场实行封闭围挡。

第三十一条 施工单位应当在施工现场建立消防安全责任制度，确定消防安全责任人，制定用火、用电、使用易燃易爆材料等各项消防安全管理制度和操作规程，设置消防通道、消防水源，配备消防设施和灭火器材，并在施工现场入口处设置明显标志。

第三十二条 施工单位应当向作业人员提供安全防护用具和安全防护服装，并书面告知危险岗位的操作规程和违章操作的危害。

作业人员有权对施工现场的作业条件、作业程序和作业方式中存在的安全问题提出批评、检举和控告，有权拒绝违章指挥和强令冒险作业。

在施工中发生危及人身安全的紧急情况时，作业人员有权立即停止作业或者在采取必要的应急措施后撤离危险区域。

第三十三条 作业人员应当遵守安全施工的强制性标准、规章制度和操作规程，正确使用安全防护用具、机械设备等。

第三十四条 施工单位采购、租赁的安全防护用具、机械设备、施工机具及配件，应当具有生产(制造)许可证、产品合格证，并在进入施工现场前进行查验。

施工现场的安全防护用具、机械设备、施工机具及配件必须由专人管理，定期进行检查、维修和保养，建立相应的资料档案，并按照国家有关规定及时报废。

第三十五条 施工单位在使用施工起重机械和整体提升脚手架、模板等自升式架设设施前，应当组织有关单位进行验收，也可以委托具有相应资质的检验检测机构进行验收；使用承租的机械设备和施工机具及配件的，由施工总承包单位、分包单位、出租单位和安装单位共同进行验收。验收合格的方可使用。

《特种设备安全监察条例》规定的施工起重机械，在验收前应当经有相应资质的检验检测机构监督检验合格。

施工单位应当自施工起重机械和整体提升脚手架、模板等自升式架设设施验收合格之日起30日内，向建设行政主管部门或者其他有关部门登记。登记标志应当置于或者附着于该设备的显著位置。

第三十六条 施工单位的主要负责人、项目负责人、专职安全生产管理人员应当经建设行政主管部门或者其他有关部门考核合格后方可任职。

施工单位应当对管理人员和作业人员每年至少进行一次安全生产教育培训，其教育培训情况记入个人工作档案。安全生产教育培训考核不合格的人员，不得上岗。

第三十七条 作业人员进入新的岗位或者新的施工现场前，应当接受安全生产教育培训。未经教育培训或者教育培训考核不合格的人员，不得上岗作业。

施工单位在采用新技术、新工艺、新设备、新材料时，应当对作业人员进行相应的安全生产教育培训。

第三十八条 施工单位应当为施工现场从事危险作业的人员办理意外伤害保险。

意外伤害保险费由施工单位支付。实行施工总承包的，由总承包单位支付意外伤害保险费。意外伤害保险期限自建设工程开工之日起至竣工验收合格止。

第五章 监督管理

第三十九条 国务院负责安全生产监督管理的部门依照《中华人民共和国安全生产法》的规定，对全国建设工程安全生产工作实施综合监督管理。

县级以上地方人民政府负责安全生产监督管理的部门依照《中华人民共和国安全生产法》的规定，对本行政区域内建设工程安全生产工作实施综合监督管理。

第四十条 国务院建设行政主管部门对全国的建设工程安全生产实施监督管理。国务院铁路、交通、水利等有关部门按照国务院规定的职责分工，负责有关专业建设工程安全生产的监督管理。

县级以上地方人民政府建设行政主管部门对本行政区域内的建设工程安全生产实施监督管理。县级以上地方人民政府交通、水利等有关部门在各自的职责范围内，负责本行政区域内的专业建设工程安全生产的监督管理。

第四十一条 建设行政主管部门和其他有关部门应当将本条例第十条、第十一条规定的有关资料的主要内容抄送同级负责安全生产监督管理的部门。

第四十二条 建设行政主管部门在审核发放施工许可证时，应当对建设工程是否有安全施工措施进行审查，对没有安全施工措施的，不得颁发施工许可证。

建设行政主管部门或者其他有关部门对建设工程是否有安全施工措施进行审查时，不得收取费用。

第四十三条 县级以上人民政府负有建设工程安全生产监督管理职责的部门在各自的职责范围内履行安全监督检查职责时，有权采取下列措施：

（一）要求被检查单位提供有关建设工程安全生产的文件和资料；

（二）进入被检查单位施工现场进行检查；

（三）纠正施工中违反安全生产要求的行为；

（四）对检查中发现的安全事故隐患，责令立即排除；重大安全事故隐患排除前或者排除过程中无法保证安全的，责令从危险区域内撤出作业人员或者暂时停止施工。

第四十四条 建设行政主管部门或者其他有关部门可以将施工现场的监督检查委托给建设工程安全监督机构具体实施。

第四十五条 国家对严重危及施工安全的工艺、设备、材料实行淘汰制度。具体目录由国务院建设行政主管部门会同国务院其他有关部门制定并公布。

第四十六条 县级以上人民政府建设行政主管部门和其他有关部门应当及时受理对建设工程生产安全事故及安全事故隐患的检举、控告和投诉。

第六章 生产安全事故的应急救援和调查处理

第四十七条 县级以上地方人民政府建设行政主管部门应当根据本级人民政府的要求，制定本行政区域内建设工程特大生产安全事故应急救援预案。

第四十八条 施工单位应当制定本单位生产安全事故应急救援预案，建立应急救援组织或者配备应急救援人员，配备必要的应急救援器材、设备，并定期组织演练。

第四十九条 施工单位应当根据建设工程施工的特点、范围，对施工现场易发生重大事故的部位、环节进行监控，制定施工现场生产安全事故应急救援预案。实行施工总承包的，由总承包单位统一组织编制建设工程生产安全事故应急救援预案，工程总承包单位和分包单位按照应急救援预案，各自建立应急救援组织或者配备应急救援人员，配备救援器材、设备，并定期组织演练。

第五十条 施工单位发生生产安全事故，应当按照国家有关伤亡事故报告和调查处理的规定，及时、如实地向负责安全生产监督管理的部门、建设行政主管部门或者其他有关部门报告；特种设备发生事故的，还应当同时向特种设备安全监督管理部门报告。接到报告的部门应当按照国家有关规定，如实上报。

实行施工总承包的建设工程，由总承包单位负责上报事故。

第五十一条 发生生产安全事故后，施工单位应当采取措施防止事故扩大，保护事故现场。需要移动现场物品时，应当做出标记和书面记录，妥善保管有关证物。

第五十二条 建设工程生产安全事故的调查、对事故责任单位和责任人的处罚与处理，按照有关法律、法规的规定执行。

第七章　法律责任

第五十三条 违反本条例的规定，县级以上人民政府建设行政主管部门或者其他有关行政管理部门的工作人员，有下列行为之一的，给予降级或者撤职的行政处分；构成犯罪的，依照刑法有关规定追究刑事责任：

（一）对不具备安全生产条件的施工单位颁发资质证书的；

（二）对没有安全施工措施的建设工程颁发施工许可证的；

（三）发现违法行为不予查处的；

（四）不依法履行监督管理职责的其他行为。

第五十四条 违反本条例的规定，建设单位未提供建设工程安全生产作业环境及安全施工措施所需费用的，责令限期改正；逾期未改正的，责令该建设工程停止施工。

建设单位未将保证安全施工的措施或者拆除工程的有关资料报送有关部门备案的，责令限期改正，给予警告。

第五十五条 违反本条例的规定，建设单位有下列行为之一的，责令限期改正，处20万元以上50万元以下的罚款；造成重大安全事故，构成犯罪的，对直接责任人员，依照刑法有关规定追究刑事责任；造成损失的，依法承担赔偿责任：

（一）对勘察、设计、施工、工程监理等单位提出不符合安全生产法律、法规和强制性标准规定的要求的；

（二）要求施工单位压缩合同约定的工期的；

（三）将拆除工程发包给不具有相应资质等级的施工单位的。

第五十六条 违反本条例的规定，勘察单位、设计单位有下列行为之一的，责令限期改正，处10万元以上30万元以下的罚款；情节严重的，责令停业整顿，降低资质等级，直至吊销资质证书；造成重大安全事故，构成犯罪的，对直接责任人员，依照刑法有关规定追究刑事责任；造成损失的，依法承担赔偿责任：

（一）未按照法律、法规和工程建设强制性标准进行勘察、设计的；

（二）采用新结构、新材料、新工艺的建设工程和特殊结构的建设工程，设计单位未在设计中提出保障施工作业人员安全和预防生产安全事故的措施建议的。

第五十七条 违反本条例的规定，工程监理单位有下列行为之一的，责令限期改正；逾期未改正的，责令停业整顿，并处10万元以上30万元以下的罚款；情节严重的，降低资质等级，直至吊销资质证书；造成重大安全事故，构成犯罪的，对直接责任人员，依照刑法有关规定追究刑事责任；造成损失的，依法承担赔偿责任：

（一）未对施工组织设计中的安全技术措施或者专项施工方案进行审查的；

（二）发现安全事故隐患未及时要求施工单位整改或者暂时停止施工的；

（三）施工单位拒不整改或者不停止施工，未及时向有关主管部门报告的；

（四）未依照法律、法规和工程建设强制性标准实施监理的。

第五十八条 注册执业人员未执行法律、法规和工程建设强制性标准的，责令停止执业3个月以上1年以下；情节严重的，吊销执业资格证书，5年内不予注册；造成重大安全事故的，终身不予注册；构成犯罪的，依照刑法有关规定追究刑事责任。

第五十九条 违反本条例的规定，为建设工程提供机械设备和配件的单位，未按照安全施工的要求配备齐全有效的保险、限位等安全设施和装置的，责令限期改正，处合同价款1倍以上3倍以下的罚款；造成损失的，依法承担赔偿责任。

第六十条 违反本条例的规定，出租单位出租未经安全性能检测或者经检测不合格的机械设备和施工机具及配件的，责令停业整顿，并处5万元以上10万元以下的罚款；造成损失的，依法承担赔偿责任。

第六十一条 违反本条例的规定，施工起重机械和整体提升脚手架、模板等自升式架设设施安装、拆卸单位有下列行为之一的，责令限期改正，处5万元以上10万元以下的罚款；情节严重的，责令停业整顿，降低资质等级，直至吊销资质证书；造成损失的，依法承担赔偿责任：

（一）未编制拆装方案、制定安全施工措施的；

（二）未由专业技术人员现场监督的；

（三）未出具自检合格证明或者出具虚假证明的；

（四）未向施工单位进行安全使用说明，办理移交手续的。

施工起重机械和整体提升脚手架、模板等自升式架设设施安装、拆卸单位有前款规定的第（一）项、第（三）项行为，经有关部门或者单位职工提出后，对事故隐患仍不采取措施，因而发生重大伤亡事故或者造成其他严重后果，构成犯罪的，对直接责任人员，依照刑法有关规定追究刑事责任。

第六十二条 违反本条例的规定，施工单位有下列行为之一的，责令限期改正；逾期未改正的，责令停业整顿，依照《中华人民共和国安全生产法》的有关规定处以罚款；造成重大安全事故，构成犯罪的，对直接责任人员，依照刑法有关规定追究刑事责任：

（一）未设立安全生产管理机构、配备专职安全生产管理人员或者分部分项工程施工时无专职安全生产管理人员现场监督的；

（二）施工单位的主要负责人、项目负责人、专职安全生产管理人员、作业人员或者特种作业人员，未经安全教育培训或者经考核不合格即从事相关工作的；

（三）未在施工现场的危险部位设置明显的安全警示标志，或者未按照国家有关规定在施工现场设置消防通道、消防水源、配备消防设施和灭火器材的；

（四）未向作业人员提供安全防护用具和安全防护服装的；

（五）未按照规定在施工起重机械和整体提升脚手架、模板等自升式架设设施验收合格后登记的；

（六）使用国家明令淘汰、禁止使用的危及施工安全的工艺、设备、材料的。

第六十三条 违反本条例的规定，施工单位挪用列入建设工程概算的安全生产作业环境及安全施工措施所需费用的，责令限期改正，处挪用费用20%以上50%以下的罚款；造成损失的，依法承担赔偿责任。

第六十四条 违反本条例的规定，施工单位有下列行为之一的，责令限期改正；逾期未改正的，责令停业整顿，并处5万元以上10万元以下的罚款；造成重大安全事故，构成犯罪的，对直接责任人员，依照刑法有关规定追究刑事责任：

（一）施工前未对有关安全施工的技术要求作出详细说明的；

（二）未根据不同施工阶段和周围环境及季节、气候的变化，在施工现场采取相应的安全施工措施，或者在城市市区内的建设工程的施工现场未实行封闭围挡的；

（三）在尚未竣工的建筑物内设置员工集体宿舍的；

（四）施工现场临时搭建的建筑物不符合安全使用要求的；

（五）未对因建设工程施工可能造成损害的毗邻建筑物、构筑物和地下管线等采取专项防护措施的。

施工单位有前款规定第（四）项、第（五）项行为，造成损失的，依法承担赔偿责任。

第六十五条 违反本条例的规定，施工单位有下列行为之一的，责令限期改正；逾期未改正的，责令停业整顿，并处10万元以上30万元以下的罚款；情节严重的，降低资质等级，直至吊销资质证书；造成重大安全事故，构成犯罪的，对直接责任人员，依照刑法有关规定追究刑事责任；造成损失的，依法承担赔偿责任：

（一）安全防护用具、机械设备、施工机具及配件在进入施工现场前未经查验或者查验不合格即投入使用的；

（二）使用未经验收或者验收不合格的施工起重机械和整体提升脚手架、模板等自升式架设设施的；

（三）委托不具有相应资质的单位承担施工现场安装、拆卸施工起重机械和整体提升脚手架、模板等自升式架设设施的；

（四）在施工组织设计中未编制安全技术措施、施工现场临时用电方案或者专项施工方案的。

第六十六条 违反本条例的规定，施工单位的主要负责人、项目负责人未履行安全生产管理职责的，责令限期改正；逾期未改正的，责令施工单位停业整顿；造成重大安全事故、重大伤亡事故或者其他严重后果，构成犯罪的，依照刑法有关规定追究刑事责任。

作业人员不服管理、违反规章制度和操作规程冒险作业造成重大伤亡事故或者其他严重后果，构成犯罪的，依照刑法有关规定追究刑事责任。

施工单位的主要负责人、项目负责人有前款违法行为，尚不够刑事处罚的，处2万元以上20万元以下的罚款或者按照管理权限给予撤职处分；自刑罚执行完毕或者受处分之日起，5 年内不得担任任何施工单位的主要负责人、项目负责人。

第六十七条 施工单位取得资质证书后，降低安全生产条件的，责令限期改正；经整改仍未达到与其资质等级相适应的安全生产条件的，责令停业整顿，降低其资质等级直至吊销资质证书。

第六十八条 本条例规定的行政处罚，由建设行政主管部门或者其他有关部门依照法定职权决定。

违反消防安全管理规定的行为，由公安消防机构依法处罚。

有关法律、行政法规对建设工程安全生产违法行为的行政处罚决定机关另有规定的，从其规定。

第八章 附　　则

第六十九条 抢险救灾和农民自建低层住宅的安全生产管理，不适用本条例。

第七十条 军事建设工程的安全生产管理，按照中央军事委员会的有关规定执行。

第七十一条 本条例自 2004 年 2 月 1 日起施行。

国务院建设工程质量管理条例

（中华人民共和国国务院令　第714号）

第一章　总　　则

第一条　为了加强对建设工程质量的管理，保证建设工程质量，保护人民生命和财产安全，根据《中华人民共和国建筑法》，制定本条例。

第二条　凡在中华人民共和国境内从事建设工程的新建、扩建、改建等有关活动及实施对建设工程质量监督管理的，必须遵守本条例。

本条例所称建设工程，是指土木工程、建筑工程、线路管道和设备安装工程及装修工程。

第三条　建设单位、勘察单位、设计单位、施工单位、工程监理单位依法对建设工程质量负责。

第四条　县级以上人民政府建设行政主管部门和其他有关部门应当加强对建设工程质量的监督管理。

第五条　从事建设工程活动，必须严格执行基本建设程序，坚持先勘察、后设计、再施工的原则。

县级以上人民政府及其有关部门不得超越权限审批建设项目或者擅自简化基本建设程序。

第六条　国家鼓励采用先进的科学技术和管理方法，提高建设工程质量。

第二章　建设单位的质量责任和义务

第七条　建设单位应当将工程发包给具有相应资质等级的单位。

建设单位不得将建设工程肢解发包。

第八条　建设单位应当依法对工程建设项目的勘察、设计、施工、监理以及与工程建设有关的重要设备、材料等的采购进行招标。

第九条 建设单位必须向有关的勘察、设计、施工、工程监理等单位提供与建设工程有关的原始资料。

原始资料必须真实、准确、齐全。

第十条 建设工程发包单位，不得迫使承包方以低于成本的价格竞标，不得任意压缩合理工期。

建设单位不得明示或者暗示设计单位或者施工单位违反工程建设强制性标准，降低建设工程质量。

第十一条 施工图设计文件审查的具体办法，由国务院建设行政主管部门、国务院其他有关部门制定。

施工图设计文件未经审查批准的，不得使用。

第十二条 实行监理的建设工程，建设单位应当委托具有相应资质等级的工程监理单位进行监理，也可以委托具有工程监理相应资质等级并与被监理工程的施工承包单位没有隶属关系或者其他利害关系的该工程的设计单位进行监理。

下列建设工程必须实行监理：

（一）国家重点建设工程；

（二）大中型公用事业工程；

（三）成片开发建设的住宅小区工程；

（四）利用外国政府或者国际组织贷款、援助资金的工程；

（五）国家规定必须实行监理的其他工程。

第十三条 建设单位在开工前，应当按照国家有关规定办理工程质量监督手续，工程质量监督手续可以与施工许可证或者开工报告合并办理。

第十四条 按照合同约定，由建设单位采购建筑材料、建筑构配件和设备的，建设单位应当保证建筑材料、建筑构配件和设备符合设计文件和合同要求。

建设单位不得明示或者暗示施工单位使用不合格的建筑材料、建筑构配件和设备。

第十五条 涉及建筑主体和承重结构变动的装修工程，建设单位应当在施工前委托原设计单位或者具有相应资质等级的设计单位提出设计方案；没有设计方案的，不得施工。

房屋建筑使用者在装修过程中，不得擅自变动房屋建筑主体和承重结构。

第十六条 建设单位收到建设工程竣工报告后，应当组织设计、施工、工程监理等有关单位进行竣工验收。

建设工程竣工验收应当具备下列条件：

（一）完成建设工程设计和合同约定的各项内容；

（二）有完整的技术档案和施工管理资料；

（三）有工程使用的主要建筑材料、建筑构配件和设备的进场试验报告；

（四）有勘察、设计、施工、工程监理等单位分别签署的质量合格文件；

（五）有施工单位签署的工程保修书。

建设工程经验收合格的，方可交付使用。

第十七条 建设单位应当严格按照国家有关档案管理的规定，及时收集、整理建设项目各环节的文件资料，建立、健全建设项目档案，并在建设工程竣工验收后，及时向建设行政主管部门或者其他有关部门移交建设项目档案。

第三章 勘察、设计单位的质量责任和义务

第十八条 从事建设工程勘察、设计的单位应当依法取得相应等级的资质证书，并在其资质等级许可的范围内承揽工程。

禁止勘察、设计单位超越其资质等级许可的范围或者以其他勘察、设计单位的名义承揽工程。

禁止勘察、设计单位允许其他单位或者个人以本单位的名义承揽工程。

勘察、设计单位不得转包或者违法分包所承揽的工程。

第十九条 勘察、设计单位必须按照工程建设强制性标准进行勘察、设计，并对其勘察、设计的质量负责。

注册建筑师、注册结构工程师等注册执业人员应当在设计文件上签字，对设计文件负责。

第二十条 勘察单位提供的地质、测量、水文等勘察成果必须真实、准确。

第二十一条 设计单位应当根据勘察成果文件进行建设工程设计。

设计文件应当符合国家规定的设计深度要求，注明工程合理使用年限。

第二十二条 设计单位在设计文件中选用的建筑材料、建筑构配件和设备，应当注明规格、型号、性能等技术指标，其质量要求必须符合国家规定的标准。

除有特殊要求的建筑材料、专用设备、工艺生产线等外，设计单位不得指定生产厂、供应商。

第二十三条 设计单位应当就审查合格的施工图设计文件向施工单位作出详细说明。

第二十四条 设计单位应当参与建设工程质量事故分析，并对因设计造成的质量事故，提出相应的技术处理方案。

第四章 施工单位的质量责任和义务

第二十五条 施工单位应当依法取得相应等级的资质证书，并在其资质等级许可的范围内承揽工程。

禁止施工单位超越本单位资质等级许可的业务范围或者以其他施工单位的名义承揽工程。

禁止施工单位允许其他单位或者个人以本单位的名义承揽工程。

施工单位不得转包或者违法分包工程。

第二十六条 施工单位对建设工程的施工质量负责。

施工单位应当建立质量责任制，确定工程项目的项目经理、技术负责人和施工管理负责人。

建设工程实行总承包的，总承包单位应当对全部建设工程质量负责；建设工程勘察、设计、施工、设备采购的一项或者多项实行总承包的，总承包单位应当对其承包的建设工程或者采购的设备的质量负责。

第二十七条 总承包单位依法将建设工程分包给其他单位的，分包单位应当按照分包合同的约定对其分包工程的质量向总承包单位负责，总承包单位与分包单位对分包工程的质量承担连带责任。

第二十八条 施工单位必须按照工程设计图纸和施工技术标准施工，不得擅自修改工程设计，不得偷工减料。

施工单位在施工过程中发现设计文件和图纸有差错的，应当及时提出意见和建议。

第二十九条 施工单位必须按照工程设计要求、施工技术标准和合同约定，对建筑材料、建筑构配件、设备和商品混凝土进行检验，检验应当有书面记录和专人签字；未经检验或者检验不合格的，不得使用。

第三十条 施工单位必须建立、健全施工质量的检验制度，严格工序管理，作好隐蔽工程的质量检查和记录。隐蔽工程在隐蔽前，施工单位应当通知建设单位和建设工程质量监督机构。

第三十一条 施工人员对涉及结构安全的试块、试件以及有关材料，应当在建设单位或者工程监理单位监督下现场取样，并送具有相应资质等级的质量检测单位进行检测。

第三十二条 施工单位对施工中出现质量问题的建设工程或者竣工验收不合格的建设工程，应当负责返修。

第三十三条 施工单位应当建立、健全教育培训制度，加强对职工的教育培训；未经教育培训或者考核不合格的人员，不得上岗作业。

第五章 工程监理单位的质量责任和义务

第三十四条 工程监理单位应当依法取得相应等级的资质证书，并在其资质等级许可的范围内承担工程监理业务。

禁止工程监理单位超越本单位资质等级许可的范围或者以其他工程监理单位的名义承担工程监理业务。禁止工程监理单位允许其他单位或者个人以本单位的名义承担工程监理业务。

工程监理单位不得转让工程监理业务。

第三十五条 工程监理单位与被监理工程的施工承包单位以及建筑材料、建筑构配件和设备供应单位有隶属关系或者其他利害关系的，不得承担该项建设工程的监理业务。

第三十六条 工程监理单位应当依照法律、法规以及有关技术标准、设计文件和建设工程承包合同，代表建设单位对施工质量实施监理，并对施工质量承担监理责任。

第三十七条 工程监理单位应当选派具备相应资格的总监理工程师和监理工程师进驻施工现场。

未经监理工程师签字，建筑材料、建筑构配件和设备不得在工程上使用或者安装，施工单位不得进行下一道工序的施工。未经总监理工程师签字，建设单位不拨付工程款，不进行竣工验收。

第三十八条 监理工程师应当按照工程监理规范的要求，采取旁站、巡视和平行检验等形式，对建设工程实施监理。

第六章 建设工程质量保修

第三十九条 建设工程实行质量保修制度。

建设工程承包单位在向建设单位提交工程竣工验收报告时，应当向建设单位出具质量保修书。质量保修书中应当明确建设工程的保修范围、保修期限和保修责任等。

第四十条 在正常使用条件下，建设工程的最低保修期限为：

（一）基础设施工程、房屋建筑的地基基础工程和主体结构工程，为设计文件规定的该工程的合理使用年限；

（二）屋面防水工程、有防水要求的卫生间、房间和外墙面的防渗漏，为5年；

（三）供热与供冷系统，为2个采暖期、供冷期；

（四）电气管线、给排水管道、设备安装和装修工程，为2年。

其他项目的保修期限由发包方与承包方约定。

建设工程的保修期，自竣工验收合格之日起计算。

第四十一条 建设工程在保修范围和保修期限内发生质量问题的，施工单位应当履行保修义务，并对造成的损失承担赔偿责任。

第四十二条 建设工程在超过合理使用年限后需要继续使用的，产权所有人应当委托具有相应资质等级的勘察、设计单位鉴定，并根据鉴定结果采取加固、维修等措施，重新界定使用期。

第七章 监督管理

第四十三条 国家实行建设工程质量监督管理制度。

国务院建设行政主管部门对全国的建设工程质量实施统一监督管理。国务院铁路、交通、水利等有关部门按照国务院规定的职责分工，负责对全国的有关专业建设工程质量的监督管理。

县级以上地方人民政府建设行政主管部门对本行政区域内的建设工程质量实施监督管理。县级以上地方人民政府交通、水利等有关部门在各自的职责范围内，负责对本行政区域内的专业建设工程质量的监督管理。

第四十四条 国务院建设行政主管部门和国务院铁路、交通、水利等有关部门应当加强对有关建设工程质量的法律、法规和强制性标准执行情况的监督检查。

第四十五条 国务院发展计划部门按照国务院规定的职责，组织稽察特派员，对国家出资的重大建设项目实施监督检查。

国务院经济贸易主管部门按照国务院规定的职责，对国家重大技术改造项目实施监督检查。

第四十六条 建设工程质量监督管理，可以由建设行政主管部门或者其他有关部门委托的建设工程质量监督机构具体实施。

从事房屋建筑工程和市政基础设施工程质量监督的机构，必须按照国家有关规定经国务院建设行政主管部门或者省、自治区、直辖市人民政府建设行政主管部门考核；从事专业建设工程质量监督的机构，必须按照国家有关规定经国务院有关部门或者省、自治区、直辖市人民政府有关部门考核。经考核合格后，方可实施质量监督。

第四十七条 县级以上地方人民政府建设行政主管部门和其他有关部门应当加强对有关建设工程质量的法律、法规和强制性标准执行情况的监督检查。

第四十八条 县级以上人民政府建设行政主管部门和其他有关部门履行监督检查职责时，有权采取下列措施：

（一）要求被检查的单位提供有关工程质量的文件和资料；

（二）进入被检查单位的施工现场进行检查；

（三）发现有影响工程质量的问题时，责令改正。

第四十九条 建设单位应当自建设工程竣工验收合格之日起 15 日内，将建设工程竣工验收报告和规划、公安消防、环保等部门出具的认可文件或者准许使用文件报建设行政主管部门或者其他有关部门备案。

建设行政主管部门或者其他有关部门发现建设单位在竣工验收过程中有违反国家有关建设工程质量管理规定行为的，责令停止使用，重新组织竣工验收。

第五十条 有关单位和个人对县级以上人民政府建设行政主管部门和其他有关部门进行的监督检查应当支持与配合，不得拒绝或者阻碍建设工程质量监督检查人员依法执行职务。

第五十一条 供水、供电、供气、公安消防等部门或者单位不得明示或者暗示建设单位、施工单位购买其指定的生产供应单位的建筑材料、建筑构配件和设备。

第五十二条 建设工程发生质量事故，有关单位应当在 24 小时内向当地建设行政主管部门和其他有关部门报告。对重大质量事故，事故发生地的建设行政主管部门和其他有关部门应当按照事故类别和等级向当地人民政府和上级建设行政主管部门和其他有关部门报告。

特别重大质量事故的调查程序按照国务院有关规定办理。

第五十三条 任何单位和个人对建设工程的质量事故、质量缺陷都有权检举、控告、投诉。

第八章　罚　　则

第五十四条　违反本条例规定，建设单位将建设工程发包给不具有相应资质等级的勘察、设计、施工单位或者委托给不具有相应资质等级的工程监理单位的，责令改正，处50万元以上100万元以下的罚款。

第五十五条　违反本条例规定，建设单位将建设工程肢解发包的，责令改正，处工程合同价款0.5%以上1%以下的罚款；对全部或者部分使用国有资金的项目，并可以暂停项目执行或者暂停资金拨付。

第五十六条　违反本条例规定，建设单位有下列行为之一的，责令改正，处20万元以上50万元以下的罚款：

（一）迫使承包方以低于成本的价格竞标的；

（二）任意压缩合理工期的；

（三）明示或者暗示设计单位或者施工单位违反工程建设强制性标准，降低工程质量的；

（四）施工图设计文件未经审查或者审查不合格，擅自施工的；

（五）建设项目必须实行工程监理而未实行工程监理的；

（六）未按照国家规定办理工程质量监督手续的；

（七）明示或者暗示施工单位使用不合格的建筑材料、建筑构配件和设备的；

（八）未按照国家规定将竣工验收报告、有关认可文件或者准许使用文件报送备案的。

第五十七条　违反本条例规定，建设单位未取得施工许可证或者开工报告未经批准，擅自施工的，责令停止施工，限期改正，处工程合同价款1%以上2%以下的罚款。

第五十八条　违反本条例规定，建设单位有下列行为之一的，责令改正，处工程合同价款2%以上4%以下的罚款；造成损失的，依法承担赔偿责任：

（一）未组织竣工验收，擅自交付使用的；

（二）验收不合格，擅自交付使用的；

（三）对不合格的建设工程按照合格工程验收的。

第五十九条　违反本条例规定，建设工程竣工验收后，建设单位未向建设行政主管部门或者其他有关部门移交建设项目档案的，责令改正，处1万元以上10

万元以下的罚款。

第六十条 违反本条例规定，勘察、设计、施工、工程监理单位超越本单位资质等级承揽工程的，责令停止违法行为，对勘察、设计单位或者工程监理单位处合同约定的勘察费、设计费或者监理酬金1倍以上2倍以下的罚款；对施工单位处工程合同价款2%以上4%以下的罚款，可以责令停业整顿，降低资质等级；情节严重的，吊销资质证书；有违法所得的，予以没收。

未取得资质证书承揽工程的，予以取缔，依照前款规定处以罚款；有违法所得的，予以没收。

以欺骗手段取得资质证书承揽工程的，吊销资质证书，依照本条第一款规定处以罚款；有违法所得的，予以没收。

第六十一条 违反本条例规定，勘察、设计、施工、工程监理单位允许其他单位或者个人以本单位名义承揽工程的，责令改正，没收违法所得，对勘察、设计单位和工程监理单位处合同约定的勘察费、设计费和监理酬金1倍以上2倍以下的罚款；对施工单位处工程合同价款2%以上4%以下的罚款；可以责令停业整顿，降低资质等级；情节严重的，吊销资质证书。

第六十二条 违反本条例规定，承包单位将承包的工程转包或者违法分包的，责令改正，没收违法所得，对勘察、设计单位处合同约定的勘察费、设计费25%以上50%以下的罚款；对施工单位处工程合同价款0.5%以上1%以下的罚款；可以责令停业整顿，降低资质等级；情节严重的，吊销资质证书。

工程监理单位转让工程监理业务的，责令改正，没收违法所得，处合同约定的监理酬金25%以上50%以下的罚款；可以责令停业整顿，降低资质等级；情节严重的，吊销资质证书。

第六十三条 违反本条例规定，有下列行为之一的，责令改正，处10万元以上30万元以下的罚款：

（一）勘察单位未按照工程建设强制性标准进行勘察的；

（二）设计单位未根据勘察成果文件进行工程设计的；

（三）设计单位指定建筑材料、建筑构配件的生产厂、供应商的；

（四）设计单位未按照工程建设强制性标准进行设计的。

有前款所列行为，造成工程质量事故的，责令停业整顿，降低资质等级；情节严重的，吊销资质证书；造成损失的，依法承担赔偿责任。

第六十四条 违反本条例规定，施工单位在施工中偷工减料的，使用不合格的建筑材料、建筑构配件和设备的，或者有不按照工程设计图纸或者施工技术标准施工的其他行为的，责令改正，处工程合同价款2%以上4%以下的罚款；造成建设工程质量不符合规定的质量标准的，负责返工、修理，并赔偿因此造成的损失；情节严重的，责令停业整顿，降低资质等级或者吊销资质证书。

第六十五条 违反本条例规定，施工单位未对建筑材料、建筑构配件、设备和商品混凝土进行检验，或者未对涉及结构安全的试块、试件以及有关材料取样检测的，责令改正，处10万元以上20万元以下的罚款；情节严重的，责令停业整顿，降低资质等级或者吊销资质证书；造成损失的，依法承担赔偿责任。

第六十六条 违反本条例规定，施工单位不履行保修义务或者拖延履行保修义务的，责令改正，处10万元以上20万元以下的罚款，并对在保修期内因质量缺陷造成的损失承担赔偿责任。

第六十七条 工程监理单位有下列行为之一的，责令改正，处50万元以上100万元以下的罚款，降低资质等级或者吊销资质证书；有违法所得的，予以没收；造成损失的，承担连带赔偿责任：

（一）与建设单位或者施工单位串通，弄虚作假、降低工程质量的；

（二）将不合格的建设工程、建筑材料、建筑构配件和设备按照合格签字的。

第六十八条 违反本条例规定，工程监理单位与被监理工程的施工承包单位以及建筑材料、建筑构配件和设备供应单位有隶属关系或者其他利害关系承担该项建设工程的监理业务的，责令改正，处5万元以上10万元以下的罚款，降低资质等级或者吊销资质证书；有违法所得的，予以没收。

第六十九条 违反本条例规定，涉及建筑主体或者承重结构变动的装修工程，没有设计方案擅自施工的，责令改正，处50万元以上100万元以下的罚款；房屋建筑使用者在装修过程中擅自变动房屋建筑主体和承重结构的，责令改正，处5万元以上10万元以下的罚款。

有前款所列行为，造成损失的，依法承担赔偿责任。

第七十条 发生重大工程质量事故隐瞒不报、谎报或者拖延报告期限的，对直接负责的主管人员和其他责任人员依法给予行政处分。

第七十一条 违反本条例规定，供水、供电、供气、公安消防等部门或者单位明示或者暗示建设单位或者施工单位购买其指定的生产供应单位的建筑材料、建筑构配件和设备的，责令改正。

第七十二条 违反本条例规定，注册建筑师、注册结构工程师、监理工程师等注册执业人员因过错造成质量事故的，责令停止执业 1 年；造成重大质量事故的，吊销执业资格证书，5 年以内不予注册；情节特别恶劣的，终身不予注册。

第七十三条 依照本条例规定，给予单位罚款处罚的，对单位直接负责的主管人员和其他直接责任人员处单位罚款数额 5%以上 10%以下的罚款。

第七十四条 建设单位、设计单位、施工单位、工程监理单位违反国家规定，降低工程质量标准，造成重大安全事故，构成犯罪的，对直接责任人员依法追究刑事责任。

第七十五条 本条例规定的责令停业整顿，降低资质等级和吊销资质证书的行政处罚，由颁发资质证书的机关决定；其他行政处罚，由建设行政主管部门或者其他有关部门依照法定职权决定。

依照本条例规定被吊销资质证书的，由工商行政管理部门吊销其营业执照。

第七十六条 国家机关工作人员在建设工程质量监督管理工作中玩忽职守、滥用职权、徇私舞弊，构成犯罪的，依法追究刑事责任；尚不构成犯罪的，依法给予行政处分。

第七十七条 建设、勘察、设计、施工、工程监理单位的工作人员因调动工作、退休等原因离开该单位后，被发现在该单位工作期间违反国家有关建设工程质量管理规定，造成重大工程质量事故的，仍应当依法追究法律责任。

第九章　附 则

第七十八条 本条例所称肢解发包，是指建设单位将应当由一个承包单位完成的建设工程分解成若干部分发包给不同的承包单位的行为。

本条例所称违法分包，是指下列行为：

（一）总承包单位将建设工程分包给不具备相应资质条件的单位的；

（二）建设工程总承包合同中未有约定，又未经建设单位认可，承包单位将其承包的部分建设工程交由其他单位完成的；

（三）施工总承包单位将建设工程主体结构的施工分包给其他单位的；

（四）分包单位将其承包的建设工程再分包的。

本条例所称转包，是指承包单位承包建设工程后，不履行合同约定的责任和义务，将其承包的全部建设工程转给他人或者将其承包的全部建设工程肢解以后以分包的名义分别转给其他单位承包的行为。

第七十九条 本条例规定的罚款和没收的违法所得，必须全部上缴国库。

第八十条 抢险救灾及其他临时性房屋建筑和农民自建低层住宅的建设活动，不适用本条例。

第八十一条 军事建设工程的管理，按照中央军事委员会的有关规定执行。

第八十二条 本条例自发布之日起施行。

刑法有关条款

第一百三十七条 建设单位、设计单位、施工单位、工程监理单位违反国家规定，降低工程质量标准，造成重大安全事故的，对直接责任人员处五年以下有期徒刑或者拘役，并处罚金；后果特别严重的，处五年以上十年以下有期徒刑，并处罚金。

国务院办公厅关于清理规范工程建设领域保证金的通知

（国办发〔2016〕49 号）

各省、自治区、直辖市人民政府，国务院各部委、各直属机构：

清理规范工程建设领域保证金，是推进简政放权、放管结合、优化服务改革的必要措施，有利于减轻企业负担、激发市场活力，有利于发展信用经济、建设统一市场、促进公平竞争、加快建筑业转型升级。为做好清理规范工程建设领域保证金工作，经国务院同意，现就有关事项通知如下：

一、全面清理各类保证金。对建筑业企业在工程建设中需缴纳的保证金，除依法依规设立的投标保证金、履约保证金、工程质量保证金、农民工工资保证金外，其他保证金一律取消。对取消的保证金，自本通知印发之日起，一律停止收取。

二、转变保证金缴纳方式。对保留的投标保证金、履约保证金、工程质量保证金、农民工工资保证金，推行银行保函制度，建筑业企业可以银行保函方式缴纳。

三、按时返还保证金。对取消的保证金，各地要抓紧制定具体可行的办法，于 2016 年底前退还相关企业；对保留的保证金，要严格执行相关规定，确保按时返还。未按规定或合同约定返还保证金的，保证金收取方应向建筑业企业支付逾期返还违约金。

四、严格工程质量保证金管理。工程质量保证金的预留比例上限不得高于工程价款结算总额的 5%。在工程项目竣工前，已经缴纳履约保证金的，建设单位不得同时预留工程质量保证金。

五、实行农民工工资保证金差异化缴存办法。对一定时期内未发生工资拖欠的企业，实行减免措施；对发生工资拖欠的企业，适当提高缴存比例。

六、规范保证金管理制度。对保留的保证金，要抓紧修订相关法律法规，完善保证金管理制度和具体办法。对取消的保证金，要抓紧修订或废止与清理规范工作要求不一致的制度规定。在清理规范保证金的同时，要通过纳入信用体系等方式，逐步建立监督约束建筑业企业的新机制。

七、严禁新设保证金项目。未经国务院批准，各地区、各部门一律不得以任何形式在工程建设领域新设保证金项目。要全面推进工程建设领域保证金信息公开，建立举报查处机制，定期公布查处结果，曝光违规收取保证金的典型案例。

各地区、各部门要加强组织领导，制定具体方案，强化监督检查，积极稳妥推进，切实将清理规范工程建设领域保证金工作落实到位。各地区要明确责任分工和时限要求，并于2017年1月底前将落实情况报送住房城乡建设部、财政部。住房城乡建设部、财政部要会同有关部门密切跟踪进展，加强统筹协调，对不按要求清理规范、瞒报保证金收取等情况的，要严肃追究责任，确保清理规范工作取得实效，并及时将落实情况上报国务院。

国务院关于北京市开展公共服务类建设项目投资审批改革试点的批复

（国函〔2016〕83号）

北京市人民政府、国务院审改办：

国务院审改办关于拟同意北京市开展公共服务类建设项目投资审批改革试点的请示收悉。现批复如下：

一、同意在北京城市副中心开展公共服务类建设项目投资审批改革试点，中央国家机关在京重点建设项目参照执行。试点期为3年，自国务院批复之日起算。请认真组织实施《北京市开展公共服务类建设项目投资审批改革试点方案》（以下简称《试点方案》）。

二、试点工作要全面贯彻党的十八大和十八届二中、三中、四中、五中全会精神，认真落实党中央、国务院决策部署，紧紧围绕简政放权、放管结合、优化服务，坚持改革创新、大胆探索，坚持依法行政、稳妥推进。

三、北京市人民政府要加强组织领导，明确责任主体，细化改革措施，通过先行先试，提高投资项目审批服务效率和监管水平，加快北京城市副中心建设，促进非首都功能疏解。对《试点方案》实施中的具体问题以及改革的新措施，要及时与国务院审改办沟通协商，重大问题和情况及时报告国务院。

四、国务院有关部门要按照职能分工，加强指导和服务，积极支持北京市开展改革试点。国务院审改办要加强统筹协调、跟踪分析和督促检查，协调推进改革试点措施落实到位，适时对试点工作进行评估，总结可复制可推广的改革经验。

附件：北京市开展公共服务类建设项目投资审批改革试点方案

附件：

北京市开展公共服务类建设项目投资审批改革试点方案

为有效推进北京市公共服务类建设项目投资审批改革试点工作，制定本方案。

一、总体要求

全面贯彻党的十八大和十八届二中、三中、四中、五中全会精神，按照党中央、国务院决策部署，紧紧围绕京津冀协同发展战略和首都功能定位，坚持改革创新、大胆探索，坚持依法行政、稳妥推进，坚持简政放权、放管结合、优化服务，积极开展公共服务类建设项目投资审批改革试点，促进投资项目尽快落地，加快建设北京城市副中心，推动非首都功能疏解。

二、试点范围

北京城市副中心道路、停车设施、垃圾和污水处理设施及教育、医疗等公共服务类建设项目。

中央国家机关在京重点建设项目，本着协调沟通、保障重点的原则参照执行。

三、主要措施

（一）实行集体审议，提高决策效率和水平。

在做好相关基础工作前提下，由北京市人民政府召开会议，对具备条件的项目集中审议。在充分听取各部门意见后，形成投资项目建设计划，明确建设时序安排。各有关部门根据会议精神分别办理项目审批手续。

（二）优化审批流程，简化审批手续和环节。

1. 简化建设项目前期工作启动手续。根据北京市人民政府会议审议通过的投资项目建设计划，发展改革部门按照立项权限，向项目单位和有关审批部门制发《建设项目前期工作函》，确定项目主体。对符合条件的建设项目，按规定拨付前期工作经费，并督促项目单位加快组织开展环境影响报告书(表)、可行性研究报告、规划设计方案编制，以及勘察设计招投标、施工招投标等项目开工前所有前期工作。

2. 简化建设项目立项手续。将项目建议书和可行性研究报告合并审批。

3. 简化规划许可手续。规划部门会同相关单位先行审定建设项目设计方案，并出具审查意见；项目单位可依据审查意见到相关部门办理审批手续，并组织开展有关工作。相关审批手续齐备后，即可办理建设项目选址意见书、建设用地规划许可证、建设工程规划许可证。

4. 简化划拨用地报批手续。北京市人民政府批准用地的，在征地“一书四方案”(建设项目用地呈报说明书和农用地转用方案、补充耕地方案、征收土地方案、供地方案)和区政府用地申请函中提出供地方式，由北京市国土局审核并报北京市人民政府批准后，办理征地批复，在征地批复中明确供地方式，并据此核发《国有建设用地划拨决定书》。

5. 简化施工招标投标手续。在保证招标投标工作质量前提下，招标人与投标人可协商确定与工程规模相匹配的投标文件编制时间。项目单位可依据建设项目设计方案的审查意见办理开标手续。

6. 简化施工审批手续。规划部门出具建设项目设计方案审查意见后，项目单位即可申请办理施工图审查、施工登记等手续。在项目单位取得用地批准手续、规划部门出具的相应确认文件、公安消防机构出具的消防设计审核意见，并依法确定施工单位、施工现场具备施工条件的前提下，住房城乡建设部门予以办理施工登记，并同步开展质量监督、安全监督、建筑节能设计备案工作。将除北京市人民政府投资项目外的年度投资计划与施工许可并联办理。

7. 简化水影响评价审查手续。将水影响评价技术审查内容简化为符合水资源和供排水条件、符合防洪安全要求、不改变排水分区、保水保土措施四项控制要素。项目单位以上述四项控制要素为主要内容编制水影响评价文件，报水务部门。

(三)精简审批事项及中介服务事项，加强事中事后监管。

1. 凡是在控制性详细规划阶段、土地整理储备阶段交通、水务部门已经出具意见的，对区域内的具体建设项目，简化交通影响、水影响方面的评估审查。

2. 取消在已批准建设用地范围内改建或扩建项目的用地预审；经勘查未形成重要矿产资源储量的通州区，建设项目用地手续不需进行压覆重要矿产资源核查工作(建设项目用地预审属于国土资源部审批的不在此限)。

3. 建设项目节水设施方案改由项目单位按权限向北京市水务局或区水务局备案，北京市水务局或区水务局加强监管。

4. 取消人民防空工程施工图备案。在施工图审查阶段，区民防局加强与人民防空工程施工图审查机构工作衔接，同步履行监管职责。

5. 严格按照《中华人民共和国水法》《中华人民共和国防洪法》和《中华人民

共和国水土保持法》等法律法规限定的范围开展水影响评价中的洪水影响评价、编制水土保持方案工作，该范围外的项目不再开展。

6. 除国家法律法规设定的中介服务事项外，结合北京市实际，对投资领域中介服务事项进行清理，并对保留的中介服务事项的服务范围、内容、程序、时限等进行优化和规范。针对重大项目(高风险项目)的环境影响评价和社会稳定风险评估，同步开展入户调查、发放调查问卷等工作。

7. 对适宜由区政府部门审批的事项，按照方便项目单位就近办理和基层政府贴近服务的原则，尽量交由区政府部门办理。中央国家机关在京重点建设项目，仍由北京市人民政府主管部门办理。

(四) 创新审批方式，探索实行告知承诺制。

探索实行审批部门一次性告知项目单位应具备的条件和需提交的材料，以及项目建设具体标准和要求；项目单位书面承诺按照标准和要求执行后，审批部门即以一定方式认可项目单位的申请事项，项目单位据此即可开展所申请事项的实施工作。同时，审批部门要对项目单位承诺事项的落实情况加强监管，对于确按标准和要求实施的，予以发放证照。

国务院办公厅印发国务院有关部门实施招投标活动行政监督职责分工意见的通知

（国办发〔2000〕34号）

各省、自治区、直辖市人民政府，国务院各部委、各直属机构：

中央机构编制委员会办公室《关于国务院有关部门实施招标投标活动行政监督的职责分工的意见》已经国务院同意，现印发给你们，请遵照执行。

根据《中华人民共和国招标投标法》(以下简称《招标投标法》)和国务院有关部门“三定”规定，现就国务院有关部门实施招标投标(以下简称招投标)活动行政监督的职责分工，提出如下意见：

一、国家发展计划委员会指导和协调全国招投标工作，会同有关行政主管部门拟定《招标投标法》配套法规、综合性政策和必须进行招标的项目的具体范围、规模标准以及不适宜进行招标的项目，报国务院批准；指定发布招标公告的报刊、信息网络或其他媒介。有关行政主管部门根据《招标投标法》和国家有关法规、政策，可联合或分别制定具体实施办法。

二、项目审批部门在审批必须进行招标的项目可行性研究报告时，核准项目的招标方式(委托招标或自行招标)以及国家出资项目的招标范围(发包初步方案)。项目审批后，及时向有关行政主管部门通报所确定的招标方式和范围等情况。

三、对于招投标过程(包括招标、投投、开标、评标、中标)中泄露保密资料、泄露标底、串通招标、串通投标、歧视排斥投标等违法活动的监督执法，按现行的职责分工，分别由有关行政主管部门负责并受理投标人和其他利害关系人的投诉。按照这一原则，工业(含内贸)、水利、交通、铁道、民航、信息产业等行业和产业项目的招投标活动的监督执法，分别由经贸、水利、交通、铁道、民航、信息产业等行政主管部门负责；各类房屋建筑及其附属设施的建造和其与配套的线路、管道、设备的安装项目和市政工程项目的招投标活动的监督执法，由建设行政主管部门负责；进口机电设备采购项目的招投标活动的监督执法，由外经贸行政主管部门负责。有关行政主管部门须将监督过程中发现的问题，及时通知项目审批部门，项目审批部门根据情况依法暂停项目执行或者暂停资金拨付。

四、从事各类工程建设项目招标代理业务的招标代理机构的资格，由建设行政主管部门认定；从事与工程建设有关的进口机电设备采购招标代理业务的招标代理机构的资格，由外经贸行政主管部门认定；从事其他招标代理业务的招标代理机构的资格，按现行职责分工，分别由有关行政主管部门认定。

五、国家发展计划委员会负责组织国家重大建设项目稽察特派员，对国家重大建设项目建设过程中的工程招投标进行监督检查。

各有关部门要严格依照上述职责分工，各司其职，密切配合，共同做好招投标的监督管理工作。各省、自治区、直辖市人民政府可根据《招标投标法》的规定，从本地实际出发，制定招投标管理办法。

第三部分

部门规章及规范性文件

住房和城乡建设部办公厅关于重新调整建设工程计价依据增值税税率的通知

（建办标函〔2019〕193号）

各省、自治区住房和城乡建设厅，直辖市住房和城乡建设（管）委，新疆生产建设兵团住房和城乡建设局，国务院有关部门：

按照《财政部 税务总局 海关总署关于深化增值税改革有关政策的公告》（财政部 税务总局 海关总署公告2019年第39号）规定，现将《住房城乡建设部办公厅关于调整建设工程计价依据增值税税率的通知》（建办标〔2018〕20号）规定的工程造价计价依据中增值税税率由10%调整为9%。

请各地区、各部门按照本通知要求，组织有关单位于2019年3月底前完成建设工程造价计价依据和相关计价软件的调整工作。

住房和城乡建设部房屋建筑和市政基础设施工程施工分包管理办法

（住房和城乡建设部令第 47 号）

（2004 年 2 月 3 日建设部令第 124 号发布；根据 2014 年 8 月 27 日住房和城乡建设部令第 19 号第一次修订；根据 2019 年 3 月 13 日《住房和城乡建设部关于修改部分部门规章的决定》（住房和城乡建设部令第 47 号）第二次修订）

第一条 为了规范房屋建筑和市政基础设施工程施工分包活动，维护建筑市场秩序，保证工程质量和施工安全，根据《中华人民共和国建筑法》、《中华人民共和国招标投标法》、《建设工程质量管理条例》等有关法律、法规，制定本办法。

第二条 在中华人民共和国境内从事房屋建筑和市政基础设施工程施工分包活动，实施对房屋建筑和市政基础设施工程施工分包活动的监督管理，适用本办法。

第三条 国务院住房城乡建设主管部门负责全国房屋建筑和市政基础设施工程施工分包的监督管理工作。

县级以上地方人民政府住房城乡建设主管部门负责本行政区域内房屋建筑和市政基础设施工程施工分包的监督管理工作。

第四条 本办法所称施工分包，是指建筑业企业将其所承包的房屋建筑和市政基础设施工程中的专业工程或者劳务作业发包给其他建筑业企业完成的活动。

第五条 房屋建筑和市政基础设施工程施工分包分为专业工程分包和劳务作业分包。

本办法所称专业工程分包，是指施工总承包企业（以下简称专业分包工程发包人）将其所承包工程中的专业工程发包给具有相应资质的其他建筑业企业（以下简称专业分包工程承包人）完成的活动。

本办法所称劳务作业分包，是指施工总承包企业或者专业承包企业（以下简称劳务作业发包人）将其承包工程中的劳务作业发包给劳务分包企业（以下简称劳务作业承包人）完成的活动。

本办法所称分包工程发包人包括本条第二款、第三款中的专业分包工程发包人和劳务作业发包人；分包工程承包人包括本条第二款、第三款中的专业分包工程承包人和劳务作业承包人。

第六条 房屋建筑和市政基础设施工程施工分包活动必须依法进行。

鼓励发展专业承包企业和劳务分包企业，提倡分包活动进入有形建筑市场公开交易，完善有形建筑市场的分包工程交易功能。

第七条 建设单位不得直接指定分包工程承包人。任何单位和个人不得对依法实施的分包活动进行干预。

第八条 分包工程承包人必须具有相应的资质，并在其资质等级许可的范围内承揽业务。

严禁个人承揽分包工程业务。

第九条 专业工程分包除在施工总承包合同中有约定外，必须经建设单位认可。专业分包工程承包人必须自行完成所承包的工程。

劳务作业分包由劳务作业发包人与劳务作业承包人通过劳务合同约定。劳务作业承包人必须自行完成所承包的任务。

第十条 分包工程发包人和分包工程承包人应当依法签订分包合同，并按照合同履行约定的义务。分包合同必须明确约定支付工程款和劳务工资的时间、结算方式以及保证按期支付的相应措施，确保工程款和劳务工资的支付。

第十一条 分包工程发包人应当设立项目管理机构，组织管理所承包工程的施工活动。

项目管理机构应当具有与承包工程的规模、技术复杂程度相适应的技术、经济管理人员。其中，项目负责人、技术负责人、项目核算负责人、质量管理人员、安全管理人员必须是本单位的人员。具体要求由省、自治区、直辖市人民政府住房城乡建设主管部门规定。

前款所指本单位人员，是指与本单位有合法的人事或者劳动合同、工资以及社会保险关系的人员。

第十二条 分包工程发包人可以就分包合同的履行，要求分包工程承包人提供分包工程履约担保；分包工程承包人在提供担保后，要求分包工程发包人同时提供分包工程付款担保的，分包工程发包人应当提供。

第十三条 禁止将承包的工程进行转包。不履行合同约定，将其承包的全部工程发包给他人，或者将其承包的全部工程肢解后以分包的名义分别发包给他人的，属于转包行为。

违反本办法第十一条规定，分包工程发包人将工程分包后，未在施工现场设立项目管理机构和派驻相应人员，并未对该工程的施工活动进行组织管理的，视同转包行为。

第十四条 禁止将承包的工程进行违法分包。下列行为，属于违法分包：

（一）分包工程发包人将专业工程或者劳务作业分包给不具备相应资质条件的分包工程承包人的；

（二）施工总承包合同中未有约定，又未经建设单位认可，分包工程发包人将承包工程中的部分专业工程分包给他人的。

第十五条 禁止转让、出借企业资质证书或者以其他方式允许他人以本企业名义承揽工程。

分包工程发包人没有将其承包的工程进行分包，在施工现场所设项目管理机构的项目负责人、技术负责人、项目核算负责人、质量管理人员、安全管理人员不是工程承包人本单位人员的，视同允许他人以本企业名义承揽工程。

第十六条 分包工程承包人应当按照分包合同的约定对其承包的工程向分包工程发包人负责。分包工程发包人和分包工程承包人就分包工程对建设单位承担连带责任。

第十七条 分包工程发包人对施工现场安全负责，并对分包工程承包人的安全生产进行管理。专业分包工程承包人应当将其分包工程的施工组织设计和施工安全方案报分包工程发包人备案，专业分包工程发包人发现事故隐患，应当及时作出处理。

分包工程承包人就施工现场安全向分包工程发包人负责，并应当服从分包工程发包人对施工现场的安全生产管理。

第十八条 违反本办法规定，转包、违法分包或者允许他人以本企业名义承揽工程的，以及接受转包和用他人名义承揽工程的，按《中华人民共和国建筑法》、《中华人民共和国招标投标法》和《建设工程质量管理条例》的规定予以处罚。具体办法由国务院住房城乡建设主管部门依据有关法律法规另行制定。

第十九条 未取得建筑业企业资质承接分包工程的，按照《中华人民共和国建筑法》第六十五条第三款和《建设工程质量管理条例》第六十条第一款、第二款的规定处罚。

第二十条 本办法自 2004 年 4 月 1 日起施行。原城乡建设环境保护部 1986 年 4 月 30 日发布的《建筑安装工程总分包实施办法》同时废止。

住房和城乡建设部关于印发《建筑工程施工发包与承包违法行为认定查处管理办法》的通知

（建市规〔2019〕1号）

各省、自治区住房和城乡建设厅，直辖市住房和城乡建设（管）委，新疆生产建设兵团住房和城乡建设局：

为规范建筑工程施工发包与承包活动，保证工程质量和施工安全，有效遏制违法发包、转包、违法分包及挂靠等违法行为，维护建筑市场秩序和建设工程主要参与方的合法权益，我部制定了《建筑工程施工发包与承包违法行为认定查处管理办法》，现印发给你们，请遵照执行。在执行中遇到的问题，请及时函告我部建筑市场监管司。

附件：建筑工程施工发包与承包违法行为认定查处管理办法

附件：

建筑工程施工发包与承包违法行为认定查处管理办法

第一条 为规范建筑工程施工发包与承包活动中违法行为的认定、查处和管理，保证工程质量和施工安全，有效遏制发包与承包活动中的违法行为，维护建筑市场秩序和建筑工程主要参与方的合法权益，根据《中华人民共和国建筑法》《中华人民共和国招标投标法》《中华人民共和国合同法》《建设工程质量管理条例》《建设工程安全生产管理条例》《中华人民共和国招标投标法实施条例》等法律法规，以及《全国人大法工委关于对建筑施工企业母公司承接工程后交由子公司实施是否属于转包以及行政处罚两年追诉期认定法律适用问题的意见》（法工办发〔2017〕223号），结合建筑活动实践，制定本办法。

第二条 本办法所称建筑工程，是指房屋建筑和市政基础设施工程及其附属设施和与其配套的线路、管道、设备安装工程。

第三条 住房和城乡建设部对全国建筑工程施工发包与承包违法行为的认定查处工作实施统一监督管理。

县级以上地方人民政府住房和城乡建设主管部门在其职责范围内具体负责本行政区域内建筑工程施工发包与承包违法行为的认定查处工作。

本办法所称的发包与承包违法行为具体是指违法发包、转包、违法分包及挂靠等违法行为。

第四条 建设单位与承包单位应严格依法签订合同，明确双方权利、义务、责任，严禁违法发包、转包、违法分包和挂靠，确保工程质量和施工安全。

第五条 本办法所称违法发包，是指建设单位将工程发包给个人或不具有相应资质的单位、肢解发包、违反法定程序发包及其他违反法律法规规定发包的行为。

第六条 存在下列情形之一的，属于违法发包：

（一）建设单位将工程发包给个人的；

（二）建设单位将工程发包给不具有相应资质的单位的；

（三）依法应当招标未招标或未按照法定招标程序发包的；

（四）建设单位设置不合理的招标投标条件，限制、排斥潜在投标人或者投标人的；

（五）建设单位将一个单位工程的施工分解成若干部分发包给不同的施工总承包或专业承包单位的。

第七条 本办法所称转包，是指承包单位承包工程后，不履行合同约定的责任和义务，将其承包的全部工程或者将其承包的全部工程肢解后以分包的名义分别转给其他单位或个人施工的行为。

第八条 存在下列情形之一的，应当认定为转包，但有证据证明属于挂靠或者其他违法行为的除外：

（一）承包单位将其承包的全部工程转给其他单位（包括母公司承接建筑工程后将所承接工程交由具有独立法人资格的子公司施工的情形）或个人施工的；

（二）承包单位将其承包的全部工程肢解以后，以分包的名义分别转给其他单位或个人施工的；

（三）施工总承包单位或专业承包单位未派驻项目负责人、技术负责人、质量管理负责人、安全管理负责人等主要管理人员，或派驻的项目负责人、技术负责人、质量管理负责人、安全管理负责人中一人及以上与施工单位没有订立劳动合同且没有建立劳动工资和社会养老保险关系，或派驻的项目负责人未对该工程的施工活动进行组织管理，又不能进行合理解释并提供相应证明的；

（四）合同约定由承包单位负责采购的主要建筑材料、构配件及工程设备或租赁的施工机械设备，由其他单位或个人采购、租赁，或施工单位不能提供有关采购、租赁合同及发票等证明，又不能进行合理解释并提供相应证明的；

（五）专业作业承包人承包的范围是承包单位承包的全部工程，专业作业承包人计取的是除上缴给承包单位“管理费”之外的全部工程价款的；

（六）承包单位通过采取合作、联营、个人承包等形式或名义，直接或变相将其承包的全部工程转给其他单位或个人施工的；

（七）专业工程的发包单位不是该工程的施工总承包或专业承包单位的，但建设单位依约作为发包单位的除外；

（八）专业作业的发包单位不是该工程承包单位的；

（九）施工合同主体之间没有工程款收付关系，或者承包单位收到款项后又将款项转拨给其他单位和个人，又不能进行合理解释并提供材料证明的。

两个以上的单位组成联合体承包工程，在联合体分工协议中约定或者在项目实际实施过程中，联合体一方不进行施工也未对施工活动进行组织管理的，并且向联合体其他方收取管理费或者其他类似费用的，视为联合体一方将承包的工程转包给联合体其他方。

第九条 本办法所称挂靠，是指单位或个人以其他有资质的施工单位的名义承揽工程的行为。

前款所称承揽工程，包括参与投标、订立合同、办理有关施工手续、从事施工等活动。

第十条 存在下列情形之一的，属于挂靠：

（一）没有资质的单位或个人借用其他施工单位的资质承揽工程的；

（二）有资质的施工单位相互借用资质承揽工程的，包括资质等级低的借用资质等级高的，资质等级高的借用资质等级低的，相同资质等级相互借用的；

（三）本办法第八条第一款第（三）至（九）项规定的情形，有证据证明属于挂靠的。

第十一条 本办法所称违法分包，是指承包单位承包工程后违反法律法规规定，把单位工程或分部分项工程分包给其他单位或个人施工的行为。

第十二条 存在下列情形之一的，属于违法分包：

（一）承包单位将其承包的工程分包给个人的；

（二）施工总承包单位或专业承包单位将工程分包给不具备相应资质单位的；

（三）施工总承包单位将施工总承包合同范围内工程主体结构的施工分包给其他单位的，钢结构工程除外；

（四）专业分包单位将其承包的专业工程中非劳务作业部分再分包的；

（五）专业作业承包人将其承包的劳务再分包的；

（六）专业作业承包人除计取劳务作业费用外，还计取主要建筑材料款和大中型施工机械设备、主要周转材料费用的。

第十三条 任何单位和个人发现违法发包、转包、违法分包及挂靠等违法行为的，均可向工程所在地县级以上人民政府住房和城乡建设主管部门进行举报。

接到举报的住房和城乡建设主管部门应当依法受理、调查、认定和处理，除无法告知举报人的情况外，应当及时将查处结果告知举报人。

第十四条 县级以上地方人民政府住房和城乡建设主管部门如接到人民法院、检察机关、仲裁机构、审计机关、纪检监察等部门转交或移送的涉及本行政区域内建筑工程发包与承包违法行为的建议或相关案件的线索或证据，应当依法受理、调查、认定和处理，并把处理结果及时反馈给转交或移送机构。

第十五条 县级以上人民政府住房和城乡建设主管部门对本行政区域内发现的违法发包、转包、违法分包及挂靠等违法行为，应当依法进行调查，按照本办法进行认定，并依法予以行政处罚。

（一）对建设单位存在本办法第五条规定的违法发包情形的处罚：

1. 依据本办法第六条（一）（二）项规定认定的，依据《中华人民共和国建筑法》第六十五条、《建设工程质量管理条例》第五十四条规定进行处罚；

2. 依据本办法第六条（三）项规定认定的，依据《中华人民共和国招标投标法》第四十九条、《中华人民共和国招标投标法实施条例》第六十四条规定进行处罚；

3. 依据本办法第六条（四）项规定认定的，依据《中华人民共和国招标投标法》第五十一条、《中华人民共和国招标投标法实施条例》第六十三条规定进行处罚。

4. 依据本办法第六条（五）项规定认定的，依据《中华人民共和国建筑法》第六十五条、《建设工程质量管理条例》第五十五条规定进行处罚。

5. 建设单位违法发包，拒不整改或者整改后仍达不到要求的，视为没有依法确定施工企业，将其违法行为记入诚信档案，实行联合惩戒。对全部或部分使用国有资金的项目，同时将建设单位违法发包的行为告知其上级主管部门及纪检监察部门，并建议对建设单位直接负责的主管人员和其他直接责任人员给予相应的行政处分。

（二）对认定有转包、违法分包违法行为的施工单位，依据《中华人民共和国建筑法》第六十七条、《建设工程质量管理条例》第六十二条规定进行处罚。

（三）对认定有挂靠行为的施工单位或个人，依据《中华人民共和国招标投标法》第五十四条、《中华人民共和国建筑法》第六十五条和《建设工程质量管理条例》第六十条规定进行处罚。

（四）对认定有转让、出借资质证书或者以其他方式允许他人以本单位的名义承揽工程的施工单位，依据《中华人民共和国建筑法》第六十六条、《建设工程质量管理条例》第六十一条规定进行处罚。

（五）对建设单位、施工单位给予单位罚款处罚的，依据《建设工程质量管理条例》第七十三条、《中华人民共和国招标投标法》第四十九条、《中华人民共和国招标投标法实施条例》第六十四条规定，对单位直接负责的主管人员和其他直接责任人员进行处罚。

（六）对认定有转包、违法分包、挂靠、转让出借资质证书或者以其他方式允许他人以本单位的名义承揽工程等违法行为的施工单位，可依法限制其参加工程投标活动、承揽新的工程项目，并对其企业资质是否满足资质标准条件进行核查，对达不到资质标准要求的限期整改，整改后仍达不到要求的，资质审批机关撤回其资质证书。

对 2 年内发生 2 次及以上转包、违法分包、挂靠、转让出借资质证书或者以其他方式允许他人以本单位的名义承揽工程的施工单位，应当依法按照情节严重情形给予处罚。

（七）因违法发包、转包、违法分包、挂靠等违法行为导致发生质量安全事故的，应当依法按照情节严重情形给予处罚。

第十六条 对于违法发包、转包、违法分包、挂靠等违法行为的行政处罚追溯期限，应当按照法工办发〔2017〕223 号文件的规定，从存在违法发包、转包、违法分包、挂靠的建筑工程竣工验收之日起计算；合同工程量未全部完成而解除或终止履行合同的，自合同解除或终止之日起计算。

第十七条 县级以上人民政府住房和城乡建设主管部门应将查处的违法发包、转包、违法分包、挂靠等违法行为和处罚结果记入相关单位或个人信用档案，同时向社会公示，并逐级上报至住房和城乡建设部，在全国建筑市场监管公共服务平台公示。

第十八条 房屋建筑和市政基础设施工程以外的专业工程可参照本办法执行。省级人民政府住房和城乡建设主管部门可结合本地实际，依据本办法制定相应实施细则。

第十九条 本办法中施工总承包单位、专业承包单位均指直接承接建设单位发包的工程的单位；专业分包单位是指承接施工总承包或专业承包企业分包专业工程的单位；承包单位包括施工总承包单位、专业承包单位和专业分包单位。

第二十条 本办法由住房和城乡建设部负责解释。

第二十一条 本办法自 2019 年 1 月 1 日起施行。2014 年 10 月 1 日起施行的《建筑工程施工转包违法分包等违法行为认定查处管理办法(试行)》(建市〔2014〕118 号)同时废止。

附：对建筑施工企业母公司承接工程后交由子公司实施是否属于转包以及行政处罚两年追溯期认定法律适用问题的意见

附：

对建筑施工企业母公司承接工程后交由子公司实施是否属于转包以及行政处罚两年追溯期认定法律适用问题的意见

(2017 年 12 月 27 日　法工办发〔2017〕223 号)

住房和城乡建设部办公厅：

你部关于建筑施工企业母公司承接工程后交由子公司实施是否属于转包以及行政处罚两年追溯期认定法律适用问题的请示(建法函〔2017〕227 号)收悉，经研究，提出以下意见，供参考：

一、关于母公司承接建筑工程后将所承接工程交由其子公司实施的行为是否属于转包的问题。

建筑法第二十八条规定，禁止承包的全部建筑工程转包给他人，禁止承包单位将其承包的全部建筑工程肢解以后以分包的名义分别转包给他人。

合同法第二百七十二条规定，发包人不得将应当由一个承包人完成的建设工程肢解成若干部分发包给几个承包人。承包人不得将其承包的全部建设工程转包给第三人或者将其承包的全部建设工程肢解以后以分包的名义分别转包给第三人。禁止承包人将工程分包给不具备相应资质条件的单位，禁止分包单位将其承包的工程再分包。建设工程主体结构的施工必须由承包人自行完成。

招标投标法第四十八条规定，中标人不得向他人转让中标项目，也不得将中标项目肢解后分别向他人转让。中标人按照合同约定或者经招标人同意，可以将中标项目的部分非主体，非关健性工作分包给他人完成，接受分包的人应当具备相应的资质条件，并不得再次分包。

上述法律对建设工程转包的规定是明确的，这一问题属于法律执行问题，应当根据实际情况依法认定、处理。

二、关于建筑市场中违法发包，转包，分包，挂靠等行为的行政处罚追溯期限问题。

同意你部的意见，对于违法发包、转包、分包，挂靠等行为的行政处罚追溯期限，应当从违法发包、转包、分包、挂靠的建筑工程竣工验收之日起计算。合同工程量未全部完成而解除或暂时终止履行合同的，为合同解除或终止之日。

住房和城乡建设部　房屋建筑和市政基础设施工程施工招标投标管理办法

（2001年6月1日建设部令第89号发布，根据2018年9月28日住房和城乡建设部令第43号修正）

第一章　总　　则

第一条　为了规范房屋建筑和市政基础设施工程施工招标投标活动，维护招标投标当事人的合法权益，依据《中华人民共和国建筑法》、《中华人民共和国招标投标法》等法律、行政法规，制定本办法。

第二条　依法必须进行招标的房屋建筑和市政基础设施工程（以下简称工程），其施工招标投标活动，适用本办法。

本办法所称房屋建筑工程，是指各类房屋建筑及其附属设施和与其配套的线路、管道、设备安装工程及室内外装修工程。

本办法所称市政基础设施工程，是指城市道路、公共交通、供水、排水、燃气、热力、园林、环卫、污水处理、垃圾处理、防洪、地下公共设施及附属设施的土建、管道、设备安装工程。

第三条　国务院建设行政主管部门负责全国工程施工招标投标活动的监督管理。

县级以上地方人民政府建设行政主管部门负责本行政区域内工程施工招标投标活动的监督管理。具体的监督管理工作，可以委托工程招标投标监督管理机构负责实施。

第四条　任何单位和个人不得违反法律、行政法规规定，限制或者排斥本地区、本系统以外的法人或者其他组织参加投标，不得以任何方式非法干涉施工招标投标活动。

第五条　施工招标投标活动及其当事人应当依法接受监督。

建设行政主管部门依法对施工招标投标活动实施监督，查处施工招标投标活动中的违法行为。

第二章　招　　标

第六条　工程施工招标由招标人依法组织实施。招标人不得以不合理条件限制或者排斥潜在投标人，不得对潜在投标人实行歧视待遇，不得对潜在投标人提出与招标工程实际要求不符的过高的资质等级要求和其他要求。

第七条　工程施工招标应当具备下列条件：

（一）按照国家有关规定需要履行项目审批手续的，已经履行审批手续；

（二）工程资金或者资金来源已经落实；

（三）有满足施工招标需要的设计文件及其他技术资料；

（四）法律、法规、规章规定的其他条件。

第八条　工程施工招标分为公开招标和邀请招标。

依法必须进行施工招标的工程，全部使用国有资金投资或者国有资金投资占控股或者主导地位的，应当公开招标，但经国家计委或者省、自治区、直辖市人民政府依法批准可以进行邀请招标的重点建设项目除外；其他工程可以实行邀请招标。

第九条　工程有下列情形之一的，经县级以上地方人民政府建设行政主管部门批准，可以不进行施工招标：

（一）停建或者缓建后恢复建设的单位工程，且承包人未发生变更的；

（二）施工企业自建自用的工程，且该施工企业资质等级符合工程要求的；

（三）在建工程追加的附属小型工程或者主体加层工程，且承包人未发生变更的；

（四）法律、法规、规章规定的其他情形。

第十条　依法必须进行施工招标的工程，招标人自行办理施工招标事宜的，应当具有编制招标文件和组织评标的能力：

（一）有专门的施工招标组织机构；

（二）有与工程规模、复杂程度相适应并具有同类工程施工招标经验、熟悉有关工程施工招标法律法规的工程技术、概预算及工程管理的专业人员。

不具备上述条件的，招标人应当委托工程招标代理机构代理施工招标。

第十一条　招标人自行办理施工招标事宜的，应当在发布招标公告或者发出投标邀请书的5日前，向工程所在地县级以上地方人民政府建设行政主管部门备案，并报送下列材料：

（一）按照国家有关规定办理审批手续的各项批准文件；

（二）本办法第十条所列条件的证明材料，包括专业技术人员的名单、职称证书或者执业资格证书及其工作经历的证明材料；

（三）法律、法规、规章规定的其他材料。

招标人不具备自行办理施工招标事宜条件的，建设行政主管部门应当自收到备案材料之日起5日内责令招标人停止自行办理施工招标事宜。

第十二条　全部使用国有资金投资或者国有资金投资占控股或者主导地位，依法必须进行施工招标的工程项目，应当进入有形建筑市场进行招标投标活动。

政府有关管理机关可以在有形建筑市场集中办理有关手续，并依法实施监督。

第十三条　依法必须进行施工公开招标的工程项目，应当在国家或者地方指定的报刊、信息网络或者其他媒介上发布招标公告，并同时在中国工程建设和建筑业信息网上发布招标公告。

招标公告应当载明招标人的名称和地址，招标工程的性质、规模、地点以及获取招标文件的办法等事项。

第十四条　招标人采用邀请招标方式的，应当向3个以上符合资质条件的施工企业发出投标邀请书。

投标邀请书应当载明本办法第十三条第二款规定的事项。

第十五条　招标人可以根据招标工程的需要，对投标申请人进行资格预审，也可以委托工程招标代理机构对投标申请人进行资格预审。实行资格预审的招标工程，招标人应当在招标公告或者投标邀请书中载明资格预审的条件和获取资格预审文件的办法。

资格预审文件一般应当包括资格预审申请书格式、申请人须知，以及需要投标申请人提供的企业资质、业绩、技术装备、财务状况和拟派出的项目经理与主要技术人员的简历、业绩等证明材料。

第十六条　经资格预审后，招标人应当向资格预审合格的投标申请人发出资格预审合格通知书，告知获取招标文件的时间、地点和方法，并同时向资格预审不合格的投标申请人告知资格预审结果。

在资格预审合格的投标申请人过多时，可以由招标人从中选择不少于7家资格预审合格的投标申请人。

第十七条 招标人应当根据招标工程的特点和需要，自行或者委托工程招标代理机构编制招标文件。招标文件应当包括下列内容：

（一）投标须知，包括工程概况，招标范围，资格审查条件，工程资金来源或者落实情况，标段划分，工期要求，质量标准，现场踏勘和答疑安排，投标文件编制、提交、修改、撤回的要求，投标报价要求，投标有效期，开标的时间和地点，评标的方法和标准等；

（二）招标工程的技术要求和设计文件；

（三）采用工程量清单招标的，应当提供工程量清单；

（四）投标函的格式及附录；

（五）拟签订合同的主要条款；

（六）要求投标人提交的其他材料。

第十八条 依法必须进行施工招标的工程，招标人应当在招标文件发出的同时，将招标文件报工程所在地的县级以上地方人民政府建设行政主管部门备案。建设行政主管部门发现招标文件有违反法律、法规内容的，应当责令招标人改正。

第十九条 招标人对已发出的招标文件进行必要的澄清或者修改的，应当在招标文件要求提交投标文件截止时间至少15日前，以书面形式通知所有招标文件收受人，并同时报工程所在地的县级以上地方人民政府建设行政主管部门备案。该澄清或者修改的内容为招标文件的组成部分。

第二十条 招标人设有标底的，应当依据国家规定的工程量计算规则及招标文件规定的计价方法和要求编制标底，并在开标前保密。一个招标工程只能编制一个标底。

第二十一条 招标人对于发出的招标文件可以酌收工本费。其中的设计文件，招标人可以酌收押金。对于开标后将设计文件退还的，招标人应当退还押金。

第三章 投 标

第二十二条 施工招标的投标人是响应施工招标、参与投标竞争的施工企业。

投标人应当具备相应的施工企业资质，并在工程业绩、技术能力、项目经理资格条件、财务状况等方面满足招标文件提出的要求。

第二十三条 投标人对招标文件有疑问需要澄清的，应当以书面形式向招标人提出。

第二十四条 投标人应当按照招标文件的要求编制投标文件，对招标文件提出的实质性要求和条件作出响应。

招标文件允许投标人提供备选标的，投标人可以按照招标文件的要求提交替代方案，并作出相应报价作备选标。

第二十五条 投标文件应当包括下列内容：

（一）投标函；

（二）施工组织设计或者施工方案；

（三）投标报价；

（四）招标文件要求提供的其他材料。

第二十六条 招标人可以在招标文件中要求投标人提交投标担保。投标担保可以采用投标保函或者投标保证金的方式。投标保证金可以使用支票、银行汇票等，一般不得超过投标总价的2%，最高不得超过50万元。

投标人应当按照招标文件要求的方式和金额，将投标保函或者投标保证金随投标文件提交招标人。

第二十七条 投标人应当在招标文件要求提交投标文件的截止时间前，将投标文件密封送达投标地点。招标人收到投标文件后，应当向投标人出具标明签收人和签收时间的凭证，并妥善保存投标文件。在开标前，任何单位和个人均不得开启投标文件。在招标文件要求提交投标文件的截止时间后送达的投标文件，为无效的投标文件，招标人应当拒收。

提交投标文件的投标人少于3个的，招标人应当依法重新招标。

第二十八条 投标人在招标文件要求提交投标文件的截止时间前，可以补充、修改或者撤回已提交的投标文件。补充、修改的内容为投标文件的组成部分，并应当按照本办法第二十七条第一款的规定送达、签收和保管。在招标文件要求提交投标文件的截止时间后送达的补充或者修改的内容无效。

第二十九条 两个以上施工企业可以组成一个联合体，签订共同投标协议，以一个投标人的身份共同投标。联合体各方均应当具备承担招标工程的相应资质条件。相同专业的施工企业组成的联合体，按照资质等级低的施工企业的业务许可范围承揽工程。

招标人不得强制投标人组成联合体共同投标，不得限制投标人之间的竞争。

第三十条 投标人不得相互串通投标，不得排挤其他投标人的公平竞争，损害招标人或者其他投标人的合法权益。

投标人不得与招标人串通投标，损害国家利益、社会公共利益或者他人的合法权益。

禁止投标人以向招标人或者评标委员会成员行贿的手段谋取中标。

第三十一条 投标人不得以低于其企业成本的报价竞标，不得以他人名义投标或者以其他方式弄虚作假，骗取中标。

第四章 开标、评标和中标

第三十二条 开标应当在招标文件确定的提交投标文件截止时间的同一时间公开进行；开标地点应当为招标文件中预先确定的地点。

第三十三条 开标由招标人主持，邀请所有投标人参加。开标应当按照下列规定进行：

由投标人或者其推选的代表检查投标文件的密封情况，也可以由招标人委托的公证机构进行检查并公证。经确认无误后，由有关工作人员当众拆封，宣读投标人名称、投标价格和投标文件的其他主要内容。

招标人在招标文件要求提交投标文件的截止时间前收到的所有投标文件，开标时都应当当众予以拆封、宣读。

开标过程应当记录，并存档备查。

第三十四条 在开标时，投标文件出现下列情形之一的，应当作为无效投标文件，不得进入评标：

（一）投标文件未按照招标文件的要求予以密封的；

（二）投标文件中的投标函未加盖投标人的企业及企业法定代表人印章的，或者企业法定代表人委托代理人没有合法、有效的委托书（原件）及委托代理人印章的；

（三）投标文件的关键内容字迹模糊、无法辨认的；

（四）投标人未按照招标文件的要求提供投标保函或者投标保证金的；

（五）组成联合体投标的，投标文件未附联合体各方共同投标协议的。

第三十五条 评标由招标人依法组建的评标委员会负责。

依法必须进行施工招标的工程，其评标委员会由招标人的代表和有关技术、经济等方面的专家组成，成员人数为5人以上单数，其中招标人、招标代理机构以外的技术、经济等方面专家不得少于成员总数的三分之二。评标委员会的专家成员，应当由招标人从建设行政主管部门及其他有关政府部门确定的专家名册或者工程招标代理机构的专家库内相关专业的专家名单中确定。确定专家成员一般应当采取随机抽取的方式。

与投标人有利害关系的人不得进入相关工程的评标委员会。评标委员会成员的名单在中标结果确定前应当保密。

第三十六条 建设行政主管部门的专家名册应当拥有一定数量规模并符合法定资格条件的专家。省、自治区、直辖市人民政府建设行政主管部门可以将专家数量少的地区的专家名册予以合并或者实行专家名册计算机联网。

建设行政主管部门应当对进入专家名册的专家组织有关法律和业务培训，对其评标能力、廉洁公正等进行综合评估，及时取消不称职或者违法违规人员的评标专家资格。被取消评标专家资格的人员，不得再参加任何评标活动。

第三十七条 评标委员会应当按照招标文件确定的评标标准和方法，对投标文件进行评审和比较，并对评标结果签字确认；设有标底的，应当参考标底。

第三十八条 评标委员会可以用书面形式要求投标人对投标文件中含义不明确的内容作必要的澄清或者说明。投标人应当采用书面形式进行澄清或者说明，其澄清或者说明不得超出投标文件的范围或者改变投标文件的实质性内容。

第三十九条 评标委员会经评审，认为所有投标文件都不符合招标文件要求的，可以否决所有投标。

依法必须进行施工招标工程的所有投标被否决的，招标人应当依法重新招标。

第四十条 评标可以采用综合评估法、经评审的最低投标标价法或者法律法规允许的其他评标方法。

采用综合评估法的，应当对投标文件提出的工程质量、施工工期、投标价格、施工组织设计或者施工方案、投标人及项目经理业绩等，能否最大限度地满足招标文件中规定的各项要求和评价标准进行评审和比较。以评分方式进行评估的，对于各种评比奖项不得额外计分。

采用经评审的最低投标价法的，应当在投标文件能够满足招标文件实质性要求的投标人中，评审出投标价格最低的投标人，但投标价格低于其企业成本的除外。

第四十一条 评标委员会完成评标后，应当向招标人提出书面评标报告，阐明评标委员会对各投标文件的评审和比较意见，并按照招标文件中规定的评标方法，推荐不超过 3 名有排序的合格的中标候选人。招标人根据评标委员会提出的书面评标报告和推荐的中标候选人确定中标人。

使用国有资金投资或者国家融资的工程项目，招标人应当按照中标候选人的排序确定中标人。当确定中标的中标候选人放弃中标或者因不可抗力提出不能履行合同的，招标人可以依序确定其他中标候选人为中标人。

招标人也可以授权评标委员会直接确定中标人。

第四十二条 有下列情形之一的，评标委员会可以要求投标人作出书面说明并提供相关材料：

（一）设有标底的，投标报价低于标底合理幅度的；

（二）不设标底的，投标报价明显低于其他投标报价，有可能低于其企业成本的。

经评标委员会论证，认定该投标人的报价低于其企业成本的，不能推荐为中标候选人或者中标人。

第四十三条 招标人应当在投标有效期截止时限 30 日前确定中标人。投标有效期应当在招标文件中载明。

第四十四条 依法必须进行施工招标的工程，招标人应当自确定中标人之日起 15 日内，向工程所在地的县级以上地方人民政府建设行政主管部门提交施工招标投标情况的书面报告。书面报告应当包括下列内容：

（一）施工招标投标的基本情况，包括施工招标范围、施工招标方式、资格审查、开评标过程和确定中标人的方式及理由等。

（二）相关的文件资料，包括招标公告或者投标邀请书、投标报名表、资格预审文件、招标文件、评标委员会的评标报告（设有标底的，应当附标底）、中标人的投标文件。委托工程招标代理的，还应当附工程施工招标代理委托合同。

前款第二项中已按照本办法的规定办理了备案的文件资料，不再重复提交。

第四十五条 建设行政主管部门自收到书面报告之日起 5 日内未通知招标人在招标投标活动中有违法行为的，招标人可以向中标人发出中标通知书，并将中标结果通知所有未中标的投标人。

第四十六条 招标人和中标人应当自中标通知书发出之日起 30 日内，按照招标文件和中标人的投标文件订立书面合同；招标人和中标人不得再行订立背离合同实质性内容的其他协议。

中标人不与招标人订立合同的，投标保证金不予退还并取消其中标资格，给招标人造成的损失超过投标保证金数额的，应当对超过部分予以赔偿；没有提交投标保证金的，应当对招标人的损失承担赔偿责任。

招标人无正当理由不与中标人签订合同，给中标人造成损失的，招标人应当给予赔偿。

第四十七条 招标文件要求中标人提交履约担保的，中标人应当提交。招标人应当同时向中标人提供工程款支付担保。

第五章 罚 则

第四十八条 有违反《招标投标法》行为的，县级以上地方人民政府建设行政主管部门应当按照《招标投标法》的规定予以处罚。

第四十九条 招标投标活动中有《招标投标法》规定中标无效情形的，由县级以上地方人民政府建设行政主管部门宣布中标无效，责令重新组织招标，并依法追究有关责任人责任。

第五十条 应当招标未招标的，应当公开招标未公开招标的，县级以上地方人民政府建设行政主管部门应当责令改正，拒不改正的，不得颁发施工许可证。

第五十一条 招标人不具备自行办理施工招标事宜条件而自行招标的，县级以上地方人民政府建设行政主管部门应当责令改正，处1万元以下的罚款。

第五十二条 评标委员会的组成不符合法律、法规规定的，县级以上地方人民政府建设行政主管部门应当责令招标人重新组织评标委员会。

第五十三条 招标人未向建设行政主管部门提交施工招标投标情况书面报告的，县级以上地方人民政府建设行政主管部门应当责令改正。

第六章 附 则

第五十四条 工程施工专业分包、劳务分包采用招标方式的，参照本办法执行。

第五十五条 招标文件或者投标文件使用两种以上语言文字的，必须有一种是中文；如对不同文本的解释发生异议的，以中文文本为准。用文字表示的金额与数字表示的金额不一致的，以文字表示的金额为准。

第五十六条 涉及国家安全、国家秘密、抢险救灾或者属于利用扶贫资金实行以工代赈、需要使用农民工等特殊情况，不适宜进行施工招标的工程，按照国家有关规定可以不进行施工招标。

第五十七条 使用国际组织或者外国政府贷款、援助资金的工程进行施工招标，贷款方、资金提供方对招标投标的具体条件和程序有不同规定的，可以适用其规定，但违背中华人民共和国的社会公共利益的除外。

第五十八条 本办法由国务院建设行政主管部门负责解释。

第五十九条 本办法自发布之日起施行。1992 年 12 月 30 日建设部颁布的《工程建设施工招标投标管理办法》(建设部令第 23 号)同时废止。

国家发展改革委员会关于印发《必须招标的基础设施和公用事业项目范围规定》的通知

（发改法规规〔2018〕843号）

各省、自治区、直辖市人民政府，国务院各部委、各直属机构：

《必须招标的基础设施和公用事业项目范围规定》已经国务院批准，现印发你们，请按照执行。

附件：必须招标的基础设施和公用事业项目范围规定

附件：

必须招标的基础设施和公用事业项目范围规定

第一条 为明确必须招标的大型基础设施和公用事业项目范围，根据《中华人民共和国招标投标法》和《必须招标的工程项目规定》，制定本规定。

第二条 不属于《必须招标的工程项目规定》第二条、第三条规定情形的大型基础设施、公用事业等关系社会公共利益、公众安全的项目，必须招标的具体范围包括：

（一）煤炭、石油、天然气、电力、新能源等能源基础设施项目；

（二）铁路、公路、管道、水运，以及公共航空和A1级通用机场等交通运输基础设施项目；

（三）电信枢纽、通信信息网络等通信基础设施项目；

（四）防洪、灌溉、排涝、引（供）水等水利基础设施项目；

（五）城市轨道交通等城建项目。

第三条 本规定自2018年6月6日起施行。

国家发展改革委员会必须招标的工程项目规定

（国家发展改革委令第16号）

第一条 为了确定必须招标的工程项目，规范招标投标活动，提高工作效率、降低企业成本、预防腐败，根据《中华人民共和国招标投标法》第三条的规定，制定本规定。

第二条 全部或者部分使用国有资金投资或者国家融资的项目包括：

（一）使用预算资金200万元人民币以上，并且该资金占投资额10%以上的项目；

（二）使用国有企业事业单位资金，并且该资金占控股或者主导地位的项目。

第三条 使用国际组织或者外国政府贷款、援助资金的项目包括：

（一）使用世界银行、亚洲开发银行等国际组织贷款、援助资金的项目；

（二）使用外国政府及其机构贷款、援助资金的项目。

第四条 不属于本规定第二条、第三条规定情形的大型基础设施、公用事业等关系社会公共利益、公众安全的项目，必须招标的具体范围由国务院发展改革部门会同国务院有关部门按照确有必要、严格限定的原则制订，报国务院批准。

第五条 本规定第二条至第四条规定范围内的项目，其勘察、设计、施工、监理以及与工程建设有关的重要设备、材料等的采购达到下列标准之一的，必须招标：

（一）施工单项合同估算价在400万元人民币以上；

（二）重要设备、材料等货物的采购，单项合同估算价在200万元人民币以上；

（三）勘察、设计、监理等服务的采购，单项合同估算价在100万元人民币以上。

同一项目中可以合并进行的勘察、设计、施工、监理以及与工程建设有关的重要设备、材料等的采购，合同估算价合计达到前款规定标准的，必须招标。

第六条 本规定自2018年6月1日起施行。

国家发展改革委员会招标公告和公示信息发布管理办法

（国家发展改革令第10号）

第一条 为规范招标公告和公示信息发布活动，保证各类市场主体和社会公众平等、便捷、准确地获取招标信息，根据《中华人民共和国招标投标法》《中华人民共和国招标投标法实施条例》等有关法律法规规定，制定本办法。

第二条 本办法所称招标公告和公示信息，是指招标项目的资格预审公告、招标公告、中标候选人公示、中标结果公示等信息。

第三条 依法必须招标项目的招标公告和公示信息，除依法需要保密或者涉及商业秘密的内容外，应当按照公益服务、公开透明、高效便捷、集中共享的原则，依法向社会公开。

第四条 国家发展改革委根据招标投标法律法规规定，对依法必须招标项目招标公告和公示信息发布媒介的信息发布活动进行监督管理。

省级发展改革部门对本行政区域内招标公告和公示信息发布活动依法进行监督管理。省级人民政府另有规定的，从其规定。

第五条 依法必须招标项目的资格预审公告和招标公告，应当载明以下内容：

（一）招标项目名称、内容、范围、规模、资金来源；

（二）投标资格能力要求，以及是否接受联合体投标；

（三）获取资格预审文件或招标文件的时间、方式；

（四）递交资格预审文件或投标文件的截止时间、方式；

（五）招标人及其招标代理机构的名称、地址、联系人及联系方式；

（六）采用电子招标投标方式的，潜在投标人访问电子招标投标交易平台的网址和方法；

（七）其他依法应当载明的内容。

第六条 依法必须招标项目的中标候选人公示应当载明以下内容：

（一）中标候选人排序、名称、投标报价、质量、工期（交货期），以及评标情况；

（二）中标候选人按照招标文件要求承诺的项目负责人姓名及其相关证书名称和编号；

（三）中标候选人响应招标文件要求的资格能力条件；

（四）提出异议的渠道和方式；

（五）招标文件规定公示的其他内容。

依法必须招标项目的中标结果公示应当载明中标人名称。

第七条 依法必须招标项目的招标公告和公示信息应当根据招标投标法律法规，以及国家发展改革委会同有关部门制定的标准文件编制，实现标准化、格式化。

第八条 依法必须招标项目的招标公告和公示信息应当在“中国招标投标公共服务平台”或者项目所在地省级电子招标投标公共服务平台（以下统一简称“发布媒介”）发布。

第九条 省级电子招标投标公共服务平台应当与“中国招标投标公共服务平台”对接，按规定同步交互招标公告和公示信息。对依法必须招标项目的招标公告和公示信息，发布媒介应当与相应的公共资源交易平台实现信息共享。

“中国招标投标公共服务平台”应当汇总公开全国招标公告和公示信息，以及本办法第八条规定的发布媒介名称、网址、办公场所、联系方式等基本信息，及时维护更新，与全国公共资源交易平台共享，并归集至全国信用信息共享平台，按规定通过“信用中国”网站向社会公开。

第十条 拟发布的招标公告和公示信息文本应当由招标人或其招标代理机构盖章，并由主要负责人或其授权的项目负责人签名。采用数据电文形式的，应当按规定进行电子签名。

招标人或其招标代理机构发布招标公告和公示信息，应当遵守招标投标法律法规关于时限的规定。

第十一条 依法必须招标项目的招标公告和公示信息鼓励通过电子招标投标交易平台录入后交互至发布媒介核验发布，也可以直接通过发布媒介录入并核验发布。

按照电子招标投标有关数据规范要求交互招标公告和公示信息文本的，发布媒介应当自收到起12小时内发布。采用电子邮件、电子介质、传真、纸质文本等其他形式提交或者直接录入招标公告和公示信息文本的，发布媒介应当自核验确认起1个工作日内发布。核验确认最长不得超过3个工作日。

招标人或其招标代理机构应当对其提供的招标公告和公示信息的真实性、准确性、合法性负责。发布媒介和电子招标投标交易平台应当对所发布的招标公告和公示信息的及时性、完整性负责。

发布媒介应当按照规定采取有效措施，确保发布招标公告和公示信息的数据电文不被篡改、不遗漏和至少10年内可追溯。

第十二条　发布媒介应当免费提供依法必须招标项目的招标公告和公示信息发布服务，并允许社会公众和市场主体免费、及时查阅前述招标公告和公示的完整信息。

第十三条　发布媒介应当通过专门栏目发布招标公告和公示信息，并免费提供信息归类和检索服务，对新发布的招标公告和公示信息作醒目标识，方便市场主体和社会公众查阅。

发布媒介应当设置专门栏目，方便市场主体和社会公众就其招标公告和公示信息发布工作反映情况、提出意见，并及时反馈。

第十四条　发布媒介应当实时统计本媒介招标公告和公示信息发布情况，及时向社会公布，并定期报送相应的省级以上发展改革部门或省级以上人民政府规定的其他部门。

第十五条　依法必须招标项目的招标公告和公示信息除在发布媒介发布外，招标人或其招标代理机构也可以同步在其他媒介公开，并确保内容一致。

其他媒介可以依法全文转载依法必须招标项目的招标公告和公示信息，但不得改变其内容，同时必须注明信息来源。

第十六条　依法必须招标项目的招标公告和公示信息有下列情形之一的，潜在投标人或者投标人可以要求招标人或其招标代理机构予以澄清、改正、补充或调整：

（一）资格预审公告、招标公告载明的事项不符合本办法第五条规定，中标候选人公示载明的事项不符合本办法第六条规定；

（二）在两家以上媒介发布的同一招标项目的招标公告和公示信息内容不一致；

（三）招标公告和公示信息内容不符合法律法规规定。

招标人或其招标代理机构应当认真核查，及时处理，并将处理结果告知提出意见的潜在投标人或者投标人。

第十七条 任何单位和个人认为招标人或其招标代理机构在招标公告和公示信息发布活动中存在违法违规行为的，可以依法向有关行政监督部门投诉、举报；认为发布媒介在招标公告和公示信息发布活动中存在违法违规行为的，根据有关规定可以向相应的省级以上发展改革部门或其他有关部门投诉、举报。

第十八条 招标人或其招标代理机构有下列行为之一的，由有关行政监督部门责令改正，并视情形依照《中华人民共和国招标投标法》第四十九条、第五十一条及有关规定处罚：

（一）依法必须公开招标的项目不按照规定在发布媒介发布招标公告和公示信息；

（二）在不同媒介发布的同一招标项目的资格预审公告或者招标公告的内容不一致，影响潜在投标人申请资格预审或者投标；

（三）资格预审公告或者招标公告中有关获取资格预审文件或者招标文件的时限不符合招标投标法律法规规定；

（四）资格预审公告或者招标公告中以不合理的条件限制或者排斥潜在投标人。

第十九条 发布媒介在发布依法必须招标项目的招标公告和公示信息活动中有下列情形之一的，由相应的省级以上发展改革部门或其他有关部门根据有关法律法规规定，责令改正；情节严重的，可以处1万元以下罚款：

（一）违法收取费用；

（二）无正当理由拒绝发布或者拒不按规定交互信息；

（三）无正当理由延误发布时间；

（四）因故意或重大过失导致发布的招标公告和公示信息发生遗漏、错误；

（五）违反本办法的其他行为。

其他媒介违规发布或转载依法必须招标项目的招标公告和公示信息的，由相应的省级以上发展改革部门或其他有关部门根据有关法律法规规定，责令改正；情节严重的，可以处1万元以下罚款。

第二十条 对依法必须招标项目的招标公告和公示信息进行澄清、修改，或者暂停、终止招标活动，采取公告形式向社会公布的，参照本办法执行。

第二十一条 使用国际组织或者外国政府贷款、援助资金的招标项目，贷款方、资金提供方对招标公告和公示信息的发布另有规定的，适用其规定。

第二十二条 本办法所称以上、以下包含本级或本数。

第二十三条 本办法由国家发展改革委负责解释。

第二十四条 本办法自 2018 年 1 月 1 日起施行。《招标公告发布暂行办法》（国家发展计划委第 4 号令）和《国家计委关于指定发布依法必须招标项目招标公告的媒介的通知》（计政策〔2000〕868 号）同时废止。

住房和城乡建设部办公厅关于取消工程建设项目招标代理机构资格认定加强事中事后监管的通知

（建办市〔2017〕77号）

各省、自治区住房城乡建设厅，直辖市建委，新疆生产建设兵团建设局：

为贯彻落实《全国人民代表大会常务委员会关于修改〈中华人民共和国招标投标法〉、〈中华人民共和国计量法〉的决定》，深入推进工程建设领域"放管服"改革，加强工程建设项目招标代理机构（以下简称招标代理机构）事中事后监管，规范工程招标代理行为，维护建筑市场秩序，现将有关事项通知如下：

一、停止招标代理机构资格申请受理和审批。自2017年12月28日起，各级住房城乡建设部门不再受理招标代理机构资格认定申请，停止招标代理机构资格审批。

二、建立信息报送和公开制度。招标代理机构可按照自愿原则向工商注册所在地省级建筑市场监管一体化工作平台报送基本信息。信息内容包括：营业执照相关信息、注册执业人员、具有工程建设类职称的专职人员、近3年代表性业绩、联系方式。上述信息统一在我部全国建筑市场监管公共服务平台（以下简称公共服务平台）对外公开，供招标人根据工程项目实际情况选择参考。

招标代理机构对报送信息的真实性和准确性负责，并及时核实其在公共服务平台的信息内容。信息内容发生变化的，应当及时更新。任何单位和个人如发现招标代理机构报送虚假信息，可向招标代理机构工商注册所在地省级住房城乡建设主管部门举报。工商注册所在地省级住房城乡建设主管部门应当及时组织核实，对涉及非本省市工程业绩的，可商请工程所在地省级住房城乡建设主管部门协助核查，工程所在地省级住房城乡建设主管部门应当给予配合。对存在报送虚假信息行为的招标代理机构，工商注册所在地省级住房城乡建设主管部门应当将其弄虚作假行为信息推送至公共服务平台对外公布。

三、规范工程招标代理行为。招标代理机构应当与招标人签订工程招标代理书面委托合同，并在合同约定的范围内依法开展工程招标代理活动。招标代理机构及其从业人员应当严格按照招标投标法、招标投标法实施条例等相关法律法规开展工程招标代理活动，并对工程招标代理业务承担相应责任。

四、强化工程招投标活动监管。各级住房城乡建设主管部门要加大房屋建筑和市政基础设施招标投标活动监管力度，推进电子招投标，加强招标代理机构行为监管，严格依法查处招标代理机构违法违规行为，及时归集相关处罚信息并向社会公开，切实维护建筑市场秩序。

五、加强信用体系建设。加快推进省级建筑市场监管一体化工作平台建设，规范招标代理机构信用信息采集、报送机制，加大信息公开力度，强化信用信息应用，推进部门之间信用信息共享共用。加快建立失信联合惩戒机制，强化信用对招标代理机构的约束作用，构建“一处失信、处处受制”的市场环境。

六、加大投诉举报查处力度。各级住房城乡建设主管部门要建立健全公平、高效的投诉举报处理机制，严格按照《工程建设项目招标投标活动投诉处理办法》，及时受理并依法处理房屋建筑和市政基础设施领域的招投标投诉举报，保护招标投标活动当事人的合法权益，维护招标投标活动的正常市场秩序。

七、推进行业自律。充分发挥行业协会对促进工程建设项目招标代理行业规范发展的重要作用。支持行业协会研究制定从业机构和从业人员行为规范，发布行业自律公约，加强对招标代理机构和从业人员行为的约束和管理。鼓励行业协会开展招标代理机构资信评价和从业人员培训工作，提升招标代理服务能力。

各级住房城乡建设主管部门要高度重视招标代理机构资格认定取消后的事中事后监管工作，完善工作机制，创新监管手段，加强工程建设项目招标投标活动监管，依法严肃查处违法违规行为，促进招投标活动有序开展。

住房和城乡建设部办公厅关于征求注册建造师管理规定(征求意见稿)意见的函

(建办市函〔2017〕512号)

各省、自治区住房城乡建设厅，直辖市建委，新疆生产建设兵团建设局，国务院有关部门建设司(局)，中央管理的有关企业，有关行业协会：

为落实国务院行政审批制度改革要求，进一步规范注册建造师管理，我部对《注册建造师管理规定》(建设部令第153号)进行了修订。现将修订后的《注册建造师管理规定》(征求意见稿)印送你们，请研究提出意见，于2017年8月25日前函告我部建筑市场监管司。

注册建造师管理规定

(征求意见稿)

第一章 总 则

第一条 为了加强对注册建造师的管理，规范注册建造师的执业行为，提高工程项目管理水平，保证工程质量和安全，依据建筑法、行政许可法《建设工程质量管理条例》等法律、行政法规，制定本规定。

第二条 中华人民共和国境内注册建造师的注册、执业、继续教育和监督管理，适用本规定。

第三条 本规定所称注册建造师，是指通过考核认定或考试合格取得中华人民共和国建造师资格证书(以下简称资格证书)，并按照本规定注册，取得中华人民共和国建造师注册证书(以下简称注册证书)，担任施工单位项目负责人、项目技术负责人及从事相关活动的专业技术人员。

未取得注册证书的，不得担任建设工程项目的施工单位技术负责人、项目负责人和项目技术负责人，不得以注册建造师的名义从事相关活动。

第四条 国务院住房城乡建设主管部门对全国注册建造师的注册、执业活动实施统一监督管理；国务院交通运输、水利、工业和信息化等有关部门按照国务院规定的职责分工，对全国有关专业工程注册建造师的执业活动实施监督管理。

县级以上地方人民政府住房城乡建设主管部门对本行政区域内的注册建造师的注册、执业活动实施监督管理；县级以上地方人民政府交通运输、水利、工业和信息化等有关部门在各自职责范围内，对本行政区域内有关专业工程注册建造师的执业活动实施监督管理。

第二章 注　　册

第五条 注册建造师实行注册执业管理制度，注册建造师分为一级注册建造师和二级注册建造师。

取得资格证书的人员，经过注册方能以注册建造师的名义执业。

第六条 申请初始注册时应当具备以下条件：

（一）经考核认定或考试合格取得资格证书；

（二）受聘且只受聘于一个单位；

（三）达到继续教育要求；

（四）没有本规定第十五条所列情形。

第七条 取得一级建造师资格证书并受聘于一个从事工程建设单位的人员，应当通过聘用单位向国务院住房城乡建设主管部门提出注册申请；也可以向聘用单位工商注册所在地的省、自治区、直辖市人民政府住房城乡建设主管部门提交申请材料。

省、自治区、直辖市人民政府住房城乡建设主管部门收到申请材料后，应当在5日内将全部申请材料报国务院住房城乡建设主管部门审批。

国务院住房城乡建设主管部门在收到申请材料后，应当依法作出是否受理的决定，并出具凭证；申请材料不齐全或者不符合法定形式的，应当在5日内一次性告知申请人需要补正的全部内容。逾期不告知的，自收到申请材料之日起即为受理。

涉及铁路、公路、港口与航道、水利水电、通信与广电、民航专业的，国务院住房城乡建设主管部门应当会同同级有关部门审核。符合条件的，由国务院住房城乡建设主管部门核发《中华人民共和国一级建造师注册证书》。

第八条 对申请注册的，国务院住房城乡建设主管部门应当自受理之日起20日内作出审批决定。自作出决定之日起10日内公告审批结果。国务院住房城乡建设主管部门会同同级有关部门审核的，有关部门应当在10日内审核完毕，并将审核意见送国务院住房城乡建设主管部门。

对申请延续注册的，国务院住房城乡建设主管部门应当自受理之日起10日内作出审批决定。

申请办理证书变更和注销手续的，国务院住房城乡建设主管部门应当自受理之日起5日内作出审批决定。

第九条 取得二级建造师资格证书的人员申请注册，由省、自治区、直辖市人民政府住房城乡建设主管部门负责受理和审批，具体审批程序由省、自治区、直辖市人民政府住房城乡建设主管部门依法确定。对批准注册的，核发由国务院住房城乡建设主管部门统一样式的《中华人民共和国二级建造师注册证书》，并在核发证书后30日内送国务院住房城乡建设主管部门备案。

第十条 注册证书是注册建造师的执业凭证，由注册建造师本人保管、使用。注册证书有效期为5年。申请人与聘用企业签订聘用合同不足5年的，以聘用合同截止日为有效期截止日。一级注册建造师的注册证书由国务院住房城乡建设主管部门统一印制。注册建造师证书推行电子证书，具体办法另行规定。

第十一条 首次注册者，可自资格证书签发之日起5年内提出申请。逾期未申请者，须符合本专业继续教育的要求后方可申请注册。

申请注册需要提交下列材料：

（一）注册建造师注册申请表；

（二）身份证明；

（三）申请人与聘用单位签订的聘用劳动关系有效证明；

（四）逾期申请注册的，应当提供达到继续教育要求的证明。

第十二条 注册有效期满需继续执业的，应当在注册有效期届满30日前，按照第七条、第八条的规定申请延续注册。延续注册的，有效期为5年。逾期未申请注册的，证书自动失效。

申请延续注册的，应当提交下列材料：

（一）注册建造师延续注册申请表；

（二）原注册证书复印件；

（三）申请人与聘用单位签订的聘用劳动关系有效证明；

（四）申请人注册有效期内达到继续教育要求的证明。

第十三条 在注册有效期内，注册建造师变更执业单位，应当与原聘用单位解除劳动关系，办理证书注销手续，并按照第七条、第八条的规定申请注册到新聘用单位，证书有效期重新计算。

第十四条 注册建造师需要增加执业专业的，应当按照第七条的规定申请专业增项注册，并提供相应的资格证明。

第十五条 申请人有下列情形之一的，不予注册：

（一）不具有完全民事行为能力的；

（二）受聘于于两个或者两个以上单位的；

（三）未达到注册建造师继续教育要求的；

（四）受到刑事处罚，刑事处罚尚未执行完毕的；

（五）因执业活动受到刑事处罚，自刑事处罚执行完毕之日起至申请注册之日止不满 5 年的；

（六）因前项规定以外的原因受到刑事处罚，自刑事处罚执行完毕之日起至申请注册之日止不满 3 年的；

（七）被吊销注册证书，自处罚决定之日起至申请注册之日止不满 2 年的

（八）在申请注册之日前 3 年内担任项目负责人、项目技术负责人期间，所负责项目发生过较大以上质量和安全事故的；

（九）行政许可机关依法作出决定前年龄超过 65 周岁的；

（十）法律、法规规定不予注册的其他情形。

第十六条 注册建造师有下列情形之一的，其注册证书失效：

（一）聘用单位破产的；

（二）聘用单位被注销或吊销营业执照的；

（三）已与聘用单位解除聘用合同关系的；

（四）注册有效期满且未延续注册的；

（五）年龄超过 65 周岁的；

（六）死亡或不具有完全民事行为能力的；

（七）其他导致注册失效的情形。

第十七条 注册建造师有下列情形之一的，由许可机关办理注销手续，注册证书作废：

（一）有本规定第十六条所列情形发生的；

（二）依法被撤销注册的；

（三）依法被吊销注册证书的；

（四）受到刑事处罚的；

（五）法律、法规规定应当注销的其他情形。

注册建造师有前款所列情形之一的，注册建造师本人和聘用单位应当在上述情形发生之日起1个月内及时向注册机关提出注销申请；有关单位和个人有权向注册机关举报；县级以上地方人民政府住房城乡建设主管部门或者有关部门应当及时告知注册机关。

第十八条 被注销注册或者不予注册的，在重新具备注册条件后，可按第七条、第八条规定重新申请注册。

其中，具有本规定第四十一条、四十二条行为，被记入不良行为的申请人，重新具备注册条件后，按第七条、第八条规定重新申请注册时，申请材料除提交第十一条要求的材料外，还须到聘用单位工商注册所在地的省、自治区、直辖市人民政府住房城乡建设主管部门或许可机关核验上述材料原件及自申请之日起前3个月的社会保险证明原件。

第十九条 注册建造师因遗失、污损注册证书，需要补办的，应向原注册机关申请补办。原注册机关应当在5日内办理完毕。

第三章 执　　业

第二十条 注册建造师应当在其注册证书所注明的专业范围内从事建设工程施工管理活动。未列入或新增工程范围由国务院建设主管部门会同国务院有关部门另行规定。

工程施工项目负责人和技术负责人必须由本专业注册建造师担任。一级注册建造师可担任大、中、小型工程施工项目负责人，二级注册建造师可以承担中、小型工程施工项目负责人。其中，大、中型工程施工项目负责人和技术负责人不得由一名建造师兼任。

注册建造师执业工程范围和规模标准另行制定。

第二十一条 一级注册建造师可在全国范围内以一级注册建造师名义执业。

通过二级建造师资格考核认定，或参加全国统考取得二级建造师资格证书并经注册人员，可在全国范围内以二级注册建造师名义执业。

工程所在地各级建设主管部门和有关部门不得增设或者变相设置跨地区承揽

工程项目执业准入条件。

第二十二条 担任施工项目负责人的注册建造师应当按照国家法律法规、工程建设强制性标准组织施工，保证工程施工符合国家有关质量、安全、环保、节能等有关规定。

第二十三条 注册建造师不得同时担任两个及以上建设工程施工项目负责人和项目技术负责人。发生下列情形之一的除外：

（一）同一工程相邻分段发包或分期施工的；

（二）合同约定的工程验收合格的；

（三）因非承包方原因致使工程项目停工超过 90 天（含），经建设单位同意的。

第二十四条 注册建造师担任施工项目负责人和项目技术负责人期间原则上不得更换。如发生下列情形之一的，应当办理书面交接手续后更换施工项目负责人和项目技术负责人：

（一）发包方与注册建造师受聘企业已解除承包合同的；

（二）发包方同意更换的；

（三）因不可抗力等特殊情况必须更换的。

建设工程合同履行期间变更项目负责人和项目技术负责人的，企业应当于变更后 5 个工作日内报住房城乡建设行政主管和有关部门备案。

第二十五条 注册建造师担任施工项目负责人和项目技术负责人，在其承建的建设工程项目竣工验收或移交项目手续办结前，除第二十四条规定的情形外，不得变更注册至另一企业。

第二十六条 担任建设工程施工项目负责人和项目技术负责人的注册建造师应当在工程项目相关技术、质量、安全、管理等文件上签字，并承担相应责任。其中担任施工项目负责人的注册建造师应当对工程质量终身负责。

注册建造师有权拒绝在不合格或者有弄虚作假内容的建设工程施工管理文件上签字。

签章目录另行制定。

第二十七条 专业工程独立发包时，应由执业范围涵盖该专业工程的注册建造师担任该专业工程施工项目负责人和技术负责人。

分包工程施工管理文件应当由分包企业注册建造师签字。分包企业签署质量合格的文件上，必须由担任总承包企业项目负责人的注册建造师签字。

建设工程合同包含多个专业工程的，担任施工总承包项目负责人和技术负责人的注册建造师，负责该工程施工管理文件签字。

第二十八条 修改注册建造师签字的工程施工管理文件，应当征得所在企业同意后，由注册建造师本人进行修改；注册建造师本人不能进行修改的，应当由企业指定同等资格条件的注册建造师修改，由其签字并对修改部分承担相应的法律责任。

第二十九条 注册建造师享有下列权利：

（一）使用注册建造师名称；

（二）在规定范围内从事执业活动；

（三）在本人执业活动中形成的文件上签字；

（四）保管和使用本人注册证书；

（五）对本人执业活动进行解释和辩护；

（六）接受继续教育；

（七）获得相应的劳动报酬；

（八）对侵犯本人权利的行为进行申述。

第三十条 注册建造师应当履行下列义务：

（一）遵守法律法规、有关管理规定和合同约定，到岗尽责，恪守职业道德；

（二）执行技术标准、规范和规程；

（三）保证执业成果的质量，并承担相应责任，对工程质量终身负责；

（四）接受继续教育，努力提高执业水准；

（五）保守在执业中知悉的国家秘密和他人的商业、技术等秘密；

（六）与当事人有利害关系的，应当主动回避；

（七）协助注册管理机关完成相关工作。

第三十一条 注册建造师不得有下列行为：

（一）不履行注册建造师义务；

（二）在执业过程中，索贿、受贿或者谋取合同约定费用外的其他利益；

（三）在执业过程中实施商业贿赂；

（四）签署有虚假记载等不合格的文件；

（五）允许他人以自己的名义从事执业活动；

（六）同时在两个或者两个以上单位受聘；

（七）涂改、倒卖、出租、出借或以其他形式非法转让资格证书、注册证书；

（八）超出执业范围和聘用单位业务范围内从事执业活动；

（九）法律、法规、规章禁止的其他行为。

第四章　继续教育

第三十二条　注册建造师在每一个注册有效期内应当达到继续教育要求。

第三十三条　住房城乡建设部统一管理全国注册建造师的继续教育工作，组织制定一级注册建造师的继续教育规划。

省级住房城乡建设主管部门负责本行政区域内一级、二级注册建造师继续教育的组织实施和管理，组织制定二级注册建造师继续教育规划并组织实施。

第三十四条　注册建造师应当按照注册建造师继续教育规划，参加培训机构或企业自行组织的继续教育培训。

注册建造师达到继续教育要求的，负责培训的组织应当出具证明材料，并对证明的真实性负责。

第五章　监督管理

第三十五条　县级以上人民政府住房城乡建设主管部门、其他有关部门应当依照有关法律、法规和本规定，对注册建造师的注册、执业和继续教育实施监督检查。

第三十六条　国务院住房城乡建设主管部门应当将注册建造师注册信息告知省、自治区、直辖市人民政府住房城乡建设主管部门。

省、自治区、直辖市人民政府住房城乡建设主管部门应当将注册建造师注册信息告知本行政区域内市、县、市辖区人民政府住房城乡建设主管部门。

第三十七条　县级以上人民政府住房城乡建设主管部门和有关部门履行监督检查职责时，有权采取下列措施：

（一）要求被检查人员出示注册证书；

（二）要求被检查人员所在聘用单位提供有关人员签署的文件及相关业务文档；

（三）就有关问题询问签署文件的人员；

（四）纠正违反有关法律、法规、本规定及工程标准规范的行为。

第三十八条　注册建造师违法从事相关活动的，违法行为发生地县级以上地方人民政府住房城乡建设主管部门或者其他有关部门应当依法查处，并将违法事实、处理结果告知注册机关；依法应当撤销注册的，应当将违法事实、处理建议及有关材料报注册机关。

第三十九条 有下列情形之一的，注册机关依据职权或者根据利害关系人的请求，可以撤销注册建造师的注册：

（一）注册机关工作人员滥用职权、玩忽职守作出准予注册许可的；

（二）超越法定职权作出准予注册许可的；

（三）违反法定程序作出准予注册许可的；

（四）对不符合法定条件的申请人颁发注册证书；

（五）依法可以撤销注册的其他情形。

申请人以欺骗、贿赂等不正当手段获准注册的，应当予以撤销。

第四十条 注册建造师及其聘用单位应当按照要求，向注册机关提供真实、准确、完整的注册建造师信用档案信息。

注册建造师信用档案应当包括注册建造师的基本情况、业绩、良好行为、不良行为等内容。

注册建造师信用档案信息由县级以上地方人民政府住房城乡建设主管部门或者其他有关部门记录，按照有关规定向社会公示。

第六章 法律责任

第四十一条 隐瞒有关情况或者提供虚假材料申请注册的，住房城乡建设主管部门不予受理或者不予注册，1 年内不得再次申请注册，作为不良记录计入诚信档案。

第四十二条 以欺骗、贿赂等不正当手段取得注册证书的注册建造师，由注册机关撤销其注册，3 年内不得再次申请注册，由县级以上地方人民政府住房城乡建设主管部门处以罚款，并作为不良记录计入诚信档案。其中没有违法所得的，处以 1 万元以下的罚款；有违法所得的，处以 1 万元以上 3 万元以下的罚款。

第四十三条 违反本规定，未取得注册证书，担任建设工程项目施工单位项目负责人，或者以注册建造师的名义从事相关活动的，其所签署的工程文件无效，由县级以上地方人民政府住房城乡建设主管部门或者其他有关部门给予警告，责令停止违法活动。并对聘用单位处以 1 万元以上 3 万元以下的罚款。

第四十四条 违反本规定，因本人原因未按时办理注销手续的注册建造师，由县级以上地方人民政府住房城乡建设主管部门或者其他有关部门责令限期改正，没有违法所得的，处以 1 万元以下的罚款；有违法所得的，处以 1 万元以上 3 万元以下的罚款。

第四十五条 违反本规定，注册建造师在执业活动中有第三十一条所列行为之一的，由县级以上地方人民政府住房城乡建设主管部门或者其他有关部门依法给予处罚。可视情节，给予警告，责令改正，没有违法所得的，处以 1 万元以下的罚款；有违法所得的，处以 1 万元以上 3 万元以下的罚款。

第四十六条 聘用单位为申请人提供虚假注册材料的，由县级以上地方人民政府住房城乡建设主管部门或者其他有关部门给予警告，并处以 1 万元以上 3 万元以下的罚款。其不良行为记入信用档案。

第四十七条 县级以上人民政府住房城乡建设主管部门及其工作人员，在注册建造师管理工作中，有下列情形之一的，由其上级行政机关或者监察机关责令改正，对直接负责的主管人员和其他直接责任人员依法给予处分：

（一）对不符合法定条件的申请人准予注册的；

（二）对符合法定条件的申请人不予注册或者不在法定期限内作出准予注册决定的；

（三）对符合法定条件的申请不予受理或者未在法定期限内初审完毕的；

（四）利用职务上的便利，收受他人财物或者其他好处的；

（五）不依法履行监督管理职责或者监督不力，造成严重后果的。

第七章 附　　则

第四十八条 本规定的期限以工作日计算，不含法定节假日

第四十九条 本规定自 2017 年　月　日起施行。

住房和城乡建设部关于基坑工程单独发包问题的复函

（建市施函〔2017〕35号）

广东省住房城乡建设厅：

你厅《关于基坑工程施工单独发包问题的请示》（粤建市〔2017〕111号）收悉。经研究，现函复如下：

《〈建筑工程施工转包违法分包等违法行为认定查处管理办法〉释义》（建市施函〔2014〕163号），明确规定："单位工程是指具备独立施工条件并能形成独立使用功能的建筑物或构筑物"。按照现行的《建筑工程施工质量验收统一标准》（GB 50300—2013），建筑工程包括地基与基础工程、主体结构工程、建筑屋面工程建筑装饰装修工程等共10个分部工程。按照《建设工程分类标准》（GB/T 50841—2013）分类，基坑工程（桩基、土方等）属于地基与基础分部工程的分项工程。鉴于基坑工程属于建筑工程单位工程的分项工程，建设单位将非单独立项的基坑工程单独发包属于肢解发包行为。

住房和城乡建设部关于建筑业企业资质管理有关问题的通知

（建市〔2015〕154号）

各省、自治区住房城乡建设厅，直辖市建委，新疆生产建设兵团建设局，国务院有关部门建设司，总后基建营房部工程管理局：

为充分发挥市场配置资源的决定性作用，进一步简政放权，促进建筑业发展，现就建筑业企业资质有关问题通知如下：

一、取消《施工总承包企业特级资质标准》（建市〔2007〕72号）中关于国家级工法、专利、国家级科技进步奖项、工程建设国家或行业标准等考核指标要求。对于申请施工总承包特级资质的企业，不再考核上述指标。

二、取消《建筑业企业资质标准》（建市〔2014〕159号）中建筑工程施工总承包一级资质企业可承担单项合同额3000万元以上建筑工程的限制。取消《建筑业企业资质管理规定和资质标准实施意见》（建市〔2015〕20号）特级资质企业限承担施工单项合同额6000万元以上建筑工程的限制以及《施工总承包企业特级资质标准》（建市〔2007〕72号）特级资质企业限承担施工单项合同额3000万元以上房屋建筑工程的限制。

三、将《建筑业企业资质标准》（建市〔2014〕159号）中钢结构工程专业承包一级资质承包工程范围修改为：可承担各类钢结构工程的施工。

四、将《建筑业企业资质管理规定和资质标准实施意见》（建市〔2015〕20号）规定的资质换证调整为简单换证，资质许可机关取消对企业资产、主要人员、技术装备指标的考核，企业按照《建筑业企业资质管理规定》（住房城乡建设部令第22号）确定的审批权限以及建市〔2015〕20号文件规定的对应换证类别和等级要求，持旧版建筑业企业资质证书到资质许可机关直接申请换发新版建筑业企业资质证书（具体换证要求另行通知）。将过渡期调整至2016年6月30日，2016年7月1日起，旧版建筑业企业资质证书失效。

五、取消《建筑业企业资质管理规定和资质标准实施意见》（建市〔2015〕20

号)第二十八条“企业申请资质升级(含一级升特级)、资质增项的，资质许可机关应对其既有全部建筑业企业资质要求的资产和主要人员是否满足标准要求进行检查”的规定；取消第四十二条关于“企业最多只能选择5个类别的专业承包资质换证，超过5个类别的其他专业承包资质按资质增项要求提出申请”的规定。

六、劳务分包(脚手架作业分包和模板作业分包除外)企业资质暂不换证。

各地要认真组织好建筑业企业资质换证工作，加强事中事后监管，适时对本地区取得建筑业企业资质的企业是否满足资质标准条件进行动态核查。

本通知自发布之日起施行。

住房和城乡建设部建筑业企业资质管理规定

（建设部令第22号）

《建筑业企业资质管理规定》已经第20次部常务会议审议通过，现予发布，自2015年3月1日起施行。

附件：建筑业企业资质管理规定

建筑业企业资质管理规定

第一章 总 则

第一条 为了加强对建筑活动的监督管理，维护公共利益和规范建筑市场秩序，保证建设工程质量安全，促进建筑业的健康发展，根据《中华人民共和国建筑法》《中华人民共和国行政许可法》《建设工程质量管理条例》《建设工程安全生产管理条例》等法律、行政法规，制定本规定。

第二条 在中华人民共和国境内申请建筑业企业资质，实施对建筑业企业资质监督管理，适用本规定。

本规定所称建筑业企业，是指从事土木工程、建筑工程、线路管道设备安装工程的新建、扩建、改建等施工活动的企业。

第三条 企业应当按照其拥有的资产、主要人员、已完成的工程业绩和技术装备等条件申请建筑业企业资质，经审查合格，取得建筑业企业资质证书后，方可在资质许可的范围内从事建筑施工活动。

第四条 国务院住房城乡建设主管部门负责全国建筑业企业资质的统一监督管理。国务院交通运输、水利、工业信息化等有关部门配合国务院住房城乡建设主管部门实施相关资质类别建筑业企业资质的管理工作。

省、自治区、直辖市人民政府住房城乡建设主管部门负责本行政区域内建筑业企业资质的统一监督管理。省、自治区、直辖市人民政府交通运输、水利、通信等有关部门配合同级住房城乡建设主管部门实施本行政区域内相关资质类别建筑业企业资质的管理工作。

第五条 建筑业企业资质分为施工总承包资质、专业承包资质、施工劳务资质三个序列。

施工总承包资质、专业承包资质按照工程性质和技术特点分别划分为若干资质类别，各资质类别按照规定的条件划分为若干资质等级。施工劳务资质不分类别与等级。

第六条 建筑业企业资质标准和取得相应资质的企业可以承担工程的具体范围，由国务院住房城乡建设主管部门会同国务院有关部门制定。

第七条 国家鼓励取得施工总承包资质的企业拥有全资或者控股的劳务企业。

建筑业企业应当加强技术创新和人员培训，使用先进的建造技术、建筑材料，开展绿色施工。

第二章 申请与许可

第八条 企业可以申请一项或多项建筑业企业资质。

企业首次申请或增项申请资质，应当申请最低等级资质。

第九条 下列建筑业企业资质，由国务院住房城乡建设主管部门许可：

（一）施工总承包资质序列特级资质、一级资质及铁路工程施工总承包二级资质；

（二）专业承包资质序列公路、水运、水利、铁路、民航方面的专业承包一级资质及铁路、民航方面的专业承包二级资质；涉及多个专业的专业承包一级资质。

第十条 下列建筑业企业资质，由企业工商注册所在地省、自治区、直辖市人民政府住房城乡建设主管部门许可：

（一）施工总承包资质序列二级资质及铁路、通信工程施工总承包三级资质；

（二）专业承包资质序列一级资质（不含公路、水运、水利、铁路、民航方面的专业承包一级资质及涉及多个专业的专业承包一级资质）；

（三）专业承包资质序列二级资质（不含铁路、民航方面的专业承包二级资质）；铁路方面专业承包三级资质；特种工程专业承包资质。

第十一条 下列建筑业企业资质，由企业工商注册所在地设区的市人民政府住房城乡建设主管部门许可：

（一）施工总承包资质序列三级资质（不含铁路、通信工程施工总承包三级资质）；

（二）专业承包资质序列三级资质（不含铁路方面专业承包资质）及预拌混凝土、模板脚手架专业承包资质；

（三）施工劳务资质；

（四）燃气燃烧器具安装、维修企业资质。

第十二条 申请本规定第九条所列资质的，应当向企业工商注册所在地省、自治区、直辖市人民政府住房城乡建设主管部门提出申请。其中，国务院国有资产管理部门直接监管的建筑企业及其下属一层级的企业，可以由国务院国有资产管理部门直接监管的建筑企业向国务院住房城乡建设主管部门提出申请。

省、自治区、直辖市人民政府住房城乡建设主管部门应当自受理申请之日起20个工作日内初审完毕，并将初审意见和申请材料报国务院住房城乡建设主管部门。

国务院住房城乡建设主管部门应当自省、自治区、直辖市人民政府住房城乡建设主管部门受理申请材料之日起60个工作日内完成审查，公示审查意见，公示时间为10个工作日。其中，涉及公路、水运、水利、通信、铁路、民航等方面资质的，由国务院住房城乡建设主管部门会同国务院有关部门审查。

第十三条 本规定第十条规定的资质许可程序由省、自治区、直辖市人民政府住房城乡建设主管部门依法确定，并向社会公布。

本规定第十一条规定的资质许可程序由设区的市级人民政府住房城乡建设主管部门依法确定，并向社会公布。

第十四条 企业申请建筑业企业资质，应当提交以下材料：

（一）建筑业企业资质申请表及相应的电子文档；

（二）企业营业执照正副本复印件；

（三）企业章程复印件；

（四）企业资产证明文件复印件；

（五）企业主要人员证明文件复印件；

（六）企业资质标准要求的技术装备的相应证明文件复印件；

（七）企业安全生产条件有关材料复印件；

(八)按照国家有关规定应提交的其他材料。

第十五条 企业申请建筑业企业资质，应当如实提交有关申请材料。资质许可机关收到申请材料后，应当按照《中华人民共和国行政许可法》的规定办理受理手续。

第十六条 资质许可机关应当及时将资质许可决定向社会公开，并为公众查询提供便利。

第十七条 建筑业企业资质证书分为正本和副本，由国务院住房城乡建设主管部门统一印制，正、副本具备同等法律效力。资质证书有效期为5年。

第三章 延续与变更

第十八条 建筑业企业资质证书有效期届满，企业继续从事建筑施工活动的，应当于资质证书有效期届满3个月前，向原资质许可机关提出延续申请。

资质许可机关应当在建筑业企业资质证书有效期届满前做出是否准予延续的决定；逾期未做出决定的，视为准予延续。

第十九条 企业在建筑业企业资质证书有效期内名称、地址、注册资本、法定代表人等发生变更的，应当在工商部门办理变更手续后1个月内办理资质证书变更手续。

第二十条 由国务院住房城乡建设主管部门颁发的建筑业企业资质证书的变更，企业应当向企业工商注册所在地省、自治区、直辖市人民政府住房城乡建设主管部门提出变更申请，省、自治区、直辖市人民政府住房城乡建设主管部门应当自受理申请之日起2日内将有关变更证明材料报国务院住房城乡建设主管部门，由国务院住房城乡建设主管部门在2日内办理变更手续。

前款规定以外的资质证书的变更，由企业工商注册所在地的省、自治区、直辖市人民政府住房城乡建设主管部门或者设区的市人民政府住房城乡建设主管部门依法另行规定。变更结果应当在资质证书变更后15日内，报国务院住房城乡建设主管部门备案。

涉及公路、水运、水利、通信、铁路、民航等方面的建筑业企业资质证书的变更，办理变更手续的住房城乡建设主管部门应当将建筑业企业资质证书变更情况告知同级有关部门。

第二十一条 企业发生合并、分立、重组以及改制等事项，需承继原建筑业企业资质的，应当申请重新核定建筑业企业资质等级。

第二十二条 企业需更换、遗失补办建筑业企业资质证书的，应当持建筑业企业资质证书更换、遗失补办申请等材料向资质许可机关申请办理。资质许可机关应当在2个工作日内办理完毕。

企业遗失建筑业企业资质证书的，在申请补办前应当在公众媒体上刊登遗失声明。

第二十三条 企业申请建筑业企业资质升级、资质增项，在申请之日起前一年至资质许可决定作出前，有下列情形之一的，资质许可机关不予批准其建筑业企业资质升级申请和增项申请：

（一）超越本企业资质等级或以其他企业的名义承揽工程，或允许其他企业或个人以本企业的名义承揽工程的；

（二）与建设单位或企业之间相互串通投标，或以行贿等不正当手段谋取中标的；

（三）未取得施工许可证擅自施工的；

（四）将承包的工程转包或违法分包的；

（五）违反国家工程建设强制性标准施工的；

（六）恶意拖欠分包企业工程款或者劳务人员工资的；

（七）隐瞒或谎报、拖延报告工程质量安全事故，破坏事故现场、阻碍对事故调查的；

（八）按照国家法律、法规和标准规定需要持证上岗的现场管理人员和技术工种作业人员未取得证书上岗的；

（九）未依法履行工程质量保修义务或拖延履行保修义务的；

（十）伪造、变造、倒卖、出租、出借或者以其他形式非法转让建筑业企业资质证书的；

（十一）发生过较大以上质量安全事故或者发生过两起以上一般质量安全事故的；

（十二）其他违反法律、法规的行为。

第四章 监督管理

第二十四条 县级以上人民政府住房城乡建设主管部门和其他有关部门应当依照有关法律、法规和本规定，加强对企业取得建筑业企业资质后是否满足资质标准和市场行为的监督管理。

上级住房城乡建设主管部门应当加强对下级住房城乡建设主管部门资质管理工作的监督检查，及时纠正建筑业企业资质管理中的违法行为。

第二十五条 住房城乡建设主管部门、其他有关部门的监督检查人员履行监督检查职责时，有权采取下列措施：

（一）要求被检查企业提供建筑业企业资质证书、企业有关人员的注册执业证书、职称证书、岗位证书和考核或者培训合格证书，有关施工业务的文档，有关质量管理、安全生产管理、合同管理、档案管理、财务管理等企业内部管理制度的文件；

（二）进入被检查企业进行检查，查阅相关资料；

（三）纠正违反有关法律、法规和本规定及有关规范和标准的行为。

监督检查人员应当将监督检查情况和处理结果予以记录，由监督检查人员和被检查企业的有关人员签字确认后归档。

第二十六条 住房城乡建设主管部门、其他有关部门的监督检查人员在实施监督检查时，应当出示证件，并要有两名以上人员参加。

监督检查人员应当为被检查企业保守商业秘密，不得索取或者收受企业的财物，不得谋取其他利益。

有关企业和个人对依法进行的监督检查应当协助与配合，不得拒绝或者阻挠。

监督检查机关应当将监督检查的处理结果向社会公布。

第二十七条 企业违法从事建筑活动的，违法行为发生地的县级以上地方人民政府住房城乡建设主管部门或者其他有关部门应当依法查处，并将违法事实、处理结果或者处理建议及时告知该建筑业企业资质的许可机关。

对取得国务院住房城乡建设主管部门颁发的建筑业企业资质证书的企业需要处以停业整顿、降低资质等级、吊销资质证书行政处罚的，县级以上地方人民政府住房城乡建设主管部门或者其他有关部门，应当通过省、自治区、直辖市人民政府住房城乡建设主管部门或者国务院有关部门，将违法事实、处理建议及时报送国务院住房城乡建设主管部门。

第二十八条 取得建筑业企业资质证书的企业，应当保持资产、主要人员、技术装备等方面满足相应建筑业企业资质标准要求的条件。

企业不再符合相应建筑业企业资质标准要求条件的，县级以上地方人民政府住房城乡建设主管部门、其他有关部门，应当责令其限期改正并向社会公告，整改期限最长不超过 3 个月；企业整改期间不得申请建筑业企业资质的升级、增项，不能承揽新的工程；逾期仍未达到建筑业企业资质标准要求条件的，资质许可机关可以撤回其建筑业企业资质证书。

被撤回建筑业企业资质证书的企业，可以在资质被撤回后 3 个月内，向资质许可机关提出核定低于原等级同类别资质的申请。

第二十九条 有下列情形之一的，资质许可机关应当撤销建筑业企业资质：

（一）资质许可机关工作人员滥用职权、玩忽职守准予资质许可的；

（二）超越法定职权准予资质许可的；

（三）违反法定程序准予资质许可的；

（四）对不符合资质标准条件的申请企业准予资质许可的；

（五）依法可以撤销资质许可的其他情形。

以欺骗、贿赂等不正当手段取得资质许可的，应当予以撤销。

第三十条 有下列情形之一的，资质许可机关应当依法注销建筑业企业资质，并向社会公布其建筑业企业资质证书作废，企业应当及时将建筑业企业资质证书交回资质许可机关：

（一）资质证书有效期届满，未依法申请延续的；

（二）企业依法终止的；

（三）资质证书依法被撤回、撤销或吊销的；

（四）企业提出注销申请的；

（五）法律、法规规定的应当注销建筑业企业资质的其他情形。

第三十一条 有关部门应当将监督检查情况和处理意见及时告知资质许可机关。资质许可机关应当将涉及有关公路、水运、水利、通信、铁路、民航等方面的建筑业企业资质许可被撤回、撤销、吊销和注销的情况告知同级有关部门。

第三十二条 资质许可机关应当建立、健全建筑业企业信用档案管理制度。建筑业企业信用档案应当包括企业基本情况、资质、业绩、工程质量和安全、合同履约、社会投诉和违法行为等情况。

企业的信用档案信息按照有关规定向社会公开。

取得建筑业企业资质的企业应当按照有关规定，向资质许可机关提供真实、准确、完整的企业信用档案信息。

第三十三条 县级以上地方人民政府住房城乡建设主管部门或其他有关部门依法给予企业行政处罚的，应当将行政处罚决定以及给予行政处罚的事实、理由和依据，通过省、自治区、直辖市人民政府住房城乡建设主管部门或者国务院有关部门报国务院住房城乡建设主管部门备案。

第三十四条 资质许可机关应当推行建筑业企业资质许可电子化，建立建筑业企业资质管理信息系统。

第五章 法律责任

第三十五条 申请企业隐瞒有关真实情况或者提供虚假材料申请建筑业企业资质的，资质许可机关不予许可，并给予警告，申请企业在1年内不得再次申请建筑业企业资质。

第三十六条 企业以欺骗、贿赂等不正当手段取得建筑业企业资质的，由原资质许可机关予以撤销；由县级以上地方人民政府住房城乡建设主管部门或者其他有关部门给予警告，并处3万元的罚款；申请企业3年内不得再次申请建筑业企业资质。

第三十七条 企业有本规定第二十三条行为之一，《中华人民共和国建筑法》《建设工程质量管理条例》和其他有关法律、法规对处罚机关和处罚方式有规定的，依照法律、法规的规定执行；法律、法规未作规定的，由县级以上地方人民政府住房城乡建设主管部门或者其他有关部门给予警告，责令改正，并处1万元以上3万元以下的罚款。

第三十八条 企业未按照本规定及时办理建筑业企业资质证书变更手续的，由县级以上地方人民政府住房城乡建设主管部门责令限期办理；逾期不办理的，可处以1000元以上1万元以下的罚款。

第三十九条 企业在接受监督检查时，不如实提供有关材料，或者拒绝、阻碍监督检查的，由县级以上地方人民政府住房城乡建设主管部门责令限期改正，并可以处3万元以下罚款。

第四十条 企业未按照本规定要求提供企业信用档案信息的，由县级以上地方人民政府住房城乡建设主管部门或者其他有关部门给予警告，责令限期改正；逾期未改正的，可处以1000元以上1万元以下的罚款。

第四十一条 县级以上人民政府住房城乡建设主管部门及其工作人员，违反本规定，有下列情形之一的，由其上级行政机关或者监察机关责令改正；对直接负责的主管人员和其他直接责任人员，依法给予行政处分；直接负责的主管人员和其他直接责任人员构成犯罪的，依法追究刑事责任：

（一）对不符合资质标准规定条件的申请企业准予资质许可的；

（二）对符合受理条件的申请企业不予受理或者未在法定期限内初审完毕的；

（三）对符合资质标准规定条件的申请企业不予许可或者不在法定期限内准予资质许可的；

（四）发现违反本规定规定的行为不予查处，或者接到举报后不依法处理的；

（五）在企业资质许可和监督管理中，利用职务上的便利，收受他人财物或者其他好处，以及有其他违法行为的。

第六章　附　　则

第四十二条　本规定自 2015 年 3 月 1 日起施行。2007 年 6 月 26 日建设部颁布的《建筑业企业资质管理规定》(建设部令第 159 号)同时废止。

住房和城乡建设部
关于印发《建筑业企业资质标准》的通知

（建市〔2014〕159号）

各省、自治区住房城乡建设厅，直辖市建委，新疆生产建设兵团建设局，国务院有关部门建设司，总后基建营房部工程管理局：

根据《中华人民共和国建筑法》，我部会同国务院有关部门制定了《建筑业企业资质标准》。现印发给你们，请遵照执行。

本标准自2015年1月1日起施行。原建设部印发的《建筑业企业资质等级标准》（建建〔2001〕82号）同时废止。

附件：建筑业企业资质标准（略）

国家发展和改革委员会工程建设项目施工招标投标办法

（七部委〔2013〕30号令）

总　　则

第一条　为规范工程建设项目施工（以下简称工程施工）招标投标活动，根据《中华人民共和国招标投标法》《中华人民共和国招标投标法实施条例》和国务院有关部门的职责分工，制定本办法。

第二条　在中华人民共和国境内进行工程施工招标投标活动，适用本办法。

第三条　工程建设项目符合《工程建设项目招标范围和规模标准规定》（国家计委令第3号）规定的范围和标准的，必须通过招标选择施工单位。

任何单位和个人不得将依法必须进行招标的项目化整为零或者以其他任何方式规避招标。

第四条　工程施工招标投标活动应当遵循公开、公平、公正和诚实信用的原则。

第五条　工程施工招标投标活动，依法由招标人负责。任何单位和个人不得以任何方式非法干涉工程施工招标投标活动。

施工招标投标活动不受地区或者部门的限制。

第六条　各级发展改革、工业和信息化、住房城乡建设、交通运输、铁道、水利、商务、民航等部门依照《国务院办公厅印发国务院有关部门实施招标投标活动行政监督的职责分工意见的通知》（国办发〔2000〕34号）和各地规定的职责分工，对工程施工招标投标活动实施监督，依法查处工程施工招标投标活动中的违法行为。

招　　标

第七条　工程施工招标人是依法提出施工招标项目、进行招标的法人或者其他组织。

第八条 依法必须招标的工程建设项目，应当具备下列条件才能进行施工招标：

（一）招标人已经依法成立；

（二）初步设计及概算应当履行审批手续的，已经批准；

（三）有相应资金或资金来源已经落实；

（四）有招标所需的设计图纸及技术资料。

第九条 工程施工招标分为公开招标和邀请招标。

第十条 按照国家有关规定需要履行项目审批、核准手续的依法必须进行施工招标的工程建设项目，其招标范围、招标方式、招标组织形式应当报项目审批部门审批、核准。项目审批、核准部门应当及时将审批、核准确定的招标内容通报有关行政监督部门。

第十一条 依法必须进行公开招标的项目，有下列情形之一的，可以邀请招标：

（一）项目技术复杂或有特殊要求，或者受自然地域环境限制，只有少量潜在投标人可供选择；

（二）涉及国家安全、国家秘密或者抢险救灾，适宜招标但不宜公开招标；

（三）采用公开招标方式的费用占项目合同金额的比例过大。

有前款第二项所列情形，属于本办法第十条规定的项目，由项目审批、核准部门在审批、核准项目时作出认定；其他项目由招标人申请有关行政监督部门作出认定。

全部使用国有资金投资或者国有资金投资占控股或者主导地位的并需要审批的工程建设项目的邀请招标，应当经项目审批部门批准，但项目审批部门只审批立项的，由有关行政监督部门批准。

第十二条 依法必须进行施工招标的工程建设项目有下列情形之一的，可以不进行施工招标：

（一）涉及国家安全、国家秘密、抢险救灾或者属于利用扶贫资金实行以工代赈需要使用农民工等特殊情况，不适宜进行招标；

（二）施工主要技术采用不可替代的专利或者专有技术；

（三）已通过招标方式选定的特许经营项目投资人依法能够自行建设；

（四）采购人依法能够自行建设；

（五）在建工程追加的附属小型工程或者主体加层工程，原中标人仍具备承包能力，并且其他人承担将影响施工或者功能配套要求；

（六）国家规定的其他情形。

第十三条 采用公开招标方式的，招标人应当发布招标公告，邀请不特定的法人或者其他组织投标。依法必须进行施工招标项目的招标公告，应当在国家指定的报刊和信息网络上发布。

采用邀请招标方式的，招标人应当向三家以上具备承担施工招标项目的能力、资信良好的特定的法人或者其他组织发出投标邀请书。

第十四条 招标公告或者投标邀请书应当至少载明下列内容：

（一）招标人的名称和地址；

（二）招标项目的内容、规模、资金来源；

（三）招标项目的实施地点和工期；

（四）获取招标文件或者资格预审文件的地点和时间；

（五）对招标文件或者资格预审文件收取的费用；

（六）对投标人的资质等级的要求。

第十五条 招标人应当按招标公告或者投标邀请书规定的时间、地点出售招标文件或资格预审文件。自招标公告或者资格预审文件出售之日起至停止出售之日止，最短不得少于五日。

招标人可以通过信息网络或者其他媒介发布招标文件，通过信息网络或者其他媒介发布的招标文件与书面招标文件具有同等法律效力，出现不一致时以书面招标文件为准，国家另有规定的除外。

对招标文件或者资格预审文件的收费应当限于补偿印刷、邮寄的成本支出，不得以营利为目的。对于所附的设计文件，招标人可以向投标人酌收押金；对于开标后投标人退还设计文件的，招标人应当向投标人退还押金。

招标文件或者资格预审文件售出后，不予退还。除不可抗力原因外，招标人在发布招标公告、发出投标邀请书后或者售出招标文件或资格预审文件后不得终止招标。

第十六条 招标人可以根据招标项目本身的特点和需要，要求潜在投标人或者投标人提供满足其资格要求的文件，对潜在投标人或者投标人进行资格审查；国家对潜在投标人或者投标人的资格条件有规定的，依照其规定。

第十七条 资格审查分为资格预审和资格后审。

资格预审，是指在投标前对潜在投标人进行的资格审查。

资格后审，是指在开标后对投标人进行的资格审查。

进行资格预审的，一般不再进行资格后审，但招标文件另有规定的除外。

第十八条 采取资格预审的，招标人应当发布资格预审公告。资格预审公告适用本办法第十三条、第十四条有关招标公告的规定。

采取资格预审的，招标人应当在资格预审文件中载明资格预审的条件、标准和方法；采取资格后审的，招标人应当在招标文件中载明对投标人资格要求的条件、标准和方法。

招标人不得改变载明的资格条件或者以没有载明的资格条件对潜在投标人或者投标人进行资格审查。

第十九条 经资格预审后，招标人应当向资格预审合格的潜在投标人发出资格预审合格通知书，告知获取招标文件的时间、地点和方法，并同时向资格预审不合格的潜在投标人告知资格预审结果。资格预审不合格的潜在投标人不得参加投标。经资格后审不合格的投标人的投标应予否决。

第二十条 资格审查应主要审查潜在投标人或者投标人是否符合下列条件：

（一）具有独立订立合同的权利；

（二）具有履行合同的能力，包括专业、技术资格和能力，资金、设备和其他物质设施状况，管理能力，经验、信誉和相应的从业人员；

（三）没有处于被责令停业，投标资格被取消，财产被接管、冻结，破产状态；

（四）在最近三年内没有骗取中标和严重违约及重大工程质量问题；

（五）国家规定的其他资格条件。

资格审查时，招标人不得以不合理的条件限制、排斥潜在投标人或者投标人，不得对潜在投标人或者投标人实行歧视待遇。任何单位和个人不得以行政手段或者其他不合理方式限制投标人的数量。

第二十一条 招标人符合法律规定的自行招标条件的，可以自行办理招标事宜。任何单位和个人不得强制其委托招标代理机构办理招标事宜。

第二十二条 招标代理机构应当在招标人委托的范围内承担招标事宜。招标代理机构可以在其资格等级范围内承担下列招标事宜：

（一）拟订招标方案，编制和出售招标文件、资格预审文件；

（二）审查投标人资格；

（三）编制标底；

（四）组织投标人踏勘现场；

（五）组织开标、评标，协助招标人定标；

（六）草拟合同；

（七）招标人委托的其他事项。

招标代理机构不得无权代理、越权代理，不得明知委托事项违法而进行代理。

招标代理机构不得在所代理的招标项目中投标或者代理投标，也不得为所代理的招标项目的投标人提供咨询；未经招标人同意，不得转让招标代理业务。

第二十三条 工程招标代理机构与招标人应当签订书面委托合同，并按双方约定的标准收取代理费；国家对收费标准有规定的，依照其规定。

第二十四条 招标人根据施工招标项目的特点和需要编制招标文件。招标文件一般包括下列内容：

（一）招标公告或投标邀请书；

（二）投标人须知；

（三）合同主要条款；

（四）投标文件格式；

（五）采用工程量清单招标的，应当提供工程量清单；

（六）技术条款；

（七）设计图纸；

（八）评标标准和方法；

（九）投标辅助材料。

招标人应当在招标文件中规定实质性要求和条件，并用醒目的方式标明。

第二十五条 招标人可以要求投标人在提交符合招标文件规定要求的投标文件外，提交备选投标方案，但应当在招标文件中做出说明，并提出相应的评审和比较办法。

第二十六条 招标文件规定的各项技术标准应符合国家强制性标准。

招标文件中规定的各项技术标准均不得要求或标明某一特定的专利、商标、名称、设计、原产地或生产供应者，不得含有倾向或者排斥潜在投标人的其他内容。如果必须引用某一生产供应者的技术标准才能准确或清楚地说明拟招标项目的技术标准时，则应当在参照后面加上“或相当于”的字样。

第二十七条 施工招标项目需要划分标段、确定工期的，招标人应当合理划分标段、确定工期，并在招标文件中载明。对工程技术上紧密相连、不可分割的单位工程不得分割标段。

招标人不得以不合理的标段或工期限制或者排斥潜在投标人或者投标人。依法必须进行施工招标的项目的招标人不得利用划分标段规避招标。

第二十八条 招标文件应当明确规定所有评标因素，以及如何将这些因素量化或者据以进行评估。

在评标过程中，不得改变招标文件中规定的评标标准、方法和中标条件。

第二十九条 招标文件应当规定一个适当的投标有效期，以保证招标人有足够的时间完成评标和与中标人签订合同。投标有效期从投标人提交投标文件截止之日起计算。

在原投标有效期结束前，出现特殊情况的，招标人可以书面形式要求所有投标人延长投标有效期。投标人同意延长的，不得要求或被允许修改其投标文件的实质性内容，但应当相应延长其投标保证金的有效期；投标人拒绝延长的，其投标失效，但投标人有权收回其投标保证金。因延长投标有效期造成投标人损失的，招标人应当给予补偿，但因不可抗力需要延长投标有效期的除外。

第三十条 施工招标项目工期较长的，招标文件中可以规定工程造价指数体系、价格调整因素和调整方法。

第三十一条 招标人应当确定投标人编制投标文件所需要的合理时间；但是，依法必须进行招标的项目，自招标文件开始发出之日起至投标人提交投标文件截止之日止，最短不得少于二十日。

第三十二条 招标人根据招标项目的具体情况，可以组织潜在投标人踏勘项目现场，向其介绍工程场地和相关环境的有关情况。潜在投标人依据招标人介绍情况作出的判断和决策，由投标人自行负责。

招标人不得单独或者分别组织任何一个投标人进行现场踏勘。

第三十三条 对于潜在投标人在阅读招标文件和现场踏勘中提出的疑问，招标人可以书面形式或召开投标预备会的方式解答，但需同时将解答以书面方式通知所有购买招标文件的潜在投标人。该解答的内容为招标文件的组成部分。

第三十四条 招标人可根据项目特点决定是否编制标底。编制标底的，标底编制过程和标底在开标前必须保密。

招标项目编制标底的，应根据批准的初步设计、投资概算，依据有关计价办法，参照有关工程定额，结合市场供求状况，综合考虑投资、工期和质量等方面的因素合理确定。

标底由招标人自行编制或委托中介机构编制。一个工程只能编制一个标底。

任何单位和个人不得强制招标人编制或报审标底，或干预其确定标底。

招标项目可以不设标底，进行无标底招标。

招标人设有最高投标限价的，应当在招标文件中明确最高投标限价或者最高投标限价的计算方法。招标人不得规定最低投标限价。

投　标

第三十五条　投标人是响应招标、参加投标竞争的法人或者其他组织。招标人的任何不具独立法人资格的附属机构（单位），或者为招标项目的前期准备或者监理工作提供设计、咨询服务的任何法人及其任何附属机构（单位），都无资格参加该招标项目的投标。

第三十六条　投标人应当按照招标文件的要求编制投标文件。投标文件应当对招标文件提出的实质性要求和条件作出响应。

投标文件一般包括下列内容：

（一）投标函；

（二）投标报价；

（三）施工组织设计；

（四）商务和技术偏差表。

投标人根据招标文件载明的项目实际情况，拟在中标后将中标项目的部分非主体、非关键性工作进行分包的，应当在投标文件中载明。

第三十七条　招标人可以在招标文件中要求投标人提交投标保证金。投标保证金除现金外，可以是银行出具的银行保函、保兑支票、银行汇票或现金支票。

投标保证金不得超过项目估算价的百分之二，但最高不得超过八十万元人民币。投标保证金有效期应当与投标有效期一致。

投标人应当按照招标文件要求的方式和金额，将投标保证金随投标文件提交给招标人或其委托的招 标代理机构。

依法必须进行施工招标的项目的境内投标单位，以现金或者支票形式提交的投标保证金应当从其基本账户转出。

第三十八条　投标人应当在招标文件要求提交投标文件的截止时间前，将投标文件密封送达投标地点。招标人收到投标文件后，应当向投标人出具标明签收人和签收时间的凭证，在开标前任何单位和个人不得开启投标文件。

在招标文件要求提交投标文件的截止时间后送达的投标文件，招标人应当拒收。

依法必须进行施工招标的项目提交投标文件的投标人少于三个的，招标人在分析招标失败的原因并采取相应措施后，应当依法重新招标。重新招标后投标人仍少于三个的，属于必须审批、核准的工程建设项目，报经原审批、核准部门审批、核准后可以不再进行招标；其他工程建设项目，招标人可自行决定不再进行招标。

第三十九条 投标人在招标文件要求提交投标文件的截止时间前，可以补充、修改、替代或者撤回已提交的投标文件，并书面通知招标人。补充、修改的内容为投标文件的组成部分。

第四十条 在提交投标文件截止时间后到招标文件规定的投标有效期终止之前，投标人不得撤销其投标文件，否则招标人可以不退还其投标保证金。

第四十一条 在开标前，招标人应妥善保管好已接收的投标文件、修改或撤回通知、备选投标方案等投标资料。

第四十二条 两个以上法人或者其他组织可以组成一个联合体，以一个投标人的身份共同投标。

联合体各方签订共同投标协议后，不得再以自己名义单独投标，也不得组成新的联合体或参加其他联合体在同一项目中投标。

第四十三条 招标人接受联合体投标并进行资格预审的，联合体应当在提交资格预审申请文件前组成。资格预审后联合体增减、更换成员的，其投标无效。

第四十四条 联合体各方应当指定牵头人，授权其代表所有联合体成员负责投标和合同实施阶段的主办、协调工作，并应当向招标人提交由所有联合体成员法定代表人签署的授权书。

第四十五条 联合体投标的，应当以联合体各方或者联合体中牵头人的名义提交投标保证金。以联合体中牵头人名义提交的投标保证金，对联合体各成员具有约束力。

第四十六条 下列行为均属投标人串通投标报价：

（一）投标人之间相互约定抬高或压低投标报价；

（二）投标人之间相互约定，在招标项目中分别以高、中、低价位报价；

（三）投标人之间先进行内部竞价，内定中标人，然后再参加投标；

（四）投标人之间其他串通投标报价的行为。

第四十七条 下列行为均属招标人与投标人串通投标：

（一）招标人在开标前开启投标文件并将有关信息泄露给其他投标人，或者授意投标人撤换、修改投标文件；

（二）招标人向投标人泄露标底、评标委员会成员等信息；

（三）招标人明示或者暗示投标人压低或抬高投标报价；

（四）招标人明示或者暗示投标人为特定投标人中标提供方便；

（五）招标人与投标人为谋求特定中标人中标而采取的其他串通行为。

第四十八条 投标人不得以他人名义投标。

前款所称以他人名义投标，指投标人挂靠其他施工单位，或从其他单位通过受让或租借的方式获取资格或资质证书，或者由其他单位及其法定代表人在自己编制的投标文件上加盖印章和签字等行为。

相关事宜

第四十九条 开标应当在招标文件确定的提交投标文件截止时间的同一时间公开进行；开标地点应当为招标文件中确定的地点。

投标人对开标有异议的，应当在开标现场提出，招标人应当当场作出答复，并制作记录。

第五十条 投标文件有下列情形之一的，招标人应当拒收：

（一）逾期送达；

（二）未按招标文件要求密封。

有下列情形之一的，评标委员会应当否决其投标：

（一）投标文件未经投标单位盖章和单位负责人签字；

（二）投标联合体没有提交共同投标协议；

（三）投标人不符合国家或者招标文件规定的资格条件；

（四）同一投标人提交两个以上不同的投标文件或者投标报价，但招标文件要求提交备选投标的除外；

（五）投标报价低于成本或者高于招标文件设定的最高投标限价；

（六）投标文件没有对招标文件的实质性要求和条件作出响应；

（七）投标人有串通投标、弄虚作假、行贿等违法行为。

第五十一条 评标委员会可以书面方式要求投标人对投标文件中含义不明确、对同类问题表述不一致或者有明显文字和计算错误的内容作必要的澄清、说明或补正。评标委员会不得向投标人提出带有暗示性或诱导性的问题，或向其明确投标文件中的遗漏和错误。

第五十二条 投标文件不响应招标文件的实质性要求和条件的，评标委员会不得允许投标人通过修正或撤销其不符合要求的差异或保留，使之成为具有响应性的投标。

第五十三条 评标委员会在对实质上响应招标文件要求的投标进行报价评估时，除招标文件另有约定外，应当按下述原则进行修正：

（一）用数字表示的数额与用文字表示的数额不一致时，以文字数额为准；

（二）单价与工程量的乘积与总价之间不一致时，以单价为准。若单价有明显的小数点错位，应以总价为准，并修改单价。

按前款规定调整后的报价经投标人确认后产生约束力。

投标文件中没有列入的价格和优惠条件在评标时不予考虑。

第五十四条 对于投标人提交的优越于招标文件中技术标准的备选投标方案所产生的附加收益，不得考虑进评标价中。符合招标文件的基本技术要求且评标价最低或综合评分最高的投标人，其所提交的备选方案方可予以考虑。

第五十五条 招标人设有标底的，标底在评标中应当作为参考，但不得作为评标的唯一依据。

第五十六条 评标委员会完成评标后，应向招标人提出书面评标报告。评标报告由评标委员会全体成员签字。

依法必须进行招标的项目，招标人应当自收到评标报告之日起三日内公示中标候选人，公示期不得少于三日。

中标通知书由招标人发出。

第五十七条 评标委员会推荐的中标候选人应当限定在一至三人，并标明排列顺序。招标人应当接受评标委员会推荐的中标候选人，不得在评标委员会推荐的中标候选人之外确定中标人。

第五十八条 国有资金占控股或者主导地位的依法必须进行招标的项目，招标人应当确定排名第一的中标候选人为中标人。排名第一的中标候选人放弃中标、因不可抗力提出不能履行合同、不按照招标文件的要求提交履约保证金，或者被查实存在影响中标结果的违法行为等情形，不符合中标条件的，招标人可以按照评标委员会提出的中标候选人名单排序依次确定其他中标候选人为中标人。依次确定其他中标候选人与招标人预期差距较大，或者对招标人明显不利的，招标人可以重新招标。

招标人可以授权评标委员会直接确定中标人。

国务院对中标人的确定另有规定的，从其规定。

第五十九条 招标人不得向中标人提出压低报价、增加工作量、缩短工期或其他违背中标人意愿的要求，以此作为发出中标通知书和签订合同的条件。

第六十条 中标通知书对招标人和中标人具有法律效力。中标通知书发出后，招标人改变中标结果的，或者中标人放弃中标项目的，应当依法承担法律责任。

第六十一条 招标人全部或者部分使用非中标单位投标文件中的技术成果或技术方案时，需征得其书面同意，并给予一定的经济补偿。

第六十二条 招标人和中标人应当在投标有效期内并在自中标通知书发出之日起三十日内，按照招标文件和中标人的投标文件订立书面合同。招标人和中标人不得再行订立背离合同实质性内容的其他协议。

招标人要求中标人提供履约保证金或其他形式履约担保的，招标人应当同时向中标人提供工程款支付担保。

招标人不得擅自提高履约保证金，不得强制要求中标人垫付中标项目建设资金。

第六十三条 招标人最迟应当在与中标人签订合同后五日内，向中标人和未中标的投标人退还投标保证金及银行同期存款利息。

第六十四条 合同中确定的建设规模、建设标准、建设内容、合同价格应当控制在批准的初步设计及概算文件范围内；确需超出规定范围的，应当在中标合同签订前，报原项目审批部门审查同意。凡应报经审查而未报的，在初步设计及概算调整时，原项目审批部门一律不予承认。

第六十五条 依法必须进行施工招标的项目，招标人应当自发出中标通知书之日起十五日内，向有关行政监督部门提交招标投标情况的书面报告。

前款所称书面报告至少应包括下列内容：

（一）招标范围；

（二）招标方式和发布招标公告的媒介；

（三）招标文件中投标人须知、技术条款、评标标准和方法、合同主要条款等内容；

（四）评标委员会的组成和评标报告；

（五）中标结果。

第六十六条 招标人不得直接指定分包人。

第六十七条 对于不具备分包条件或者不符合分包规定的，招标人有权在签订合同或者中标人提出分包要求时予以拒绝。发现中标人转包或违法分包时，可要求其改正；拒不改正的，可终止合同，并报请有关行政监督部门查处。

监理人员和有关行政部门发现中标人违反合同约定进行转包或违法分包的，应当要求中标人改正，或者告知招标人要求其改正；对于拒不改正的，应当报请有关行政监督部门查处。

法律责任

第六十八条 依法必须进行招标的项目而不招标的，将必须进行招标的项目化整为零或者以其他任何方式规避招标的，有关行政监督部门责令限期改正，可以处项目合同金额千分之五以上千分之十以下的罚款；对全部或者部分使用国有资金的项目，项目审批部门可以暂停项目执行或者暂停资金拨付；对单位直接负责的主管人员和其他直接责任人员依法给予处分。

第六十九条 招标代理机构违法泄露应当保密的与招标投标活动有关的情况和资料的，或者与招标人、投标人串通损害国家利益、社会公共利益或者他人合法权益的，由有关行政监督部门处五万元以上二十五万元以下罚款，对单位直接负责的主管人员和其他直接责任人员处单位罚款数额百分之五以上百分之十以下罚款；有违法所得的，并处没收违法所得；情节严重的，有关行政监督部门可停止其一定时期内参与相关领域的招标代理业务，资格认定部门可暂停直至取消招标代理资格；构成犯罪的，由司法部门依法追究刑事责任。给他人造成损失的，依法承担赔偿责任。

前款所列行为影响中标结果，并且中标人为前款所列行为的受益人的，中标无效。

第七十条 招标人以不合理的条件限制或者排斥潜在投标人的，对潜在投标人实行歧视待遇的，强制要求投标人组成联合体共同投标的，或者限制投标人之间竞争的，有关行政监督部门责令改正，可处一万元以上五万元以下罚款。

第七十一条 依法必须进行招标项目的招标人向他人透露已获取招标文件的

潜在投标人的名称、数量或者可能影响公平竞争的有关招标投标的其他情况的，或者泄露标底的，有关行政监督部门给予警告，可以并处一万元以上十万元以下的罚款；对单位直接负责的主管人员和其他直接责任人员依法给予处分；构成犯罪的，依法追究刑事责任。

前款所列行为影响中标结果，中标无效。

第七十二条 招标人在发布招标公告、发出投标邀请书或者售出招标文件或资格预审文件后终止招标的，应当及时退还所收取的资格预审文件、招标文件的费用，以及所收取的投标保证金及银行同期存款利息。给潜在投标人或者投标人造成损失的，应当赔偿损失。

第七十三条 招标人有下列限制或者排斥潜在投标人行为之一的，由有关行政监督部门依照招标投标法第五十一条的规定处罚；其中，构成依法必须进行施工招标的项目的招标人规避招标的，依照招标投标法第四十九条的规定处罚：

（一）依法应当公开招标的项目不按照规定在指定媒介发布资格预审公告或者招标公告；

（二）在不同媒介发布的同一招标项目的资格预审公告或者招标公告的内容不一致，影响潜在投标人申请资格预审或者投标。

招标人有下列情形之一的，由有关行政监督部门责令改正，可以处 10 万元以下的罚款：

（一）依法应当公开招标而采用邀请招标；

（二）招标文件、资格预审文件的发售、澄清、修改的时限，或者确定的提交资格预审申请文件、投标文件的时限不符合招标投标法和招标投标法实施条例规定；

（三）接受未通过资格预审的单位或者个人参加投标；

（四）接受应当拒收的投标文件。

招标人有前款第一项、第三项、第四项所列行为之一的，对单位直接负责的主管人员和其他直接责任人员依法给予处分。

第七十四条 投标人相互串通投标或者与招标人串通投标的，投标人以向招标人或者评标委员会成员行贿的手段谋取中标的，中标无效，由有关行政监督部门处中标项目金额千分之五以上千分之十以下的罚款，对单位直接负责的主管人员和其他直接责任人员处单位罚款数额百分之五以上百分之十以下的罚款；有违法所得的，并处没收违法所得；情节严重的，取消其一至二年的投标资格，并予以公告，直至由工商行政管理机关吊销营业执照；构成犯罪的，依法追究刑事责任。给他人造成损失的，依法承担赔偿责任。投标人未中标的，对单位的罚款金额按照招标项目合同金额依照招标投标法规定的比例计算。

第七十五条 投标人以他人名义投标或者以其他方式弄虚作假，骗取中标的，中标无效，给招标人造成损失的，依法承担赔偿责任；构成犯罪的，依法追究刑事责任。

依法必须进行招标项目的投标人有前款所列行为尚未构成犯罪的，有关行政监督部门处中标项目金额千分之五以上千分之十以下的罚款，对单位直接负责的主管人员和其他直接责任人员处单位罚款数额百分之五以上百分之十以下的罚款；有违法所得的，并处没收违法所得；情节严重的，取消其一至三年投标资格，并予以公告，直至由工商行政管理机关吊销营业执照。投标人未中标的，对单位的罚款金额按照招标项目合同金额依照招标投标法规定的比例计算。

第七十六条 依法必须进行招标的项目，招标人违法与投标人就投标价格、投标方案等实质性内容进行谈判的，有关行政监督部门给予警告，对单位直接负责的主管人员和其他直接责任人员依法给予处分。

前款所列行为影响中标结果的，中标无效。

第七十七条 评标委员会成员收受投标人的财物或者其他好处的，没收收受的财物，可以并处三千元以上五万元以下的罚款，取消担任评标委员会成员的资格并予以公告，不得再参加依法必须进行招标的项目的评标；构成犯罪的，依法追究刑事责任。

第七十八条 评标委员会成员应当回避而不回避，擅离职守，不按照招标文件规定的评标标准和方法评标，私下接触投标人，向招标人征询确定中标人的意向或者接受任何单位或者个人明示或者暗示提出的倾向或者排斥特定投标人的要求，对依法应当否决的投标不提出否决意见，暗示或者诱导投标人作出澄清、说明或者接受投标人主动提出的澄清、说明，或者有其他不能客观公正地履行职责行为的，有关行政监督部门责令改正；情节严重的，禁止其在一定期限内参加依法必须进行招标的项目的评标；情节特别严重的，取消其担任评标委员会成员的资格。

第七十九条 依法必须进行招标的项目的招标人不按照规定组建评标委员会，或者确定、更换评标委员会成员违反招标投标法和招标投标法实施条例规定的，由有关行政监督部门责令改正，可以处 10 万元以下的罚款，对单位直接负责的主管人员和其他直接责任人员依法给予处分；违法确定或者更换的评标委员会成员作出的评审决定无效，依法重新进行评审。

第八十条 依法必须进行招标的项目的招标人有下列情形之一的，由有关行政监督部门责令改正，可以处中标项目金额千分之十以下的罚款；给他人造成损失的，依法承担赔偿责任；对单位直接负责的主管人员和其他直接责任人员依法给予处分：

（一）无正当理由不发出中标通知书；

（二）不按照规定确定中标人；

（三）中标通知书发出后无正当理由改变中标结果；

（四）无正当理由不与中标人订立合同；

（五）在订立合同时向中标人提出附加条件。

第八十一条 中标通知书发出后，中标人放弃中标项目的，无正当理由不与招标人签订合同的，在签订合同时向招标人提出附加条件或者更改合同实质性内容的，或者拒不提交所要求的履约保证金的，取消其中标资格，投标保证金不予退还；给招标人的损失超过投标保证金数额的，中标人应当对超过部分予以赔偿；没有提交投标保证金的，应当对招标人的损失承担赔偿责任。对依法必须进行施工招标的项目的中标人，由有关行政监督部门责令改正，可以处中标金额千分之十以下罚款。

第八十二条 中标人将中标项目转让给他人的，将中标项目肢解后分别转让给他人的，违法将中标项目的部分主体、关键性工作分包给他人的，或者分包人再次分包的，转让、分包无效，有关行政监督部门处转让、分包项目金额千分之五以上千分之十以下的罚款；有违法所得的，并处没收违法所得；可以责令停业整顿；情节严重的，由工商行政管理机关吊销营业执照。

第八十三条 招标人与中标人不按照招标文件和中标人的投标文件订立合同的，合同的主要条款与招标文件、中标人的投标文件的内容不一致，或者招标人、中标人订立背离合同实质性内容的协议的，有关行政监督部门责令改正；可以处中标项目金额千分之五以上千分之十以下的罚款。

第八十四条 中标人不履行与招标人订立的合同的，履约保证金不予退还，给招标人造成的损失超过履约保证金数额的，还应当对超过部分予以赔偿；没有提交履约保证金的，应当对招标人的损失承担赔偿责任。

中标人不按照与招标人订立的合同履行义务，情节严重的，有关行政监督部门取消其二至五年参加招标项目的投标资格并予以公告，直至由工商行政管理机关吊销营业执照。

因不可抗力不能履行合同的，不适用前两款规定。

第八十五条 招标人不履行与中标人订立的合同的，应当返还中标人的履约保证金，并承担相应的赔偿责任；没有提交履约保证金的，应当对中标人的损失承担赔偿责任。

因不可抗力不能履行合同的，不适用前款规定。

第八十六条 依法必须进行施工招标的项目违反法律规定，中标无效的，应当依照法律规定的中标条件从其余投标人中重新确定中标人或者依法重新进行招标。

中标无效的，发出的中标通知书和签订的合同自始没有法律约束力，但不影响合同中独立存在的有关解决争议方法的条款的效力。

第八十七条 任何单位违法限制或者排斥本地区、本系统以外的法人或者其他组织参加投标的，为招标人指定招标代理机构的，强制招标人委托招标代理机构办理招标事宜的，或者以其他方式干涉招标投标活动的，有关行政监督部门责令改正；对单位直接负责的主管人员和其他直接责任人员依法给予警告、记过、记大过的处分，情节较重的，依法给予降级、撤职、开除的处分。

个人利用职权进行前款违法行为的，依照前款规定追究责任。

第八十八条 对招标投标活动依法负有行政监督职责的国家机关工作人员徇私舞弊、滥用职权或者玩忽职守，构成犯罪的，依法追究刑事责任；不构成犯罪的，依法给予行政处分。

第八十九条 投标人或者其他利害关系人认为工程建设项目施工招标投标活动不符合国家规定的，可以自知道或者应当知道之日起 10 日内向有关行政监督部门投诉。投诉应当有明确的请求和必要的证明材料。

附　　则

第九十条 使用国际组织或者外国政府贷款、援助资金的项目进行招标，贷款方、资金提供方对工程施工招标投标活动的条件和程序有不同规定的，可以适用其规定，但违背中华人民共和国社会公共利益的除外。

第九十一条 本办法由国家发展改革委员会[3]会同有关部门负责解释。

第九十二条 本办法自 2003 年 5 月 1 日起施行。

国家发展计划委员会
工程建设项目自行招标试行办法

（国家发展计划委员会第23号令）

2000年7月1日国家发展计划委员会令第5号公布，根据2013年3月11日国家发展和改革委员会、工业和信息化部、财政部等令第23号修正。

第一条 为了规范工程建设项目招标人自行招标行为，加强对招标投标活动的监督，根据《中华人民共和国招标投标法》（以下简称招标投标法）、《中华人民共和国招标投标法实施条例》（以下简称招标投标法实施条例）和《国务院办公厅印发国务院有关部门实施招标投标活动行政监督的职责分工意见的通知》（国办发〔2000〕34号），制定本办法。

第二条 本办法适用于经国家发展改革委审批、核准（含经国家发展改革委初审后报国务院审批）依法必须进行招标的工程建设项目的自行招标活动。

前款工程建设项目的招标范围和规模标准，适用《工程建设项目招标范围和规模标准规定》（国家发展改革委第3号令）。

第三条 招标人是指依照法律规定进行工程建设项目的勘察、设计、施工、监理以及与工程建设有关的重要设备、材料等招标的法人。

第四条 招标人自行办理招标事宜，应当具有编制招标文件和组织评标的能力，具体包括：

（一）具有项目法人资格（或者法人资格）；

（二）具有与招标项目规模和复杂程度相适应的工程技术、概预算、财物和工程管理等方面专业技术力量；

（三）有从事同类工程建设项目招标的经验；

（四）拥有3名以上取得招标职业资格的专职招标业务人员；

（五）熟悉和掌握招标投标法及有关法规规章。

第五条 招标人自行招标的，项目法人或者组建中的项目法人应当在向国家发展改革委上报项目可行性研究报告或者资金申请报告、项目申请报告时，一并报送符合本办法第四条规定的书面材料。

书面材料应当至少包括：

（一）项目法人营业执照、法人证书或者项目法人组建文件；

（二）与招标项目相适应的专业技术力量情况；

（三）取得招标职业资格的专职招标业务人员的基本情况；

（四）拟使用的专家库情况；

（五）以往编制的同类工程建设项目招标文件和评标报告，以及招标业绩的证明材料；

（六）其他材料。

在报送可行性研究报告或者资金申请报告、项目申请报告前，招标人确需通过招标方式或者其他方式确定勘察、设计单位开展前期工作的，应当在前款规定的书面材料中说明。

第六条 国家发展改革委审查招标人报送的书面材料，核准招标人符合本办法规定的自行招标条件的，招标人可以自行办理招标事宜。任何单位和个人不得限制其自行办理招标事宜，也不得拒绝办理工程建设有关手续。

第七条 国家发展改革委审查招标人报送的书面材料，认定招标人不符合本办法规定的自行招标条件的，在批复、核准可行性研究报告或者资金申请报告、项目申请报告时，要求招标人委托招标代理机构办理招标事宜。

第八条 一次核准手续仅适用于一个工程建设项目。

第九条 招标人不具备自行招标条件，不影响国家发展改革委对项目的审批或者核准。

第十条 招标人自行招标的，应当自确定中标人之日起十五日内，向国家发展改革委提交招标投标情况的书面报告。书面报告至少应包括下列内容：

（一）招标方式和发布资格预审公告、招标公告的媒介；

（二）招标文件中投标人须知、技术规格、评标标准和方法、合同主要条款等内容；

（三）评标委员会的组成和评标报告；

（四）中标结果。

第十一条 招标人不按本办法规定要求履行自行招标核准手续的或者报送的书面材料有遗漏的，国家发展改革委要求其补正；不及时补正的，视同不具备自行招标条件。

招标人履行核准手续中有弄虚作假情况的，视同不具备自行招标条件。

第十二条 招标人不按本办法提交招标投标情况的书面报告的，国家发展改革委要求补正；拒不补正的，给予警告，并视招标人是否有招标投标法第五章以及招标投标法实施条例第六章规定的违法行为，给予相应的处罚。

第十三条 任何单位和个人非法强制招标人委托招标代理机构或者其他组织办理招标事宜的，非法拒绝办理工程建设有关手续的，或者以其他任何方式非法干预招标人自行招标活动的，由国家发展改革委依据招标投标法以及招标投标法实施条例的有关规定处罚或者向有关行政监督部门提出处理建议。

第十四条 本办法自发布之日起施行。

住房和城乡建设部　财政部关于印发《建筑安装工程费用项目组成》的通知

（建标〔2013〕44号）

各省、自治区住房城乡建设厅、财政厅，直辖市建委（建交委）、财政局，国务院有关部门：

为适应深化工程计价改革的需要，根据国家有关法律、法规及相关政策，在总结原建设部、财政部《关于印发〈建筑安装工程费用项目组成〉的通知》（建标〔2003〕206号）（以下简称《通知》）执行情况的基础上，我们修订完成了《建筑安装工程费用项目组成》（以下简称《费用组成》），现印发给你们。为便于各地区、各部门做好发布后的贯彻实施工作，现将主要调整内容和贯彻实施有关事项通知如下：

一、《费用组成》调整的主要内容：

（一）建筑安装工程费用项目按费用构成要素组成划分为人工费、材料费、施工机具使用费、企业管理费、利润、规费和税金。

（二）为指导工程造价专业人员计算建筑安装工程造价，将建筑安装工程费用按工程造价形成顺序划分为分部分项工程费、措施项目费、其他项目费、规费和税金。

（三）按照国家统计局《关于工资总额组成的规定》，合理调整了人工费构成及内容。

（四）依据国家发展改革委、财政部等9部委发布的《标准施工招标文件》的有关规定，将工程设备费列入材料费；原材料费中的检验试验费列入企业管理费。

（五）将仪器仪表使用费列入施工机具使用费；大型机械进出场及安拆费列入措施项目费。

（六）按照《社会保险法》的规定，将原企业管理费中劳动保险费中的职工死亡丧葬补助费、抚恤费列入规费中的养老保险费；在企业管理费中的财务费和其他中增加担保费用、投标费、保险费。

（七）按照《社会保险法》、《建筑法》的规定，取消原规费中危险作业意外伤害保险费，增加工伤保险费、生育保险费。

（八）按照财政部的有关规定，在税金中增加地方教育附加。

二、为指导各部门、各地区按照本通知开展费用标准测算等工作，我们对原《通知》中建筑安装工程费用参考计算方法、公式和计价程序等进行了相应的修改完善，统一制订了《建筑安装工程费用参考计算方法》和《建筑安装工程计价程序》。

三、《费用组成》自 2013 年 7 月 1 日起施行，原建设部、财政部《关于印发〈建筑安装工程费用项目组成〉的通知》（建标〔2003〕206 号）同时废止。

附件：略

国家发展计划委员会
评标委员会和评标方法暂行规定

国家发展计划委员会、国家经济贸易委员会、建设部、铁道部、交通部、信息产业部、水利部令 第12号，根据2013年3月11日《关于废止和修改部分招标投标规章和规范性文件的决定》2013年第23号令修正。

为了规范评标委员会的组成和评标活动，国家计委、国家经贸委、建设部、铁道部、交通部、信息产业部、水利部联合制定了《评标委员会和评标方法暂行规定》，现予发布施行。

第一章　总　　则

第一条　为了规范评标活动，保证评标的公平、公正，维护招标投标活动当事人的合法权益，依照《中华人民共和国招标投标法》、《中华人民共和国招标投标法实施条例》，制定本规定。

第二条　本规定适用于依法必须招标项目的评标活动。

第三条　评标活动遵循公平、公正、科学、择优的原则。

第四条　评标活动依法进行，任何单位和个人不得非法干预或者影响评标过程和结果。

第五条　招标人应当采取必要措施，保证评标活动在严格保密的情况下进行。

第六条　评标活动及其当事人应当接受依法实施的监督。

有关行政监督部门依照国务院或者地方政府的职责分工，对评标活动实施监督，依法查处评标活动中的违法行为。

第二章　评标委员会

第七条　评标委员会依法组建，负责评标活动，向招标人推荐中标候选人或者根据招标人的授权直接确定中标人。

第八条 评标委员会由招标人负责组建。

评标委员会成员名单一般应于开标前确定。评标委员会成员名单在中标结果确定前应当保密。

第九条 评标委员会由招标人或其委托的招标代理机构熟悉相关业务的代表，以及有关技术、经济等方面的专家组成，成员人数为五人以上单数，其中技术、经济等方面的专家不得少于成员总数的三分之二。

评标委员会设负责人的，评标委员会负责人由评标委员会成员推举产生或者由招标人确定。评标委员会负责人与评标委员会的其他成员有同等的表决权。

第十条 评标委员会的专家成员应当从依法组建的专家库内的相关专家名单中确定。

按前款规定确定评标专家，可以采取随机抽取或者直接确定的方式。一般项目，可以采取随机抽取的方式；技术复杂、专业性强或者国家有特殊要求的招标项目，采取随机抽取方式确定的专家难以保证胜任的，可以由招标人直接确定。

第十一条 评标专家应符合下列条件：

（一）从事相关专业领域工作满八年并具有高级职称或者同等专业水平；

（二）熟悉有关招标投标的法律法规，并具有与招标项目相关的实践经验；

（三）能够认真、公正、诚实、廉洁地履行职责。

第十二条 有下列情形之一的，不得担任评标委员会成员：

（一）投标人或者投标人主要负责人的近亲属；

（二）项目主管部门或者行政监督部门的人员；

（三）与投标人有经济利益关系，可能影响对投标公正评审的；

（四）曾因在招标、评标以及其他与招标投标有关活动中从事违法行为而受过行政处罚或刑事处罚的。

评标委员会成员有前款规定情形之一的，应当主动提出回避。

第十三条 评标委员会成员应当客观、公正地履行职责，遵守职业道德，对所提出的评审意见承担个人责任。

评标委员会成员不得与任何投标人或者与招标结果有利害关系的人进行私下接触，不得收受投标人、中介人、其他利害关系人的财物或者其他好处，不得向招标人征询其确定中标人的意向，不得接受任何单位或者个人明示或者暗示提出的倾向或者排斥特定投标人的要求，不得有其他不客观、不公正履行职务的行为。

第十四条 评标委员会成员和与评标活动有关的工作人员不得透露对投标文件的评审和比较、中标候选人的推荐情况以及与评标有关的其他情况。

前款所称与评标活动有关的工作人员，是指评标委员会成员以外的因参与评标监督工作或者事务性工作而知悉有关评标情况的所有人员。

第三章 评标的准备与初步评审

第十五条 评标委员会成员应当编制供评标使用的相应表格，认真研究招标文件，至少应了解和熟悉以下内容：

（一）招标的目标；

（二）招标项目的范围和性质；

（三）招标文件中规定的主要技术要求、标准和商务条款；

（四）招标文件规定的评标标准、评标方法和在评标过程中考虑的相关因素。

第十六条 招标人或者其委托的招标代理机构应当向评标委员会提供评标所需的重要信息和数据，但不得带有明示或者暗示倾向或者排斥特定投标人的信息。

招标人设有标底的，标底在开标前应当保密，并在评标时作为参考。

第十七条 评标委员会应当根据招标文件规定的评标标准和方法，对投标文件进行系统地评审和比较。招标文件中没有规定的标准和方法不得作为评标的依据。

招标文件中规定的评标标准和评标方法应当合理，不得含有倾向或者排斥潜在投标人的内容，不得妨碍或者限制投标人之间的竞争。

第十八条 评标委员会应当按照投标报价的高低或者招标文件规定的其他方法对投标文件排序。以多种货币报价的，应当按照中国银行在开标日公布的汇率中间价换算成人民币。

招标文件应当对汇率标准和汇率风险作出规定。未作规定的，汇率风险由投标人承担。

第十九条 评标委员会可以书面方式要求投标人对投标文件中含义不明确、对同类问题表述不一致或者有明显文字和计算错误的内容作必要的澄清、说明或者补正。澄清、说明或者补正应以书面方式进行并不得超出投标文件的范围或者改变投标文件的实质性内容。

投标文件中的大写金额和小写金额不一致的，以大写金额为准；总价金额与单价金额不一致的，以单价金额为准，但单价金额小数点有明显错误的除外；对不同文字文本投标文件的解释发生异议的，以中文文本为准。

第二十条 在评标过程中，评标委员会发现投标人以他人的名义投标、串通投标、以行贿手段谋取中标或者以其他弄虚作假方式投标的，应当否决该投标人的投标。

第二十一条 在评标过程中，评标委员会发现投标人的报价明显低于其他投标报价或者在设有标底时明显低于标底，使得其投标报价可能低于其个别成本的，应当要求该投标人作出书面说明并提供相关证明材料。投标人不能合理说明或者不能提供相关证明材料的，由评标委员会认定该投标人以低于成本报价竞标，应当否决其投标。

第二十二条 投标人资格条件不符合国家有关规定和招标文件要求的，或者拒不按照要求对投标文件进行澄清、说明或者补正的，评标委员会可以否决其投标。

第二十三条 评标委员会应当审查每一投标文件是否对招标文件提出的所有实质性要求和条件作出响应。未能在实质上响应的投标，应当予以否决。

第二十四条 评标委员会应当根据招标文件，审查并逐项列出投标文件的全部投标偏差。

投标偏差分为重大偏差和细微偏差。

第二十五条 下列情况属于重大偏差：

（一）没有按照招标文件要求提供投标担保或者所提供的投标担保有瑕疵；

（二）投标文件没有投标人授权代表签字和加盖公章；

（三）投标文件载明的招标项目完成期限超过招标文件规定的期限；

（四）明显不符合技术规格、技术标准的要求；

（五）投标文件载明的货物包装方式、检验标准和方法等不符合招标文件的要求；

（六）投标文件附有招标人不能接受的条件；

（七）不符合招标文件中规定的其他实质性要求。

投标文件有上述情形之一的，为未能对招标文件作出实质性响应，并按本规定第二十三条规定作否决投标处理。招标文件对重大偏差另有规定的，从其规定。

第二十六条 细微偏差是指投标文件在实质上响应招标文件要求，但在个别地方存在漏项或者提供了不完整的技术信息和数据等情况，并且补正这些遗漏或者不完整不会对其他投标人造成不公平的结果。细微偏差不影响投标文件的有效性。

评标委员会应当书面要求存在细微偏差的投标人在评标结束前予以补正。拒不补正的，在详细评审时可以对细微偏差作不利于该投标人的量化，量化标准应当在招标文件中规定。

第二十七条 评标委员会根据本规定第二十条、第二十一条、第二十二条、第二十三条、第二十五条的规定否决不合格投标后，因有效投标不足三个使得投标明显缺乏竞争的，评标委员会可以否决全部投标。

投标人少于三个或者所有投标被否决的，招标人在分析招标失败的原因并采取相应措施后，应当依法重新招标。

第四章 详细评审

第二十八条 经初步评审合格的投标文件，评标委员会应当根据招标文件确定的评标标准和方法，对其技术部分和商务部分作进一步评审、比较。

第二十九条 评标方法包括经评审的最低投标价法、综合评估法或者法律、行政法规允许的其他评标方法。

第三十条 经评审的最低投标价法一般适用于具有通用技术、性能标准或者招标人对其技术、性能没有特殊要求的招标项目。

第三十一条 根据经评审的最低投标价法，能够满足招标文件的实质性要求，并且经评审的最低投标价的投标，应当推荐为中标候选人。

第三十二条 采用经评审的最低投标价法的，评标委员会应当根据招标文件中规定的评标价格调整方法，以所有投标人的投标报价以及投标文件的商务部分作必要的价格调整。

采用经评审的最低投标价法的，中标人的投标应当符合招标文件规定的技术要求和标准，但评标委员会无需对投标文件的技术部分进行价格折算。

第三十三条 根据经评审的最低投标价法完成详细评审后，评标委员会应当拟定一份“标价比较表”，连同书面评标报告提交招标人。“标价比较表”应当载明投标人的投标报价、对商务偏差的价格调整和说明以及经评审的最终投标价。

第三十四条 不宜采用经评审的最低投标价法的招标项目，一般应当采取综合评估法进行评审。

第三十五条 根据综合评估法，最大限度地满足招标文件中规定的各项综合评价标准的投标，应当推荐为中标候选人。

衡量投标文件是否最大限度地满足招标文件中规定的各项评价标准，可以采取折算为货币的方法、打分的方法或者其他方法。需量化的因素及其权重应当在招标文件中明确规定。

第三十六条 评标委员会对各个评审因素进行量化时，应当将量化指标建立在同一基础或者同一标准上，使各投标文件具有可比性。

对技术部分和商务部分进行量化后，评标委员会应当对这两部分的量化结果进行加权，计算出每一投标的综合评估价或者综合评估分。

第三十七条 根据综合评估法完成评标后，评标委员会应当拟定一份“综合评估比较表”，连同书面评标报告提交招标人。“综合评估比较表”应当载明投标人的投标报价、所作的任何修正、对商务偏差的调整、对技术偏差的调整、对各评审因素的评估以及对每一投标的最终评审结果。

第三十八条 根据招标文件的规定，允许投标人投备选标的，评标委员会可以对中标人所投的备选标进行评审，以决定是否采纳备选标。不符合中标条件的投标人的备选标不予考虑。

第三十九条 对于划分有多个单项合同的招标项目，招标文件允许投标人为获得整个项目合同而提出优惠的，评标委员会可以对投标人提出的优惠进行审查，以决定是否将招标项目作为一个整体合同授予中标人。将招标项目作为一个整体合同授予的，整体合同中标人的投标应当最有利于招标人。

第四十条 评标和定标应当在投标有效期内完成。不能在投标有效期结束日30个工作日前完成评标和定标的，招标人应当通知所有投标人延长投标有效期。拒绝延长投标有效期的投标人有权收回投标保证金。同意延长投标有效期的投标人应当相应延长其投标担保的有效期，但不得修改投标文件的实质性内容。因延长投标有效期造成投标人损失的，招标人应当给予补偿，但因不可抗力需延长投标有效期的除外。

招标文件应当载明投标有效期。投标有效期从提交投标文件截止日起计算。

第五章 推荐中标候选人与定标

第四十一条 评标委员会在评标过程中发现的问题，应当及时作出处理或者向招标人提出处理建议，并作书面记录。

第四十二条 评标委员会完成评标后，应当向招标人提出书面评标报告，并抄送有关行政监督部门。评标报告应当如实记载以下内容：

（一）基本情况和数据表；

（二）评标委员会成员名单；

（三）开标记录；

（四）符合要求的投标一览表；

（五）否决投标的情况说明；

（六）评标标准、评标方法或者评标因素一览表；

（七）经评审的价格或者评分比较一览表；

（八）经评审的投标人排序；

（九）推荐的中标候选人名单与签订合同前要处理的事宜；

（十）澄清、说明、补正事项纪要。

第四十三条 评标报告由评标委员会全体成员签字。对评标结论持有异议的评标委员会成员可以书面方式阐述其不同意见和理由。评标委员会成员拒绝在评标报告上签字且不陈述其不同意见和理由的，视为同意评标结论。评标委员会应当对此作出书面说明并记录在案。

第四十四条 向招标人提交书面评标报告后，评标委员会应将评标过程中使用的文件、表格以及其他资料应当即时归还招标人。

第四十五条 评标委员会推荐的中标候选人应当限定在一至三人，并标明排列顺序。

第四十六条 中标人的投标应当符合下列条件之一：

（一）能够最大限度满足招标文件中规定的各项综合评价标准；

（二）能够满足招标文件的实质性要求，并且经评审的投标价格最低；但是投标价格低于成本的除外。

第四十七条 招标人不得与投标人就投标价格、投标方案等实质性内容进行谈判。

第四十八条 国有资金占控股或者主导地位的项目，招标人应当确定排名第一的中标候选人为中标人。排名第一的中标候选人放弃中标、因不可抗力提出不能履行合同，或者招标文件规定应当提交履约保证金而在规定的期限内未能提交，或者被查实存在影响中标结果的违法行为等情形，不符合中标条件的，招标人可以按照评标委员会提出的中标候选人名单排序依次确定其他中标候选人为中标人。依次确定其他中标候选人与招标人预期差距较大，或者对招标人明显不利的，招标人可以重新招标。

招标人可以授权评标委员会直接确定中标人。

国务院对中标人的确定另有规定的，从其规定。

第四十九条 中标人确定后，招标人应当向中标人发出中标通知书，同时通知未中标人，并与中标人在投标有效期内以及中标通知书发出之日起 30 日之内签订合同。

第五十条 中标通知书对招标人和中标人具有法律约束力。中标通知书发出后，招标人改变中标结果或者中标人放弃中标的，应当承担法律责任。

第五十一条 招标人应当与中标人按照招标文件和中标人的投标文件订立书面合同。招标人与中标人不得再行订立背离合同实质性内容的其他协议。

第五十二条 招标人与中标人签订合同后 5 日内，应当向中标人和未中标的投标人退还投标保证金。

第六章 罚 则

第五十三条 评标委员会成员有下列行为之一的，由有关行政监督部门责令改正；情节严重的，禁止其在一定期限内参加依法必须进行招标的项目的评标；情节特别严重的，取消其担任评标委员会成员的资格：(一)应当回避而不回避；(二)擅离职守；(三)不按照招标文件规定的评标标准和方法评标；(四)私下接触投标人；(五)向招标人征询确定中标人的意向或者接受任何单位或者个人明示或者暗示提出的倾向或者排斥特定投标人的要求；(六)对依法应当否决的投标不提出否决意见；(七)暗示或者诱导投标人作出澄清、说明或者接受投标人主动提出的澄清、说明；(八)其他不客观、不公正履行职务的行为。

第五十四条 评标委员会成员收受投标人的财物或者其他好处的，评标委员会成员或者与评标活动有关的工作人员向他人透露对投标文件的评审和比较、中标候选人的推荐以及与评标有关的其他情况的，给予警告，没收收受的财物，可以并处三千元以上五万元以下的罚款；对有所列违法行为的评标委员会成员取消担任评标委员会成员的资格，不得再参加任何依法必须进行招标项目的评标；构成犯罪的，依法追究刑事责任。

第五十五条 招标人有下列情形之一的，责令改正，可以处中标项目金额千分之十以下的罚款；给他人造成损失的，依法承担赔偿责任；对单位直接负责的主管人员和其他直接责任人员依法给予处分：(一)无正当理由不发出中标通知书；(二)不按照规定确定中标人；(三)中标通知书发出后无正当理由改变中标结果；(四)无正当理由不与中标人订立合同；(五)在订立合同时向中标人提出附加条件。

第五十六条 招标人与中标人不按照招标文件和中标人的投标文件订立合同的，合同的主要条款与招标文件、中标人的投标文件的内容不一致，或者招标人、中标人订立背离合同实质性内容的协议的，由有关行政监督部门责令改正，可以处中标项目金额千分之五以上千分之十以下的罚款。

第五十七条 中标人无正当理由不与招标人订立合同，在签订合同时向招标人提出附加条件，或者不按照招标文件要求提交履约保证金的，取消其中标资格，投标保证金不予退还。对依法必须进行招标的项目的中标人，由有关行政监督部门责令改正，可以处中标项目金额10‰以下的罚款。

第七章 附 则

第五十八条 依法必须招标项目以外的评标活动，参照本规定执行。

第五十九条 使用国际组织或者外国政府贷款、援助资金的招标项目的评标活动，贷款方、资金提供方对评标委员会与评标方法另有规定的，适用其规定，但违背中华人民共和国的社会公共利益的除外。

第六十条 本规定颁布前有关评标机构和评标方法的规定与本规定不一致的，以本规定为准。法律或者行政法规另有规定的，从其规定。

第六十一条 本规定由国家发展改革委会同有关部门负责解释。

第六十二条 本规定自发布之日起施行。

住房和城乡建设部关于印发《注册建造师执业工程规模标准(试行)》的通知

(建市〔2007〕171号)

各省、自治区建设厅，直辖市建委，江苏、山东省建管局，国务院有关部门建设司，新疆生产建设兵团建设局，总后基建营房部，国资委管理的有关企业：

根据《注册建造师管理规定》(建设部令第153号)，我们制定了《注册建造师执业工程规模标准》(试行)，现印发给你们，请遵照执行。

附件：《注册建造师执业工程规模标准》(试行)

附件：

注册建造师执业工程规模标准(房屋建筑工程)

<table>
<tr><th rowspan="2">序号</th><th rowspan="2">工程类别</th><th rowspan="2">项目名称</th><th rowspan="2">单位</th><th colspan="3">规 模</th><th rowspan="2">备 注</th></tr>
<tr><th>大型</th><th>中型</th><th>小型</th></tr>
<tr><td rowspan="6">1</td><td rowspan="6">一般房屋建筑工程</td><td rowspan="4">工业、民用与公共建筑工程</td><td>层</td><td>≥25</td><td>5~25</td><td><5</td><td>建筑物层数</td></tr>
<tr><td>米</td><td>≥100</td><td>15~100</td><td><15</td><td>建筑物高度</td></tr>
<tr><td>米</td><td>≥30</td><td>15~30</td><td><15</td><td>单跨跨度</td></tr>
<tr><td>平方米</td><td>≥30000</td><td>3000~30000</td><td><3000</td><td>单体建筑面积</td></tr>
<tr><td>住宅小区或建筑群体工程</td><td>平方米</td><td>≥100000</td><td>3000~100000</td><td><3000</td><td>建筑群建筑面积</td></tr>
<tr><td>其他一般房屋建筑工程</td><td>万元</td><td>≥3000</td><td>300~3000</td><td><300</td><td>单项工程合同额</td></tr>
<tr><td rowspan="3">2</td><td rowspan="3">高耸构筑物工程</td><td>冷却塔及附属工程</td><td>平方米</td><td>>3500</td><td>2000~3500</td><td><2000</td><td>淋水面积</td></tr>
<tr><td>高耸构筑物工程</td><td>米</td><td>≥120</td><td>25~120</td><td><25</td><td>构筑物高度</td></tr>
<tr><td>其他高耸构筑物工程</td><td>万元</td><td>≥3000</td><td>300~3000</td><td><300</td><td>单项工程合同额</td></tr>
<tr><td rowspan="5">3</td><td rowspan="5">地基与基础工程</td><td>房屋建筑地基与基础工程</td><td>层</td><td>≥25</td><td>5~25</td><td><5</td><td>建筑物层数</td></tr>
<tr><td>构筑物地基与基础工程</td><td>米</td><td>≥100</td><td>25~100</td><td><25</td><td>构筑物高度</td></tr>
<tr><td>基坑围护工程</td><td>米</td><td>≥8</td><td>3~8</td><td><3</td><td>基坑深度</td></tr>
<tr><td>软弱地基处理工程</td><td>米</td><td>≥13</td><td>4~13</td><td><4</td><td>地基处理深度</td></tr>
<tr><td>其他地基与基础工程</td><td>万元</td><td>≥1000</td><td>100~1000</td><td><100</td><td>单项工程合同额</td></tr>
</table>

续表

序号	工程类别	项目名称	单位	规模			备注
				大型	中型	小型	
4	土石方工程	挖方或填方工程	万立方米	≥60	15~60	<15	土石方量
		其他挖方或填方工程	万元	≥3000	300~3000	<300	单项工程合同额
5	园林古建筑工程	仿古建筑工程、园林建筑工程	平方米	≥800	200~800	<200	单体建筑面积
		国家级重点文物保护单位的古建筑修缮工程	平方米	≥200	<200	无	修缮建筑面积
		省级重点文物保护单位的古建筑修缮工程	平方米	≥300	100~300	<100	修缮建筑面积
		其他园林古建筑工程	万元	≥1000	200~1000	<200	单项工程合同额
6	钢结构工程	钢结构建筑物或构筑物工程（包括轻钢结构工程）	米	≥30	10~30	<10	钢结构跨度
			吨	≥1000	100~1000	<100	总重量
			平方米	≥20000	3000~20000	<3000	单体建筑面积
		网架结构的制作安装工程	米	≥70	10~70	<10	网架工程边长
			吨	≥300	50~300	<50	总重量
			平方米	≥6000	200~6000	<200	单体建筑面积
		其他钢结构工程	万元	≥3000	300~3000	<300	单项工程合同额
7	建筑防水工程	各类房屋建筑防水工程	万元	≥200	50~200	<50	单项工程合同额
8	防腐保温工程	各类防腐保温工程	万元	≥200	50~200	<50	单项工程合同额
9	附着升降脚手架	各类附着升降脚手架设计、制作、安装工程	米	≥80	15~80	<15	高度
10	金属门窗工程	铝合金、塑钢等金属门窗工程	层	≥25	5~25	<5	建筑物层数
			米	≥80	15~80	<15	建筑物高度
			平方米	≥8000	1000~8000	<1000	单体建筑面积
			万元	≥500	100~500	<100	单项工程合同额
11	预应力工程	各类房屋建筑预应力工程	米	≥30	10~30	<10	跨度
			万元	≥800	100~800	<100	单项工程合同额
12	爆破与拆除工程	大爆破工程	级	≥C	D~C	<D	爆破等级
		复杂环境深孔爆破、拆除爆破及城市控制爆破及其他爆破与拆除工程	级	≥B	D~B	<D	爆破等级
		机械和人工拆除工程	万元	≥500	200~500	<200	单项工程合同额

续表

序号	工程类别	项目名称	单位	规模			备注
				大型	中型	小型	
13	体育场地设施工程	高尔夫球场、室内外迷你高尔夫球场和练习场工程	公顷	≥55	25~55	<25	单项工程占地面积
			万元	≥3200	300~3200	<300	单项工程合同额
			洞	≥18	9~18	<9	洞数
		体育场田径场地设施工程	万人	≥2	0.5~2	<0.5	容纳人数
			万元	≥1000	300~1000	<300	单项工程合同额
		体育馆(包括游泳馆、冬季项目馆)设施工程	人	≥5000	300~5000	<300	容纳人数
		合成面层网球、篮球、排球场地设施工程	平方米	≥7000	2000~7000	<2000	建筑面积
		其他体育场地设施工程	万元	≥800	150~800	<150	单项工程合同额
14	特种专业工程	建筑物纠偏和平移等工程	万元	≥500	100~500	<100	单项工程合同额
		结构补强、特殊设备的起重吊装、特种防雷技术等工程	万元	≥200	50~200	<50	单项工程合同额

注：1. 大中型工程项目负责人必须由本专业注册建造师担任；

2. 一级注册建造师可担任大中小型工程项目负责人，二级注册建造师可担任中小型工程项目负责人。

住房和城乡建设部一级建造师注册实施办法

（建市〔2007〕101号）

一、注册管理体制

第一条 为规范一级建造师注册管理工作，依据《行政许可法》《注册建造师管理规定》（建设部令第153号）和相关法律法规，制定本实施办法。

第二条 中华人民共和国境内一级建造师注册管理适用本实施办法。

第三条 国务院建设主管部门（以下称建设部）为一级建造师注册机关，负责一级建造师注册审批工作。

省、自治区、直辖市人民政府建设主管部门（以下简称省级建设主管部门），负责本行政区域内一级建造师注册申请受理、初审工作。

国务院铁路、交通、水利、信息产业、民航部门负责全国铁路、公路、港口与航道、水利水电、通信与广电、民航专业一级建造师注册审核工作。

二、注册申报程序

第四条 申请人申请注册前，应当受聘于一个具有建设工程施工或勘察、设计、监理、招标代理、造价咨询资质的企业，与聘用企业依法签订聘用劳动合同。申请人向聘用企业如实提供有关申请材料并对内容真实性负责，通过聘用企业向企业工商注册所在地省级建设主管部门提出注册申请。

第五条 注册申请实行网上和书面相结合的申报方式。申请人应当在中国建造师网（网址：www.coc.gov.cn）上进行填报，网上申报成功后自动生成打印所需申请表。

第六条 注册申请包括初始注册、延续注册、变更注册、增项注册、注销注册和重新注册。注册建造师因遗失或污损注册证书、执业印章的，可申请补办或更换。

第七条 初始注册

申请人自资格证书签发之日起3年内可申请初始注册。逾期未申请者应当提供相应专业继续教育证明，其学习内容应当符合建设部关于注册建造师继续教育的规定。

申请初始注册的，申请人应当提交下列材料：

（一）《一级建造师初始注册申请表》（附表1-1）；

（二）资格证书、学历证书和身份证明复印件；

（三）申请人与聘用企业签订的聘用劳动合同复印件或申请人所在企业出具的劳动、人事、工资关系证明；

（四）逾期申请初始注册的，应当提供达到继续教育要求证明材料复印件。

申报材料由申请表和（二）（三）（四）部分合订后的材料附件组成。

聘用企业将《企业一级建造师初始注册申请汇总表》（附表1-2）和申请人的申请表、材料附件报省级建设主管部门。其中，申请建筑、市政、矿业、机电专业注册的，应当提交申请表一式二份和材料附件一式一份；申请铁路、公路、港口与航道、水利水电、通信与广电、民航专业注册的，应当提交申请表一式三份和材料附件一式二份；申请铁路、公路、港口与航道、水利水电、通信与广电、民航专业增项注册的，每增加一个专业应当增加申请表一式一份和材料附件一式一份。

省级建设主管部门将《省级建设主管部门一级建造师初始注册初审意见表》（附表1-3）、《省级建设主管部门一级建造师初始注册初审汇总表（企业申请人）》（附表1-4）、《省级建设主管部门一级建造师初始注册初审汇总表（专业）》（附表1-5）和申请人的申请表、材料附件报建设部。其中，申请建筑、市政、矿业、机电专业注册的，应当提交申请表一式一份；申请铁路、公路、港口与航道、水利水电、通信与广电、民航专业注册的，应当提交申请表一式二份和材料附件一式一份；申请铁路、公路、港口与航道、水利水电、通信与广电、民航专业增项注册的，每增加一个专业应当增加申请表一式一份和材料附件一式一份。材料报送按《省级建设主管部门一级建造师注册申请材料报送目录》（附表1-6）要求办理。

涉及铁路、公路、港口与航道、水利水电、通信与广电、民航专业申请注册的，建设部将申请人的申请表一式一份和材料附件一式一份送国务院有关专业部门。

国务院有关专业部门对申请人的申报材料进行审核，并填写《国务院有关部门一级建造师初始注册审核意见表》（附表1-7），连同按企业申请人汇总后生成的《国务院有关部门一级建造师初始注册审核汇总表》（附表1-8）移送建设部。

第八条 延续注册

注册有效期满需继续执业的，应当在注册有效期届满 30 日前，按照《注册建造师管理规定》第七条、第八条的规定申请延续注册。延续注册的有效期为 3 年。

申请延续注册的，申请人应当提交下列材料：

（一）《一级注册建造师延续注册申请表》（附表 2-1）；

（二）原注册证书；

（三）申请人与聘用企业签订的聘用劳动合同或申请人聘用企业出具的劳动、人事、工资关系证明；

（四）申请人注册有效期内达到继续教育要求证明材料复印件。

申报程序和材料份数按初始注册要求办理。

第九条 变更注册

在注册有效期内，发生下列情形的，应当及时申请变更注册。变更注册后，有效期执行原注册证书的有效期。

1. 执业企业变更的；
2. 所在聘用企业名称变更的；
3. 注册建造师姓名变更的。

申请变更注册的，申请人应当提交下列材料：

（一）《一级注册建造师变更注册申请表》（附表 3-1）；

（二）注册证书原件和执业印章；

（三）执业企业变更的，应当提供申请人与新聘用企业签订的聘用劳动合同，或申请人聘用企业出具的劳动、人事、工资关系证明，以及工作调动证明复印件（与原聘用企业解除聘用合同或聘用合同到期的证明文件、退休人员的退休证明）；

（四）申请人所在聘用企业名称发生变更的，应当提供变更后的《企业法人营业执照》复印件和企业所在地工商行政主管部门出具的企业名称变更函复印件；

（五）注册建造师姓名变更的，应当提供变更后的身份证明原件或公安机关户籍管理部门出具的有效证明。

第十条 增项注册

注册建造师取得相应专业资格证书可申请增项注册。取得增项专业资格证书超过 3 年未注册的，应当提供该专业最近一个注册有效期继续教育学习证明。准予增项注册后，原专业注册有效截止日期保持不变。

申请增项注册的，申请人应当提交下列材料：

(一)《一级注册建造师增项注册申请表》(附表 4-1)；

(二) 增项专业资格考试合格证明复印件；

(三) 注册证书原件和执业印章；

(四) 增项专业达到继续教育要求证明材料复印件。

申报程序和材料份数按初始注册要求办理。

第十一条 注销注册

注册建造师有《注册建造师管理规定》第十七条所列情形之一的，由省级建设主管部门办理注销手续。

申请人或其聘用的企业，应当提供下列材料：

(一)《一级注册建造师注销注册申请表》(附表 5-1)；

(二) 注册证书原件和执业印章；

(三) 符合《注册建造师管理规定》第十七条所列情形之一的证明复印件。

注册建造师本人和聘用企业应当及时向省级建设主管部门提出注销注册申请；有关单位和个人有权向注册机关举报；县级以上地方人民政府建设主管部门或者有关部门应当及时告知注册机关。

第十二条 重新注册

建造师注销注册或者不予注册的，在重新具备注册条件后，可申请重新注册，重新注册按初始注册要求办理。

申请重新注册的，申请人应当提交下列材料：

(一)《一级建造师重新注册申请表》(附表 6-1)；

(二) 资格证书、学历证书和身份证明复印件；

(三) 申请人与聘用企业签订的聘用劳动合同复印件或聘用企业出具的劳动、人事、工资关系证明；

(四) 达到继续教育要求证明材料复印件。

申报程序和材料份数按初始注册要求办理。

第十三条 注册证书、执业印章遗失补办

注册建造师因遗失注册证书、执业印章的，应当向省级建设主管部门申请补办，并提交下列材料：

(一)《一级注册建造师注册证书、执业印章遗失补办或污损更换申请表》(附表 7-1)；

（二）身份证明复印件；

（三）省级以上报纸刊登的遗失声明原件。

第十四条 注册证书、执业印章污损更换

注册证书、执业印章污损的，可向省级建设主管部门申请更换，并提交下列材料：

（一）《一级注册建造师注册证书、执业印章遗失补办或污损更换申请表》；

（二）身份证明复印件；

（三）污损的注册证书原件、执业印章。

第十五条 取得一级建造师资格证书的人员，可对应下述专业申请注册：建筑工程、公路工程、铁路工程、民航工程、港口与航道工程、水利水电工程、市政公用工程、通信与广电工程、矿业工程、机电工程。

资格证书所注专业为房屋建筑工程、装饰装修工程的，按建筑工程专业申请注册；资格证书所注专业为矿山工程的按矿业工程专业申请注册；资格证书所注专业为冶炼工程的，可选矿业工程或机电工程之中的一个专业申请注册；资格证书所注专业为电力工程、石油化工工程、机电安装工程的，按机电工程专业申请注册。

三、受理和初审

第十六条 省级建设主管部门应当参照《建设部机关实施行政许可工作规程》（建法〔2004〕111号）规定，进行一级建造师注册申请的受理、初审工作，注册申请受理和初审工作不得由同一人办理，确保程序合法，行为规范。

第十七条 省级建设主管部门按照初始注册、延续注册、变更注册、增项注册、重新注册、遗失补办、污损更换和注销注册有关规定，对注册申请人材料的完整性进行查验。申请材料存在可以当场更正错误的，应当允许申请人当场更正。

申请注册材料齐全、符合规定的法定形式，或者申请人按要求提交全部补正申请材料的，应当受理申请人的注册申请，并向申请人出具《行政许可受理通知书》。

申请材料不符合本规定或材料不齐全，应当当场或者在5日内向申请人出具《行政许可补正有关材料通知书》，一次性告知申请人需要补齐、补正的全部内容，并将申请材料退回申请人。逾期不告知的，自收到申请注册材料之日起即为受理。

申请人有下列情形之一的，不予受理或不予注册：

（一）不具有完全民事行为能力的；

（二）申请在两个或者两个以上企业注册的；

（三）未达到注册建造师继续教育要求的；

（四）受到刑事处罚，刑事处罚尚未执行完毕的；

（五）因执业活动受到刑事处罚，自刑事处罚执行完毕之日起至申请注册之日止不满5年的；

（六）因前项规定以外的原因受到刑事处罚，自处罚决定之日起至申请注册之日止不满3年的；

（七）被吊销注册证书，自处罚决定之日起至申请注册之日止不满2年的；

（八）在申请注册之日前3年内担任施工企业项目负责人期间，所负责项目发生过重大质量和安全事故的；

（九）申请人的聘用企业不符合注册企业要求的；

（十）年龄超过65周岁的；

（十一）法律、法规规定不予注册的其他情形。

第十八条 省级建设主管部门对申请人的申报材料进行初审，认真核对资格证书、学历证书、身份证明、继续教育证明和聘用合同原件与复印件是否一致，按规定填写初审意见。

第十九条 省级建设主管部门对申请初始注册、重新注册、增项注册，应当自受理申请之日起，20日内对申请人注册条件和申报材料进行审查，并作出书面初审意见；对申请延续注册的，应当自受理申请之日起，5日内对申请人注册条件和申报材料进行审查，并作出书面初审意见。初审意见为不同意的需说明理由。

第二十条 军队系统取得一级建造师资格证书人员申请注册，由总后基建营房部负责受理和初审，其材料报送程序和初审要求，比照省级建设主管部门职责范围执行。

四、审核与审批

第二十一条 对申请初始注册、重新注册、增项注册的，建设部收到初审意见后，20日内审批完毕并作出书面决定，审批结果向社会公告。建设部审批时不再组织专家复审，仅对申请人重复注册、举报情况进行核实。国务院铁路、交通、水利、信息产业、民航等专业部门，应当自收到全部注册申请材料之日起，在10日内审核完毕，作出书面审核意见汇总后移送建设部。建设部应将审核意见结果汇总后向社会公示10日，公示无异议的，准予注册。

第二十二条 对申请变更注册、注销注册，注册证书、执业印章遗失补办或污损更换的，建设部委托省级建设主管部门负责办理，5日内办结。

省级建设主管部门负责执业企业、企业名称和注册建造师姓名变更，审查合格的，在注册证书变更注册记录栏进行登记。跨省变更的，由注册建造师提出变更申请，通过原聘用企业报原省级建设主管部门同意后，由调入地省级建设主管部门审查办理。办结10日内将《省级建设主管部门一级注册建造师变更注册审批汇总表》(附表3-3)报建设部备案。

省级建设主管部门负责注销注册办理，销毁收回的注册证书、执业印章，办结10日内将《省级建设主管部门一级注册建造师注销注册汇总表》(附表5-2)报建设部备案，建设部在中国建造师网上公告注册证书和执业印章注销情况。

省级建设主管部门负责注册证书、执业印章遗失补办或污损更换，销毁更换收回的注册证书、执业印章，办结10日内将《省级建设主管部门一级注册建造师注册证书、执业印章补发或更换汇总表》(附表7-2)报建设部备案。建设部在中国建造师网上公告注册证书、执业印章补办或更换情况。

第二十三条 对申请延续注册的，建设部收到初审意见后，10日内审批完毕并作出书面决定，审批结果向社会公告。建设部审批时不再组织专家进行复审，仅对申请人重复注册、举报情况进行核实。国务院铁路、交通、水利、信息产业、民航等专业部门应自收到全部注册申报材料之日起，5日内审核完毕，作出书面审核意见汇总后移送建设部。建设部将审核结果汇总后向社会公示10日，公示无异议的，准予注册。审批日期为注册证书签发日期，注册证书自签发之日起有效期3年，执业印章与注册证书有效期相同。

第二十四条 建设部自公告发布之日起10日内，向准予注册的申请人核发《中华人民共和国一级建造师注册证书》，省级建设主管部门负责在注册证书照片上加盖骑缝钢印；经审批同意延续注册、增项注册、注销注册的，省级建设主管部门在注册证书内页加贴建设部统一印制的防伪贴，并加盖骑缝印章。

经审批同意初始注册、延续注册、增项注册、重新注册的，省级建设主管部门负责注册证书、执业印章统一编号后发放，办结10日内将《省级建设主管部门发放一级建造师注册证书、执业印章汇总表》(附表1-9)报建设部备案。

五、注册证书和执业印章

第二十五条　注册证书

注册证书采用墨绿纸制材料，形状为长方形，长 124mm，宽 87mm，由建设部统一印制。

（一）注册证书采用两种编号体系。注册编号由一个汉字和 12 位阿拉伯数字组成，证书编号为全国注册证书印制流水号；

（二）注册编号规则适用于一级注册建造师和二级注册建造师的注册编号。注册编号的汉字和各组数字的含义为：

1. 编号首位汉字表示现注册省份简称，如：北京为"京"。总后基建营房部简称"军"；

2. 第 2 位表示注册建造师级别，一级为 1，二级为 2；

3. 第 3、4 位表示初始注册时受聘企业所在地省级行政区划代码，如北京为"11"、湖北为"42"等。总后基建营房部代码为"99"；

4. 第 5、6 位表示取得资格证书年份，如 2005 年取得资格证书的，表示为"05"；

5. 第 7、8 位表示初始注册年份，如 2007 年初始注册的，表示为"07"；

6. 第 9~13 位表示初始注册时，申请人在注册申请地省级注册流水号，如第 1 个表示为"00001"。

例如：京 111050700001，表示该注册建造师的现注册地是北京，级别是一级，首次注册地是北京，资格证书为 2005 年取得，首次注册年份为 2007 年，首次注册时流水号是 00001。

（三）注册编号首位汉字代表当期注册地，其他数字编号一经注册不得改变。延续注册、变更注册和重新注册的，编号首位汉字随注册省份改变而改变，数字编号仍沿用初始注册时编号。

（四）注册证书的注册编号与执业印章的注册编号相同。

第二十六条　执业印章

（一）执业印章式样

执业印章式样如下图（图略）：

1. 印章形式为同心双椭圆。规格分别为：外圆长轴 50mm、短轴 36mm，内圆长轴 36mm、短轴 22mm，印模颜色为深蓝色。

2. 执业印章按样章的规格、形式制作，并依次标示：

（1）“中华人民共和国一级注册建造师执业印章”，宋体、字高 4mm；

（2）印章持有人姓名，中隶书、字高 4mm；

（3）注册编号与印章校验码，宋体、字高 3.5mm；

（4）注册专业，宋体、字高 3mm；

（5）执业印章有效期截止日期，宋体、字高 2.5mm；

（6）聘用企业名称，宋体、字高 4mm。

3.“京 111050700001(02)”中，“京 111050700001”为注册编号，02 为印章校验码。

4. 样章中“2010.09.07”表示印章有效截止日期是 2010 年 9 月 7 日。

（二）执业印章校验码

印章校验码由 2 位阿拉伯数字组成，表示印章遗失作废后补办印章的累计次数。初始注册时校验码为 00，第 1 次补办为 01，最多次数为 99。

（三）注册专业简称

建筑工程专业简称“建筑”，公路工程专业简称“公路”，铁路工程专业简称“铁路”，民航工程专业简称“民航”，港口与航道工程专业简称“港航”，水利水电工程专业简称“水利”，市政公用工程专业简称“市政”，通信广电工程专业简称“通信”，矿业工程专业简称“矿业”，机电工程专业简称“机电”。各专业简称之间由一个空格“”连接，表示有多个注册专业，如“建筑公路”表示建筑工程专业、公路工程专业。

（四）无论申请人注册一个专业还是多个专业，只能核发一本注册证书和一枚执业印章。

（五）注册多个专业，由于专业增项注册、延续注册、注销注册导致专业之间注册有效截止日期不同的，执业印章有效截止日期为注册有效期最早截止专业的日期。

六、其他

第二十七条　一级建造师注册后，在领取注册证书和执业印章时，应当同时向申请地省级建设主管部门交回原建筑业企业一级项目经理资质证书，省级建设主管部门负责证书销毁并报建设部备案。

第二十八条　建设部不收取一级建造师注册费和注册证书费。省级建设主管部门在注册工作中发生的相关费用，请商同级有关主管部门解决。印章制作费标准请省级建设主管部门报省级物价管理部门核定。

第二十九条 二级建造师注册管理

二级建造师申请注册，由省级建设主管部门负责受理和审批，具体审批程序由省级人民政府建设主管部门参照本实施办法制定。对批准注册的，核发由建设部统一样式的《中华人民共和国二级建造师注册证书》和执业印章，并在核发证书后30日内报建设部备案。

第三十条 本实施办法由建设部负责解释。

第三十一条 本办法自公布之日起执行。

附表略

住房和城乡建设部关于加强房屋建筑和市政基础设施工程项目施工招标投标行政监督工作的若干意见

（建市〔2005〕208号）

各省、自治区建设厅，直辖市建委，江苏省、山东省建管局，新疆生产建设兵团建设局，解放军总后营房部工程管理局，计划单列市建委：

近年来，各地建设行政主管部门以建立统一、开放、竞争、有序的建筑市场为目标，不断深化招标投标体制改革，完善招标投标法律法规，依法履行行政监督职能，健全建设工程交易中心的服务功能，使招标投标工作和建设工程交易中心建设取得了新的进展。为进一步规范房屋建筑和市政基础设施工程项目（以下简称工程项目）的施工招标投标活动，维护市场秩序，保证工程质量，根据《国务院办公厅关于进一步规范招投标活动的若干意见》（国办发〔2004〕56号）精神，现就加强招标投标行政监督的有关工作提出如下意见。

一、明确招标人自行办理招标事宜的条件和监督程序

依法必须进行招标的工程项目，招标人自行办理施工招标事宜的，应当在发布招标公告或者发出投标邀请书的5日前，向建设行政主管部门备案，以证明其具备以下编制招标文件和组织评标的能力：具有项目法人资格或者法人资格；有从事同类工程招标的经验；有与招标项目规模和复杂程度相适应的工程技术、概预算、财务和工程管理等方面的专业技术力量，即招标人应当具有3名以上本单位的中级以上职称的工程技术经济人员，并熟悉和掌握招标投标有关法规，并且至少包括1名在本单位注册的造价工程师。

建设行政主管部门在收到招标人自行办理招标事宜的备案材料后，应当对照标准及时进行核查，发现招标人不具备自行办理招标事宜的条件或者在备案材料中弄虚作假的，应当依法责令其改正，并且要求其委托具有相应资格的工程建设项目招标代理机构（以下简称招标代理机构）代理招标。

二、完善资格审查制度

资格审查分为资格预审和资格后审，一般使用合格制的资格审查方式。

在工程项目的施工招标中，除技术特别复杂或者具有特殊专业技术要求的以外，提倡实行资格后审。实行资格预审的，提倡招标人邀请所有资格预审合格的潜在投标人(以下简称合格申请人)参加投标。

依法必须公开招标的工程项目的施工招标实行资格预审，并且采用经评审的最低投标价法评标的，招标人必须邀请所有合格申请人参加投标，不得对投标人的数量进行限制。

依法必须公开招标的工程项目的施工招标实行资格预审，并且采用综合评估法评标的，当合格申请人数量过多时，一般采用随机抽签的方法，特殊情况也可以采用评分排名的方法选择规定数量的合格申请人参加投标。其中，工程投资额1000万元以上的工程项目，邀请的合格申请人应当不少于9个；工程投资额1000万元以下的工程项目，邀请的合格申请人应当不少于7个。

实行资格后审的，招标文件应当设置专门的章节，明确合格投标人的条件、资格后审的评审标准和评审方法。

实行资格预审的，资格预审文件应当明确合格申请人的条件、资格预审的评审标准和评审方法、合格申请人过多时将采用的选择方法和拟邀请参加投标的合格申请人数量等内容。资格预审文件一经发出，不得擅自更改。确需更改的，应当将更改的内容通知所有已经获取资格预审文件的潜在投标人。

对潜在投标人或者投标人的资格审查必须充分体现公开、公平、公正的原则，不得提出高于招标工程实际情况所需要的资质等级要求。资格审查中还应当注重对拟选派的项目经理(建造师)的劳动合同关系、参加社会保险、正在施工和正在承接的工程项目等方面情况的审查。要严格执行项目经理管理规定的要求，一个项目经理(建造师)只宜担任一个施工项目的管理工作，当其负责管理的施工项目临近竣工，并已经向发包人提出竣工验收申请后，方可参加其他工程项目的投标。

三、深化对评标专家和评标活动的管理

各地要不断深化对已经建立的评标专家名册的管理，建立对评标专家的培训教育、定期考核和准入、清出制度。要强化对评标专家的职业道德教育和纪律约束，有组织、有计划地组织培训学习和交流研讨，提高评标专家的综合素质。对不能胜任评标工作或者有不良行为记录的评标专家，应当暂停或者取消其评标专家资格。

工程项目的评标专家应当从建设部或者省、自治区、直辖市建设行政主管部门组建的专家名册内抽取，抽取工作应当在建设工程交易中心内进行，并采取必要的保密措施，参与抽取的所有人员应当在抽取清单上签字。评标委员会中招标人的代表应当具备评标专家的相应条件。

评标工作应当在建设工程交易中心进行，有条件的地方应当建立评标监控系统。评标时间在1天以上的，应当采取必要的隔离措施，隔断评委与外界，尤其是与投标人的联系。提倡采用电子招标、电子投标和计算机辅助评标等现代化的手段，提高招标投标的效率和评标结果的准确性、公正性。

四、积极推行工程量清单计价方式招标

各地要进一步在国有资金投资的工程项目中推行《建设工程工程量清单计价规范》(以下简称《计价规范》)。工程量清单作为招标文件的重要组成部分，应当本着严格、准确的原则，依据《计价规范》的规定进行编制。

提倡在工程项目的施工招标中设立对投标报价的最高限价，以预防和遏制串通投标和哄抬标价的行为。招标人设定最高限价的，应当在投标截止日3天前公布。

五、探索实行科学、公正、合理的评标方法

各地要深化对经评审的最低投标价法、综合评估法等评标方法的研究，制定更加明确的标准，尤其要突出《计价规范》所要求的技术与经济密切结合的特点。

对于具有通用技术和性能标准的一般工程，当采用经评审的不低于成本的最低投标价法时，提倡对技术部分采用合格制评审的方法。对可能低于成本的投标，评标委员会不仅要审查投标报价是否存在漏项或者缺项，是否符合招标文件规定的要求，还应当从技术和经济相结合的角度，对工程内容是否完整，施工方法是否正确，施工组织和技术措施是否合理、可行，单价和费用的组成、工料机消耗及费用、利润的确定是否合理，主要材料的规格、型号、价格是否合理，有无具有说服力的证明材料等方面进行重点评审。在充分发挥招标投标机制实现社会资源合理分配的同时，要防止恶意的、不理性的“低价抢标”行为，维护正当的竞争秩序。

在推行经评审的最低投标价法的同时，除了要完善与评标程序、评标标准有关的规定外，还应当积极推行工程担保制度的实施，按市场规律建立风险防范机制。国有资金投资的工程项目实行担保的，应当由金融机构或者具有风险防范能力的专业担保机构实施担保。对于以价格低为理由，在合同履行中偷工减料、减少必要的安全施工措施和设施、拖延工期、拖欠农民工工资、降低工程质量标准等行为，要予以公开曝光，依法处理，并记入信用档案。

对于技术复杂的工程项目，可以采用综合评估的方法，但不能任意提高技术部分的评分比重，一般技术部分的分值权重不得高于40%，商务部分的分值权重不得少于60%。

所有的评标标准和方法必须在招标文件中详细载明，招标文件未载明评标的具体标准和方法的，或者评标委员会使用与招标文件规定不一致的评标标准和方法的，评标结果无效，应当依法重新评标或者重新招标。招标文件应当将投标文件存在重大偏差和应当废除投标的情形集中在一起进行表述，并要求表达清晰、含义明确。严禁针对某一投标人的特点，采取“量体裁衣”等手法确定评标的标准和方法，对这类行为应当视为对投标人实行歧视待遇，要按照法律、法规、规章的相关规定予以处理。

六、建立中标候选人的公示制度，加强对确定中标人的管理

各地应当建立中标候选人的公示制度。采用公开招标的，在中标通知书发出前，要将预中标人的情况在该工程项目招标公告发布的同一信息网络和建设工程交易中心予以公示，公示的时间最短应当不少于2个工作日。

确定中标人必须以评标委员会出具的评标报告为依据，严格按照法定的程序，在规定的时间内完成，并向中标人发出中标通知书。对于拖延确定中标人、随意更换中标人、向中标人提出额外要求甚至无正当理由拒不与中标人签署合同的招标人，要依法予以处理。

七、建立和完善各管理机构之间的联动机制，监督合同的全面履行

各地建设行政主管部门应当进一步建立和完善建筑市场与招标投标、资质和资格、工程造价、质量和安全监督等管理机构之间的相互联动机制，相互配合，加强对合同履行的监督管理，及时发现和严厉查处中标后随意更换项目经理（建造师）、转包、违法分包、任意进行合同变更、不合理地增加合同价款、拖延支付工程款、拖延竣工结算等违法、违规和违约行为，促进合同的全面履行，营造诚信经营、忠实履约的市场环境。同时，要建立工程信息和信用档案管理系统，及时、全面地掌握工程项目的进展情况和合同履约情况，对于发现的不良行为和违法行为，要及时予以查处，并计入相应责任单位和责任人的信用档案，向社会公布。

八、加强对招标代理机构的管理，维护招标代理市场秩序

招标代理机构必须遵循《民法通则》和《合同法》的规定，订立工程招标代理合同，严格履行民事代理责任。招标代理服务费原则上向招标人收取。

各地建设行政主管部门要在严格招标代理机构资格市场准入的基础上，加强对招标代理机构承接业务后的行为管理，重点是代理合同的签订、代理项目专职人员的落实、在代理过程中签字、盖章手续的履行等。应当尽快建立和实施对招标代理机构及其专职人员的清出制度，严厉打击挂靠，出让代理资格，通过采用虚假招标、串通投标等违法方式操纵招标结果，违反规定将代理服务费转嫁给投标人或者中标人，以及以赢利为目的高价出售资格预审文件和招标文件等行为。对上述行为，经查证核实的，除依法对招标代理机构进行处理外，还应当将负有直接和相关责任的专职人员清出招标代理机构。

各地工程招标投标行政监督机构和建设工程招标投标行业社团组织应当建立对招标代理机构专职人员的继续教育制度，通过不断的培训教育，提高其业务水平、综合素质和工程招标代理的服务质量。

各地建设行政主管部门要积极推动工程招标投标行业社团组织的建设，充分发挥行业社团组织的特点和优势，建立和完善工程招标投标行业自律机制，包括行业技术规范、行业行为准则以及行业创建活动等，规范和约束工程招标代理机构的行为，维护工程招标投标活动的秩序。

九、继续推进建设工程交易中心的建设与管理，充分发挥建设工程交易中心的作用

建设工程交易中心是经省级以上建设行政主管部门批准设立，为工程项目的交易活动提供服务的特殊场所，应当为非盈利性质的事业单位。各地建设行政主管部门要全面贯彻落实《国务院办公厅转发建设部、国家计委、监察部关于健全和规范有形建筑市场若干意见的通知》(国办发〔2002〕21 号)要求，加强对建设工程交易中心的管理，继续做好与纪检监察及其他有关部门的协调工作，强化对建设工程交易中心的监督、指导和考核，及时研究、解决实际工作中遇到的困难和问题，完善服务设施，规范服务行为，提高服务质量。

建设工程交易中心要在充分发挥现有服务功能的基础上，积极拓展服务范围、服务内容和服务领域，为工程项目的交易活动提供全面、规范和高效的服务。当前要重点做好以下两个方面的工作：一是为全国建筑市场与工程项目招标投标的信用体系建设提供信息网络平台，为建筑市场参与各方提供真实、准确、便捷的信用状况服务，为营造诚实守信、失信必惩的建筑市场环境，提高整个行业的信用水平，推进建设领域诚信建设创造条件。各地可以以项目经理(建造师）的联网管理作为试点，取得经验后逐步向其他方面拓展。二是建立档案管理制度，加强对工程项目交易档案的管理，及时收集和整理建设工程交易活动中产生的各类文字、音像、图片资料和原始记录，并妥善保存档案资料。

十、切实加强工程项目施工招标投标活动的监督管理

各地建设行政主管部门要切实加强对工程项目施工招标投标活动的监督管理工作，依法履行好行政监督职能。

对于招标投标活动中的各个重要环节，应当通过完善方式、明确重点来实施有效的监督。在监督的对象上，要以国有资金投资的工程项目为重点，对非国有资金投资的工程项目的施工招标投标活动，可以转变方式，突出重点；在监督的主体上，要以招标人、招标代理机构和评标委员会为重点；在监督的方法上，除了全过程监督外，要进一步创新方法，将有针对性的过程监督和随机监督有机地结合起来，提高行政监督的效率和权威。同时，要注意发挥建设工程交易中心的作用，相互配合，形成合力，共同推进招标投标工作水平的提高。

要按照国家七部委颁发的《工程建设项目招标投标活动投诉处理办法》的要求，进一步加强招标投标活动中的投诉处理工作，建立和完善公正、高效的投诉处理机制，及时受理和妥善处理投诉，查处投诉处理中发现的违法行为。

招标投标监督管理机构是受建设行政主管部门委托，依法对工程项目的招标投标活动实施监督的职能机构，各地要积极、认真地解决好工程招标投标监督管理机构的编制、人员和经费等问题，为工程项目招标投标的监督提供保障，同时要加强工程招标投标监督管理机构的廉政建设和所属工作人员的教育和培训，提高依法监督和依法行政的水平。

国家发展改革委员会
工程建设项目货物招标投标办法

（国家发改委等七部委27号令）

第一章 总 则

第一条 为规范工程建设项目的货物招标投标活动，保护国家利益、社会公共利益和招标投标活动当事人的合法权益，保证工程质量，提高投资效益，根据《中华人民共和国招标投标法》、《中华人民共和国招标投标法实施条例》和国务院有关部门的职责分工，制定本办法。

第二条 本办法适用于在中华人民共和国境内的工程建设项目货物招标投标活动。

第三条 工程建设项目符合《工程建设项目招标范围和规模标准规定》（原国家计委令第3号）规定的范围和标准的，必须通过招标选择货物供应单位。

任何单位和个人不得将依法必须进行招标的项目化整为零或者以其他任何方式规避招标。

第四条 工程建设项目货物招标投标活动应当遵循公开、公平、公正和诚实信用的原则。货物招标投标活动不受地区或者部门的限制。

第五条 工程建设项目货物招标投标活动，依法由招标人负责。

工程建设项目招标人对项目实行总承包招标时，未包括在总承包范围内的货物属于依法必须进行招标的项目范围且达到国家规定规模标准的，应当由工程建设项目招标人依法组织招标。

工程建设项目实行总承包招标时，以暂估价形式包括在总承包范围内的货物属于依法必须进行招标的项目范围且达到国家规定规模标准的，应当依法组织招标。

第六条 各级发展改革、工业和信息化、住房城乡建设、交通运输、铁道、水利、民航等部门依照国务院和地方各级人民政府关于工程建设项目行政监督的职责分工，对工程建设项目中所包括的货物招标投标活动实施监督，依法查处货物招标投标活动中的违法行为。

第二章　招　　标

第七条　工程建设项目招标人是依法提出招标项目、进行招标的法人或者其他组织。本办法第五条总承包中标人单独或者共同招标时，也为招标人。

第八条　依法必须招标的工程建设项目，应当具备下列条件才能进行货物招标：

（一）招标人已经依法成立；

（二）按照国家有关规定应当履行项目审批、核准或者备案手续的，已经审批、核准或者备案；

（三）有相应资金或者资金来源已经落实；

（四）能够提出货物的使用与技术要求。

第九条　依法必须进行招标的工程建设项目，按国家有关规定需要履行审批、核准手续的，招标人应当在报送的可行性研究报告、资金申请报告或者项目申请报告中将货物招标范围、招标方式（公开招标或邀请招标）、招标组织形式（自行招标或委托招标）等有关招标内容报项目审批、核准部门审批、核准。项目审批、核准部门应当将审批、核准的招标内容通报有关行政监督部门。

第十条　货物招标分为公开招标和邀请招标。

第十一条　依法应当公开招标的项目，有下列情形之一的，可以邀请招标：

（一）技术复杂、有特殊要求或者受自然环境限制，只有少量潜在投标人可供选择；

（二）采用公开招标方式的费用占项目合同金额的比例过大；

（三）涉及国家安全、国家秘密或者抢险救灾，适宜招标但不宜公开招标。

有前款第二项所列情形，属于按照国家有关规定需要履行项目审批、核准手续的依法必须进行招标的项目，由项目审批、核准部门认定；其他项目由招标人申请有关行政监督部门作出认定。

第十二条　采用公开招标方式的，招标人应当发布资格预审公告或者招标公告。依法必须进行货物招标的招标公告，应当在国家指定的报刊或者信息网络上发布。

采用邀请招标方式的，招标人应当向三家以上具备货物供应的能力、资信良好的特定的法人或者其他组织发出投标邀请书。

第十三条 招标公告或者投标邀请书应当载明下列内容：

（一）招标人的名称和地址；

（二）招标货物的名称、数量、技术规格、资金来源；

（三）交货的地点和时间；

（四）获取招标文件或者资格预审文件的地点和时间；

（五）对招标文件或者资格预审文件收取的费用；

（六）提交资格预审申请书或者投标文件的地点和截止日期；

（七）对投标人的资格要求。

第十四条 招标人应当按照资格预审公告、招标公告或者投标邀请书规定的时间、地点发售招标文件或者资格预审文件。自招标文件或者资格预审文件发售之日起至停止发售之日止，最短不得少于五日。

招标人可以通过信息网络或者其他媒介发布招标文件，通过信息网络或者其他媒介发布的招标文件与书面招标文件具有同等法律效力，出现不一致时以书面招标文件为准，但国家另有规定的除外。

对招标文件或者资格预审文件的收费应当限于补偿印刷、邮寄的成本支出，不得以营利为目的。

除不可抗力原因外，招标文件或者资格预审文件发出后，不予退还；招标人在发布招标公告、发出投标邀请书后或者发出招标文件或资格预审文件后不得终止招标。招标人终止招标的，应当及时发布公告，或者以书面形式通知被邀请的或者已经获取资格预审文件、招标文件的潜在投标人。已经发售资格预审文件、招标文件或者已经收取投标保证金的，招标人应当及时退还所收取的资格预审文件、招标文件的费用，以及所收取的投标保证金及银行同期存款利息。

第十五条 招标人可以根据招标货物的特点和需要，对潜在投标人或者投标人进行资格审查；国家对潜在投标人或者投标人的资格条件有规定的，依照其规定。

第十六条 资格审查分为资格预审和资格后审。

资格预审，是指招标人出售招标文件或者发出投标邀请书前对潜在投标人进行的资格审查。资格预审一般适用于潜在投标人较多或者大型、技术复杂货物的招标。

资格后审，是指在开标后对投标人进行的资格审查。资格后审一般在评标过程中的初步评审开始时进行。

第十七条 采取资格预审的，招标人应当发布资格预审公告。资格预审公告适用本办法第十二条、第十三条有关招标公告的规定。

第十八条 资格预审文件一般包括下列内容：

（一）资格预审公告；

（二）申请人须知；

（三）资格要求；

（四）其他业绩要求；

（五）资格审查标准和方法；

（六）资格预审结果的通知方式。

第十九条 采取资格预审的，招标人应当在资格预审文件中详细规定资格审查的标准和方法；采取资格后审的，招标人应当在招标文件中详细规定资格审查的标准和方法。

招标人在进行资格审查时，不得改变或补充载明的资格审查标准和方法或者以没有载明的资格审查标准和方法对潜在投标人或者投标人进行资格审查。

第二十条 经资格预审后，招标人应当向资格预审合格的潜在投标人发出资格预审合格通知书，告知获取招标文件的时间、地点和方法，并同时向资格预审不合格的潜在投标人告知资格预审结果。依法必须招标的项目通过资格预审的申请人不足三个的，招标人在分析招标失败的原因并采取相应措施后，应当重新招标。

对资格后审不合格的投标人，评标委员会应当对其投标作废标处理。

第二十一条 招标文件一般包括下列内容：

（一）招标公告或者投标邀请书；

（二）投标人须知；

（三）投标文件格式；

（四）技术规格、参数及其他要求；

（五）评标标准和方法；

（六）合同主要条款。

招标人应当在招标文件中规定实质性要求和条件，说明不满足其中任何一项实质性要求和条件的投标将被拒绝，并用醒目的方式标明；没有标明的要求和条件在评标时不得作为实质性要求和条件。对于非实质性要求和条件，应规定允许偏差的最大范围、最高项数，以及对这些偏差进行调整的方法。

国家对招标货物的技术、标准、质量等有规定的，招标人应当按照其规定在招标文件中提出相应要求。

第二十二条 招标货物需要划分标包的，招标人应合理划分标包，确定各标包的交货期，并在招标文件中如实载明。

招标人不得以不合理的标包限制或者排斥潜在投标人或者投标人。依法必须进行招标的项目的招标人不得利用标包划分规避招标。

第二十三条 招标人允许中标人对非主体货物进行分包的，应当在招标文件中载明。主要设备、材料或者供货合同的主要部分不得要求或者允许分包。

除招标文件要求不得改变标准货物的供应商外，中标人经招标人同意改变标准货物的供应商的，不应视为转包和违法分包。

第二十四条 招标人可以要求投标人在提交符合招标文件规定要求的投标文件外，提交备选投标方案，但应当在招标文件中作出说明。不符合中标条件的投标人的备选投标方案不予考虑。

第二十五条 招标文件规定的各项技术规格应当符合国家技术法规的规定。

招标文件中规定的各项技术规格均不得要求或标明某一特定的专利技术、商标、名称、设计、原产地或供应者等，不得含有倾向或者排斥潜在投标人的其他内容。如果必须引用某一供应者的技术规格才能准确或清楚地说明拟招标货物的技术规格时，则应当在参照后面加上“或相当于”的字样。

第二十六条 招标文件应当明确规定评标时包含价格在内的所有评标因素，以及据此进行评估的方法。

在评标过程中，不得改变招标文件中规定的评标标准、方法和中标条件。

第二十七条 招标人可以在招标文件中要求投标人以自己的名义提交投标保证金。投标保证金除现金外，可以是银行出具的银行保函、保兑支票、银行汇票或现金支票，也可以是招标人认可的其他合法担保形式。依法必须进行招标的项目的境内投标单位，以现金或者支票形式提交的投标保证金应当从其基本账户转出。

投标保证金一般不得超过项目估算价的百分之二，但最高不得超过八十万元人民币。投标保证金有效期应当与投标有效期一致。

投标人应当按照招标文件要求的方式和金额，在提交投标文件截止时间前将投标保证金提交给招标人或其委托的招标代理机构。

第二十八条 招标文件应当规定一个适当的投标有效期，以保证招标人有足够的时间完成评标和与中标人签订合同。投标有效期从招标文件规定的提交投标文件截止之日起计算。

在原投标有效期结束前，出现特殊情况的，招标人可以书面形式要求所有投标人延长投标有效期。投标人同意延长的，不得要求或被允许修改其投标文件的实质性内容，但应当相应延长其投标保证金的有效期；投标人拒绝延长的，其投标失效，但投标人有权收回其投标保证金及银行同期存款利息。

依法必须进行招标的项目同意延长投标有效期的投标人少于三个的，招标人在分析招标失败的原因并采取相应措施后，应当重新招标。

第二十九条 对于潜在投标人在阅读招标文件中提出的疑问，招标人应当以书面形式、投标预备会方式或者通过电子网络解答，但需同时将解答以书面方式通知所有购买招标文件的潜在投标人。该解答的内容为招标文件的组成部分。

除招标文件明确要求外，出席投标预备会不是强制性的，由潜在投标人自行决定，并自行承担由此可能产生的风险。

第三十条 招标人应当确定投标人编制投标文件所需的合理时间。依法必须进行招标的货物，自招标文件开始发出之日起至投标人提交投标文件截止之日止，最短不得少于二十日。

第三十一条 对无法精确拟定其技术规格的货物，招标人可以采用两阶段招标程序。

在第一阶段，招标人可以首先要求潜在投标人提交技术建议，详细阐明货物的技术规格、质量和其他特性。招标人可以与投标人就其建议的内容进行协商和讨论，达成一个统一的技术规格后编制招标文件。

在第二阶段，招标人应当向第一阶段提交了技术建议的投标人提供包含统一技术规格的正式招标文件，投标人根据正式招标文件的要求提交包括价格在内的最后投标文件。

招标人要求投标人提交投标保证金的，应当在第二阶段提出。

第三章　投　　标

第三十二条 投标人是响应招标、参加投标竞争的法人或者其他组织。

法定代表人为同一个人的两个及两个以上法人，母公司、全资子公司及其控股公司，都不得在同一货物招标中同时投标。

违反前两款规定的，相关投标均无效。

一个制造商对同一品牌同一型号的货物，仅能委托一个代理商参加投标。

第三十三条 投标人应当按照招标文件的要求编制投标文件。投标文件应当对招标文件提出的实质性要求和条件作出响应。

投标文件一般包括下列内容：

（一）投标函；

（二）投标一览表；

（三）技术性能参数的详细描述；

（四）商务和技术偏差表；

（五）投标保证金；

（六）有关资格证明文件；

（七）招标文件要求的其他内容。

投标人根据招标文件载明的货物实际情况，拟在中标后将供货合同中的非主要部分进行分包的，应当在投标文件中载明。

第三十四条 投标人应当在招标文件要求提交投标文件的截止时间前，将投标文件密封送达招标文件中规定的地点。招标人收到投标文件后，应当向投标人出具标明签收人和签收时间的凭证，在开标前任何单位和个人不得开启投标文件。

在招标文件要求提交投标文件的截止时间后送达的投标文件，招标人应当拒收。

依法必须进行招标的项目，提交投标文件的投标人少于三个的，招标人在分析招标失败的原因并采取相应措施后，应当依法重新招标。重新招标后投标人仍少于三个的，按国家有关规定需要履行审批、核准手续的依法必须进行招标的项目，报项目审批、核准部门审批、核准后可以不再进行招标。

第三十五条 投标人在招标文件要求提交投标文件的截止时间前，可以补充、修改、替代或者撤回已提交的投标文件，并书面通知招标人。补充、修改的内容为投标文件的组成部分。

第三十六条 在提交投标文件截止时间后，投标人不得撤销其投标文件，否则招标人可以不退还其投标保证金。

第三十七条 招标人应妥善保管好已接收的投标文件、修改或撤回通知、备选投标方案等投标资料，并严格保密。

第三十八条 两个以上法人或者其他组织可以组成一个联合体，以一个投标人的身份共同投标。

联合体各方签订共同投标协议后，不得再以自己名义单独投标，也不得组成或参加其他联合体在同一项目中投标；否则相关投标均无效。

联合体中标的，应当指定牵头人或代表，授权其代表所有联合体成员与招标人签订合同，负责整个合同实施阶段的协调工作。但是，需要向招标人提交由所有联合体成员法定代表人签署的授权委托书。

第三十九条 招标人接受联合体投标并进行资格预审的，联合体应当在提交资格预审申请文件前组成，资格预审后联合体增减、更换成员的，其投标无效。

招标人不得强制资格预审合格的投标人组成联合体。

第四章 开标、评标和定标

第四十条 开标应当在招标文件确定的提交投标文件截止时间的同一时间公开进行；开标地点应当为招标文件中确定的地点。

投标人或其授权代表有权出席开标会，也可以自主决定不参加开标会。

投标人对开标有异议的，应当在开标现场提出，招标人应当当场作出答复，并制作记录。

第四十一条 投标文件有下列情形之一的，招标人应当拒收：

（一）逾期送达；

（二）未按招标文件要求密封。

有下列情形之一的，评标委员会应当否决其投标：

（三）投标文件无经投标单位单位盖章和单位负责人签字；

（四）投标联合体没有提交共同投标协议；

（五）投标人不符合国家或者招标文件规定的资格条件；

（六）同一投标人提交两个以上不同的投标文件或者投标报价，但招标文件要求提交备选投标的除外；

（七）投标标价低于成本或者高于招标文件设定的最高投标限价；

（八）投标文件没有对招标文件的实质性要求和条件作出响应；

（九）投标人有串通投标、弄虚作假、行贿等违法行为。

依法必须招标的项目评标委员会否决所有投标的，或者评标委员会否决一部分投标后其他有效投标不足三个使得投标明显缺乏竞争，决定否决全部投标的，招标人在分析招标失败的原因并采取相应措施后，应当重新招标。

第四十二条 评标委员会可以书面方式要求投标人对投标文件中含义不明确、对同类问题表述不一致或者有明显文字和计算错误的内容作必要的澄清、说明或补正。评标委员会不得向投标人提出带有暗示性或诱导性的问题，或向其明确投标文件中的遗漏和错误。

第四十三条 投标文件不响应招标文件的实质性要求和条件的，评标委员会不得允许投标人通过修正或撤销其不符合要求的差异或保留，使之成为具有响应性的投标。

第四十四条 技术简单或技术规格、性能、制作工艺要求统一的货物，一般采用经评审的最低投标价法进行评标。技术复杂或技术规格、性能、制作工艺要求难以统一的货物，一般采用综合评估法进行评标。

第四十五条 符合招标文件要求且评标价最低或综合评分最高而被推荐为中标候选人的投标人，其所提交的备选投标方案方可予以考虑。

第四十六条 评标委员会完成评标后，应向招标人提出书面评标报告。评标报告由评标委员会全体成员签字。

第四十七条 评标委员会在书面评标报告中推荐的中标候选人应当限定在一至三人，并标明排列顺序。招标人应当接受评标委员会推荐的中标候选人，不得在评标委员会推荐的中标候选人之外确定中标人。

依法必须进行招标的项目，招标人应当自收到评标报告之日起三日内公示中标候选人，公示期不得少于三日。

第四十八条 国有资金占控股或者主导地位的依法必须进行招标的项目，招标人应当确定排名第一的中标候选人为中标人。排名第一的中标候选人放弃中标、因不可抗力提出不能履行合同、不按照招标文件要求提交履约保证金，或者被查实存在影响中标结果的违法行为等情形，不符合中标条件的，招标人可以按照评标委员会提出的中标候选人名单排序依次确定其他中标候选人为中标人。依次确定其他中标候选人与招标人预期差距较大，或者对招标人明显不利的，招标人可以重新招标。

招标人可以授权评标委员会直接确定中标人。

国务院对中标人的确定另有规定的，从其规定。

第四十九条 招标人不得向中标人提出压低报价、增加配件或者售后服务量以及其他超出招标文件规定的违背中标人意愿的要求，以此作为发出中标通知书和签订合同的条件。

第五十条 中标通知书对招标人和中标人具有法律效力。中标通知书发出后，招标人改变中标结果的，或者中标人放弃中标项目的，应当依法承担法律责任。

中标通知书由招标人发出，也可以委托其招标代理机构发出。

第五十一条 招标人和中标人应当在投标有效期内并在自中标通知书发出之日起三十日内，按照招标文件和中标人的投标文件订立书面合同。招标人和中标人不得再行订立背离合同实质性内容的其他协议。

招标文件要求中标人提交履约保证金或者其他形式履约担保的，中标人应当提交；拒绝提交的，视为放弃中标项目。招标人要求中标人提供履约保证金或其他形式履约担保的，招标人应当同时向中标人提供货物款支付担保。

履约保证金不得超过中标合同金额的10%。

第五十二条 招标人最迟应当在书面合同签订后五日内，向中标人和未中标的投标人一次性退还投标保证金及银行同期存款利息。

第五十三条 必须审批的工程建设项目，货物合同价格应当控制在批准的概算投资范围内；确需超出范围的，应当在中标合同签订前，报原项目审批部门审查同意。项目审批部门应当根据招标的实际情况，及时作出批准或者不予批准的决定；项目审批部门不予批准的，招标人应当自行平衡超出的概算。

第五十四条 依法必须进行货物招标的项目，招标人应当自确定中标人之日起十五日内，向有关行政监督部门提交招标投标情况的书面报告。

前款所称书面报告至少应包括下列内容：

（一）招标货物基本情况；

（二）招标方式和发布招标公告或者资格预审公告的媒介；

（三）招标文件中投标人须知、技术条款、评标标准和方法、合同主要条款等内容；

（四）评标委员会的组成和评标报告；

（五）中标结果。

第五章　罚　　则

第五十五条 招标人有下列限制或者排斥潜在投标行为之一的，由有关行政监督部门依照招标投标法第五十一条的规定处罚；其中，构成依法必须进行招标的项目的招标人规避招标的，依照招标投标法第四十九条的规定处罚：

（一）依法应当公开招标的项目不按照规定在指定媒介发布资格预审公告或者招标公告；

（二）在不同媒介发布的同一招标项目的资格预审公告或者招标公告内容不一致，影响潜在投标人申请资格预审或者投标。

第五十六条 招标人有下列情形之一的，由有关行政监督部门责令改正，可以处10万元以下的罚款：

（一）依法应当公开招标而采用邀请招标；

（二）招标文件、资格预审文件的发售、澄清、修改的时限，或者确定的提交资格预审申请文件、投标文件的时限不符合招标投标法和招标投标法实施条例规定；

（三）接受未通过资格预审的单位或者个人参加投标；

（四）接受应当拒收的投标文件。

招标人有前款第一项、第三项、第四项所列行为之一的，对单位直接负责的主管人员和其他直接责任人员依法给予处分。

第五十七条 评标委员会成员有下列行为之一的，由有关行政监督部门责令改正；情节严重的，禁止其在一定期限内参加依法必须进行招标的项目的评标；情节特别严重的，取消其担任评标委员会成员的资格：

（一）应当回避而不回避；

（二）擅离职守；

（三）不按照招标文件规定的评标标准和方法评标；

（四）私下接触投标人；

（五）向招标人征询确定中标人的意向或者接受任何单位或者个人明示或者暗示提出的倾向或者排斥特定投标人的要求；

（六）对依法应当否决的投标不提出否决意见；

（七）暗示或者诱导投标人作出澄清、说明或者接受投标人主动提出的澄清、说明；

（八）其他不客观、不公正履行职务的行为。

第五十八条 依法必须进行招标的项目的招标人有下列情形之一的，由有关行政监督部门责令改正，可以处中标项目金额千分之十以下的罚款；给他人造成损失的，依法承担赔偿责任；对单位直接负责的主管人员和其他直接责任人员依法给予处分：

（一）无正当理由不发出中标通知书；

（二）不按照规定确定中标人；

（三）中标通知书发出后无正当理由改变中标结果；

（四）无正当理由不与中标人订立合同；

（五）在订立合同时向中标人提出附加条件。

中标通知书发出后，中标人放弃中标项目的，无正当理由不与招标人签订合同的，在签订合同时向招标人提出附加条件或者更改合同实质性内容的，或者拒不提交所要求的履约保证金的，取消其中标资格，投标保证金不予退还；给招标人的损失超过投标保证金数额的，中标人应当对超过部分予以赔偿；没有提交投标保证金的，应当对招标人的损失承担赔偿责任。对依法必须进行招标的项目的中标人，由有关行政监督部门责令改正，可以处中标金额千分之十以下罚款。

第五十九条 招标人不履行与中标人订立的合同的，应当返还中标人的履约保证金，并承担相应的赔偿责任；没有提交履约保证金的，应当对中标人的损失承担赔偿责任。

因不可抗力不能履行合同的，不适用前款规定。

第六十条 中标无效的，发出的中标通知书和签订的合同自始没有法律约束力，但不影响合同中独立存在的有关解决争议方法的条款的效力。

第六章 附 则

第六十一条 不属于工程建设项目，但属于固定资产投资的货物招标投标活动，参照本办法执行。

第六十二条 使用国际组织或者外国政府贷款、援助资金的项目进行招标，贷款方、资金提供方对货物招标投标活动的条件和程序有不同规定的，可以适用其规定，但违背中华人民共和国社会公共利益的除外。

第六十三条 本办法由国家发展和改革委员会会同有关部门负责解释。

第六十四条 本办法自 2005 年 3 月 1 日起施行。

财政部　建设部关于印发《建设工程价款结算暂行办法》的通知

（财建〔2004〕369号）

党中央有关部门，国务院各部委、各直属机构，有关人民团体，各中央管理企业，各省、自治区、直辖市、计划单列市财政厅（局）、建设厅（委、局），新疆生产建设兵团财务局：

为了维护建设市场秩序，规范建设工程价款结算活动，按照国家有关法律、法规，我们制订了《建设工程价款结算暂行办法》。现印发给你们，请贯彻执行。

附件：建设工程价款结算暂行办法

附件：

建设工程价款结算暂行办法

第一章　总　　则

第一条　为加强和规范建设工程价款结算，维护建设市场正常秩序，根据《中华人民共和国合同法》、《中华人民共和国建筑法》、《中华人民共和国招标投标法》、《中华人民共和国预算法》、《中华人民共和国政府采购法》、《中华人民共和国预算法实施条例》等有关法律、行政法规制订本办法。

第二条　凡在中华人民共和国境内的建设工程价款结算活动，均适用本办法。国家法律法规另有规定的，从其规定。

第三条　本办法所称建设工程价款结算（以下简称“工程价款结算”），是指对建设工程的发承包合同价款进行约定和依据合同约定进行工程预付款、工程进度款、工程竣工价款结算的活动。

第四条　国务院财政部门、各级地方政府财政部门和国务院建设行政主管部门、各级地方政府建设行政主管部门在各自职责范围内负责工程价款结算的监督管理。

第五条 从事工程价款结算活动，应当遵循合法、平等、诚信的原则，并符合国家有关法律、法规和政策。

第二章 工程合同价款的约定与调整

第六条 招标工程的合同价款应当在规定时间内，依据招标文件、中标人的投标文件，由发包人与承包人(以下简称“发、承包人”)订立书面合同约定。

非招标工程的合同价款依据审定的工程预(概)算书由发、承包人在合同中约定。

合同价款在合同中约定后，任何一方不得擅自改变。

第七条 发包人、承包人应当在合同条款中对涉及工程价款结算的下列事项进行约定：

（一）预付工程款的数额、支付时限及抵扣方式；

（二）工程进度款的支付方式、数额及时限；

（三）工程施工中发生变更时，工程价款的调整方法、索赔方式、时限要求及金额支付方式；

（四）发生工程价款纠纷的解决方法；

（五）约定承担风险的范围及幅度以及超出约定范围和幅度的调整办法；

（六）工程竣工价款的结算与支付方式、数额及时限；

（七）工程质量保证(保修)金的数额、预扣方式及时限；

（八）安全措施和意外伤害保险费用；

（九）工期及工期提前或延后的奖惩办法；

（十）与履行合同、支付价款相关的担保事项。

第八条 发、承包人在签订合同时对于工程价款的约定，可选用下列一种约定方式：

（一）固定总价。合同工期较短且工程合同总价较低的工程，可以采用固定总价合同方式。

（二）固定单价。双方在合同中约定综合单价包含的风险范围和风险费用的计算方法，在约定的风险范围内综合单价不再调整。风险范围以外的综合单价调整方法，应当在合同中约定。

（三）可调价格。可调价格包括可调综合单价和措施费等，双方应在合同中约定综合单价和措施费的调整方法，调整因素包括：

1. 法律、行政法规和国家有关政策变化影响合同价款；

2. 工程造价管理机构的价格调整；

3. 经批准的设计变更；

4. 发包人更改经审定批准的施工组织设计(修正错误除外)造成费用增加；

5. 双方约定的其他因素。

第九条 承包人应当在合同规定的调整情况发生后14天内，将调整原因、金额以书面形式通知发包人，发包人确认调整金额后将其作为追加合同价款，与工程进度款同期支付。发包人收到承包人通知后14天内不予确认也不提出修改意见，视为已经同意该项调整。

当合同规定的调整合同价款的调整情况发生后，承包人未在规定时间内通知发包人，或者未在规定时间内提出调整报告，发包人可以根据有关资料，决定是否调整和调整的金额，并书面通知承包人。

第十条 工程设计变更价款调整

(一) 施工中发生工程变更，承包人按照经发包人认可的变更设计文件，进行变更施工，其中，政府投资项目重大变更，需按基本建设程序报批后方可施工。

(二) 在工程设计变更确定后14天内，设计变更涉及工程价款调整的，由承包人向发包人提出，经发包人审核同意后调整合同价款。变更合同价款按下列方法进行：

1. 合同中已有适用于变更工程的价格，按合同已有的价格变更合同价款；

2. 合同中只有类似于变更工程的价格，可以参照类似价格变更合同价款；

3. 合同中没有适用或类似于变更工程的价格，由承包人或发包人提出适当的变更价格，经对方确认后执行。如双方不能达成一致的，双方可提请工程所在地工程造价管理机构进行咨询或按合同约定的争议或纠纷解决程序办理。

(三) 工程设计变更确定后14天内，如承包人未提出变更工程价款报告，则发包人可根据所掌握的资料决定是否调整合同价款和调整的具体金额。重大工程变更涉及工程价款变更报告和确认的时限由发承包双方协商确定。

收到变更工程价款报告一方，应在收到之日起14天内予以确认或提出协商意见，自变更工程价款报告送达之日起14天内，对方未确认也未提出协商意见时，视为变更工程价款报告已被确认。

确认增(减)的工程变更价款作为追加(减)合同价款与工程进度款同期支付。

第三章　工程价款结算

第十一条　工程价款结算应按合同约定办理，合同未作约定或约定不明的，发、承包双方应依照下列规定与文件协商处理：

(一) 国家有关法律、法规和规章制度；

(二) 国务院建设行政主管部门、省、自治区、直辖市或有关部门发布的工程造价计价标准、计价办法等有关规定；

(三) 建设项目的合同、补充协议、变更签证和现场签证，以及经发、承包人认可的其他有效文件；

(四) 其他可依据的材料。

第十二条　工程预付款结算应符合下列规定：

(一) 包工包料工程的预付款按合同约定拨付，原则上预付比例不低于合同金额的10%，不高于合同金额的30%，对重大工程项目，按年度工程计划逐年预付。计价执行《建设工程工程量清单计价规范》(GB 50500—2003)的工程，实体性消耗和非实体性消耗部分应在合同中分别约定预付款比例。

(二) 在具备施工条件的前提下，发包人应在双方签订合同后的一个月内或不迟于约定的开工日期前的7天内预付工程款，发包人不按约定预付，承包人应在预付时间到期后10天内向发包人发出要求预付的通知，发包人收到通知后仍不按要求预付，承包人可在发出通知14天后停止施工，发包人应从约定应付之日起向承包人支付应付款的利息(利率按同期银行贷款利率计)，并承担违约责任。

(三) 预付的工程款必须在合同中约定抵扣方式，并在工程进度款中进行抵扣。

(四) 凡是没有签订合同或不具备施工条件的工程，发包人不得预付工程款，不得以预付款为名转移资金。

第十三条　工程进度款结算与支付应当符合下列规定：

(一) 工程进度款结算方式

1. 按月结算与支付。即实行按月支付进度款，竣工后清算的办法。合同工期在两个年度以上的工程，在年终进行工程盘点，办理年度结算。

2. 分段结算与支付。即当年开工、当年不能竣工的工程按照工程形象进度，划分不同阶段支付工程进度款。具体划分在合同中明确。

(二) 工程量计算

1. 承包人应当按照合同约定的方法和时间，向发包人提交已完工程量的报告。发包人接到报告后 14 天内核实已完工程量，并在核实前 1 天通知承包人，承包人应提供条件并派人参加核实，承包人收到通知后不参加核实，以发包人核实的工程量作为工程价款支付的依据。发包人不按约定时间通知承包人，致使承包人未能参加核实，核实结果无效。

2. 发包人收到承包人报告后 14 天内未核实完工程量，从第 15 天起，承包人报告的工程量即视为被确认，作为工程价款支付的依据，双方合同另有约定的，按合同执行。

3. 对承包人超出设计图纸(含设计变更)范围和因承包人原因造成返工的工程量，发包人不予计量。

(三) 工程进度款支付

1. 根据确定的工程计量结果，承包人向发包人提出支付工程进度款申请，14 天内，发包人应按不低于工程价款的 60%，不高于工程价款的 90%向承包人支付工程进度款。按约定时间发包人应扣回的预付款，与工程进度款同期结算抵扣。

2. 发包人超过约定的支付时间不支付工程进度款，承包人应及时向发包人发出要求付款的通知，发包人收到承包人通知后仍不能按要求付款，可与承包人协商签订延期付款协议，经承包人同意后可延期支付，协议应明确延期支付的时间和从工程计量结果确认后第 15 天起计算应付款的利息(利率按同期银行贷款利率计)。

3. 发包人不按合同约定支付工程进度款，双方又未达成延期付款协议，导致施工无法进行，承包人可停止施工，由发包人承担违约责任。

第十四条 工程完工后，双方应按照约定的合同价款及合同价款调整内容以及索赔事项，进行工程竣工结算。

(一) 工程竣工结算方式

工程竣工结算分为单位工程竣工结算、单项工程竣工结算和建设项目竣工总结算。

（二）工程竣工结算编审

1. 单位工程竣工结算由承包人编制，发包人审查；实行总承包的工程，由具体承包人编制，在总包人审查的基础上，发包人审查。

2. 单项工程竣工结算或建设项目竣工总结算由总(承)包人编制，发包人可直接进行审查，也可以委托具有相应资质的工程造价咨询机构进行审查。政府投资项目，由同级财政部门审查。单项工程竣工结算或建设项目竣工总结算经发、承包人签字盖章后有效。

承包人应在合同约定期限内完成项目竣工结算编制工作，未在规定期限内完成的并且提不出正当理由延期的，责任自负。

（三）工程竣工结算审查期限

单项工程竣工后，承包人应在提交竣工验收报告的同时，向发包人递交竣工结算报告及完整的结算资料，发包人应按以下规定时限进行核对(审查)并提出审查意见。

	工程竣工结算报告金额	审查时间
1	500 万元以下	从接到竣工结算报告和完整的竣工结算资料之日起 20 天
2	500 万元~2000 万元	从接到竣工结算报告和完整的竣工结算资料之日起 30 天
3	2000 万元~5000 万元	从接到竣工结算报告和完整的竣工结算资料之日起 45 天
4	5000 万元以上	从接到竣工结算报告和完整的竣工结算资料之日起 60 天

建设项目竣工总结算在最后一个单项工程竣工结算审查确认后 15 天内汇总，送发包人后 30 天内审查完成。

（四）工程竣工价款结算

发包人收到承包人递交的竣工结算报告及完整的结算资料后，应按本办法规定的期限(合同约定有期限的，从其约定)进行核实，给予确认或者提出修改意见。发包人根据确认的竣工结算报告向承包人支付工程竣工结算价款，保留 5%左右的质量保证(保修)金，待工程交付使用一年质保期到期后清算(合同另有约定的，从其约定)，质保期内如有返修，发生费用应在质量保证(保修)金内扣除。

（五）索赔价款结算

发承包人未能按合同约定履行自己的各项义务或发生错误，给另一方造成经济损失的，由受损方按合同约定提出索赔，索赔金额按合同约定支付。

（六）合同以外零星项目工程价款结算

发包人要求承包人完成合同以外零星项目，承包人应在接受发包人要求的7天内就用工数量和单价、机械台班数量和单价、使用材料和金额等向发包人提出施工签证，发包人签证后施工，如发包人未签证，承包人施工后发生争议的，责任由承包人自负。

第十五条 发包人和承包人要加强施工现场的造价控制，及时对工程合同外的事项如实纪录并履行书面手续。凡由发、承包双方授权的现场代表签字的现场签证以及发、承包双方协商确定的索赔等费用，应在工程竣工结算中如实办理，不得因发、承包双方现场代表的中途变更改变其有效性。

第十六条 发包人收到竣工结算报告及完整的结算资料后，在本办法规定或合同约定期限内，对结算报告及资料没有提出意见，则视同认可。

承包人如未在规定时间内提供完整的工程竣工结算资料，经发包人催促后14天内仍未提供或没有明确答复，发包人有权根据已有资料进行审查，责任由承包人自负。

根据确认的竣工结算报告，承包人向发包人申请支付工程竣工结算款。发包人应在收到申请后15天内支付结算款，到期没有支付的应承担违约责任。承包人可以催告发包人支付结算价款，如达成延期支付协议，承包人应按同期银行贷款利率支付拖欠工程价款的利息。如未达成延期支付协议，承包人可以与发包人协商将该工程折价，或申请人民法院将该工程依法拍卖，承包人就该工程折价或者拍卖的价款优先受偿。

第十七条 工程竣工结算以合同工期为准，实际施工工期比合同工期提前或延后，发、承包双方应按合同约定的奖惩办法执行。

第四章 工程价款结算争议处理

第十八条 工程造价咨询机构接受发包人或承包人委托，编审工程竣工结算，应按合同约定和实际履约事项认真办理，出具的竣工结算报告经发、承包双方签字后生效。当事人一方对报告有异议的，可对工程结算中有异议部分，向有关部门申请咨询后协商处理，若不能达成一致的，双方可按合同约定的争议或纠纷解决程序办理。

第十九条 发包人对工程质量有异议，已竣工验收或已竣工未验收但实际投入使用的工程，其质量争议按该工程保修合同执行；已竣工未验收且未实际投入使用的工程以及停工、停建工程的质量争议，应当就有争议部分的竣工结算暂缓办理，双方可就有争议的工程委托有资质的检测鉴定机构进行检测，根据检测结果确定解决方案，或按工程质量监督机构的处理决定执行，其余部分的竣工结算依照约定办理。

第二十条 当事人对工程造价发生合同纠纷时，可通过下列办法解决：

（一）双方协商确定；

（二）按合同条款约定的办法提请调解；

（三）向有关仲裁机构申请仲裁或向人民法院起诉。

第五章 工程价款结算管理

第二十一条 工程竣工后，发、承包双方应及时办清工程竣工结算，否则，工程不得交付使用，有关部门不予办理权属登记。

第二十二条 发包人与中标的承包人不按照招标文件和中标的承包人的投标文件订立合同的，或者发包人、中标的承包人背离合同实质性内容另行订立协议，造成工程价款结算纠纷的，另行订立的协议无效，由建设行政主管部门责令改正，并按《中华人民共和国招标投标法》第五十九条进行处罚。

第二十三条 接受委托承接有关工程结算咨询业务的工程造价咨询机构应具有工程造价咨询单位资质，其出具的办理拨付工程价款和工程结算的文件，应当由造价工程师签字，并应加盖执业专用章和单位公章。

第六章 附 则

第二十四条 建设工程施工专业分包或劳务分包，总(承)包人与分包人必须依法订立专业分包或劳务分包合同，按照本办法的规定在合同中约定工程价款及其结算办法。

第二十五条 政府投资项目除执行本办法有关规定外，地方政府或地方政府财政部门对政府投资项目合同价款约定与调整、工程价款结算、工程价款结算争议处理等事项，如另有特殊规定的，从其规定。

第二十六条 凡实行监理的工程项目，工程价款结算过程中涉及监理工程师签证事项，应按工程监理合同约定执行。

第二十七条 有关主管部门、地方政府财政部门和地方政府建设行政主管部门可参照本办法，结合本部门、本地区实际情况，另行制订具体办法，并报财政部、建设部备案。

第二十八条 合同示范文本内容如与本办法不一致，以本办法为准。

第二十九条 本办法自公布之日起施行。

国家发展计划委员会评标专家和评标专家库管理暂行办法

（国家计委令第29号）

为了加强对评标专家和评标专家库的监督管理，健全评标专家库制度，根据《中华人民共和国招标投标法》，特制定《评标专家和评标专家库管理暂行办法》，经国家发展计划委员会审议通过，现予发布，自二〇〇三年四月一日起施行。

第一条 为加强对评标专家的监督管理，健全评标专家库制度，保证评标活动的公平、公正，提高评标质量，根据《中华人民共和国招标投标法》(简称为《招标投标法》)、《中华人民共和国招标投标法实施条例》(简称《招标投标法实施条例》)，制定本办法。

第二条 本办法适用于评标专家的资格认定、入库及评标专家库的组建、使用、管理活动。

第三条 评标专家库由省级(含，下同)以上人民政府有关部门或者依法成立的招标代理机构依照《招标投标法》、《招标投标法实施条例》以及国家统一的评标专家专业分类标准和管理办法的规定自主组建。

评标专家库的组建活动应当公开，接受公众监督。

第四条 省级人民政府、省级以上人民政府有关部门、招标代理机构应当加强对其所建评标专家库及评标专家的管理，但不得以任何名义非法控制、干预或者影响评标专家的具体评标活动。

第五条 政府投资项目的评标专家，必须从政府或者政府有关部门组建的评标专家库中抽取。

第六条 省级人民政府、省级以上人民政府有关部门组建评标专家库，应当有利于打破地区封锁，实现评标专家资源共享。

省级人民政府和国务院有关部门应当组建跨部门、跨地区的综合评标专家库。

第七条 入选评标专家库的专家，必须具备如下条件：

（一）从事相关专业领域工作满八年并具有高级职称或同等专业水平；

（二）熟悉有关招标投标的法律法规；

（三）能够认真、公正、诚实、廉洁地履行职责；

（四）身体健康，能够承担评标工作；

（五）法规规章规定的其他条件。

第八条 评标专家库应当具备下列条件：

（一）具有符合本办法第七条规定条件的评标专家，专家总数不得少于500人；

（二）有满足评标需要的专业分类；

（三）有满足异地抽取、随机抽取评标专家需要的必要设施和条件；

（四）有负责日常维护管理的专门机构和人员。

第九条 专家入选评标专家库，采取个人申请和单位推荐两种方式。采取单位推荐方式的，应事先征得被推荐人同意。

个人申请书或单位推荐书应当存档备查。个人申请书或单位推荐书应当附有符合本办法第七条规定条件的证明材料。

第十条 组建评标专家库的省级人民政府、政府部门或者招标代理机构，应当对申请人或被推荐人进行评审，决定是否接受申请或者推荐，并向符合本办法第七条规定条件的申请人或被推荐人颁发评标专家证书。

评审过程及结果应做成书面记录，并存档备查。

组建评标专家库的政府部门，可以对申请人或者被推荐人进行必要的招标投标业务和法律知识培训。

第十一条 组建评标专家库的省级人民政府、政府部门或者招标代理机构，应当为每位入选专家建立档案，详细记载评标专家评标的具体情况。

第十二条 组建评标专家库的省级人民政府、政府部门或者招标代理机构，应当建立年度考核制度，对每位入选专家进行考核。评标专家因身体健康、业务能力及信誉等原因不能胜任评标工作的，停止担任评标专家，并从评标专家库中除名。

第十三条 评标专家享有下列权利：

（一）接受招标人或其委托的招标代理机构聘请，担任评标委员会成员；

（二）依法对投标文件进行独立评审，提出评审意见，不受任何单位或者个人的干预；

（三）接受参加评标活动的劳务报酬；

（四）国家规定的其他权利。

第十四条 评标专家负有下列义务：

（一）有《招标投标法》第三十七条、《招标投标法实施条例》第四十六条和《评标委员会和评标方法暂行规定》第十二条规定情形之一的，应当主动提出回避；

（二）遵守评标工作纪律，不得私下接触投标人，不得收受投标人或者其他利害关系人的财物或者其他好处，不得透露对投标文件的评审和比较、中标候选人的推荐情况以及与评标有关的其他情况；

（三）客观公正地进行评标；

（四）协助、配合有关行政监督部门的监督、检查；

（五）国家规定的其他义务。

第十五条 评标专家有下列情形之一的，由有关行政监督部门责令改正；情节严重的，禁止其在一定期限内参加依法必须进行招标的项目的评标；情节特别严重的，取消其担任评标委员会成员的资格：

（一）应当回避而不回避；

（二）擅离职守；

（三）不按照招标文件规定的评标标准和方法评标；

（四）私下接触投标人；

（五）向招标人征询确定中标人的意向或者接受任何单位或者个人明示或者暗示提出的倾向或者排斥特定投标人的要求；

（六）对依法应当否决的投标不提出否决意见；

（七）暗示或者诱导投标人作出澄清、说明或者接受投标人主动提出的澄清、说明；

（八）其他不客观、不公正履行职务的行为。

评标委员会成员收受投标人的财物或者其他好处的，评标委员会成员或者与评标活动有关的工作人员向他人透露对投标文件的评审和比较、中标候选人的推荐以及与评标有关的其他情况的，给予警告，没收收受的财物，可以并处三千元以上五万元以下的罚款；对有所列违法行为的评标委员会成员取消担任评标委员会成员的资格，不得再参加任何依法必须进行招标项目的评标；构成犯罪的，依法追究刑事责任。

第十六条 组建评标专家库的政府部门或者招标代理机构有下列情形之一的，由有关行政监督部门给予警告；情节严重的，暂停直至取消招标代理机构相应的招标代理资格：

（一）组建的评标专家库不具备本办法规定条件的；

（二）未按本办法规定建立评标专家档案或对评标专家档案作虚假记载的；

（三）以管理为名，非法干预评标专家的评标活动的。

法律法规对前款规定的行为处罚另有规定的，从其规定。

第十七条 依法必须进行招标的项目的招标人不按照规定组建评标委员会，或者确定、更换评标委员会成员违反《招标投标法》和《招标投标法实施条例》规定的，由有关行政监督部门责令改正，可以处十万元以下的罚款，对单位直接负责的主管人员和其他直接责任人员依法给予处分；违法确定或者更换的评标委员会成员作出的评审结论无效，依法重新进行评审。

政府投资项目的招标人或其委托的招标代理机构不遵守本办法第五条的规定，不从政府或者政府有关部门组建的评标专家库中抽取专家的，评标无效；情节严重的，由政府有关部门依法给予警告。

第十八条 本办法由国家发展改革委负责解释。

第十九条 本办法自二〇〇三年四月一日起实施。

国家发展改革委员会
国家重大建设项目招标投标监督暂行办法

（九部委第23号令）

第一条 为了加强国家重大建设项目招标投标活动的监督，保证招标投标活动依法进行，根据《中华人民共和国招标投标法》、《中华人民共和国招标投标法实施条例》、《国务院办公厅印发国务院有关部门实施招标投标活动行政监督职责分工意见的通知》(国办发〔2000〕34号)和《国家重大建设项目稽察办法》(国办发〔2000〕54号、2000年国家计委令第6号)，制定本办法。

第二条 国家发展改革委根据国务院授权，负责组织国家重大建设项目稽察特派员及其助理(以下简称稽察人员)，对国家重大建设项目的招标投标活动进行监督检查。

第三条 本办法所称国家重大建设项目，是指国家出资融资的，经国家发展改革委审批或审核后报国务院审批的建设项目。

第四条 国家重大建设项目的招标范围、规模标准及评标方法，按《工程建设项目招标范围和规模标准规定》(2000年国家计委令第3号)、《评标委员会和评标方法暂行规定》(2001年国家计委、经贸委、建设部、铁道部、交通部、信息产业部、水利部令第12号)执行。

国家重大建设项目招标公告的发布，按《招标公告发布暂行办法》(2000年国家计委令第4号)执行。

依法必须招标的国家重大建设项目，必须在报送可行性研究报告或者资金申请报告中增加有关招标内容，具体办法按《建设项目可行性研究报告增加招标内容以及核准招标事项暂行规定》(2001年国家计委令第9号)执行。

招标人自行招标的，必须符合《工程建设项目自行招标试行办法》(2000年国家计委令第5号)有关规定。

第五条 招标人和中标人应按照《中华人民共和国招标投标法》、《中华人民共和国招标投标法实施条例》和《中华人民共和国合同法》规定签订书面合同。合同中确定的建设标准、建设内容、合同价格必须控制在批准的设计及概算文件范围内。

第六条 通过招标节省的概算投资，不得擅自挪作他用。

第七条 投标人或者其他利害关系人认为国家重大建设项目招标投标活动不符合国家规定的，可以自知道或者应当知道之日起10日内向国家发展改革委投诉。国家发展改革委应当自收到投诉之日起3个工作日内决定是否受理，并自受理投诉之日起30个工作日内作出书面处理决定；需要检验、检测、鉴定、专家评审的，所需时间不计算在内。

第八条 稽察人员对国家重大建设项目的招标投标活动进行监督检查可以采取经常性稽察和专项性稽察的方式。经常性稽察方式是对建设项目所有招标投标活动进行全过程的跟踪监控；专项性稽察方式是对建设项目招标投标活动实施抽查。经常性稽察项目名单由国家发展改革委确定。

第九条 列入经常性稽察的项目，招标人应当根据核准的招标事项编制招标文件，并在发售前15日将招标文件、资格预审情况和时间安排及相关文件一式三份报国家发展改革委备案。

招标人应当自确定中标人之日起15日内向国际发展改革委提交招标投标情况报告。报告内容依照《评标委员会和评标方法暂行规定》(2001年国家计委、经贸委、建设部、铁道部、交通部、信息产业部、水利部令第12号)第四十二条规定执行。

第十条 稽察人员对国家重大建设项目贯彻执行国家有关招标投标的法律、法规、规章和政策情况以及招标投标活动进行监督检查，履行下列职责：

(一) 监督检查招标投标当事人和其他行政监督部门有关招标投标的行为是否符合法律、法规规定的权限、程序。

(二) 监督检查招标投标的有关文件、资料，对其合法性、真实性进行核实。

(三) 监督检查资格预审、开标、评标、定标过程是否合法以及是否符合招标文件、资格预审文件规定，并可进行相关的调查核实。

(四) 监督检查招标投标结果的执行情况。

第十一条 稽察人员对招标投标活动进行监督检查，可以采取下列方式：

(一) 检查项目审批程序、资金拨付等资料和文件；

(二) 检查招标公告、投标邀请书、招标文件、投标文件，核查投标单位的资质等级和资信等情况；

（三）监督开标、评标，并可以旁听与招标投标事项有关的重要会议；

（四）向招标人、投标人、招标代理机构、有关行政主管部门、招标公证机构调查了解情况，听取意见；

（五）审阅招标投标情况报告、合同及其有关文件；

（六）现场查验，调查、核实招标结果执行情况。

根据需要，可以联合国务院其他行政监督部门、地方发展改革部门开展工作，并可以聘请有关专业技术人员参加检查。

稽察人员在监督检查过程中不得泄漏知悉的保密事项，不得作为评标委员会成员直接参与评标。

第十二条 稽察人员与被监督单位的权力、义务，依照《国家重大建设项目稽察办法》（国办发〔2000〕54 号、2000 年国家计委令第 6 号）的有关规定执行。

第十三条 对招标投标活动监督检查中发现的招标人、招标代理机构、投标人、评标委员会成员和相关工作人员违反《中华人民共和国招标投标法》《中华人民共和国招标投标法实施条例》及相关配套法规、规章的，国家发展改革委视情节依法给予以下处罚：

（一）警告。

（二）责令限期改正。

（三）罚款。

（四）没收违法所得。

（五）取消在一定时期参加国家重大建设项目投标、评标资格。

（六）暂停安排国家建设资金或暂停审批有关地区、部门建设项目。

第十四条 对需要暂停或取消招标代理资质、吊销营业执照、责令停业整顿、给予行政处分、依法追究刑事责任的，移交有关部门、地方人民政府或者司法机关处理。

第十五条 对国家重大建设项目招标投标过程中发生的各种违法行为进行处罚时，也可以依据职责分工由国家发展改革委会同有关部门共同实施。

重大处理决定，应当报国务院批准。

第十六条 国家发展改革委和有关部门做出处罚之前，应告知当事人。当事人对处罚有异议的，国家发展改革委及其他有关行政监督部门应予核实。

对处罚决定不服的，可以依法申请行政复议。

第十七条 各省、自治区、直辖市人民政府发展改革部门可依据《中华人民共和国招标投标法》《中华人民共和国招标投标法实施条例》及相关法规、规章，结合当地实际，参照本办法制定本地区招标投标监督办法。

第十八条 本办法由国家发展改革委负责解释。

第十九条 本办法自 2002 年 2 月 1 日起施行。

住房和城乡建设部
建筑工程施工发包与承包计价管理办法

（住建部令第16号）

第一条 为了规范建筑工程施工发包与承包计价行为，维护建筑工程发包与承包双方的合法权益，促进建筑市场的健康发展，根据有关法律、法规，制定本办法。

第二条 在中华人民共和国境内的建筑工程施工发包与承包计价(以下简称工程发承包计价)管理，适用本办法。

本办法所称建筑工程是指房屋建筑和市政基础设施工程。

本办法所称工程发承包计价包括编制工程量清单、最高投标限价、招标标底、投标报价，进行工程结算，以及签订和调整合同价款等活动。

第三条 建筑工程施工发包与承包价在政府宏观调控下，由市场竞争形成。

工程发承包计价应当遵循公平、合法和诚实信用的原则。

第四条 国务院住房城乡建设主管部门负责全国工程发承包计价工作的管理。

县级以上地方人民政府住房城乡建设主管部门负责本行政区域内工程发承包计价工作的管理。其具体工作可以委托工程造价管理机构负责。

第五条 国家推广工程造价咨询制度，对建筑工程项目实行全过程造价管理。

第六条 全部使用国有资金投资或者以国有资金投资为主的建筑工程(以下简称国有资金投资的建筑工程)，应当采用工程量清单计价；非国有资金投资的建筑工程，鼓励采用工程量清单计价。

国有资金投资的建筑工程招标的，应当设有最高投标限价；非国有资金投资的建筑工程招标的，可以设有最高投标限价或者招标标底。

最高投标限价及其成果文件，应当由招标人报工程所在地县级以上地方人民政府住房城乡建设主管部门备案。

第七条 工程量清单应当依据国家制定的工程量清单计价规范、工程量计算规范等编制。工程量清单应当作为招标文件的组成部分。

第八条 最高投标限价应当依据工程量清单、工程计价有关规定和市场价格信息等编制。招标人设有最高投标限价的，应当在招标时公布最高投标限价的总价，以及各单位工程的分部分项工程费、措施项目费、其他项目费、规费和税金。

第九条 招标标底应当依据工程计价有关规定和市场价格信息等编制。

第十条 投标报价不得低于工程成本，不得高于最高投标限价。

投标报价应当依据工程量清单、工程计价有关规定、企业定额和市场价格信息等编制。

第十一条 投标报价低于工程成本或者高于最高投标限价总价的，评标委员会应当否决投标人的投标。

对是否低于工程成本报价的异议，评标委员会可以参照国务院住房城乡建设主管部门和省、自治区、直辖市人民政府住房城乡建设主管部门发布的有关规定进行评审。

第十二条 招标人与中标人应当根据中标价订立合同。不实行招标投标的工程由发承包双方协商订立合同。

合同价款的有关事项由发承包双方约定，一般包括合同价款约定方式，预付工程款、工程进度款、工程竣工价款的支付和结算方式，以及合同价款的调整情形等。

第十三条 发承包双方在确定合同价款时，应当考虑市场环境和生产要素价格变化对合同价款的影响。

实行工程量清单计价的建筑工程，鼓励发承包双方采用单价方式确定合同价款。

建设规模较小、技术难度较低、工期较短的建筑工程，发承包双方可以采用总价方式确定合同价款。

紧急抢险、救灾以及施工技术特别复杂的建筑工程，发承包双方可以采用成本加酬金方式确定合同价款。

第十四条 发承包双方应当在合同中约定，发生下列情形时合同价款的调整方法：

（一）法律、法规、规章或者国家有关政策变化影响合同价款的；

（二）工程造价管理机构发布价格调整信息的；

（三）经批准变更设计的；

（四）发包方更改经审定批准的施工组织设计造成费用增加的；

（五）双方约定的其他因素。

第十五条 发承包双方应当根据国务院住房城乡建设主管部门和省、自治区、直辖市人民政府住房城乡建设主管部门的规定，结合工程款、建设工期等情况在合同中约定预付工程款的具体事宜。

预付工程款按照合同价款或者年度工程计划额度的一定比例确定和支付，并在工程进度款中予以抵扣。

第十六条 承包方应当按照合同约定向发包方提交已完成工程量报告。发包方收到工程量报告后，应当按照合同约定及时核对并确认。

第十七条 发承包双方应当按照合同约定，定期或者按照工程进度分段进行工程款结算和支付。

第十八条 工程完工后，应当按照下列规定进行竣工结算：

（一）承包方应当在工程完工后的约定期限内提交竣工结算文件。

（二）国有资金投资建筑工程的发包方，应当委托具有相应资质的工程造价咨询企业对竣工结算文件进行审核，并在收到竣工结算文件后的约定期限内向承包方提出由工程造价咨询企业出具的竣工结算文件审核意见；逾期未答复的，按照合同约定处理，合同没有约定的，竣工结算文件视为已被认可。

非国有资金投资的建筑工程发包方，应当在收到竣工结算文件后的约定期限内予以答复，逾期未答复的，按照合同约定处理，合同没有约定的，竣工结算文件视为已被认可；发包方对竣工结算文件有异议的，应当在答复期内向承包方提出，并可以在提出异议之日起的约定期限内与承包方协商；发包方在协商期内未与承包方协商或者经协商未能与承包方达成协议的，应当委托工程造价咨询企业进行竣工结算审核，并在协商期满后的约定期限内向承包方提出由工程造价咨询企业出具的竣工结算文件审核意见。

（三）承包方对发包方提出的工程造价咨询企业竣工结算审核意见有异议的，在接到该审核意见后一个月内，可以向有关工程造价管理机构或者有关行业组织申请调解，调解不成的，可以依法申请仲裁或者向人民法院提起诉讼。

发承包双方在合同中对本条第(一)项、第(二)项的期限没有明确约定的，应当按照国家有关规定执行；国家没有规定的，可认为其约定期限均为28日。

第十九条 工程竣工结算文件经发承包双方签字确认的，应当作为工程决算的依据，未经对方同意，另一方不得就已生效的竣工结算文件委托工程造价咨询企业重复审核。发包方应当按照竣工结算文件及时支付竣工结算款。

竣工结算文件应当由发包方报工程所在地县级以上地方人民政府住房城乡建设主管部门备案。

第二十条 造价工程师编制工程量清单、最高投标限价、招标标底、投标报价、工程结算审核和工程造价鉴定文件，应当签字并加盖造价工程师执业专用章。

第二十一条 县级以上地方人民政府住房城乡建设主管部门应当依照有关法律、法规和本办法规定，加强对建筑工程发承包计价活动的监督检查和投诉举报的核查，并有权采取下列措施：

(一) 要求被检查单位提供有关文件和资料；

(二) 就有关问题询问签署文件的人员；

(三) 要求改正违反有关法律、法规、本办法或者工程建设强制性标准的行为。

县级以上地方人民政府住房城乡建设主管部门应当将监督检查的处理结果向社会公开。

第二十二条 造价工程师在最高投标限价、招标标底或者投标报价编制、工程结算审核和工程造价鉴定中，签署有虚假记载、误导性陈述的工程造价成果文件的，记入造价工程师信用档案，依照《注册造价工程师管理办法》进行查处；构成犯罪的，依法追究刑事责任。

第二十三条 工程造价咨询企业在建筑工程计价活动中，出具有虚假记载、误导性陈述的工程造价成果文件的，记入工程造价咨询企业信用档案，由县级以上地方人民政府住房城乡建设主管部门责令改正，处1万元以上3万元以下的罚款，并予以通报。

第二十四条 国家机关工作人员在建筑工程计价监督管理工作中玩忽职守、徇私舞弊、滥用职权的，由有关机关给予行政处分；构成犯罪的，依法追究刑事责任。

第二十五条 建筑工程以外的工程施工发包与承包计价管理可以参照本办法执行。

第二十六条 省、自治区、直辖市人民政府住房城乡建设主管部门可以根据本办法制定实施细则。

第二十七条 本办法自 2014 年 2 月 1 日起施行。原建设部 2001 年 11 月 5 日发布的《建筑工程施工发包与承包计价管理办法》(建设部令第 107 号)同时废止。

中华人民共和国建设部
建设工程监理范围和规模标准规定

（建设部令第 86 号）

《建设工程监理范围和规模标准规定》已于 2000 年 12 月 29 日经第 36 次部常务会议讨论通过，现予发布，自发布之日起施行。

附件：建设工程监理范围和规模标准规定

附件：

建设工程监理范围和规模标准规定

第一条 为了确定必须实行监理的建设工程项目具体范围和规模标准，规范建设工程监理活动，根据《建设工程质量管理条例》，制定本规定。

第二条 下列建设工程必须实行监理：

（一）国家重点建设工程；

（二）大中型公用事业工程；

（三）成片开发建设的住宅小区工程；

（四）利用外国政府或者国际组织贷款、援助资金的工程；

（五）国家规定必须实行监理的其他工程。

第三条 国家重点建设工程，是指依据《国家重点建设项目管理办法》所确定的对国民经济和社会发展有重大影响的骨干项目。

第四条 大中型公用事业工程，是指项目总投资额在 3000 万元以上的下列工程项目：

（一）供水、供电、供气、供热等市政工程项目；

（二）科技、教育、文化等项目；

（三）体育、旅游、商业等项目；

（四）卫生、社会福利等项目；

（五）其他公用事业项目。

第五条 成片开发建设的住宅小区工程，建筑面积在5万平方米以上的住宅建设工程必须实行监理；5万平方米以下的住宅建设工程，可以实行监理，具体范围和规模标准，由省、自治区、直辖市人民政府建设行政主管部门规定。

为了保证住宅质量，对高层住宅及地基、结构复杂的多层住宅应当实行监理。

第六条 利用外国政府或者国际组织贷款、援助资金的工程范围包括：

（一）使用世界银行、亚洲开发银行等国际组织贷款资金的项目；

（二）使用国外政府及其机构贷款资金的项目；

（三）使用国际组织或者国外政府援助资金的项目。

第七条 国家规定必须实行监理的其他工程是指：

（一）项目总投资额在3000万元以上关系社会公共利益、公众安全的下列基础设施项目：

（1）煤炭、石油、化工、天然气、电力、新能源等项目；

（2）铁路、公路、管道、水运、民航以及其他交通运输业等项目；

（3）邮政、电信枢纽、通信、信息网络等项目；

（4）防洪、灌溉、排涝、发电、引(供)水、滩涂治理、水资源保护、水土保持等水利建设项目；

（5）道路、桥梁、地铁和轻轨交通、污水排放及处理、垃圾处理、地下管道、公共停车场等城市基础设施项目；

（6）生态环境保护项目；

（7）其他基础设施项目。

（二）学校、影剧院、体育场馆项目。

第八条 国务院建设行政主管部门商同国务院有关部门后，可以对本规定确定的必须实行监理的建设工程具体范围和规模标准进行调整。

第九条 本规定由国务院建设行政主管部门负责解释。

第十条 本规定自发布之日起施行。

第四部分

北京市相关法规及规范性文件

（一）北京市法规

北京市人民代表大会常务委员会
北京市建设工程质量条例

《北京市建设工程质量条例》经2015年9月25日北京市十四届人大常委会第21次会议通过，2015年9月25日北京市人民代表大会常务委员会公告[十四届]第14号公布。该《条例》分总则、建设工程有关单位的质量责任、建设工程有关人员的质量责任工程建设各阶段的质量责任、建设工程质量保障、法律责任、附则7章106条，自2016年1月1日起施行。

第一章　总　　则

第一条　为了明确建设工程质量责任，加强建设工程质量管理，保障建设工程质量，保护人民生命和财产安全，根据《中华人民共和国建筑法》《建设工程质量管理条例》和其他有关法律、行政法规，结合本市实际情况，制定本条例。

第二条　在本市行政区域内从事建设工程新建、改建、扩建、修缮等活动及对建设工程质量实施监督管理的，应当遵守本条例。

本条例所称建设工程，包括房屋建筑和市政基础设施工程。

第三条　建设、勘察、设计、施工、监理、检测、监测、施工图审查、预拌混凝土生产等建设工程有关单位和人员应当依照法律、法规、工程建设标准和合同约定从事工程建设活动，承担质量责任。

第四条　住房城乡建设行政主管部门负责建设工程质量监督管理工作；市政市容、园林绿化、文物、民防等行政主管部门负责公用设施、园林绿化、文物、人民防空等专业工程质量监督管理工作；规划行政主管部门负责勘察设计质量监督管理工作。

交通、水务、公安消防、质监、环保、气象等部门按照各自职责，负责相关监督管理工作。

第五条 建设工程相关行业协会、学会应当加强行业自律，引导会员单位和人员依法从事工程建设活动，可以提供咨询、培训、信息、技术等服务，建立行业信用评价制度，向建设工程监督管理部门提出改进工作的意见和建议，维护行业、会员的合法权益和共同经济利益。

第六条 本市鼓励第三方机构开展建设工程质量认证、检测、咨询、培训、保险、担保、信用评价等服务。

第七条 任何单位或者个人有权举报工程建设违法违规行为，投诉建设工程质量事故和质量缺陷。

第二章 建设工程有关单位的质量责任

第八条 建设单位依法对建设工程质量负责。建设单位应当落实法律法规规定的建设单位责任，建立工程质量责任制，对建设工程各阶段实施质量管理，督促建设工程有关单位和人员落实质量责任，处理建设过程和保修阶段建设工程质量缺陷和事故。

第九条 勘察单位对建设工程勘察质量负责。勘察单位应当按照法律法规和工程建设强制性标准开展勘察工作，勘探、测试、测量和试验原始记录应当真实、准确、完整，签署齐全。

第十条 设计单位对建设工程设计质量负责。设计单位应当按照法律法规和工程建设强制性标准开展设计工作，保证设计质量。

第十一条 施工单位对建设工程施工质量负责。施工单位应当按照工程建设标准、施工图设计文件施工，使用合格的建筑材料、建筑构配件和设备，不得偷工减料，加强施工安全管理，实行绿色施工。

第十二条 勘察、设计、施工总承包单位依法实施分包的，分包单位应当具备相应资质、技术条件，并对承担的勘察、设计、施工质量负责。勘察、设计、施工总承包单位应当对分包单位进行监督管理。

第十三条 监理单位对监理工作负责。监理单位应当按照法律法规、工程建设标准和施工图设计文件对施工质量实施监理。

第十四条 工程质量检测单位、房屋安全鉴定单位应当按照法律法规、工程建设标准，在规定范围内开展检测、鉴定活动，并对检测、鉴定数据和检测、鉴定报告的真实性、准确性负责。

第十五条 工程监测单位应当按照法律法规、工程建设标准和施工图设计文件实施监测，并对监测数据的真实性、准确性和可靠性负责。

第十六条 建筑材料、建筑构配件和设备的生产单位和供应单位按照规定对产品质量负责。

建筑材料、建筑构配件和设备进场时，供应单位应当按照规定提供真实、有效的质量证明文件。结构性材料、重要功能性材料和设备进场检验合格后，供应单位应当按照规定报送供应单位名称、材料技术指标、采购单位和采购数量等信息。供应涉及建筑主体和承重结构材料的单位，其法定代表人还应当签署工程质量终身责任承诺书。

第十七条 预拌混凝土生产单位应当具备相应资质，对预拌混凝土的生产质量负责。

预拌混凝土生产单位应当对原材料质量进行检验，对配合比进行设计，按照配合比通知单生产，并按照法律法规和标准对生产质量进行验收。

第三章 建设工程有关人员的质量责任

第十八条 建设、勘察、设计、施工、监理等单位的法定代表人应当签署授权委托书，明确各自建设工程项目负责人。

项目负责人应当签署工程质量终身责任承诺书。

法定代表人和项目负责人在工程设计使用年限内对工程建设相应质量承担直接责任。

第十九条 建设单位项目负责人负责组织协调建设工程各阶段的质量管理工作，督促有关单位落实质量责任，并对由其违法违规或不当行为造成的工程质量事故或者质量问题承担责任。

勘察、设计单位项目负责人对因勘察、设计导致的工程质量事故或者质量问题承担责任。

施工单位项目负责人对因施工导致的工程质量事故或者质量问题承担责任。

监理单位项目负责人对施工质量承担监理责任。

第二十条 从事工程建设活动的专业技术人员应当在注册许可范围和聘用单

位业务范围内从业，对签署技术文件的真实性和准确性负责，依法承担质量责任。

第二十一条 从事工程建设活动的专业技术人员应当具备相应专业技术资格或者注册执业资格，按照规定接受继续教育；其中关键岗位专业技术人员应当按照相关行业职业标准和规定经培训考核合格。

第二十二条 建设工程一线作业人员应当按照相关行业职业标准和规定经培训考核合格。建设工程有关单位应当建立健全一线作业人员的教育、培训制度，定期开展职业技能培训。

第四章 工程建设各阶段的质量责任

第一节 建设前期

第二十三条 依法必须进行招标的建设工程，建设单位、施工单位应当按照规定编制资格预审文件、招标文件。资格预审文件或者招标文件发出的同时，建设单位、施工单位应当向有关行政主管部门备案。

第二十四条 建设单位进行工程发包，不得将一个单位工程发包给两个以上的施工单位。禁止建设单位对预拌混凝土直接发包。

第二十五条 建设单位、施工单位应当将工程建设合同、勘察合同、设计合同、监理合同、施工分包合同、重要材料设备采购合同，按照规定报有关行政主管部门备案；建设工程规模标准、结构形式、使用功能等发生重大变更，依法应当由有关行政主管部门批准的，建设单位、施工单位应当将相关合同重新报备。

第二十六条 建设、勘察、设计、施工、监理等单位的项目负责人、供应涉及建筑主体和承重结构材料的单位的法定代表人，其签署的工程质量终身责任承诺书作为建设工程各阶段相关合同的附件，由建设单位在办理施工图设计文件审查、工程质量监督注册手续时向有关监督管理部门提交。

工程质量终身责任承诺书应当存入建设工程档案，工程竣工验收合格后移交城市建设档案管理部门。

第二十七条 中央及外省市在京从事工程建设活动的企业应当按照本市有关规定办理备案手续，纳入建设工程质量信用管理范围。

中央国家机关、驻京部队、中央企事业单位的审批类建设工程，建设单位应当按照规定在市住房城乡建设行政主管部门进行项目备案，纳入本市建设项目年度计划，并按照规定办理建设手续。

第二节 勘察设计

第二十八条 深基坑、地基处理等岩土工程的设计应当由具备相应资质的单位承担，岩土工程设计单位对设计质量负责。设计文件应当按规定经审查后方可使用，具体规定由市规划行政主管部门会同有关部门另行制定。

第二十九条 建设工程由多个单位合作设计的，各设计单位应当通过合作协议确定各自的工作内容和责任划分。分阶段的合作设计，各设计单位分别承担各阶段的设计质量责任。

第三十条 建设工程进行改建、扩建的，建设单位应当委托原设计单位或者具有相同或者以上资质等级的设计单位设计。因改建、扩建工程造成工程质量问题的，改建、扩建工程的设计单位应当承担设计质量责任。

第三十一条 建设单位应当按照国家规定将施工图设计文件报城乡规划行政主管部门审查。按照相关规定应当重新提交审查的，建设单位应当将修改后的施工图设计文件重新提交审查。经审查合格的施工图设计文件是建设工程施工、监理、验收及质量监督管理的依据。

第三十二条 设计变更或者工程洽商改变施工图设计文件内容的，设计技术人员应当按照规定签字签章。改变的内容作为施工图设计文件的组成部分。

第三节 工程施工

第三十三条 依法应当申请建设工程施工许可的，建设单位应当在开工前依法申请领取施工许可证。建设单位领取施工许可证后，施工单位方可进行施工。

施工许可证领取后，建设单位或者施工单位变更的，建设单位应当重新申请领取施工许可证；其他施工许可条件发生变更的，建设单位应当依法办理变更手续。

第三十四条 禁止施工单位允许其他单位或者个人通过挂靠方式，以本单位的名义承揽工程。禁止施工单位通过挂靠方式，以其他施工单位的名义承揽工程。

施工单位不得转包或者违法分包工程。

市住房城乡建设行政主管部门应当制定上述违法行为的具体认定和处理办法。

第三十五条 施工单位应当建立工程质量管理体系，设立项目管理机构，明确项目负责人，配备与工程项目规模和技术难度相适应的施工现场管理人员和专业技术人员，落实质量责任。

第三十六条 监理单位应当在施工现场设立项目监理机构，明确总监理工程师，按照国家和本市规定配备与工程项目规模、特点和技术难度相适应的专业监理工程师、监理员，采取巡视、平行检验、对关键部位和关键工序旁站等方式实施监理。

第三十七条 勘察、设计单位应当提供现场技术服务，及时解决施工中出现的勘察、设计问题。现场服务的范围、标准及费用可以由建设单位与勘察、设计单位在合同中约定。

第三十八条 相关工程建设标准、施工图设计文件要求实施第三方监测的，建设单位应当委托监测单位进行监测。

第三十九条 建设单位、施工单位可以采取合同方式约定各自采购的建筑材料、建筑构配件和设备，并对各自采购的建筑材料、建筑构配件和设备质量负责，按照规定报送采购信息。建设单位采购混凝土预制构件、钢筋和钢结构构件的，应当组织到货检验，并向施工单位出具检验合格证明。

第四十条 施工单位应当按照规定对建筑材料、建筑构配件和设备、预拌混凝土、混凝土预制构件及有关专业工程材料进行进场检验；实施监理的建设工程，应当报监理单位审查；未经审查或者经审查不合格的，不得使用。

监理单位应当监督施工单位将进场检验不合格的建筑材料、建筑构配件和设备、预拌混凝土、混凝土预制构件或者有关专业工程材料退出施工现场，并进行见证和记录。

第四十一条 建设单位应当委托具有相应资质的检测单位，按照规定对见证取样的建筑材料、建筑构配件和设备、预拌混凝土、混凝土预制构件和工程实体质量、使用功能进行检测。施工单位进行取样、封样、送样，监理单位进行见证。

第四十二条 发现检测结果不合格且涉及结构安全的，工程质量检测单位应当自出具报告之日起 2 个工作日内，报告住房城乡建设或者其他专业工程行政主管部门。行政主管部门应当及时进行处理。

任何单位不得篡改或者伪造检测报告。

第四十三条 监理单位应当按照规定审查施工单位现场质量保证制度，并监督执行。

发现施工单位项目管理机构及其岗位人员不符合配备标准、施工单位项目负责人未在施工现场履行职责或者分包单位不具备相应资质的，监理单位应当要求施工单位改正；施工单位拒不改正的，可以要求暂停施工。

发现涉及结构安全的重大质量问题的，监理单位应当要求施工单位立即停工整改。

第四十四条 施工单位应当按照规定对隐蔽工程、检验批、分项和分部工程进行自检。

实施监理的建设工程，施工单位自检合格后应当报监理单位进行验收。经验收不合格的，监理单位应当要求施工单位整改并重新报验；未经监理单位验收或者经验收不合格，施工单位将隐蔽部位隐蔽的，监理单位应当要求施工单位停工整改，采取返工、检测等措施，并重新报验。

第四十五条 监理单位按照本条例规定要求施工单位停工整改的，应当同时报告建设单位；施工单位拒不停工整改的，监理单位应当报告住房城乡建设或者其他专业工程行政主管部门。监理单位在施工单位停工整改完成前不予签认工程款支付申请。

第四十六条 建设工程发生涉及结构安全的重大工程质量问题的，建设、施工、监理单位应当自发现之日起3日内报告住房城乡建设或者其他专业工程行政主管部门。

第四节　竣工验收

第四十七条 单位工程完工后，施工总承包单位应当按照规定进行质量自检；自检合格的，监理单位应当组织单位工程质量竣工预验收。

竣工预验收合格的，建设单位应当组织勘察、设计、施工、监理等单位进行单位工程质量竣工验收，形成单位工程质量竣工验收记录。

第四十八条 单位工程质量竣工验收合格并具备法律法规规定的其他条件后，建设单位应当组织勘察、设计、施工、监理等单位进行工程竣工验收；对住宅工程，工程竣工验收前建设单位应当组织施工、监理等单位进行分户验收。

工程竣工验收应当形成经建设、勘察、设计、施工、监理等单位项目负责人签署的工程竣工验收记录，作为工程竣工验收合格的证明文件。工程竣工验收记录中各方意见签署齐备的日期为工程竣工时间。

第四十九条 轨道交通工程验收包括单位工程验收、项目工程验收和工程竣工验收三个阶段，建设单位应当制定各阶段验收方案。

轨道交通工程的单位工程验收合格且相关专项验收合格后，方可组织项目工程验收。项目工程验收合格且按照规定完成不载客试运行后，方可组织工程竣工验收。

轨道交通工程竣工验收合格，且消防、人民防空、运营设备和设施、环境保护设施、防雷装置、特种设备、卫生、供电、档案等按照规定验收后，方可交付试运营。轨道交通工程质量保修期限自交付试运营之日起计算。

第五十条 工程竣工验收合格，且消防、人民防空、环境卫生设施、防雷装置等应当按照规定验收合格后，建设工程方可交付使用。

通信工程、有线广播电视传输覆盖网、环境保护设施、特种设备等交付使用前应当按照规定验收。

建设工程未经竣工验收或者竣工验收不合格，交付使用或者投入试运营，出现问题的，由建设单位承担责任。

第五十一条 工程竣工验收合格后，建设单位应当将工程竣工验收报告、工程档案预验收文件及法律法规规定的其他文件报住房城乡建设或者其他专业工程行政主管部门备案。

交通、消防、环保、人民防空、通信等工程的竣工验收备案，应当按照相关法律、法规和规章的规定执行。

第五十二条 工程竣工验收后6个月内，建设单位应当向城市建设档案管理部门移交建设工程档案原件。

第五十三条 工程竣工验收前，建设单位应当设置永久性标识，载明工程名称和建设、勘察、设计、施工、监理等单位名称以及项目负责人姓名等内容。

第五节 保修使用

第五十四条 建设单位应当在建设工程质量保修范围和保修期限内对所有权人履行质量保修义务。

建设单位对所有权人的工程质量保修期限自交付之日起计算。

在建设工程保修期限内，经维修的部位保修期限自所有权人和相关单位验收合格之日起重新计算。

第五十五条 建设单位在房屋建筑工程交付使用时，应当向所有权人提供房屋建筑质量保证书和使用说明书。使用说明书应当载明房屋建筑的基本情况、设计使用寿命、性能指标、承重结构位置、管线布置、附属设备、配套设施及使用维护保养要求、禁止事项等。

房屋建筑质量保证书和使用说明书示范文本由市住房城乡建设行政主管部门制定。

第五十六条 建设工程交付使用后，所有权人对建设工程使用安全负责。所有权人应当按照设计功能和使用说明使用建设工程，并按照规定负责组织对建设工程进行检查维护、安全评估、安全鉴定、抗震鉴定和安全问题治理等活动。

第五十七条 禁止房屋建筑所有权人或者使用人擅自变动房屋建筑主体和承重结构。

任何单位和个人发现擅自变动的，可以向住房城乡建设行政主管部门举报。

第五章　建设工程质量保障

第一节　市场机制

第五十八条 建设工程有关单位应当按照自愿、平等、公平、诚实守信的原则，依法定程序签订勘察、设计、施工或者监理等合同，明确各自的权利义务，并按照合同约定履行义务。

本市鼓励使用合同示范文本。

建设工程相关合同经备案后作为结算工程建设费用的依据，合同当事人不得订立背离备案合同实质性内容的其他协议。

第五十九条 建设单位应当设立工程质量管理部门负责工程质量管理工作，也可以聘请工程项目管理单位提供专业化质量管理服务。

第六十条 建设单位应当按照建设工程质量要求、技术标准，工程造价管理规定和工程计价依据，合理确定工程建设费用，政府投资工程还应当科学合理确定投资估算、设计概算和最高投标限价。

投标单位报价总价低于本市规定的预警线，经评标专家委员会质询评审后中标的，建设单位可以适当提高履约担保金额。

建设单位应当按照合同约定及时足额支付工程建设费用。

第六十一条 建设单位调整勘察、设计周期和施工工期的，应当承担相应增加费用。

勘察、设计周期和施工工期按照国家和本市规定的定额及调整幅度确定，房屋征收、管线拆改移、树木伐移以及不可抗力等占用时间不包括在施工工期内。任何单位不得任意压缩合理勘察、设计周期和施工工期。

第六十二条 本市推行建设工程质量保险制度。

从事住宅工程房地产开发的建设单位在工程开工前，按照本市有关规定投保建设工程质量潜在缺陷责任保险，保险费用计入建设费用。保险范围包括地基基础、主体结构以及防水工程，地基基础和主体结构的保险期间至少为 10 年，防水工程的保险期间至少为 5 年。

鼓励建设工程有关单位和从业人员投保职业责任保险。

第六十三条 本市推行建设单位工程质量保修担保制度。

从事住宅工程房地产开发的建设单位应当在房屋销售前，办理住宅工程质量保修担保。保修担保范围包括工程保温、管线、电梯等影响房屋建筑主要使用功能的分项和分部工程。已经投保工程质量潜在缺陷责任保险，且符合规定的保修范围和保修期限的，可以不再办理保修担保。

其他建设单位参照前款执行。

第六十四条 本市推行建设工程施工总承包单位施工质量保修担保制度。

施工总承包单位与建设单位可以按照本市有关规定，在施工总承包合同中约定施工质量保修担保方式。

建设单位应当按照合同约定出具撤销保函申请书或者返还施工质量保证金。

第六十五条 行业协会、学会、金融机构、行政主管部门等，可以根据建设工程有关单位、从业人员的信用情况，在担保保险、资格资质、招标投标、金融信贷、评奖评优等有关工程建设活动中，采取守信激励、失信惩戒措施。

第二节　行政监管

第六十六条 住房城乡建设和其他专业工程行政主管部门应当设立建设工程

有关单位、从业人员信用信息、处罚信息档案，建立信用、处罚信息交换共享机制，信用、处罚信息公开制度和分级分类监管制度。

第六十七条 住房城乡建设和其他专业工程行政主管部门应当按照国家标准、行业标准和本市地方标准实施监管。

根据建设工程质量管理的需要，本市可以制定严于国家标准和行业标准的地方标准。

第六十八条 住房城乡建设和其他专业工程行政主管部门应当完善建设工程质量投诉举报机制。

第六十九条 住房城乡建设行政主管部门设立工程质量监督机构，受住房城乡建设行政主管部门委托具体负责建设工程质量监督行政执法工作，逐步建立监督执法过程追溯机制，定期对本地区工程质量动态状况进行分析、评估。

专业工程行政主管部门可以自行或者委托专业工程质量监督机构，负责专业工程的质量监督行政执法工作。

第七十条 工程质量监督执法包括下列内容：

（一）建设工程有关单位执行法律法规和工程建设强制性标准的情况；

（二）抽查、抽测涉及工程结构安全和主要使用功能的工程实体质量；

（三）抽查、抽测主要建筑材料、建筑构配件和设备的质量；

（四）对工程竣工验收进行监督；

（五）组织或者参与工程质量事故的调查处理；

（六）依法对违法违规行为实施行政处罚。

第七十一条 本市建立建设工程质量监督协调机制。市住房城乡建设行政主管部门负责本市建设工程质量综合协调工作，负有建设工程质量监督管理职责的部门应当加强质量监督的协作配合。

在质量监督职责出现交叉或者不明确时，综合协调部门应当及时协调；难以确定的，应当指定临时监管部门或者暂时履行，并及时会同市政府相关部门确定职责部门。

第六章　法律责任

第七十二条 国家机关工作人员在建设工程质量监督管理工作中玩忽职守、滥用职权、徇私舞弊，构成犯罪的，依法追究刑事责任；尚不构成犯罪的，依法给予行政处分。

第七十三条 国家机关工作人员不得违反规定插手干预工程建设，影响工程建设正常开展或者干扰正常监管、执法活动，不当干预工程建设的，依照有关行政问责规定追究责任。

第七十四条 违反本条例第九条规定，勘察单位勘探、测试、测量和试验原始记录不真实、准确、完备或者签署不齐全的，由规划行政主管部门责令改正，处 1 万元以上 3 万元以下的罚款。

第七十五条 违反本条例第十一条规定，施工单位在施工中偷工减料，使用不合格建筑材料、建筑构配件和设备，或者有不按照施工图设计文件或者施工技术标准施工的，由住房城乡建设或者专业工程行政主管部门责令改正，处工程合同价款百分之二以上百分之四以下的罚款；情节严重的，责令停业整顿，降低资质等级或者吊销资质证书。

前款所称工程合同价款是指违法行为直接涉及或者可能影响的分项工程、单位工程或者建设工程合同价款。

第七十六条 违反本条例第十四条规定，工程质量检测单位、房屋安全鉴定单位未按照有关法律法规、工程建设标准开展检测、鉴定活动的，由住房城乡建设行政主管部门责令改正，处 1 万元以上 3 万元以下的罚款，暂停承接相关业务 3 个月至 9 个月。

工程质量检测单位、房屋安全鉴定单位出具虚假、错误检测、鉴定报告的，由住房城乡建设行政主管部门责令改正，处 5 万元以上 10 万元以下的罚款，一年内暂停承接工程质量检测、房屋安全鉴定业务；情节严重的，依法吊销资质证书。

第七十七条 违反本条例第十五条规定，工程监测单位未按照有关法律法规、工程建设强制性标准和施工图设计文件实施监测的，由规划行政主管部门责令改正，处 1 万元以上 3 万元以下的罚款，一年内暂停承接相关项目监测业务。

工程监测单位伪造监测数据，或者出具虚假监测报告的，由规划行政主管部门责令改正，处 5 万元以上 10 万元以下的罚款，一年内暂停承接全部监测业务；情节严重的，依法吊销资质证书。

第七十八条 违反本条例第十六条第二款、第十八条第二款、第二十六条规定，建设、勘察、设计、施工、监理等单位的项目负责人，供应涉及建筑主体和承重结构材料的单位的法定代表人未签署工程质量终身责任承诺书，或者建设单位未提交工程质量终身责任承诺书的，由住房城乡建设、规划或者专业工程行政主管部门责令限期改正，逾期未改正的，处1万元以上3万元以下的罚款。

第七十九条 违反本条例第十七条第二款规定，预拌混凝土生产单位未进行配合比设计或者未按照配合比通知单生产、使用未经检验或者检验不合格的原材料、供应未经验收或者验收不合格的预拌混凝土的，由住房城乡建设或者其他行政主管部门责令改正，处10万元以上20万元以下的罚款；情节严重的，责令停业整顿或者吊销资质证书。

第八十条 违反本条例第二十条规定，从事工程建设活动的专业技术人员签署虚假、错误技术文件的，由住房城乡建设、规划或者专业工程行政主管部门责令改正，处1万元以上5万元以下的罚款。

第八十一条 违反本条例第二十一条、第二十二条规定，建设工程有关单位有下列情形之一的，由住房城乡建设、规划或者专业工程行政主管部门责令改正，处1万元以上5万元以下的罚款：

（一）使用不具备相应专业技术资格或者注册执业资格人员的；

（二）使用未按照规定接受继续教育的专业技术人员的；

（三）使用未通过培训考核的关键岗位专业技术人员的；

（四）使用未通过培训考核的一线作业人员的；

（五）未建立一线作业人员教育培训制度，或者未按照教育培训制度定期对一线作业人员开展职业技能培训的。

第八十二条 违反本条例第二十四条规定，建设单位将一个单位工程发包给两个以上的施工单位，或者将预拌混凝土直接发包的，由住房城乡建设或者专业工程行政主管部门责令改正，处单位工程合同价款百分之零点五以上百分之一以下的罚款；对全部或者部分使用国有资金的项目，可以暂停项目执行或者资金拨付。

第八十三条 违反本条例第三十三条第二款规定，建设单位或者施工单位发生变更未重新领取施工许可证施工的，由住房城乡建设或者专业工程行政主管部门责令改正，对建设单位处工程合同价款百分之一以上百分之二以下的罚款。

第八十四条 违反本条例第三十四条第一款规定，施工单位允许其他单位或者个人通过挂靠方式，以本单位的名义承揽工程的，由住房城乡建设或者专业工程行政主管部门责令改正，没收违法所得，处工程合同价款百分之二以上百分之四以下的罚款；可以责令停业整顿，降低资质等级；情节严重的，吊销资质证书。

施工单位通过挂靠方式，以其他施工单位的名义承揽工程的，由住房城乡建设或者专业工程行政主管部门责令停止违法行为，没收违法所得，处工程合同价款百分之二以上百分之四以下的罚款，可以责令停业整顿，降低资质等级；情节严重的，吊销资质证书。施工单位未取得资质证书通过挂靠承揽工程的，从重处罚。

违反本条例第三十四条第二款规定，施工单位将承包的工程转包或者违法分包的，由住房城乡建设或者专业工程行政主管部门责令改正，没收违法所得，处工程合同价款百分之零点五以上百分之一以下的罚款；可以责令停业整顿，降低资质等级；情节严重的，吊销资质证书。

第八十五条 违反本条例第三十六条、第四十一条规定，监理单位未对关键部位和关键工序进行旁站，或者见证过程弄虚作假的，由住房城乡建设或者专业工程行政主管部门责令改正，处 3 万元以上 10 万元以下的罚款。

第八十六条 违反本条例第三十九条规定，建设单位采购混凝土预制构件、钢筋和钢结构构件，未组织到货检验的，由住房城乡建设或者专业工程行政主管部门责令改正，处 10 万以上 20 万以下的罚款；建设单位采购的建筑材料、建筑构配件和设备不合格且用于工程的，由住房城乡建设或者专业工程行政主管部门责令改正，处 20 万元以上 50 万元以下的罚款。

第八十七条 违反本条例第四十条第一款、第四十四条规定，施工单位有下列行为之一的，由住房城乡建设或者专业工程行政主管部门责令改正，处 3 万元以上 10 万元以下的罚款；造成质量事故的，责令停业整顿，降低资质等级或者吊销资质证书：

（一）使用未经监理单位审查的建筑材料、建筑构配件和设备、预拌混凝土、混凝土预制构件及有关专业工程材料的；

（二）对送检样品或者进场检验弄虚作假的；

（三）隐蔽工程、检验批、分项工程、分部工程未经监理单位验收或者验收不合格，进行下一工序施工的。

第八十八条 违反本条例第四十一条规定，建设单位未按照规定委托检测单位进行检测的，由住房城乡建设或者专业工程行政主管部门责令改正，处 10 万元以上 30 万元以下的罚款。

第八十九条 违反本条例第四十二条第二款规定，篡改或者伪造检测报告的，由住房城乡建设或者专业工程行政主管部门责令改正，处 3 万元以上 10 万元以下的罚款。

第九十条 违反本条例第四十三条第二款和第三款、第四十四条第二款、第四十五条规定，监理单位未要求施工单位立即停工整改，或者施工单位拒不停工整改时未报告的，由住房城乡建设或者专业工程行政主管部门责令改正，处 1 万元以上 5 万元以下的罚款。

施工单位不执行监理单位停工整改要求的，由住房城乡建设或者专业工程行政主管部门责令改正，处 3 万元以上 10 万元以下的罚款。

第九十一条 违反本条例第四十四条第二款、第四十七条第一款规定，监理单位将不合格的隐蔽工程、检验批、分项工程和分部工程按照合格进行验收，或者在单位工程质量竣工预验收中将质量不合格工程按照质量合格工程预验收的，由住房城乡建设或者专业工程行政主管部门责令改正，处 3 万元以上 10 万元以下的罚款。

第九十二条 违反本条例第四十六条规定，建设、施工、监理单位未在 3 日内报告涉及结构安全的重大工程质量问题的，由住房城乡建设或者专业工程行政主管部门责令改正，处 3 万元以上 10 万元以下的罚款。

第九十三条 违反本条例第四十七条第二款规定，建设、施工、监理等单位在单位工程质量竣工验收中将不合格工程按照合格验收的，由住房城乡建设或者专业工程行政主管部门责令改正，对建设单位处单位工程合同价款百分之二以上百分之四以下的罚款，对负有责任的施工、监理单位处 10 万元以上 20 万元以下的罚款。

勘察、设计单位在单位工程质量竣工验收中将质量不合格单位工程按照质量合格单位工程验收的，由规划行政主管部门责令改正，处 10 万元以上 20 万元以下的罚款。

第九十四条 违反本条例第四十八条第二款规定，施工单位在工程竣工验收中将不合格工程按照合格验收的，由住房城乡建设或者专业工程行政主管部门责令改正，处工程合同价款百分之一以上百分之二以下的罚款。

勘察、设计单位在工程竣工验收中将竣工验收不合格工程按照合格工程验收的，由规划行政主管部门责令改正，处合同约定的勘察费、设计费百分之二十五以上百分之五十以下的罚款。

第九十五条 违反本条例第五十三条规定，建设单位未按照规定设置永久性标识的，由住房城乡建设或者专业工程行政主管部门责令限期改正，逾期未改正的，处3万元的罚款。

第九十六条 违反本条例第五十四条规定，建设单位未履行质量保修义务的，由住房城乡建设或者专业工程行政主管部门责令改正，处10万元以上50万元以下的罚款，并对质量缺陷造成的损失承担赔偿责任。

第九十七条 违反本条例第五十五条第一款规定，建设单位未向房屋建筑所有权人提供房屋建筑质量保证书或者使用说明书的，由住房城乡建设或者专业工程行政主管部门责令改正，并可以处1万元以上5万元以下的罚款。

第九十八条 违反本条例第五十八条第三款规定，合同双方订立背离备案合同实质性内容协议的，由住房城乡建设、规划或者专业工程行政主管部门责令改正，可以处合同价款百分之零点五以上百分之一以下的罚款。

第九十九条 违反本条例第六十一条第二款规定，任何单位任意压缩合理勘察、设计周期或者施工工期的，由住房城乡建设、规划或者专业工程行政主管部门责令改正，处20万元以上50万元以下的罚款。

第一百条 违反本条例第六十三条第二款规定，从事住宅工程房地产开发的建设单位未按照规定办理住宅工程质量保修担保的，由住房城乡建设行政主管部门责令限期改正，逾期未改正的，处10万元以上30万元以下的罚款。

第一百零一条 违反本条例第六十四条第三款规定，建设单位未及时出具撤销保函申请书或者返还保证金的，由住房城乡建设或者专业工程行政主管部门责令限期改正，逾期未改正的，处10万元以上50万元以下的罚款。

第一百零二条 依照本条例规定，给予单位罚款处罚的，对单位直接负责的主管人员和其他直接责任人员处单位罚款数额百分之五以上百分之十以下的罚款。建设、勘察、设计、施工、监理单位项目负责人和注册执业人员因过错造成涉及结构安全、主要使用功能等重大质量问题的，二年以内不得担任项目负责人。

第一百零三条 违反本条例规定，建设工程有关单位和从业人员构成犯罪的，对直接责任人员依法追究刑事责任；造成损失的，责任单位依法承担赔偿责任。

第七章 附 则

第一百零四条 本条例所称建设单位是指与勘察单位、设计单位、总承包单位、监理单位等签订建设工程合同的法人。

第一百零五条 抢险救灾及其他临时性房屋建筑、农民自建低层住宅的建设活动和军事建设工程的管理，不适用本条例。

第一百零六条 本条例自 2016 年 1 月 1 日起施行。

北京市人民代表大会常务委员会
北京市招标投标条例(2010年修正)

(2002年9月6日北京市第十一届人民代表大会常务委员会第三十六次会议通过，根据2010年12月23日北京市第十三届人民代表大会常务委员会第二十二次会议《关于修改地方性法规的决定》修正)

第一章　总　　则

第一条　为了规范招标投标活动，保护国家利益、社会公共利益和招标投标活动当事人的合法权益，根据《中华人民共和国招标投标法》(以下简称《招标投标法》)和其他有关法律、法规的规定，结合本市实际情况，制定本条例。

第二条　本市的工程建设、货物和服务采购以及其他项目的招标投标活动，适用本条例。

第三条　招标投标活动遵循公开、公平、公正和诚实信用的原则。

第四条　下列工程建设项目包括项目的勘察、设计、施工、监理以及与工程建设有关的重要设备、材料等的采购，符合市人民政府按照国家规定制定的招标范围和规模标准的，必须进行招标：

(一) 基础设施和公用事业等关系社会公共利益、公众安全的项目；

(二) 全部或者部分使用国有资金投资或者政府融资的项目；

(三) 使用国际组织或者外国政府贷款、援助资金的项目。法律、法规或者市人民政府对必须进行招标的货物和服务采购以及其他项目有规定的，依照其规定。

第五条　任何单位和个人不得将依法必须进行招标的项目化整为零或者以其他任何方式规避招标。

第六条　市和区、县人民政府及其所属部门不得对招标投标活动实行地区封锁和部门限制。

第七条 市发展改革部门指导和协调全市招标投标工作，会同有关行政主管部门拟定有关招标投标规定，报市人民政府批准后实施。市和区、县人民政府有关行政主管部门按照各自职责对招标投标活动实施监督。有关行政主管部门对招标投标活动实施监督的具体职权划分，由市人民政府规定。

第二章 招标和投标

第八条 招标项目依照国家有关规定需要履行项目审批手续的，应当先履行审批手续，取得批准。依法必须进行招标的项目，需要履行项目审批手续的，招标人应当同时将招标范围和方式等有关招标的内容报送项目审批部门核准。项目审批后，审批部门应当在 5 个工作日内向有关行政主管部门通报所确定的招标范围和方式等情况。招标人对经核准的招标范围和方式等作出改变的，应当到原项目审批部门重新办理核准手续。

第九条 招标人应当有进行招标项目的相应资金或者资金来源已经落实，并应当在招标文件中如实载明，但是选择投资主体、经营主体等不需要落实资金来源的招标项目除外。

第十条 招标分为公开招标和邀请招标。

第十一条 依法必须进行招标的项目中，全部使用国有资金投资或者国有资金投资占控股或者主导地位的，以及国务院发展改革部门确定的国家重点项目和市人民政府确定的地方重点项目，应当依法公开招标。其中有下列情形之一的，经批准，可以邀请招标：

（一）技术复杂或者有特殊要求，只有少数潜在投标人可供选择的；

（二）受资源和环境条件限制，只有少数潜在投标人可供选择的；

（三）其他不适宜公开招标的。有前款规定情形之一，招标人拟邀请招标的，应当经项目审批部门批准；其中国务院发展改革部门确定的国家重点项目和市人民政府确定的地方重点项目，应当经国务院发展改革部门或者市人民政府批准。

第十二条 招标人可以委托招标代理机构办理招标事宜或者依法自行办理招标事宜。依法必须进行招标的项目，招标人自行办理招标事宜的，应当具有编制招标文件和组织评标的能力，并应当向有关行政监督部门备案。

第十三条 招标代理机构的资格认定按照国家有关规定执行。本市有关行政主管部门应当将通过资格认定的招标代理机构名单向社会公布。招标代理机构与行政机关和其他国家机关不得存在任何隶属关系或者其他利益关系。

第十四条 招标代理机构应当在招标人委托的范围内办理招标事宜，并遵守《招标投标法》和本条例关于招标人的规定。未经招标人同意，招标代理机构不得转让代理业务。招标代理机构不得为投标人提供其所代理的招标项目的咨询服务。

第十五条 招标人公开招标的，应当发布招标公告。依法必须进行招标项目的招标公告，应当按照国家有关规定在国家或者本市指定的报刊、信息网络或者其他媒介发布。

第十六条 招标人对投标人进行资格预审的，应当根据招标项目的性质、特点和要求，编制资格预审的条件和方法，并在招标公告或者资格预审公告中载明。招标人拟限制投标人数量的，应当在招标公告或者资格预审公告中载明预审后投标人的数量，并按照招标公告或者资格预审公告中载明的资格预审的条件和方法选择投标人。招标公告或者资格预审公告中没有载明预审后投标人数量的，招标人不得限制达到资格预审标准的投标人进行投标。

第十七条 招标人应当根据招标项目的特点和需要编制招标文件。招标文件一般由下列部分组成：

（一）投标人须知：包括评标方法和标准、编制投标文件的要求、投标方式、投标截止时间、开标地点和投标有效期；

（二）合同主要条款及协议书格式；

（三）要求投标人提供的资格和资信证明、投标函及附件、履约担保证件、授权委托书的格式和说明；

（四）投标价格要求及其计算方法；

（五）技术条款：包括招标项目范围、性质、规模、数量、标准和主要技术要求及交货或者提供服务时间；

（六）图纸或者其他应当提供的资料；

（七）其他应当说明的问题。国际招标的项目，招标文件可以规定投标文件使用多种语言文字。投标文件不同文本之间有歧义的，应当以中文文本为准。

第十八条 政府投资和政府融资项目的招标人，应当严格按照批准的初步设计方案和投资总额编制招标文件。

第十九条 招标项目设置标底的，标底应当保密；在开标前，任何单位和个人不得以任何形式审查标底。政府投资和政府融资的项目一般不设置标底。

第二十条 招标人不得以获得本地区、本行业奖项作为投标条件或者以不合理的地域、行业、所有制等条件限制、排斥潜在投标人投标；不得强制投标人组成联合体共同投标；不得向他人透露可能影响公平竞争的有关招标投标的情况。

第二十一条 投标人在投标截止时间之前撤回投标的，应当书面通知招标人招标人接到通知后，收取投标保证金的，应当返还其投标保证金。

第二十二条 投标截止时间届满时，投标人少于3个的，招标人应当依法重新招标。

第二十三条 投标人不得相互约定抬高或者压低投标报价；不得与招标人串通投标；不得以向招标人或者评标委员会成员行贿的手段谋取中标；不得以他人名义投标或者以投标报价低于成本价等方式弄虚作假，骗取中标。

第三章 开标、评标和中标

第二十四条 开标应当在招标文件确定的提交投标文件截止时间的同一时间公开进行；开标地点应当为招标文件中预先确定的地点。

第二十五条 评标活动应当遵循公平、公正、科学和择优的原则依法进行。任何单位和个人不得非法干预、影响评标过程及结果。

第二十六条 评标由招标人依法组建的评标委员会负责。依法必须进行招标项目的评标委员会，由招标人的代表和有关技术、经济等方面的专家组成，成员人数为5人以上单数，其中技术、经济等方面的专家不得少于成员总数的三分之二。前款专家应当由招标人从国务院有关部门或者市人民政府有关部门提供的评标专家名册或者招标代理机构的专家库内的相关专业的专家名单中采取随机抽取方式确定；技术特别复杂、专业性要求特别高或者国家有特殊要求的招标项目，采取随机抽取方式确定的专家难以胜任的，可以由招标人直接确定。评标委员会成员的名单在中标结果确定前应当保密。本市逐步建立全市统一的评标专家名册。

第二十七条 评标委员会设负责人的，评标委员会负责人由评标委员会成员推举产生或者由招标人直接确定。评标委员会负责人与评标委员会其他成员有同等的表决权。

第二十八条 有下列情形之一的，不得担任相关项目的评标委员会成员：

（一）投标人或者投标人的主要负责人的近亲属；

（二）与投标人有利害关系的；

（三）与投标人有其他关系，可能影响公正评审的。评标委员会成员有前款规定情形之一的，应当主动提出回避。招标人发现评标委员会成员有本条第一款规定情形之一的，应当予以更换。

第二十九条 评标可以采用经评审的最低投标价法或者综合评估法以及法律、法规允许的其他评标方法。采用招标方式确定基础设施和公用事业项目的投资主体、经营主体以及政府投资和政府融资项目的项目法人的，应当采用综合评估法评标。

第三十条 评标委员会应当按照招标文件确定的评标标准和方法，对投标文件进行评审和比较。招标项目设置标底的，标底作为评标参考。评标委员会完成评标后，应当向招标人提出书面评标报告，并推荐1至3名合格的中标候选人。招标人根据评标委员会提出的书面评标报告和推荐的中标候选人确定中标人。招标人也可以授权评标委员会直接确定中标人。评标委员会不得改变招标文件确定的评标标准和方法。

第三十一条 中标人的投标应当符合下列条件之一：

（一）能够最大限度地满足招标文件中规定的各项综合评价标准；

（二）能够满足招标文件的实质性要求，并且经评审的投标价格最低；但是投标价格低于成本的除外。

第三十二条 在评标过程中，有下列情形之一的，评标委员会可以认定为废标：

（一）投标人的报价明显低于其他投标报价或者在设有标底时明显低于标底，投标人不能合理说明或者不能提供相关证明材料证明其投标报价不低于其成本的；

（二）投标文件未能在实质上响应招标文件提出的所有实质性要求和条件的；

（三）符合招标文件规定的其他废标条件的。投标人以他人的名义投标、串通投标、以行贿手段谋取中标或者以其他弄虚作假方式投标的，应当作废标处理。

第三十三条 投标人资格条件不符合国家有关规定和招标文件要求的，或者不按照要求对投标文件进行澄清和说明的，评标委员会可以否决其投标。

第三十四条 评标委员会根据本条例第三十二条、第三十三条规定否决不合格投标或者认定为废标后，有效投标不足3个的，可以否决全部投标。依法必须进行招标的项目所有投标被否决的，招标人应当依法重新招标。

第三十五条 依法必须进行招标的项目，招标人应当自确定中标人之日起

15 日内，向有关行政监督部门提交招标投标情况的书面报告。提交书面报告时，应当同时附送下列文件或者文件的复制件：

（一）招标文件；

（二）招标公告及发布媒介或者投标邀请书；

（三）实行资格预审的，资格预审文件和资格预审结果；

（四）评标委员会成员和评标报告；

（五）中标结果及中标人的投标文件。

第三十六条 中标人确定后，招标人应当向中标人发出中标通知书，同时将中标结果书面通知所有未中标的投标人。中标通知书对招标人和中标人具有法律效力。政府投资和政府融资项目的中标结果应当向社会公告。

第三十七条 招标人和中标人应当在规定时间内，按照招标文件和中标人的投标文件订立书面合同，不得再行订立背离合同实质性内容的其他协议。政府投资和政府融资的项目签订合同后，招标人应当向有关行政监督部门备案。

第三十八条 招标人收取投标保证金的，在与中标人签订合同后 5 个工作日内，应当向中标人和未中标的投标人退还投标保证金。

第三十九条 中标人应当按照合同约定履行义务，完成中标项目。中标人不得向他人转让中标项目，也不得将中标项目肢解后转让。中标人按照合同约定或者经招标人同意，可以将中标项目的部分非主体、非关键性工作分包给他人完成。接受分包的人应当具备相应的资格条件，并不得再次分包。中标人应当就分包项目向招标人负责，接受分包的人就分包项目承担连带责任。

第四章 监 督

第四十条 市和区、县人民政府有关行政监督部门应当加强对招标投标活动的监督检查，市发展改革部门应当加强对政府投资和政府融资项目招标投标活动的监督，协调有关监督检查工作。

第四十一条 行政监督部门应当依法履行监督职责，不得任意增加招标投标审批事项，不得非法干涉或者侵犯招标人选择招标代理机构、编制招标文件、组织投标资格审查、确定开标的时间和地点、组织评标、确定中标人等事项的自主权。

第四十二条 有关行政监督部门可以采取执法专项检查、重点抽查、成立调查组进行专项调查等方式对招标投标活动监督检查，依法查处违法行为。有关行政监督部门进行执法监督检查时，有权调取和查阅有关文件，调查、核实有关情况。

第四十三条 本市对地方重点项目的招标投标活动进行专项稽察。专项稽察包括以下内容：

（一）招标投标当事人和行政监督部门有关招标投标的行为是否符合法律、法规规定的权限和程序；

（二）对招标投标的有关文件、资料的合法性、真实性进行核实；

（三）对资格预审、开标、评标、定标过程是否合法和符合招标文件、资格审查文件规定进行调查核实；

（四）招标投标结果的执行情况；

（五）其他需要专项稽察的内容。

第四十四条 任何单位和个人认为招标投标活动违反《招标投标法》和本条例规定的，可以向有关行政监督部门举报。有关行政监督部门应当及时调查处理，将处理情况告知举报人，并为举报人保密。投标人和其他利害关系人认为招标投标活动违反《招标投标法》和本条例规定的，有权向有关行政监督部门投诉。有关行政监督部门应当在收到投诉后10个工作日内，作出是否受理的决定；决定受理的，应当及时调查处理，并将处理情况告知投诉人。投诉人对有关行政监督部门逾期未作出受理决定或者对投诉处理决定不服的，可以依法申请行政复议或者提起行政诉讼。

第四十五条 本市建立招标投标活动违法行为记录系统，记载招标人、招标代理机构、投标人、评标委员会成员等招标投标活动当事人的违法行为及处理结果。单位和个人有权查询违法行为处理结果记录。

第五章 法律责任

第四十六条 违反本条例的行为，法律、行政法规有规定的，依照其规定追究法律责任；没有法律、行政法规规定的，适用本条例规定。

第四十七条 本章规定的行政处罚，由市人民政府规定的有关行政监督部门决定。

第四十八条 招标人违反本条例第十一条规定，应当公开招标的项目未经批准擅自邀请招标的，由项目审批部门责令限期改正，可以处1万元以上5万元以下罚款；有关部门可以对单位直接负责的主管人员和其他责任人员依法给予行政处分；其中使用政府投资的项目，可以暂停项目执行或者暂停资金拨付。

第四十九条 招标人违反本条例第十五条第一款规定，对依法必须进行招标的项目，应当发布招标公告而不发布的，由有关行政监督部门责令限期改正，可以处项目合同金额5‰以上10‰以下罚款；违反本条例第十五条第二款规定，对依法必须进行招标的项目不在指定媒介发布招标公告的，或者违反本条例第二十条规定，在招标公告中以不合理的条件限制或者排斥潜在投标人的，由有关行政监督部门责令限期改正，可以处1万元以上5万元以下罚款。

第五十条 违反本条例第二十三条规定，政府投资和政府融资项目的投标人以投标报价低于成本价的方式骗取中标，导致合同不能全部履行的，取消其3年至5年参加政府投资和政府融资项目的投标资格并予以公告。

第五十一条 违反本条例第四十一条、第四十四条规定，有关行政监督部门擅自增加审批事项和非法干涉或者侵犯招标人自主权的，对于举报或者投诉不及时处理，或者不为举报人保密的，由有关部门对单位直接负责的主管人员和其他直接责任人员依法给予警告、记过、记大过的处分；情节较重的，依法给予降级、撤职、开除的处分。行政监督部门的工作人员利用职权，非法干涉或者侵犯招标人自主权的，依照前款规定追究责任。

第六章 附 则

第五十二条 本条例自2002年11月1日起施行。

北京市人民政府北京市工程建设监理管理办法

（北京市人民政府第 283 号令）

第一条 为加强对工程建设监理的管理，提高建设工程质量，充分发挥建设投资的综合效益，制定本办法。

第二条 本办法所称建设监理，是指具有法人资格的监理单位受建设单位的委托，依据有关法律、法规以及合同等对施工阶段工程建设投资、工期和质量进行的监督管理。

第三条 凡在本市行政区域内进行建筑、市政、设备安装等工程建设监理，均按本办法执行。

第四条 市住房和城乡建设委员会是本市工程建设监理的主管机关。

第五条 工程建设监理主管机关主要履行以下职责：

（一）贯彻执行国家和本市有关工程建设监理的法律、法规和规章；

（二）负责本市监理单位的资质管理；

（三）负责中央各部门所属监理单位和外省市监理单位，港、澳、台地区以及外国监理单位在本市从事监理业务的管理；

（四）负责本市监理工程师的培训、资格审定和执业注册的管理；

（五）负责工程建设监理招标投标工作的管理；

（六）调解监理争议，调查处理重大监理事故；

（七）检查处理违法的监理行为。

第六条 下列建设工程应当实行监理：

（一）大中型工业和交通建设项目，市政工程和大型民用建设工程；

（二）国家和本市的重点建设工程；

（三）利用外资的建设工程；

（四）高新技术产业开发区工程；

（五）住宅小区和危旧房改造小区工程。

第七条 成立建设监理单位应当具备下列条件：

（一）有固定的经营场所；

（二）注册资本金符合国家有关规定；

（三）有符合国家和本市规定的工程技术与管理人员。

第八条 成立监理单位应当在市场监督管理部门登记注册后，到建设监理主管部门办理资质认定手续。

第九条 从事监理工作的注册监理工程师应当按照国家有关规定考试合格并注册，取得监理工程师注册执业证书和执业印章。未取得注册证书和执业印章的人员，不得以注册监理工程师的名义从事工程监理及相关业务活动。

第十条 建设单位应当通过招标投标方式选择监理单位。建设单位和监理单位应当签订合同，合同应当具备以下主要条款：

（一）监理的范围和内容；

（二）对工程工期、质量和投资控制的要求；

（三）建设单位赋予监理单位的权限和提供的工作条件；

（四）监理费率和支付方式；

（五）建设单位对监理单位合理化建议的奖励办法；

（六）违约责任。

监理合同签订后，监理单位应当将合同向建设监理主管机关备案。

第十一条 建设单位在监理单位实施监理前应当将监理的范围、内容、总监理工程师姓名及其授予监理单位的权限等，书面通知施工单位；总监理工程师应当将其授予监理工程师的权限书面通知施工单位。

第十二条 监理单位必须按照规定的营业范围和资质等级承接监理业务，并遵守下列规定：

（一）不得监理与被监理工程的施工承包单位以及建筑材料、建筑构配件和设备供应单位有隶属关系或者其他利害关系的建设工程；

（二）禁止将本单位监理的建设工程转给其他单位监理；

（三）不得承包施工或进行材料及设备的销售；

（四）本单位从业人员不得在施工、设备制造和材料销售单位兼职。

第十三条 监理人员进行监理，必须严格执行合同和有关法律、法规、技术标准。

第十四条 工程监理实行总监理工程师负责制。总监理工程师行使合同赋予监理单位的权限，对工程的投资、工期和质量、安全进行全面监督和管理。

在监理过程中，总监理工程师应当向建设单位报告工程情况，未经建设单位特别授权，总监理工程师无权变更建设单位与施工单位签订的工程承包合同。

第十五条 总监理工程师对危及工程质量和安全的施工，按照监理权限可以下达停工指令，对施工单位人员不符合工作要求的，可以要求撤换，施工单位应当执行。

第十六条 对监理的工程项目，施工单位结算工程进度款要经总监理工程师核定签字认可，建设单位同意并报开户银行审查后方可支付。被总监理工程师拒绝签字认可的，建设单位不予支付工程款。

第十七条 对影响工程质量和使用功能以及不合理的设计图纸，监理单位有权要求有关单位修改。对不符合质量要求的材料、设备和构配件，监理单位有权要求生产或者供应单位退换。

第十八条 监理费用的收取应当按照《建设工程监理与相关服务收费管理规定》执行。

外商独资和国外贷款、赠款建设的工程建设监理费，国内监理单位监理的，可按国内同类型工程监理费率的130%至150%计收；合作监理的，可参照国外标准由建设单位和监理单位商定。

第十九条 实行监理的工程必须接受建设工程质量监督部门的监督管理。

第二十条 违反本办法，建设项目必须实行工程监理而建设单位未实行的，由工程建设监理主管部门按照《建设工程质量管理条例》的有关规定处理。

第二十一条 本办法自 1995 年 3 月 10 日起施行。

北京市人民政府北京市建筑工程施工许可办法

（北京市人民政府　第 277 号令）

2003 年 11 月 25 日北京市人民政府第 139 号令公布，根据 2018 年 2 月 12 日北京市人民政府第 277 号令修改。

第一条　为了加强对建筑活动的监督管理，维护建筑市场秩序，保证建筑工程质量和施工安全，根据《中华人民共和国建筑法》和《建设工程质量管理条例》，结合本市实际情况，制定本办法。

第二条　在本市行政区域内进行工程投资额在 30 万元以上或者建筑面积在 300 平方米以上的下列建筑工程施工的，建设单位应当领取施工许可证：(一) 房屋建筑及其附属设施和与其配套的线路、管道、设备安装的新建、改建、扩建工程；(二) 市政基础设施的新建、改建、扩建工程；(三) 房屋装饰装修工程。按照国务院规定的权限和程序批准开工报告的建筑工程，不再领取施工许可证。

第三条　依法应当领取施工许可证而未领取的，建筑工程不得开工。本办法所称开工，是指建筑工程开始施工作业，其中，新建工程的开工，是指开始进行基础桩施工或者土方开挖；改建、扩建工程和旧有房屋装饰装修工程的开工，是指开始进行拆改作业。

第四条　任何单位和个人不得将应该申请领取施工许可证的工程项目分解为若干限额以下的工程项目，规避申请领取施工许可证。

第五条　市住房城乡建设行政主管部门是本市建筑工程施工许可的主管机关。区住房城乡建设行政主管部门按照规定职责负责本行政区域内建筑工程施工许可工作。

第六条　建设单位领取施工许可证，应当具备下列条件：(一) 已经办理该建筑工程用地批准手续，房屋装饰装修工程应当取得房屋所有权人同意；(二) 已经取得规划许可证；(三) 需要征收、拆迁的，其进度符合施工要求；

(四)已经确定建筑施工企业，并签订施工承包合同；(五)有满足施工需要的施工图纸及技术资料，施工图设计文件已按规定进行了审查，依法建设的人防工程的施工图符合有关法律规定；(六)有保证工程质量和安全的具体措施，并按规定办理了工程质量监督手续；(七)建设资金已经落实，建设工期不足1年的，到位资金不得少于工程合同价款的50%；建设工期超过1年的，到位资金不得少于工程合同价款的30%；(八)法律、行政法规规定的其他条件。

第七条 施工许可证应当以建设项目为单位领取。但房屋建筑工程可以以一个或者若干单项工程为单位分别领取；线状市政基础设施工程可以分段领取。按照前款规定建设项目分别领取施工许可证的，各单项工程、分段工程的工程投资额或者建筑面积不得低于本办法第二条规定的限额；各单项工程、分段工程的建设规模、工程投资额总和应当分别与建设项目的总建设规模和总工程投资额一致。

第八条 新建道路的地下管线工程应当随同新建道路工程领取施工许可证；房屋附属设施工程、与房屋配套的线路、管道、设备安装工程应当随同房屋建筑工程领取施工许可证；新建房屋装饰装修工程可以随同房屋建筑工程领取施工许可证。

第九条 建设单位应当在建筑工程开工前向市住房城乡建设行政主管部门或者建筑工程所在地的区住房城乡建设行政主管部门(以下简称发证机关)申请领取施工许可证，并提交下列文件：(一)填写齐备并加盖建设单位印章的施工许可证申请表，申请表可以从市住房城乡建设行政主管部门网站上下载或者向发证机关免费索取；(二)符合本办法第六条规定条件的证明文件。

第十条 发证机关应当即时审查建设单位的施工许可申请，对申请人提交的文件不齐备的，应当当场一次告知需要补正的全部文件；对提交文件齐备的，应当受理施工许可申请并出具加盖本行政机关专用印章和注明日期的书面凭证。对符合本办法第六条规定的，发证机关应当自受理之日起10日内核发施工许可证；对不符合本办法第六条规定的，应当作出不予发证的书面决定并说明理由。发证机关可以根据需要对建筑工程用地进行现场踏勘。

第十一条 施工许可证分为一件正本和两件副本，副本和正本具有同等法律效力。禁止伪造、变造和涂改施工许可证。

第十二条 施工许可证发放后，建设单位或者施工单位发生变更的，应当重新申请领取施工许可证。本办法第六条规定的其他条件发生变更，依法应当报经有关行政主管部门办理变更手续的，建设单位应当在办理变更手续后10日内告知发证机关；依法不需要报经有关行政主管部门办理变更手续的，建设单位应当在条件变更后10日内告知发证机关。

第十三条 建设单位应当在建筑工程施工现场的显著位置公示施工许可证复印件。

第十四条 建设单位应当自领取施工许可证之日起3个月内开工。因故不能开工的，应当在期满前向发证机关申请延期；延期以两次为限，每次不超过3个月。既不开工又不申请延期或者超过延期次数、时限的，施工许可证自行废止。

第十五条 在建的建筑工程因故中止施工的，建设单位应当自中止施工之日起1个月内以书面形式向发证机关报告，报告内容包括中止施工的时间、原因、施工进度、维修管理措施等，并按照规定做好建筑工程的维护管理工作。建筑工程恢复施工时，应当向发证机关报告；中止施工满1年的工程恢复施工前，建设单位应当报发证机关核验施工许可证。

第十六条 市住房城乡建设行政主管部门应当定期汇总全市颁发的施工许可证情况，向社会公布并接受公众查询。

第十七条 任何单位和个人有权对未取得施工许可证擅自施工或者不按照施工许可证规定施工的行为进行检举和举报。

第十八条 市住房城乡建设行政主管部门应当按照规定将建设单位、施工单位与施工许可有关的信用信息记入北京市企业信用信息系统。

第十九条 建设单位未取得施工许可证擅自施工的，或者建设单位、施工单位发生变更未重新领取施工许可证的，由市或者区住房城乡建设行政主管部门责令停止施工，限期改正，处工程合同价款百分之一以上百分之二以下的罚款。

第二十条 违反本办法第十二条第二款的规定，建设单位未按时告知发证机关有关变更事项的，由市或者区住房城乡建设行政主管部门给予警告，并处5000元以上3万元以下罚款。

第二十一条 发证机关及其工作人员不按照规定核发施工许可证，或者核发施工许可证后不履行监督管理职责的，或者对依法应当查处的违法行为不予查处的，由上级机关责令改正，对责任人员依法给予行政处分；构成犯罪的，依法追究刑事责任。

第二十二条 建设单位认为发证机关办理施工许可的具体行政行为侵犯其合法权益的，可以依法申请行政复议或者提起行政诉讼。

第二十三条 依法核定作为文物保护的纪念建筑物和古建筑等的修缮，依照文物保护的有关法律、法规的规定执行。军用房屋建筑工程施工许可管理办法，按照国务院、中央军事委员会的有关规定执行。抢险救灾及其他临时性房屋建筑和农民自建两层以下(含两层)住宅的建设，不适用本办法。

第二十四条 本办法自2004年1月1日起施行。1989年11月25日北京市人民政府第36号令发布，根据1997年12月31日北京市人民政府第12号令修改的《北京市建设工程开工管理暂行办法》同时废止。

北京市住房和城乡建设委员会 北京市发展和改革委员会关于印发《北京市建设工程施工综合定量评标办法》的通知

（京建法〔2016〕4号）

各区住房城乡建设委，发展改革委，东城、西城区住房城市建设委，经济技术开发区建发局、发改局，各有关单位：

为贯彻实施《中华人民共和国招标投标法实施条例》、《关于做好招标投标法实施条例贯彻实施工作意见的通知》（国办发〔2012〕21号），建立健全建筑市场诚信体系，规范房屋建筑和市政基础设施工程施工招投标活动中主体的行为，市住房城乡建设委、市发展改革委制定了《北京市建设工程施工综合定量评标办法》（以下简称"办法"），现印发给你们，请遵照执行。

本规定自2016年3月1日起施行，《北京市建设工程施工综合定量评标办法（试行）》（京建法〔2012〕27号）同时废止，《北京市工程建设项目施工评标办法》（京发改〔2006〕1217号）与本办法规定不一致的，以本办法为准。

特此通知。

附件：

北京市建设工程施工综合定量评标办法

第一章 总则

第一条 为了规范建设工程施工招投标活动中的评标行为，维护招投标当事人的合法权益，建立健全建筑市场诚信体系，切实保障工程质量和施工安全，根据《中华人民共和国招标投标法》、《招标投标法实施条例》、《关于做好招标投标法实施条例贯彻实施工作意见的通知》（国办发〔2012〕21号）等有关规定，结合本市实际情况，制定本办法。

第二条 本市依法必须招标的建设工程施工总承包项目，采用综合评估法进行量化评标的，适用本办法。国家法律、法规、规章对评标活动另有规定的，遵照其规定。

本办法中的建设工程是指房屋建筑和市政基础设施工程。

第三条 评标活动应当遵循公平、公正、科学、择优的原则依法进行。

第四条 招标人应当采取必要的措施，保证评标活动在严格保密的情况下进行。

第二章 评标委员会

第五条 评标活动由招标人依法组建的评标委员会负责。

第六条 评标委员会由招标人代表和有关技术、经济等方面的专家组成，成员人数为五人以上的单数，其中技术、经济专家不得少于评标委员会成员总数的三分之二；实行工程量清单招标的房屋建筑及其附属设施工程建设项目，经济方面的评标专家应当不少于二名。

评标委员会中的招标人代表应当是本单位熟悉相关业务的在职人员。其中国家和本市重点项目以及全部使用国有资金投资和国有资金投资占控股或主导地位的项目，招标人代表还应当具有相关专业高级以上职称或同等专业水平。

第七条 在评标前，由评标委员会成员共同推举产生或者招标人直接确定一名评标委员会负责人。评标委员会负责人主要负责以下工作：

（一）组织评标委员会成员学习招标文件中载明的评标标准和方法。

（二）提醒招标人做好评标准备工作，包括提供所需的评标基础资料、实行暗标评审的应除去能够识别投标人身份的信息等。

（三）汇总各评标委员会成员认为需要投标人澄清、说明或者补正的问题，组织评标委员会对投标人质询并对投标人的答复进行评审。

（四）对出现较大争议的事项进行书面记录。

（五）查验评标用表格和评标记录的完整性及有效性。

（六）组织对评标结论进行复核确认。

（七）组织编写评标报告，推荐中标候选人。

第八条 实行工程量清单招标的，招标人可以在评标前自行或者组织造价咨询、招标代理等专业机构进行清标，即对基础性数据进行分析和整理，但不得对投标文件进行评价、打分等评审性工作。清标人员有第十四条规定的情形的，应当回避。使用计算机辅助评标的，应当由评标委员会借助计算机辅助评标系统进行清标。

评标时，评标委员会应当复核并确认清标结果。

第九条 招标人或其委托的招标代理机构应当向评标委员会提供评标所必需的信息，但不得利用提供信息的机会，干扰评标委员会客观公正地履行职责。

采用纸质资料评标的，招标人应保证至少每两名评标委员会成员共同使用一份招标文件，但其中评标标准和方法应当保证每人使用一份。

第三章 评标办法与评标要求

第十条 招标文件中载明的评标办法应当区分技术标、商务标和信用标，分别设立具体的评标因素和评标标准，其中信用标的评审应当直接采用开标当日市住房和城乡建设委公布的企业市场行为信用评价分值，并按照本办法的规定将其纳入相应投标人的最终得分。

第十一条 商务标、技术标、信用标评分权重合计为100%，信用标在总得分中所占权重一般为5%-20%，并应当符合本办法附表的规定。商务标和技术标在总得分中的权重合计为95%-80%，其中，技术标的相对权重一般不得高于40%，商务标的相对权重不得少于60%。

第十二条 评标专家出席评标时，应当准时签到，并主动出示专家证书和本人有效身份证件，经招标人或其委托的招标代理机构确认其身份后参与评标。

第十三条 评标委员会成员在评标前，应当签署评标专家声明书，声明本人没有依法应当回避的情形，保证遵守有关评标管理规定以及评标纪律，客观、公正地进行评标，并接受有关行政监督部门的监督。

第十四条 评标委员会成员具有下列情形之一的，应当主动提出回避：

（一）投标人或者投标人主要负责人的近亲属。

（二）评标项目主管部门或者行政监督部门的人员。

（三）与投标人有利害关系或者经济利益关系，包括本人所在单位与投标人有隶属关系；从投标人单位调离、辞职或者离职不足三年；从投标人单位退休不足五年；投标人单位的股东等。

（四）曾因招标、评标以及其他与招标投标有关活动中从事违法行为受过行政处罚或者刑事处罚。

招标人或其招标代理机构发现评标委员会成员有前款规定情形之一的，应当予以更换。

第十五条 评标委员会成员在评标过程中应当遵守下列规定：

（一）独立进行评审，不得对其他评标委员会成员的评审意见施加影响。

（二）不得将投标文件带离评标地点评审。

（三）不得无故中途退出评标。

（四）不得复印、带走与评标内容有关的资料。

（五）不得私下接触投标人，不得收受投标人给予的财物或者其他好处。

（六）不得向招标人征询确定中标人的意向，不得接受任何单位或者个人明示或者暗示提出的倾向或者排斥特定投标人的要求。

（七）不得有其他不客观，不公正履行职务的行为。

第十六条 评标委员会应当严格按照招标文件规定的评标标准和方法对投标文件进行评标。招标文件中没有的评标标准和方法不得作为评标依据。

第四章 评标程序

第十七条 评标委员会评标时，先对投标文件进行初步评审，逐项列出投标文件的投标偏差；后对经初步评审合格后的投标文件的技术标和商务标作详细评审、比较，再纳入信用标。

技术标实行暗标评审的，应当先评审技术标。

第十八条 实行资格后审的项目，资格审查因素仅限于投标人资质、财务状况、类似项目业绩、技术和管理人员能力、拟投入生产资源，以及其他工程技术管理要素等。

第十九条 技术标评审的一般程序为：

（一）技术标的符合性评审。

（二）施工组织设计，包括施工方案、质量保证措施、安全和绿色施工保障措施等评审。

（三）按照评标标准和方法计算得分，并就每项评分写出评审意见。

第二十条 商务标评审的一般程序为：

（一）对投标价格及其各组成要素的合理性和符合性进行逐项评审。

（二）汇总需要投标人澄清、说明或者补正的问题，以书面形式发放投标人，采用电子化招投标的应通过电子化平台发放。

（三）按照评标标准和方法，计算得分，并加权折算商务标和技术标的合计得分。

第二十一条 信用标评审的一般程序为：

（一）采集市住房和城乡建设委员会公布的各投标人的企业信用评价分值。

（二）按照评标标准和方法，在商务标和技术标加权得分的基础上，进行二次加权，折算总得分。

第二十二条 投标人应当以书面形式对评标委员会提出的问题作出澄清、说明或者补正，但不得超出投标文件的范围或者改变投标文件的实质性内容。

房屋建筑工程投标报价低于标底6%或招标控制价6%的，市政工程投标报价低于标底6%或招标控制价8%的，或者评标委员会认为投标报价组成明显不合理的，评标委员会应当要求投标人就其报价的合理性作出详细说明，评标委员会对该报价应进行详细分析及质询。

评标委员会对投标人澄清、说明或者补正的内容进行评审，并依法判定是否低于成本或者实质响应招标文件。

低于成本或者未能实质响应招标文件的投标，应当废标。

第二十三条 招标人设有标底的，在评标时作为参考。

标底应当由造价工程师签字，并加盖造价工程师执业专用章。招标人不具有自行招标能力的，应当委托有相应资质的社会中介机构编制，并加盖该中介机构的公章。

第二十四条 招标人可以在招标文件中明示最高投标限价（招标控制价）或者最高投标限价的计算方法。超出最高投标限价的投标为无效投标。政府投资项目的最高投标限价不得超出政府批准的投资概算。

第二十五条 在评标过程中发现下列情形之一的，评标委员会应当否决投标人的投标或者作废标处理：

（一）投标文件未经投标单位盖章和单位负责人签字。

（二）投标文件未按规定的格式填写，内容不全或关键字迹模糊、无法辨认。

（三）同一投标人提交两个以上不同的投标文件或者投标报价，但招标文件要求提交备选投标的除外。

（四）投标人名称或组织结构与资格预审时不一致。

（五）未按招标文件要求提交投标保证金。

（六）投标联合体没有提交共同投标协议。

（七）投标人不按照要求对投标文件进行澄清、说明或者补正。

（八）投标报价低于成本或者高于招标文件设定的最高投标限价。

（九）投标人不符合国家或者招标文件规定的资格条件，或者与资格预审结果相比资质、业绩有降低。

（十）投标文件没有对招标文件的实质性要求和条件作出响应。

（十一）投标人有串通投标、弄虚作假、行贿等违法行为。

（十二）符合招标文件规定的其他废标条件。

第二十六条 评标委员会否决不合格投标或者认定废标后，当有效投标不足三个时，经评审后，认为有效投标均不符合招标文件的技术要求或者明显缺乏竞争力时，应当否决全部投标。

所有投标被否决的，招标人应当依法重新招标。

第二十七条 评标委员会对于评标过程中发现的问题，应当及时处理，并作出书面记录。

第二十八条 在技术标评审过程中，评标委员会个别成员的单项评分与其余评标委员会成员的单项评分平均差异在20%以上或者有重大意见分歧时，评标委员会负责人应当提醒其进行复核，经复核后该评标委员会成员仍坚持其独立意见的，应当作出书面说明。但是该成员所评出的总分顺序与其他成员相对一致、不影响中标结果的，应当视为合理。

第二十九条 评标时，投标人技术标和商务标的得分应当采用去掉所有评标委员会成员打分中的最高分和最低分后计算的算术平均值。

第三十条 招标人应当根据工程建设项目规模、技术复杂程度、评标方法和投标人数量等，确定合理的评标时间。超过三分之一的评标委员会成员认为评标时间不够的，招标人应适当延长。

招标人和评标委员会均不得随意缩短评标时间。

第三十一条 评标委员会每位成员均应当对本人的评审意见写出说明并签字，并对本人评审意见的真实性和准确性负责，不得随意涂改所填内容。

第三十二条 招标人认为部分评标专家的评标结果出现重大偏差，可能影响中标结果的，可以提请评标委员会进行复审。评标委员会拒绝复审的，招标人应当作出书面记录。

第三十三条 评标结束后，评标委员会应当及时编写并向招标人提交书面评标报告。

评标报告由评标委员会全体成员签字。

第三十四条 对评标结论持有异议的评标委员会成员可以书面阐述其不同意

见和理由。评标委员会成员拒绝在评标报告上签字且不陈述其不同意见和理由的，视为同意评标结论。评标委员会应当对此作出书面说明并记录在案。

第三十五条 评标结束后，由招标人向评标专家支付劳务费。除此之外，评标专家不得接受该项目招投标相关单位和个人的任何其他礼物、现金或者有价证券等财物。

第三十六条 招投标双方应当分别为对方在招标文件和投标文件中涉及的商业秘密保密，未经对方书面同意，不得披露或者提供给第三人，违反者应当承担相应的法律责任。

第五章 附则

第三十七条 违反本办法规定应当予以处罚的，由有关行政监督部门按照国家及本市有关法律法规规章的规定处理，并于处理决定送达后五个工作日内将违法行为及处理结果记入本市招标投标活动违法行为记录系统。

第三十八条 施工专业承包、专业分包招标的评标活动，参照本办法执行。采用经评审的最低投标价法的，其评标办法另行制定。

第三十九条 本办法自 2016 年 3 月 1 日起施行。

附表：

不同规模建设工程的信用标权重

工程分类	建设规模		信用标权重
	房屋建筑工程	市政基础设施	
特大型工程	单项工程建筑面积在 5 万平方米以上，或群体建筑面积在 20 万平方米以上；或建安造价估算金额在 5 亿元以上	建安造价估算金额在 2 亿元以上	20%
大型工程	单项工程建筑面积在 3 万-5 万平方米，或群体建筑面积在 12 万-20 万平方米；或建安造价估算金额在 1-5 亿元	建安造价估算金额在 1 亿元-2 亿元	15%

续表

工程分类	建设规模		信用标权重
	房屋建筑工程	市政基础设施	
中型工程	单项工程建筑面积在 1-3 万平方米，或群体建筑面积在 6-12 万平方米；或建安造价估算金额在 3000 万-1 亿元	建安造价估算金额在 3000 万-1 亿	10%
小型工程	单项工程建筑面积在 1 万平方米以下，或群体建筑面积在 6 万平方米以下；或建安造价估算金额在 3000 万以下	建安造价估算金额在 3000 万以下	5%

北京市发展和改革委员会
北京市建设委员会　北京市交通委员会
北京市水务局北京市工程建设项目施工评标办法

（京发改〔2006〕1217号）

各有关单位：

为依法规范工程建设项目施工招投标活动中的评标行为，维护招投标当事人的合法权益，根据《中华人民共和国招标投标法》《北京市招标投标条例》及配套规定，市发展改革委、市建委、市交通委和市水务局共同制定了《北京市工程建设项目施工评标办法》，现予发布，自2006年9月1日起施行，请遵照执行。

附件：北京市工程建设项目施工评标方法

附件：

北京市工程建设项目施工评标方法

第一章　总则

第一条　为了规范工程建设项目施工招投标活动中的评标行为，维护招投标当事人的合法权益，根据《中华人民共和国招标投标法》、《北京市招标投标条例》等有关法律法规规章规定，结合本市实际情况，制定本办法。

第二条　本市依法必须招标的工程建设项目施工评标活动适用本办法。国家法律、法规、规章对评标活动另有规定的，遵照其规定。

第三条　评标活动应当遵循公平、公正、科学、择优的原则依法进行。

第四条　招标人或其委托的招标代理机构应当采取必要的措施，保证评标活动在严格保密的情况下进行。

第二章　评标委员会

第五条　评标活动由招标人依法组建的评标委员会负责。

第六条　评标委员会由招标人代表和有关技术、经济等方面的专家组成，成员人数为五人以上的单数，其中技术、经济专家不得少于评标委员会成员总数的三分之二；实行工程量清单招标的房屋建筑及其附属设施工程建设项目，经济方面的评标专家应当不少于二名。

评标委员会中的招标人代表应当是本单位熟悉相关业务的在职人员。其中国家和本市重点项目以及全部使用国有资金投资和国有资金投资占控股或主导地位的项目，招标人代表还应当具有相关专业高级以上职称或同等专业水平。

第七条　在评标前，由评标委员会成员共同推举产生或者招标人直接确定一名评标委员会负责人。评标委员会负责人主要负责以下工作：

（一）组织评标委员会成员学习招标文件中载明的评标标准和方法。

（二）提醒招标人做好评标准备工作，包括提供所需的评标基础资料、实行暗标评审的应除去能够识别投标人身份的信息等。

（三）在评审项目较复杂或者投标人较多时，合理安排评标委员会成员的分工。

（四）汇总各评标委员会成员认为需要投标人澄清、说明或者补正的问题，组织评标委员会对投标人质询并对投标人的答复进行评审。

（五）对出现较大争议的事项进行书面记录。

（六）回收评标用表格和评审记录并查验完整性及有效性。

（七）组织编写评标报告。

第八条　实行工程量清单招标的，招标人可以在评标前自行或者组织造价咨询、招标代理等专业机构进行清标，即对基础性数据进行分析和整理，但不得对投标文件进行评价、打分等评审性工作。清标人员有第十三条规定的情形的，应当回避。

评标委员会评标时应当复核并确认已整理的资料、数据。

第九条　招标人或其委托的招标代理机构应当把经有关行政监督部门备案的招标文件，包括招标文件补充文件、答疑文件、评标标准和方法等全部提供给评标委员会，至少保证每两名评标委员会成员共同使用一份，其中评标标准和方法应当保证每人使用一份。

第三章 评标方法与评标要求

第十条 具有通用技术、性能标准，且施工难度不大的工程建设项目，一般应当采用经评审的最低投标价法。

技术复杂、施工难度较大的工程建设项目，一般应当采用综合评标法。

第十一条 评标专家出席评标时，应当准时签到，并主动出示专家证书和本人有效身份证件，经招标人或其委托的招标代理机构确认其身份后参与评标。

第十二条 评标委员会成员在评标前，应当签署评标专家声明书，声明本人没有依法应当回避的情形，保证遵守有关评标管理规定以及评标纪律，客观、公正地进行评标，并接受有关行政监督部门的监督。

第十三条 评标委员会成员具有下列情形之一的，应当主动提出回避：

（一）投标人或者投标人主要负责人的近亲属。

（二）评标项目主管部门或者行政监督部门的人员。

（三）与投标人有利害关系或者经济利益关系的，包括本人所在单位与投标人有隶属关系；从投标人单位调离、辞职或者离职不足三年；从投标人单位退休不足五年；投标人单位的股东等。

（四）曾因招标、评标以及其他与招标投标有关活动中从事违法行为受过行政处罚或者刑事处罚的。

招标人或其招标代理机构发现评标委员会成员有前款规定情形之一的，应当予以更换。

第十四条 评标委员会成员在评标过程中应当遵守下列规定：

（一）独立进行评审，不得对其他评委的评审意见施加影响。

（二）不得将投标文件带离评标地点评审。

（三）不得无故中途退出评标。

（四）不得复印、带走与评标内容有关的资料。

第十五条 评标委员会应当严格按照招标文件规定的评标标准和方法对投标文件进行评标。招标文件中没有的评标标准和方法不得作为评标依据。

第四章 评标程序

第十六条 评标委员会评标时，先对投标文件进行初步评审，逐项列出投标文件的投标偏差；再对经初步评审合格后的投标文件的技术标和商务标部分作详细评审、比较。

技术标实行暗标评审的，应当先评审技术标，再评审商务标。

第十七条 技术标评审的一般程序为：

（一）技术标的符合性评审。

（二）施工组织措施、质量保证措施、施工方案评审。

（三）按照评标标准和方法计算得分，并就每项评分写出评审意见。

第十八条 商务标评审的一般程序为：

（一）对投标价格及其各组成要素的合理性和符合性进行逐项评审。

（二）汇总需要投标人澄清、说明或者补正的问题，以书面形式发放投标人。

（三）按照评标标准和方法，计算得分或者给出评标结论。

第十九条 投标人应当以书面形式对评标委员会提出的问题作出澄清、说明或者补正，但不得超出投标文件的范围或者改变投标文件的实质性内容；

评标委员会对投标人澄清、说明或者补正的内容进行评审，并依法判定是否低于成本或者实质响应招标文件。

低于成本或者未能实质响应的投标，应当废标。

第二十条 招标人设有标底的，在评标时作为参考。

标底应当由造价工程师签字，并加盖造价工程师执业专用章。招标人不具有自行招标能力的，应当委托有相应资质的社会中介机构编制，并加盖该中介机构的公章。

第二十一条 招标人可以在招标文件中规定建设项目投资概算作为投标控制价，超出投标控制价的投标作为废标。

政府投资项目的投标超出政府批准的投资概算的，应当废标。

第二十二条 在评标过程中发现下列情形之一的，评标委员会应当否决投标人的投标或者作废标处理：

（一）符合《工程建设项目施工招标投标办法》（国家计委等7部委第30号令）第五十条第二款规定情形之一的。

（二）投标人不按照要求对投标文件进行澄清、说明或者补正的。

（三）投标人的报价明显低于其他投标报价或者在设有标底时明显低于标底，使得其投标报价可能低于其个别成本且不能说明合理理由的，经评标委员会评审投标报价低于投标人个别成本的。

（四）投标人资格不符合招标文件要求，或者与资格预审结果相比资格、业绩有降低的。

（五）投标文件未能对招标文件作出实质性响应的。

（六）投标人以他人名义投标、串通投标、在投标过程中有行贿行为或者以其他弄虚作假方式投标的。

（七）符合招标文件规定的其他废标条件的。

第二十三条 评标委员会否决不合格投标或者认定废标后，当有效投标不足三个时，可以继续进行评标，也可以否决全部投标。经评审后，认为有效投标均不符合招标文件的技术要求或者明显缺乏竞争力时，应当否决全部投标。

所有投标被否决的，招标人应当依法重新招标。

第二十四条 评标委员会对于评标过程中发现的问题，应当及时处理，并作出书面记录。

第二十五条 在技术标评审过程中，评标委员会个别成员的单项评分与其余评标委员会成员的单项评分平均差异在20%以上或者有重大意见分歧时，评标委员会负责人应当提醒其进行复核，经复核后该评标委员会成员仍坚持其独立意见的，应当作出书面说明。但是该成员所评出的总分顺序与其他成员相对一致、不影响中标结果的，应当视为合理。

第二十六条 采用综合评标法评标的，可以采用所有评委打分的平均值计算每份投标文件的总分。该平均值可以采用去掉一个最高分和一个最低分后的算术平均数。

第二十七条 招标人应当根据工程建设项目规模、技术复杂程度、评标方法和投标人数量等，确定合理的评标时间。

招标人和评标委员会不得随意缩短评标时间。

第二十八条 评标委员会每位成员均应当对本人的评审意见写出说明并签字，并对本人评审意见的真实性和准确性负责，不得随意涂改所填内容。

第二十九条 招标人认为部分评标专家的评标结果出现重大偏差，可能影响中标结果的，可以提请评标委员会进行复审。评标委员会拒绝复审的，招标人应当作出书面记录。

第三十条 评标结束后，评标委员会应当及时编写并向招标人提交书面评标报告。

评标报告由评标委员会全体成员签字。

第三十一条 对评标结论持有异议的评标委员会成员可以书面阐述其不同意

见和理由。评标委员会成员拒绝在评标报告上签字且不陈述其不同意见和理由的，视为同意评标结论。评标委员会应当对此作出书面说明并记录在案。

第三十二条 评标结束后，由招标人向评标专家支付劳务费。除此之外，评标专家不得接受该项目招投标相关单位和个人的任何其他礼物、现金或者有价证券等财物。

第三十三条 招投标双方应当分别为对方在招标文件和投标文件中涉及的商业秘密保密，未经对方书面同意，不得披露或者提供给第三人，违反者应当承担相应的法律责任。

第五章 附则

第三十四条 违反本办法规定应当予以处罚的，由有关行政监督部门按照国家及本市有关法律法规规章的规定处理，并于处理决定送达后五个工作日内将违法行为及处理结果记入本市招标投标活动违法行为记录系统。

第三十五条 工程建设项目监理、重要设备、材料采购招标的评标活动，可以参照本办法执行。

第三十六条 本办法自2006年9月1日起施行。

北京市发展和改革委员会　北京市建设委员会 北京市水务局北京市工程建设项目施工招标资格预审办法

（京发改〔2006〕1214号）

各有关单位：

为依法规范工程建设项目施工招标资格预审活动，维护招投标当事人的合法权益，根据《中华人民共和国招标投标法》、《北京市招标投标条例》及配套规定，市发展改革委、市建委和市水务局共同制定了《北京市工程建设项目施工招标资格预审办法》，现予发布，自2006年9月1日起施行，请遵照执行。

附件：北京市工程建设项目施工招标资格预审办法

附件：

北京市工程建设项目施工招标资格预审办法

第一章　总 则

第一条　为了规范工程建设项目施工招标资格预审活动，维护招投标当事人的合法权益，根据《中华人民共和国招标投标法》《北京市招标投标条例》等有关法律法规规章规定，结合本市实际情况，制定本办法。

第二条　本市依法必须招标的工程建设项目施工招标需要进行资格预审的，适用本办法。国家法律、法规、规章对资格预审另有规定的，遵照其规定。

第三条　本办法所称资格预审，是指在投标前对潜在投标人进行的资格审查。

第四条　资格预审工作应当遵循公平、公正、科学、择优的原则，任何单位和个人不得非法干预、影响资格预审过程和结果。

第二章　资格预审程序和要求

第五条　资格预审应当按照下列程序进行：

（一）编制资格预审文件。

（二）发布资格预审公告。

（三）发出资格预审文件。

（四）潜在投标人编制并提交资格预审申请文件。

（五）对资格预审申请文件进行审查。

（六）确定合格投标人，并向投标申请人发出资格预审合格通知书或者不合格通知书。

第六条 招标人或其委托的招标代理机构应当根据招标项目的性质、特点和要求，参照使用有关行政监督部门颁布的示范文本，编制资格预审文件。

第七条 资格预审文件一般应当包括以下内容：

（一）申请人须知，包括项目概况、招标范围、资金来源及落实情况、资格预审合格条件、资格预审申请文件的编制要求和提交方式、资格预审结果的通知方式等。

（二）资格要求，包括对投标人的企业资质、业绩、技术装备、财务状况、现场管理和拟派出的项目经理与主要技术人员的简历、业绩等资料和证明材料等方面的要求。

（三）资格审查的标准和方法。

（四）资格预审申请书格式等。

第八条 招标人编制资格预审文件时，不得与投标申请人相互串通。资格预审文件不得含有以下内容的条款：

（一）以不合理的条件限制或者排斥投标申请人，对投标申请人实行歧视待遇。

（二）对投标申请人提出与招标项目实际要求不相符的、过高的资质等级要求和其他要求。

（三）针对不同地区、不同行业的潜在投标人规定不同的资格标准。

（四）倾向某些特定投标申请人。

（五）其他违反法律法规规章的规定。

第九条 资格预审文件中关于投标人数量、投标人资质条件和项目经理资质条件等方面的规定应与资格预审公告中载明的内容一致。

第十条 招标人或其委托的招标代理机构应当在国家或者本市政府指定媒介上发布资格预审公告。

资格预审公告应当载明潜在投标人获取资格预审文件的时间、地点和方法。其中拟限制投标人数量的，还应当载明投标人的数量。

第十一条 招标人或其委托的招标代理机构应当按照资格预审公告载明的方法发出资格预审文件。自资格预审文件发出之日起至停止发出之日止，最短不得少于五个工作日。

第十二条 招标人或其委托的招标代理机构对已发出的资格预审文件进行必要的澄清、修改及补充的，应当至少在资格预审文件要求提交预审申请文件截止时间三个工作日前，以书面形式通知所有资格预审文件收受人。该澄清、修改及补充的内容为资格预审文件的组成部分。

第十三条 招标人或其委托的招标代理机构应当根据招标项目的具体情况，确定投标申请人编制资格预审申请文件所需要的合理时间。从停止发出资格预审文件之日起至提交资格预审申请文件截止之日止，最短不得少于三个工作日。

第三章 资格预审申请

第十四条 潜在投标人应当按照资格预审文件的要求，编制资格预审申请文件，对资格预审文件提出的实质性要求和条件作出响应。

第十五条 投标申请人可以单独申请，也可由两个以上的投标申请人组成一个联合体，以一个投标申请人的身份共同申请参加资格预审。

以联合体身份参加资格预审的投标申请人，不得再以自己名义单独或者其他联合体名义申请参加资格预审。

第十六条 以联合体形式参加资格预审的，联合体各方均应当具备承担招标项目的相应能力以及国家法律法规规章和资格预审文件规定的相应资格条件，联合体各方必须共同提交资格预审申请文件和共同投标协议。

联合体各方应当在共同投标协议中明确约定各方拟承担的工作和责任，指定联合体牵头人，授权其代表所有联合体成员负责资格预审、投标和合同实施阶段的主办、协调工作，并向招标人提交由所有联合体成员法定代表人签署的授权书。

第十七条 投标申请人拟安排其直属子公司参与招标项目具体施工任务的，必须遵守以下规定：

（一）在资格预审申请文件中应明确具体承担施工任务的子公司名称及负责施工的主要内容，并提供其施工经验、施工能力（包括人员、设备）、管理能力和履约信誉等方面的资料。

（二）具体承担施工任务的子公司不得以任何形式另行申请该招标项目的资格预审。

第十八条 凡投资参股招标项目、承担招标项目代建、项目管理工作、或者为招标项目的前期工作提供咨询服务的法人，不得在其参股、代建、管理或者服务的项目招标中提出资格预审申请。

第十九条 同一工程建设项目的不同标段同时招标，而且需要同时施工的，投标申请人应当在资格预审申请文件中载明拟投入不同标段所对应的人员、资金、机械设备和其他物质设施等生产资源。

第二十条 投标申请人应当在资格预审文件要求的截止时间前，按照资格预审文件规定的方式将密封好的资格预审申请文件提交招标人或其委托的招标代理机构，并对其内容的真实、有效性负责。

第二十一条 对于按时送达并符合密封要求的资格预审申请文件，招标人或其委托的招标代理机构应向投标申请人出具签收凭证，并妥善保管，在审查前不得开启密封。

在资格预审文件要求的截止时间后送达的资格预审申请文件，为无效申请文件，招标人或其委托的招标代理机构应当拒收。

第二十二条 投标申请人在资格预审文件要求的截止时间前，可以书面方式补充、修改、替代或者撤回已提交的资格预审申请文件。补充、修改、替代的内容为资格预审申请文件的组成部分。招标人或其委托的招标代理机构应按照第二十一条第一款的规定予以签收和保管。

在资格预审文件要求的截止时间后，投标申请人补充、修改、替代资格预审申请文件的，招标人或其委托的招标代理机构应当拒收。

第四章　资格评审办法

第二十三条 资格评审可以采用定量评审法、定性评审法、或者法律法规规章允许的其他评审方法。

第二十四条 资格预审评审因素一般应当包括投标申请人以往承担同类工程建设项目的经验和业绩、资信、生产经营状态、财务状况和能力、注册资本金、技术能力、设备状况、人员素质及配备等。

第二十五条 定量评审法：是指资格预审文件明确规定了所有评审因素，并设置相应分值，以及合格投标人确定方法或者资格预审合格分数线等内容。资审委员会对各投标申请人的综合实力进行量化评审，并根据量化得分进行排序。拟限制投标人数量的，应当按排序确定拟选数量的投标人；不限制投标人数量的，高于资格预审合格分数线的投标申请人都应当为合格投标人。

第二十六条 定性评审法：是指资格预审文件明确规定了所有评审因素以及必要合格条件和附加合格条件等内容。资审委员会对各投标申请人是否满足合格条件进行评审。满足合格条件的投标申请人全部为合格投标人。

第二十七条 拟限制投标人数量的，一般应当采用定量评审法。

第二十八条 对同一工程建设项目不同标段同时招标的，在资格评审时应当对投标申请人拟投入对应标段的生产资源进行统筹考虑，综合审查。

第五章 资格评审

第二十九条 资格评审由招标人依法组建的资审委员会负责。

采用直接投资和资本金注入方式的政府投资工程建设项目，资审委员会应当符合国家和本市有关评标委员会组成的规定，聘请专家的费用由招标人承担。

一般工程建设项目，资审委员会可以按照国家和本市有关评标委员会的规定组成，也可以由招标人内部或其委托的招标代理机构熟悉相关业务的人员和具有技术、经济等专业职称的人员组成，成员人数为 5 人以上单数，其中具有技术、经济等专业职称的人员不得少于成员总数的三分之二。招标人内部纪检监察部门应当对资格评审过程进行全程监督。

资审委员会成员名单在资格预审结果确定前应当保密。

第三十条 资审委员会成员应当客观、公正地履行职责，遵守职业道德，对所提出的评审意见承担相应的法律责任。

第三十一条 资审委员会成员和与评审活动有关的工作人员不得泄露对资格预审申请文件的评审和比较、投标候选人的推荐情况以及与评审活动有关的其他情况。

第三十二条 招标人或其委托的招标代理机构应当采取必要措施，保证资格评审活动在严格保密的情况下进行。

第三十三条 资格评审应当按照下列程序进行：

（一）初步评审：根据资格预审文件有关要求和规定，主要审查投标申请人提交资格预审申请文件的时效性、完整性和符合性，企业和项目经理是否符合国家规定的资质、资格条件和其他强制性标准等。

（二）详细评审：根据资格预审文件中载明的评审标准和方法，对通过初步评审的投标申请人的履约能力进行审查，推荐或者直接确定投标人。

第三十四条 资格评审应当严格按照资格预审文件规定的评审标准和方法进行。资格预审文件没有载明的评审标准和方法不得作为评审依据。

第三十五条 在资格评审过程中，发现投标申请人有下列情形之一的，不能确定为合格投标人：

（一）以他人名义申请投标的。

（二）不具有独立法人资格的。

（三）为招标项目的前期工作提供了设计、咨询服务的。

（四）资格预审申请文件中有关材料弄虚作假的。

（五）资格预审申请文件对资格预审文件实质性内容不响应的。

（六）与招标项目已确定的监理单位有隶属关系或者其他利害关系的。

（七）其他违反法律法规规章规定的情形。

第三十六条 法定代表为同一个人的两个及两个以上法人、或者具有直接管理和被管理关系的母子公司，参加同一标段的资格预审时，招标人只能择优选择一家单位通过资格预审。

同一母公司的几个子公司参加同一标段的资格预审时，通过资格预审的子公司不得超过合格投标人总数的三分之一。

第三十七条 对评审过程中发现的问题，资审委员会应当立即向招标人提出处理建议，招标人应当及时处理资审委员会提出问题和建议，并做出书面记录。

第三十八条 资格评审工作结束后，资审委员会应当向招标人提出书面评审报告，并推荐合格的投标申请人。

资格预审评审报告应当经资审委员会全体成员签字。对评审结论持有异议的资审委员会成员可以书面形式阐述其不同意见和理由。资审委员会成员拒绝在评审报告上签字且不陈述其不同意见和理由的，视为同意评审结论，但应当在书面评审报告中做出说明。

第三十九条 招标人应当根据资审委员会提交的评审报告和推荐的合格投标申请人确定投标人，也可以授权资审委员会直接确定投标人。

第四十条 拟限制投标人数量的，通过资格预审的投标申请人放弃投标或者因不可抗力提出不能参加投标的，招标人应当根据资格评审时所确定的排序，依次递补投标人。

第四十一条 投标人确定后，招标人应当向合格的投标申请人发出资格预审合格通知书，告知获取招标文件的时间、地点和方法，并同时向不合格的投标申请人发出资格预审不合格通知书。

第四十二条 依法必须招标的工程建设项目实行资格预审的，招标人在向有关行政监督部门提交招标投标情况的书面报告时，应当附送下列文件：

（一）资格预审文件。

（二）资审委员会成员名单和评审报告。

（三）资格预审结果。

第四十三条 资格预审合格的投标人少于3家的，招标人应当依法重新组织资格预审，并可以在符合国家规定资质条件的前提下适当降低资格预审的条件和标准。

第六章 附 则

第四十四条 违反本办法规定应当予以处罚的，由有关行政监督部门按照国家及本市有关法律法规规章的规定处理，并于处理决定送达后五个工作日内将违法行为及处理结果记入本市招标投标活动违法行为记录系统。

第四十五条 工程建设项目监理、重要设备、材料采购招标的资格预审，可以参照本办法执行。

第四十六条 本办法自2006年9月1日起施行。

北京市发展和改革委员会北京市评标专家库和评标专家管理办法

（京发改〔2004〕2898号）

第一条 为实现评标专家资源共享，加强对评标专家的监督，保证评标活动的公平、公正，提高评标质量，根据《中华人民共和国招标投标法》《北京市招标投标条例》和《评标专家和评标专家库管理办法》(原国家计委29号令)，结合本市实际情况，制定本办法。

第二条 本市建立全市统一的北京市评标专家库，为工程建设、货物和服务采购以及其他项目的评标活动提供评标专家资源。

北京市评标专家库建立后，市政府各部门、各区县政府及其部门不再另行设置评标专家库。

第三条 市发展改革部门负责指导协调北京市评标专家库的组建、管理和监督工作。

第四条 市人事部门负责建立和管理北京市评标专家库；认定专家库的专家，并会同有关部门，组织培训、考核评标专家；按照整合资源、适当集中、方便招标人的原则合理确定网络终端，监督网络终端抽取评标专家的有关工作。

第五条 市政府有关招标投标行政监督部门在各自的职责范围内推荐评标专家人选；监督评标专家在有关评标活动中的行为。

第六条 北京市评标专家库为社会各界开展招标活动提供评标专家资源，各类招标项目的招标人或者其委托的招标代理机构均可以从北京市评标专家库中免费抽取评标专家。

第七条 北京市评标专家库建立后，本市政府投资、政府融资和政府采购项目(以下简称政府项目)的评标专家，全部使用国有资金投资或者国有资金投资占控股或者主导地位的建设项目以及重点建设项目的评标专家，应当从北京市评标专家库中随机抽取；北京市评标专家库不能提供上述项目所需特殊专业评标专家的，招标人或其委托的招标代理机构应当根据北京市评标专家库网络终端出具的书面通知，从国家有关部门依法组建的评标专家库中抽取。

法律、法规、规章另有规定的，从其规定。

使用国际组织或者外国政府贷款、援助资金的项目进行招标，贷款方、资金提供方对确定评标专家有不同规定的，可以适用其规定。

第八条 入选北京市评标专家库的专家，应当具备以下条件：

（一）从事相关专业领域工作满 8 年并具有高级职称或同等专业水平；

（二）熟悉有关招标投标和政府采购的相关法律法规和业务知识；

（三）能够认真、公正、诚实、廉洁地履行职责；

（四）身体健康，能够承担评标工作；

（五）符合法律、法规和规章规定的其他条件。

各专业评标专家的具体条件，由市人事部门会同市政府有关部门制定并向社会公布。

第九条 进入北京市评标专家库的专家按下列程序确定：

（一）评标专家入选北京市评标专家库，采取个人申请和单位推荐的方式。采取单位推荐方式的，应事先征得被推荐人同意。

（二）申请人或者被推荐人持市人事部门统一印制的申请表及符合本办法第八条规定条件的证明材料，报市人事部门。填报资料须由本人所在单位人事部门审核盖章。

（三）市人事部门会同市政府有关部门对申请人或者被推荐人进行审核。

（四）市人事部门对符合条件的评标专家申请人或者被推荐人进行招标投标法律、法规和专业知识的考核，为合格者颁发北京市评标专家证书。

第十条 担任评标委员会成员的评标专家享有下列权利：

（一）依法按照招标文件确定的评标标准和方法，对投标文件进行独立评审，提出评审意见，不受任何单位或个人的干预；

（二）接受参加评标活动的合法劳务报酬；

（三）向招标人或向有关行政监督部门反映评标活动中发现的违法违规行为；

（四）法律、法规规定的其他权利。

第十一条 担任评标委员会成员的评标专家承担下列义务：

（一）准时出席评标活动并客观公正地进行评标；

（二）遵守评标工作纪律，不得私下接触投标人，不得收受他人的财物或者其他好处，不得透露对投标文件的评审和比较、中标候选人的推荐情况以及与评标有关的其他情况；

（三）积极协助和配合有关行政监督部门的监督检查；

（四）具有法定回避情形的，应当主动提出回避；

（五）法律、法规规定的其他义务。

第十二条 北京市评标专家库采取随机抽取方式确定评标专家。抽取工作由市人事部门确定的网络终端负责。

第十三条 北京市评标专家库网络终端承担下列义务：

（一）提供必要的工作场所并配备相关设施和人员，保持良好的工作状态；

（二）依法为招标人或其委托的招标代理机构提供服务，并建立相关工作制度；

（三）严格遵守有关评标专家抽取工作的保密规定；

（四）按市人事部门的规定，定期报送有关信息，自觉接受市人事部门的监督。

第十四条 网络终端应当按照规定程序随机抽取、落实评标专家名单，记录抽取结果及通知情况。网络终端工作人员、招标人或者其委托的招标代理机构人员应当在书面记录上签字。

第十五条 评标专家名单应当在开标前一个工作日内确定，特殊项目的评标专家名单应当在开标前两个工作日内确定。

评标专家名单在中标结果确定前保密。

第十六条 市人事部门建立北京市评标专家考评制度。考评分为日常考评和年度考评，考评的内容主要包括：业务能力、个人信用、参加评标和培训情况等。考评结果记入评标专家档案，作为专家续聘和奖罚的依据。

第十七条 北京市评标专家库实行动态管理。评标专家每届聘期 3 年，聘期届满，考核合格的可以续聘。

第十八条 评标专家有违反招标投标法律、法规和规章规定的行为的，由有关行政监督部门依法处理。有关行政监督部门应当在作出处理决定之日起五个工作日内通报市人事部门，并将处罚决定录入北京市招标投标活动违法行为记录系统。

评标专家违法违规情节严重的，由市人事部门取消评标专家资格。因违法违规被取消资格的专家，3 年内不得重新申报北京市评标专家库评标专家，不得参与本市政府项目评标活动。

第十九条 评标专家有下列情形之一的，由市人事部门暂停其评标活动或者取消评标专家资格：

（一）年度考评不合格的；

（二）因工作调动，不再适宜担任评标专家的；

（三）因身体健康原因不能胜任评标工作的；

（四）本人申请不再担任评标专家的。

第二十条 北京市评标专家库的组建、运行、管理和评标专家的评标活动接受社会监督。任何单位和个人有权向有关行政监督部门和监察部门投诉和举报。

第二十一条 北京市评标专家库建立后，本市政府项目的招标人或其委托的招标代理机构，不按照本《办法》从北京市评标专家库中抽取专家的，评标无效；情节严重的，由有关行政监督部门给予警告。

第二十二条 本办法《北京市评标专家库和评标专家管理办法》自发布之日起施行。

住房和城市建设委员会
北京市建设工程项目招标投标监督管理规定

（市政府第 122 号令）

第一条　为加强建设工程招标投标活动的监督管理，根据《中华人民共和国建筑法》《中华人民共和国招标投标法》《北京市招标投标条例》等有关法律法规，制定本规定。

第二条　在本市行政区域内进行建设工程勘察、设计、施工、监理和与工程建设有关的重要设备、材料采购的招标投标活动，以及对其实施的监督管理，适用本规定。

本规定所称建设工程，是指各类房屋建筑及其附属设施和与其配套的线路、管道、设备的安装工程、室内外装修工程，以及市政基础设施新建项目。

本规定所称重要设备、材料，是指涉及建设工程安全、质量、环保、节能的设备和材料，具体名录由市建设委员会(以下简称市建委)确定并公布。

第三条　依法必须招标的建设工程的范围和规模标准，按照国务院《工程建设项目招标范围和规模标准规定》和《北京市工程建设项目招标范围和规模标准规定》执行。

第四条　市规划委员会(以下简称市规划委)负责本市建设工程勘察、设计招标投标活动的监督工作。市建委负责本市建设工程施工、监理和与工程建设有关的重要设备、材料采购的招标投标活动的监督工作；区、县建设委员会(以下简称区、县建委)对本行政区域内的相关建设工程招标投标活动进行监督。

市规划委、市建委或者区、县建委可以委托建设工程招标投标管理机构负责建设工程招标投标活动的日常监督工作。

有关行政监督部门按照各自的职责，依法对本市建设工程招标投标活动实施监督。

第五条　建设工程招标应当具备下列条件：

（一）招标人已经依法成立；

（二）按照国家有关规定履行审批手续且已获得批准；

（三）按照国家有关规定应当履行核准手续的，已经核准；

（四）建设工程资金或者资金来源已经落实；

（五）有满足招标需要的文件和技术资料。

第六条 依法必须招标的建设工程项目需要履行项目审批手续的，项目审批部门应当在核准建设工程项目招标范围、招标方式和招标组织形式后5个工作日内向市规划委、市建委通报。

依法必须招标的建设工程项目不需要履行项目审批手续的，其招标方式由招标人自行确定。招标人应当在发布招标公告或者发出投标邀请书5个工作日前将招标方式抄报市规划委、市建委或者区、县建委。

第七条 招标人自行办理招标事宜的，应当具有编制招标文件和组织评标的能力。依法必须招标的建设工程，招标人自行招标的，应当在发布招标公告或者发出投标邀请书5个工作日前，向市规划委、市建委或者区、县建委备案，并提交下列材料：

（一）招标组织机构和专职招标业务人员的证明材料；

（二）专业技术人员名单、职称证书或者执业资格证书及其工作经历的证明材料。

第八条 招标人委托招标代理机构办理招标事宜的，双方应当签订书面委托合同。招标代理机构应当在其资格等级范围内承揽代理业务。未经招标人书面同意，招标代理机构不得转让代理业务。

招标代理机构的资格认定，按照国家有关规定执行。

第九条 招标人对投标人进行资格预审的，应当根据建设工程的性质、特点和要求，编制资格预审的条件和方法，并在招标公告或者资格预审公告中载明。

招标人拟限制投标人数量的，应当在招标公告或者资格预审公告中载明预审后投标人的数量，并按照招标公告或者资格预审公告中载明的资格预审的条件和方法选择投标人。招标公告或者资格预审公告中没有载明预审后投标人数量的，招标人不得限制符合资格预审条件的投标人投标。

第十条 依法必须公开招标的建设工程，招标公告应当在国家或者本市指定的媒介发布。

第十一条 建设工程设计招标的招标人应当在招标公告或者投标邀请书中明确是否给予设计方案未中标的单位经济补偿及补偿金额。

第十二条 招标人应当根据招标项目的特点和需要编制招标文件。进行设计招标的建设工程，需另择设计单位承担施工图设计的，招标人应当在招标文件中明确。

依法必须进行施工、监理和与工程建设有关的重要设备、材料采购招标的建设工程，招标人应当在招标文件发出的同时，向市建委或者区、县建委备案。招标人对已发出的招标文件进行必要的澄清或者修改的，应当在提交投标文件截止日期 15 日前以书面形式通知所有招标文件的收受人，并向市建委或者区、县建委备案。

招标文件及对其澄清或者修改的文件，不得违反法律、法规、规章的规定。

第十三条 建设工程投标人应当具有承担招标的建设工程的能力；国家有关规定对投标人资格或者招标文件对投标人资格有规定的，投标人应当具备规定的资格条件。

境外设计单位参加本市建设工程设计投标的，按照国家有关规定执行。

第十四条 建设工程勘察设计投标文件，应当由具有与投标建设工程相应资格的注册建筑师、注册工程师签章并加盖单位公章。

第十五条 开标应当在招标文件确定的提交投标文件截止时间的同一时间公开进行；开标地点应当为招标文件中预先确定的地点。

招标人应当接受市规划委、市建委或者区、县建委等有关行政监督部门对开标过程的监督。

第十六条 评标工作由招标人依法组建的评标委员会负责。评标专家应当从市规划委、市建委确定的专家名册或者建设工程招标代理机构的专家库中随机抽取确定。特殊项目的评标专家选取方式按照国家和本市有关规定执行。

市规划委、市建委确定的评标专家名册应当逐步纳入全市统一的评标专家名册。

第十七条 评标委员会成员不得私下接触投标人，不得收受投标人的财物或者其他好处。

评标委员会成员不得透露对投标文件的评审情况、中标候选人的推荐情况以及与评标有关的其他情况。

第十八条 评标委员会完成评标后，应当向招标人提出书面评标报告，阐明评标委员会对各投标文件的评审意见，并按照招标文件中规定的评标方法，推荐1至3名中标候选人，并标明排列顺序。招标人根据评标委员会提出的书面评标报告和推荐的中标候选人确定中标人。

对使用国有资金投资或者国家融资的建设工程，招标人应当按照中标候选人的排序确定中标人。当确定的中标人放弃中标、因不可抗力提出不能履行合同，或者招标文件规定应当提交履约保证金而在规定的期限内未能提交的，招标人可以依序确定其他中标候选人为中标人。

招标人也可以授权评标委员会直接确定中标人。

第十九条 依法必须招标的建设工程，招标人应当自发出中标通知书之日起15日内，向市规划委、市建委或者区、县建委提交招标投标情况的书面报告。书面报告应当包括下列内容：

（一）招标投标的基本情况，包括招标范围、招标方式、资格审查情况、开标和评标过程和确定中标人的方式及理由等；

（二）相关的文件材料，包括招标公告或者投标邀请书、投标报名表、资格预审文件和资格预审结果、招标文件、评标委员会成员名单和评标报告、中标结果及中标人的投标文件。委托工程招标代理机构进行招标的，应当提交建设工程招标代理委托合同。

前款第（二）项中已按照本规定办理了备案的文件材料，不再重复提交。

第二十条 市规划委、市建委或者区、县建委应当对招标人在招标投标活动中的行为进行监督，并有权责令招标人改正在招标投标活动中的违法行为。招标人在改正前不得向中标人发出中标通知书。

第二十一条 建设工程施工招标的招标人和中标人应当在依法订立书面合同后7个工作日内，向市建委或者区、县建委备案。

招标人和中标人不得再行订立背离合同实质性内容的其他协议。

第二十二条 招标文件要求中标人提交履约担保的，中标人应当提交。招标人应当同时向中标人提交工程款支付担保。

第二十三条 招标人、中标人使用未中标的设计方案的，应当征得提交方案的投标人同意并支付使用费。

第二十四条 违反本规定应当予以处罚的，由市规划委、市建委或者区、县建委按照《中华人民共和国招标投标法》《北京市招标投标条例》等法律、法规和规章的规定处理，并将违法行为记入本市招标投标活动违法行为记录系统。

第二十五条 建设工程施工专业分包、劳务分包采用招标投标方式的，参照本规定执行。

第二十六条 本规定自2003年6月1日起施行。1987年10月24日市人民政府发布的《北京市建设工程施工招标投标管理暂行办法》、1994年10月6日市人民政府发布的《北京市建设工程设备招标投标管理规定》、1995年4月7日市人民政府发布的《北京市勘察招标投标管理规定》同时废止。

（二）规范性文件

北京市住房和城乡建设委员会关于印发《北京市建设工程安全文明施工费管理办法(试行)》的通知

(京建法〔2019〕9号)

各有关单位：

为适应建设工程安全生产、绿色施工标准化考评分级管理的发展要求，保障建设工程安全文明施工措施落实到位，促进我市施工现场标准化管理水平的提高，结合市场实际，市住房城乡建设委制定了《北京市建设工程安全文明施工费管理办法(试行)》，现印发给你们，请遵照执行。

附件：北京市建设工程安全文明施工费管理办法(试行)

附件：

北京市建设工程安全文明施工费管理办法(试行)

第一条 为落实《北京市大气污染防治条例》(北京市人民代表大会公告第3号)、《北京市建设工程施工现场管理办法》(北京市人民政府令第247号)和《企业安全生产费用提取和使用管理办法》(财企〔2012〕16号)等规定，完善建设工程安全文明施工费的计价方法及其管理，依据《关于加强建筑施工安全生产标准化考评工作的通知》(京建法〔2019〕10号)、《关于印发〈北京市建筑施工安全生产标准化考评管理办法(试行)〉的通知》(京建法〔2015〕15号)、《关于印发〈北京市建设工程施工现场安全生产标准化管理图集〉的通知》(京建发〔2019〕13号)等文件要求，制定本办法。

第二条 本办法适用于本市行政区域内新建、扩建和改建的房屋建筑(含装饰装修、房屋修缮工程)和市政基础设施工程的安全文明施工费的计价及其管理。

第三条 本办法所称安全文明施工费是指按照国家及本市现行的建筑施工安全(消防)、施工现场环境与卫生、绿色施工等管理规定和标准规范要求，用于购置和更新施工安全防护用具及设施、改善现场安全生产条件和作业环境，防止施工过程对环境造成污染以及开展安全生产标准化管理等所需要的费用。安全文明施工费由安全施工费、文明施工费、环境保护费及临时设施费组成。

第四条 安全文明施工费应根据相关施工措施和市场价格测算确定，但不得低于按本办法规定的费用标准(费率)计算的金额，且不得作为让利因素。

测算安全文明施工费的施工措施应当符合安全文明施工管理及相关标准规范的规定，且应当与《北京市建设工程施工现场安全生产标准化管理图集》(以下简称《图集》)规定的标准化考评验收等级、发包工程安全生产标准化管理目标等级、特殊措施要求以及工程承包范围等相符。

第五条 本办法规定的安全文明施工费费用标准按《图集》标准化考评、验收等级实行差别化费率。

费用标准包括了《图集》标准化考评验收范围内的相应措施项目，不包括《图集》中的推荐应用项目，也不包括《危险性较大的分部分项工程安全管理规定》(住房城乡建设部令第37号)、《北京市房屋建筑和市政基础设施工程危险性较大的分部分项工程安全管理实施细则》(京建法〔2019〕11号)中超过一定规模的危大工程专项施工方案的相关安全防护文明施工措施等特殊措施项目(见附件)。

第六条 招标文件(招标工程量清单)所列的安全文明施工措施清单项目应当载明施工现场安全生产标准化管理目标的等级要求，且不得低于达标(合格)标准。

招标文件对安全防护、文明施工、环境保护、临时设施等有超出《图集》标准化考评验收范围的特殊要求，或招标工程存在超过一定规模的危大工程和其他安全生产管理特殊措施要求的，招标人应根据招标工程的特殊措施要求，在招标工程量清单中补充编制危大工程和(或)其他安全管理等特殊安全文明施工措施清单项目，并列明清单项目的工作内容。

招标文件公布最高投标限价时，应单独列明安全文明施工费的总额。

第七条 发包、承包阶段安全文明施工费的计价应当符合下列规定：

(一) 招标人编制最高投标限价时，安全文明施工费应当符合招标文件、本办法第四条和有关最高投标限价的规定；

(二) 投标人投标报价时，应当响应招标文件的要求，并应当依据招标文件和本办法第四条的规定，自主测算确定安全文明施工费；

（三）直接发包的工程，安全文明施工费应按本办法第四条的规定测算确定，并计入签约合同价；

（四）超过一定规模的危大工程安全防护文明施工费应根据危大工程专项施工方案中的安全管理措施测算确定，专项施工方案应按规定组织专家论证；

（五）安全文明施工费在建设工程计价汇总表中单独汇总列明。

第八条 发包、承包双方应在合同中明确安全文明施工费的签约合同价总额，并按下列原则单独约定费用的预付方式：

（一）在合同约定的开工日期前7天内，发包人应按合同载明的安全文明施工费签约合同价总额的50%预付；

（二）施工过程中，±0.00以下主体结构施工完成或签约合同价中分部分项工程项目的完成价款比例达到30%（两者中以条件先满足的为准）后的7天内，发包人应按合同载明的安全文明施工费签约合同价总额预付至70%；

（三）经安全生产标准化考评、评定达到（含整改后达到）或超过合同约定安全生产标准化管理目标之日起的7天内，发包人应按合同载明的安全文明施工费签约合同价总额预付至90%；

（四）工程竣工后，经安全生产标准化考评、认定达到或超过合同约定安全生产标准化管理目标并颁发考评证书之日起的7天内，发包人应按合同载明的安全文明施工费签约合同价总额预付至100%。

第九条 合同应当载明发包人要求的施工现场安全生产标准化管理目标等级，且不得低于达标（合格）标准。

（一）合同约定的安全生产标准化管理目标等级为“达标（合格）”或“绿色”的，发包人可在合同中约定“创优”奖励条款，鼓励承包人达到“绿色”或“样板”等级。奖励条款应明确“创优”奖励金额或者奖励金额的计算方法，且奖励金额不宜低于实际考核评定、认定的目标等级和合同约定的目标等级之间实际投入费用的差额。合同约定了“创优”奖励条款的，但对奖励金额没有约定或者约定不明且发包、承包双方不能协商一致的，可按下列公式计算：

$$A=(K_1 \div K_2-1)\times F$$

其中：A——按本办法规定计算的奖励金额；

K_1——标准化考评认定等级对应本办法规定的标准费率；

K_2——合同约定的管理目标等级对应本办法规定的标准费率；

F——合同中载明的安全文明施工费总额。

（二）发包、承包双方可在合同中约定因承包人原因未达到合同约定的安全生产标准化管理目标等级的违约金或损失赔偿金，但违约金或损失赔偿金不宜高于合同约定的标准化管理目标等级和实际考核评定、认定的目标等级之间所需投入费用的差额，合同对违约金或者损失赔偿金没有约定或者约定不明且发包、承包双方不能协商一致的，可按下列公式计算：

$$A=(1-K_1 \div K_2)\times F$$

其中：A——按本办法规定计算的违约损失赔偿金；

K_1——标准化考评认定等级对应本办法规定的标准费率；

K_2——合同约定的管理目标等级对应本办法规定的标准费率；

F——合同中载明的安全文明施工费总额。

第十条 安全文明施工费应与竣工结算同步结算，多退少补。发包、承包双方应在合同中按下列原则约定安全文明施工费的结算方法：

（一）安全生产标准化评定、认定等级与合同约定管理目标等级一致的，签约合同价中包含的安全文明施工费总额即为本条第（三）项调整安全文明施工费的基础。

（二）安全生产标准化评定、认定等级与合同约定管理目标等级不一致的，安全文明施工费的结算应根据安全生产标准化评定、认定等级进行调整：

1. 安全生产标准化认定等级高于合同约定的管理目标等级，且合同约定了奖励金额的，发包、承包双方按合同约定确定奖励金额。签约合同价中包含的安全文明施工费总额增加奖励金额后为本条第（三）款调整安全文明施工费的基础。

2. 安全生产标准化评定、认定等级未达到合同约定管理目标等级但“达标（合格）”，且合同约定了违约金的，发包、承包双方应按合同约定确定违约金。签约合同价中包含的安全文明施工费总额扣减违约金后为本条第（三）款调整安全文明施工费的基础。

（三）按本条第（一）款和第（二）款确定的安全文明施工费，应依据经发包人签认的施工方案和适用的合同单价或市场价，针对下列情形调整确定安全文明施工费的结算金额：

1. 超过一定规模的危大工程的专项施工方案根据专家论证意见发生调整并引起费用变化的；

2. 工程变更导致安全文明施工措施发生较大变化的；

3. 按本办法测算确定安全文明施工费的施工措施，因其他非承包人原因发生调整并引起费用变化的；

4. 合同约定的其他可调整安全文明施工费的情形。

第十一条 承包人应对安全文明施工费专款专用，保证安全文明施工措施的投入，并在财务管理中单独列支安全文明施工费账目备查。

第十二条 安全文明施工费（不包括现场建设单位独立发包部分）由总承包单位统一管理，总承包单位对建设工程安全文明施工负责。总承包单位应当参照本办法的规定在分包合同中约定分包工程安全文明施工费的支付、结算方法等。总承包单位不按合同约定支付费用，造成分包单位不能及时落实安全防护措施导致发生事故的，由总承包单位负主要责任。

第十三条 本办法自 2019 年 6 月 1 日起施行。2019 年 6 月 1 日以后发出招标文件（依法进行招标的工程）或依法签订施工合同（依法直接发包的工程）并执行《图集》标准化考评、验收划分标准的工程，按本办法执行。

市住房城乡建设委印发的相关管理规定与本办法不一致的，以本办法为准。市住房城乡建设委印发的《关于调整安全文明施工费的通知》（京建发〔2014〕101号）同时废止。

附件：北京市建设工程安全文明施工费费用标准（2019 版）

附件：

北京市建设工程安全文明施工费费用标准（2019 版）

一、说明

（一）《北京市建设工程安全文明施工费费用标准（2019 版）》（以下简称《费用标准》）是在我市现行计价依据的基础上，依据安全文明施工管理的规范、标准、《图集》（2019 版）和相关文件的要求，并结合市场实际编制。

（二）本《费用标准》按专业划分，主要包括北京市现行预算定额和预算消耗量定额（装配式房屋建筑工程、绿色建筑工程）中房屋建筑与装饰工程、仿古建筑工程、通用安装工程、市政工程、园林绿化工程、构筑物工程和城市轨道交通工程，以及房屋修缮工程。

（三）本《费用标准》是发包、承包阶段计算建设工程安全文明施工费低限标准的依据。

（四）本《费用标准》中“达标”费率与《图集》（2019 版）的标准化考评、验收标准“北京市绿色安全标准化达标工地”对应，“绿色”费率与《图集》（2019 版）的标准化考评、验收标准“北京市绿色安全工地”对应，“样板”费率与《图集》（2019 版）的标准化考评划分等级“北京市绿色安全样板工地”对应。

（五）本《费用标准》不包括的内容，具体如下：

1.《危险性较大的分部分项工程安全管理规定》（住房城乡建设部令第 37 号）、《北京市房屋建筑和市政基础设施工程危险性较大的分部分项工程安全管理实施细则》（京建法〔2019〕11 号）中超过一定规模的危大工程专项施工方案的相关安全防护文明施工措施，主要包括基坑支护、降水、深基坑工程、模板工程、脚手架工程、起重吊装及安装拆卸工程等项目；

2.《图集》（2019 版）中的推荐应用项目，主要包括安全智慧化管理的相关项目；

3. 临街高压线及其他基础设施、已建成周边建筑物或构筑物的安全防护措施等特殊施工措施项目；

4.《企业安全生产费用提取和使用管理办法》（财企〔2012〕16 号）第十九条中的“（一）完善、改造和维护安全防护设施设备支出，包括施工现场防爆、防毒、防雷、防台风、防地质灾害、地下工程有害气体监测、通风等设施支出；（二）配备、维护、保养应急救援器材、设备支出；（三）开展重大危险源和事故隐患评估、监控和整改支出；（四）安全生产检查、评价、咨询支出；（七）安全生产适用的新技术、新标准、新工艺、新装备的推广应用支出；（八）安全设施及特种设备检测检验支出；（九）其他与安全生产直接有关的支出”等。

上述不包括的施工措施项目，其费用需根据实际情况，在安全文明施工费中另行计取。

二、编制依据

（一）《关于加强建筑施工安全生产标准化考评工作的通知》（京建法〔2019〕10 号）；

（二）《关于印发〈北京市建设工程施工现场安全生产标准化管理图集〉的通知》（京建发〔2019〕13 号）；

（三）《关于印发〈北京市建筑施工安全生产标准化考评管理办法（试行）〉的通知》（京建法〔2015〕15 号）；

（四）《绿色施工管理规程》（DB 11/513—2018）；

（五）《北京市住房和城乡建设委员会关于在建设工程施工现场推广使用在线

监测设备防治扬尘的通知》(京建发〔2016〕408 号);

(六)《关于落实〈北京市 2013-2017 年清洁空气行动计划〉加强建筑工地扬尘治理工作的通知》(京建发〔2013〕515 号);

(七)《关于印发〈北京市建筑施工项目从业人员体验式安全培训教育管理办法(试行)〉的通知》(京建法〔2018〕4 号);

(八)住房城乡建设部、人力资源社会保障部《关于印发建筑工人实名制管理办法(试行)的通知》(建市〔2019〕18 号);

(九)财政部、税务总局、海关总署《关于深化增值税改革有关政策的公告》(财政部 税务总局 海关总署公告 2019 年第 39 号);

(十)《住房城乡建设部办公厅关于重新调整建设工程计价依据增值税税率的通知》(建办标函〔2019〕193 号);

(十一)其他相关法律、法规、规范、图集、文件等。

三、有关规定

(一) 本《费用标准》与现行的《北京市建设工程计价依据——概算定额》《北京市建设工程计价依据——预算定额》《北京市房屋修缮工程计价依据——预算定额》《北京市建设工程计价依据——预算消耗量定额》等配套使用,现行计价依据中与《费用标准》不一致的,以本《费用标准》为准。

(二) 工程概算(设计概算)应按本办法的规定并结合建设工程安全文明施工管理规定要求等,合理确定安全文明施工费。

《北京市建设工程计价依据——概算定额》的安全文明施工费,执行《费用标准》附表中相应项目的“绿色”费率,并按规定的计费基数和程序计算。

(三) 发包、承包阶段单位(项)工程安全文明施工费的低限费用应按附表的专业工程分项计算确定,并执行安全生产标准化管理目标等级对应的费率。

(四)《北京市建设工程计价依据——预算消耗量定额》的安全文明施工费低限费用,应按《费用标准》附表中的相应专业工程的费用标准执行。

符合《装配式建筑工程》评定标准的装配式房屋建筑工程,安全文明施工费应以单项工程为单位,按其功能和结构形式相应执行装配式混凝土住宅工程和装配式钢结构的费用标准;不符合的,执行建筑装饰工程的费用标准。

(五) 安全文明施工费低限费用的计价程序

1. 按《北京市建设工程计价依据——预算定额》编制安全文明施工费低限标准的,安全文明施工费按人工费与机械费的当期市场价合计为基数(基数包括其他机具费,不包括安全文明施工费中人工费、机械费以及规费),乘以相应的费率计算(详见附表)。

2. 按《北京市建设工程计价依据——预算消耗量定额》编制安全文明施工费低限标准的，安全文明施工费以定额人工消耗量与机械台班消耗量乘以当期相应市场单价或《北京工程造价信息》单价之和为基数(基数包括其他机具费，不包括安全文明施工费中人工费、机械费以及规费)，乘以相应的费率计算(详见附表)。

(六)安全文明施工费应按相应规定计算企业管理费、利润、税金。

(七)施工总承包发包时，安全文明施工费的计取应当针对施工总承包范围(包括总承包范围内的专业工程暂估价项目)内的全部工程内容，但暂估价的专业工程可能发生的特殊施工措施所需的费用除外。

暂估价的专业工程发包时，标准化管理等级标准应当与总承包合同约定的等级标准一致，其计取安全文明施工费的措施项目应当与总承包合同相衔接，不得重复。暂估价专业工程可能发生的特殊施工措施在专业工程工程量清单中单独列项，相应的费用应当根据具体施工措施和市场价格测算确定。

附表：第一部分《北京市建设工程计价依据——预算定额》及预算消耗量定额的安全文明施工费费用标准

第二部分 北京市房屋修缮工程计价依据——预算定额的安全文明施工费费用标准

附表：

第一部分《北京市建设工程计价依据——预算定额》及预算消耗量定额的安全文明施工费费用标准

01 房屋建筑与装饰工程

项目名称		房屋建筑与装饰工程					
		一般计税方式			简易计税方式		
		达标	绿色	样板	达标	绿色	样板
计费基数		以人工费与机械费之和为基数计算					
费率(%)		20.07	21.75	24.39	20.87	22.64	25.41
其中	安全施工	4.72	5.20	5.82	4.89	5.40	6.05
	文明施工	4.34	4.87	5.71	4.50	5.07	5.95
	环境保护	4.23	4.57	4.88	4.41	4.74	5.08
	临时设施	6.78	7.11	7.98	7.07	7.43	8.33

注：除装配式钢结构工程外，其他钢结构工程按建筑装饰工程执行。

项目名称		土石方、地基处理与边坡支护、施工排水、降水工程					
		一般计税方式			简易计税方式		
		达标	绿色	样板	达标	绿色	样板
计费基数		以人工费与机械费之和为基数计算					
费率(%)		22.11	23.96	26.87	22.99	24.94	28.00
其中	安全施工	5.20	5.73	6.41	5.38	5.95	6.67
	文明施工	4.78	5.37	6.29	4.96	5.59	6.55
	环境保护	4.67	5.03	5.37	4.86	5.23	5.60
	临时设施	7.46	7.83	8.80	7.79	8.17	9.18

注：土石方，地基处理与边坡支护，施工排水、降水工程的费用标准适用于独立发包的工程。

项目名称		装饰工程					
		一般计税方式			简易计税方式		
		达标	绿色	样板	达标	绿色	样板
计费基数		以人工费与机械费之和为基数计算					
费率(%)		15.38	16.66	18.69	15.99	17.35	19.47
其中	安全施工	3.61	3.98	4.46	3.74	4.14	4.64
	文明施工	3.32	3.73	4.37	3.45	3.89	4.55
	环境保护	3.24	3.50	3.74	3.38	3.63	3.90
	临时设施	5.21	5.45	6.12	5.42	5.69	6.38

注：装饰装修工程费用标准适用于独立发包的工程。

项目名称		装配式房屋建筑工程					
		装配式混凝土住宅建筑					
		一般计税方式			简易计税方式		
		达标	绿色	样板	达标	绿色	样板
计费基数		以人工费与机械费之和为基数计算					
费率(%)		23.32	25.27	28.42	24.26	26.31	29.61
其中	安全施工	5.48	6.04	6.78	5.68	6.28	7.05
	文明施工	5.04	5.66	6.65	5.23	5.89	6.93
	环境保护	4.92	5.31	5.68	5.13	5.51	5.93
	临时设施	7.88	8.26	9.31	8.22	8.63	9.70

项目名称		装配式房屋建筑工程					
		装配式钢结构					
		一般计税方式			简易计税方式		
		达标	绿色	样板	达标	绿色	样板
计费基数		以人工费与机械费之和为基数计算					
费率(%)		25.91	28.42	32.22	26.94	29.58	33.57
其中	安全施工	6.09	6.79	7.69	6.31	7.06	7.99
	文明施工	5.60	6.37	7.54	5.81	6.62	7.86
	环境保护	5.47	5.97	6.44	5.70	6.20	6.72
	临时设施	8.75	9.29	10.55	9.12	9.70	11.00

02 仿古建筑工程

项目名称		仿古建筑工程					
		一般计税方式			简易计税方式		
		达标	绿色	样板	达标	绿色	样板
计费基数		以人工费与机械费之和为基数计算					
费率(%)		15.27	16.55	18.55	15.88	17.23	19.33
其中	安全施工	3.59	3.96	4.43	3.72	4.11	4.60
	文明施工	3.30	3.71	4.34	3.43	3.86	4.52
	环境保护	3.22	3.48	3.71	3.36	3.61	3.87
	临时设施	5.16	5.40	6.07	5.37	5.65	6.34

03 通用安装工程

项目名称		通用安装工程					
		一般计税方式			简易计税方式		
		达标	绿色	样板	达标	绿色	样板
计费基数		以人工费与机械费之和为基数计算					
费率(%)		21.50	23.30	26.13	22.36	24.26	27.23
其中	安全施工	5.05	5.57	6.23	5.23	5.80	6.48
	文明施工	4.64	5.22	6.11	4.83	5.43	6.37
	环境保护	4.54	4.89	5.23	4.73	5.08	5.45
	临时设施	7.27	7.62	8.56	7.57	7.95	8.93

项目名称		地源热泵系统					
		一般计税方式			简易计税方式		
		达标	绿色	样板	达标	绿色	样板
计费基数		以人工费与机械费之和为基数计算					
费率(%)		6.13	6.66	7.46	6.39	6.92	7.75
其中	安全施工	1.44	1.59	1.78	1.50	1.65	1.85
	文明施工	1.32	1.49	1.75	1.38	1.55	1.81
	环境保护	1.29	1.40	1.49	1.35	1.45	1.55
	临时设施	2.08	2.18	2.44	2.16	2.27	2.54

注：1. 地源热泵系统适用于《北京市建设工程计价依据——预算消耗量定额》(绿色建筑工程)中的第一部分第四章第九节地源热泵系统相应项目计取安全文明施工费。

2. 安全文明施工费按以上标准计取，其中人工费占安全文明施工费的比例：一般计税方式10.5%，简易计税方式10%。

04 市政工程

项目名称		市政道路、桥梁、管道工程					
		一般计税方式			简易计税方式		
		达标	绿色	样板	达标	绿色	样板
计费基数		以人工费与机械费之和为基数计算					
费率(%)		24.46	26.51	29.73	25.37	27.49	30.84
其中	安全施工	5.36	5.81	6.51	5.48	5.94	6.66
	文明施工	4.07	4.41	4.95	4.16	4.51	5.06
	环境保护	5.64	6.11	6.86	5.77	6.25	7.01
	临时设施	9.39	10.18	11.41	9.96	10.79	12.11

项目名称		水处理构筑物工程					
		一般计税方式			简易计税方式		
		达标	绿色	样板	达标	绿色	样板
计费基数		以人工费与机械费之和为基数计算					
费率(%)		16.56	17.94	20.13	17.20	18.65	20.91
其中	安全施工	4.31	4.67	5.24	4.42	4.79	5.38
	文明施工	2.23	2.42	2.71	2.29	2.48	2.78
	环境保护	4.35	4.71	5.29	4.46	4.84	5.42
	临时设施	5.67	6.14	6.89	6.03	6.54	7.33

05 绿化工程

项目名称		绿化工程					
		一般计税方式			简易计税方式		
		达标	绿色	样板	达标	绿色	样板
计费基数		以人工费与机械费之和为基数计算					
费率(%)		7.91	8.58	9.62	8.30	8.99	10.08
其中	安全施工	1.98	2.15	2.41	2.08	2.25	2.52
	文明施工	1.35	1.46	1.64	1.42	1.53	1.72
	环境保护	1.66	1.80	2.02	1.74	1.89	2.12
	临时设施	2.92	3.17	3.55	3.06	3.32	3.72

注：安全文明施工费中人工费的比例：一般计税方式 20.8%，简易计税方式 20%。

项目名称		庭园工程					
		一般计税方式			简易计税方式		
		达标	绿色	样板	达标	绿色	样板
计费基数		以人工费与机械费之和为基数计算					
费率(%)		23.43	25.38	28.46	24.50	26.54	29.76
其中	安全施工	5.61	6.08	6.81	5.82	6.31	7.07
	文明施工	3.62	3.92	4.40	3.76	4.07	4.56
	环境保护	5.38	5.83	6.54	5.59	6.05	6.79
	临时设施	8.82	9.55	10.71	9.33	10.11	11.34

06 构筑物工程

项目名称		构筑物工程					
		一般计税方式			简易计税方式		
		达标	绿色	样板	达标	绿色	样板
计费基数		以人工费与机械费之和为基数计算					
费率(%)		17.25	18.70	20.96	17.94	19.46	21.84
其中	安全施工	4.05	4.47	5.00	4.20	4.64	5.20
	文明施工	3.73	4.19	4.90	3.87	4.36	5.11
	环境保护	3.64	3.93	4.19	3.79	4.08	4.37
	临时设施	5.83	6.11	6.87	6.08	6.38	7.16

07 城市轨道交通工程

项目名称		土建工程(地上工程)					
		一般计税方式			简易计税方式		
		达标	绿色	样板	达标	绿色	样板
计费基数		以人工费与机械费之和为基数计算					
费率(%)		26.93	27.47	28.01	27.90	28.46	29.02
其中	安全施工	5.13	5.23	5.33	5.31	5.42	5.52
	文明施工	6.78	6.91	7.06	7.02	7.17	7.31
	环境保护	4.76	4.86	4.95	4.94	5.03	5.13
	临时设施	10.26	10.47	10.67	10.63	10.84	11.06

项目名称		土建工程(地下明挖工程)					
		一般计税方式			简易计税方式		
		达标	绿色	样板	达标	绿色	样板
计费基数		以人工费与机械费之和为基数计算					
费率(%)		21.05	21.47	21.89	21.81	22.24	22.68
其中	安全施工	4.01	4.09	4.16	4.14	4.23	4.32
	文明施工	5.30	5.40	5.52	5.50	5.61	5.71
	环境保护	3.72	3.80	3.87	3.86	3.93	4.01
	临时设施	8.02	8.18	8.34	8.31	8.47	8.64

项目名称		土建工程(地下盖挖、暗挖工程)					
		一般计税方式			简易计税方式		
		达标	绿色	样板	达标	绿色	样板
计费基数		以人工费与机械费之和为基数计算					
费率(%)		15.97	16.29	16.61	16.54	16.88	17.21
其中	安全施工	3.04	3.10	3.15	3.14	3.21	3.28
	文明施工	4.02	4.10	4.19	4.17	4.25	4.33
	环境保护	2.83	2.88	2.94	2.93	2.99	3.04
	临时设施	6.08	6.21	6.33	6.30	6.43	6.56

项目名称		土建工程(盾构工程)					
		一般计税方式			简易计税方式		
		达标	绿色	样板	达标	绿色	样板
计费基数		以人工费与机械费之和为基数计算					
费率(%)		12.98	13.24	13.50	13.45	13.72	13.99
其中	安全施工	2.48	2.51	2.56	2.55	2.60	2.66
	文明施工	3.25	3.35	3.41	3.40	3.46	3.53
	环境保护	2.30	2.34	2.39	2.38	2.43	2.47
	临时设施	4.95	5.04	5.14	5.12	5.23	5.33

项目名称		轨道工程					
		一般计税方式			简易计税方式		
		达标	绿色	样板	达标	绿色	样板
计费基数		以人工费与机械费之和为基数计算					
费率(%)		36.02	36.74	37.46	37.14	37.88	38.62
其中	安全施工	6.86	6.99	7.13	7.07	7.20	7.35
	文明施工	9.07	9.25	9.43	9.35	9.55	9.73
	环境保护	6.37	6.50	6.63	6.57	6.70	6.83
	临时设施	13.72	14.00	14.27	14.15	14.43	14.71

项目名称		设备和安装工程					
		一般计税方式			简易计税方式		
		达标	绿色	样板	达标	绿色	样板
计费基数		以人工费与机械费之和为基数计算					
费率(%)		17.86	18.22	18.57	18.41	18.80	19.16
其中	安全施工	3.40	3.46	3.54	3.50	3.58	3.65
	文明施工	4.50	4.60	4.66	4.64	4.73	4.82
	环境保护	3.16	3.22	3.29	3.26	3.33	3.39
	临时设施	6.80	6.94	7.08	7.01	7.16	7.30

注：安全文明施工费中人工费的比例：一般计税方式10.5%，简易计税方式10%。

第二部分《北京市房屋修缮工程计价依据——预算定额》的安全文明施工费费用标准

本部分《费用标准》的说明：

（一）2012年《北京市房屋修缮工程计价依据——预算定额》中安全文明施工费按“安全文明施工费（含环境保护费、文明施工费、安全施工费）”与“临时设施费”两项分别计价的方式停止执行，统一按本《费用标准》中包括四项内容的“安全文明施工费”，单列一项的方式计价。

（二）本部分《费用标准》（除密目网、支撑式安全网、施工现场安全通道等措施项目外）与《北京市建设工程施工现场安全生产标准化管理图集》（2019版）相应等级标准一一对应，包括的主要措施项目说明如下：

1. 第一章 安全管理；

2. 第二章 生活区、办公区管理：办公用房，取暖、降温，生活区临时用电，生活区临时用房，食堂管理，环境卫生，配套设施等；

3. 第三章 绿色施工：施工现场大门，施工现场围挡，裸露地面覆盖，建筑垃圾消纳管理，施工现场及施工现场管理公示标牌，施工现场洒水车，建筑垃圾站，现场各种材料、机械设备、配电设施、消防器材等应按照施工现场总平面图统一布置，标识清楚等；

4. 第四章 脚手架安全管理；

5. 第五章 模板支撑体系安全管理；

6. 第六章 安全防护：基坑、沟、槽临边防护，洞口防护等；

7. 第七章 临时用电；

8. 第八章 塔式起重机、起重吊装安全管理：移动式汽车、轮胎式起重机等；

9. 第九章 机械安全：中小型机械防护棚，木工加工防护棚，无齿锯砂轮机防护罩等；

10. 第十章 消防保卫：施工现场保卫、库房管理，临时疏散通道，易燃、易爆品，消防给水系统，消防设施与器材及管理，义务消防组织等。

（三）《北京市建设工程施工现场安全生产标准化管理图集》中密目网、支撑式安全网、施工现场安全通道等措施项目，低限费用按2012年《北京市房屋修缮工程计价依据——预算定额》另行计算。

土建工程

项目名称		土建工程					
		一般计税方式			简易计税方式		
		达标	绿色	样板	达标	绿色	样板
计费基数		以人工费与机械费之和为基数计算					
费率(%)		12.28	13.31	14.93	12.78	13.84	15.53
其中	安全施工	3.14	3.40	3.82	3.27	3.54	3.97
	文明施工	2.00	2.17	2.43	2.08	2.25	2.53
	环境保护	2.81	3.05	3.42	2.93	3.17	3.56
	临时设施	4.33	4.69	5.26	4.50	4.88	5.47

注：安全文明施工费中人工费的比例：一般计税方式26%，简易计税方式24%。

安装工程

项目名称		安装工程					
		一般计税方式			简易计税方式		
		达标	绿色	样板	达标	绿色	样板
计费基数		以人工费与机械费之和为基数计算					
费率(%)		9.62	10.42	11.69	10.01	10.83	12.15
其中	安全施工	2.46	2.66	2.99	2.56	2.77	3.11
	文明施工	1.57	1.70	1.90	1.63	1.76	1.98
	环境保护	2.20	2.39	2.68	2.29	2.48	2.78
	临时设施	3.39	3.67	4.12	3.53	3.82	4.28

注：安全文明施工费中人工费的比例：一般计税方式26%，简易计税方式24%。

古建筑工程

项目名称		古建筑工程					
		一般计税方式			简易计税方式		
		达标	绿色	样板	达标	绿色	样板
计费基数		以人工费与机械费之和为基数计算					
费率(%)		10.82	11.72	13.14	11.63	12.18	13.67
其中	安全施工	2.77	3.00	3.36	2.88	3.12	3.50
	文明施工	1.76	1.91	2.14	2.21	1.98	2.22
	环境保护	2.48	2.68	3.01	2.58	2.79	3.13
	临时设施	3.81	4.13	4.63	3.96	4.29	4.82

注：安全文明施工费中人工费的比例：一般计税方式26%，简易计税方式24%。

北京市住房和城乡建设委员会关于重新调整北京市建设工程计价依据增值税税率的通知

(京建发〔2019〕141 号)

各有关单位:

根据《财政部 税务总局 海关总署关于深化增值税改革有关政策的公告》(财政部 税务总局 海关总署公告 2019 年第 39 号)和《住房城乡建设部办公厅关于重新调整建设工程计价依据增值税税率的通知》(建办标函〔2019〕193 号)的要求,现对调整北京市建设工程计价依据(含北京市房屋修缮工程计价依据)中增值税税率的有关事项通知如下:

1、现行北京市建设工程计价依据中增值税税率由 10%调整为 9%。

2、现行北京市建设工程计价依据中以“元”为单位的要素价格和以费率形式计取的有关费用标准不变。

3、实施时间

(一) 2019 年 4 月 1 日(含)以后开标或签订施工合同的建设工程项目,招标人或发包人应按照本通知执行。

(二) 2019 年 3 月 31 日(含)前已开标或已签订施工合同的建设工程,发、承包双方按照友好协商的原则,调整合同价款。

(三) 自本通知发布之日起执行。

北京市住房和城乡建设委员会关于执行2018年《北京市建设工程工期定额》和2018年《北京市房屋修缮工程工期定额》的通知

（京建法〔2019〕4号）

各有关单位：

为加强建设工程和房屋修缮工程的工期管理，确保工程的质量和安全，结合我市实际情况，现就贯彻执行2018年《北京市建设工程工期定额》和2018年《北京市房屋修缮工程工期定额》（以下简称"《工期定额》"）的有关问题通知如下：

一、发包人应当根据《工期定额》和发包工程的具体条件计算定额工期，并根据定额工期合理确定发包人要求工期。发包人有节点工期要求的，也应合理确定。

二、《工期定额》缺项或不适用的，发包人应当事先组织专家对发包工程进行施工工期论证，在保证质量、安全和可行性的前提下，确定合理的发包人要求工期。

三、发包人压缩定额工期的，应提出保证工程质量、安全和工期的具体技术措施，并根据技术措施测算确定发包人要求工期。压缩定额工期的幅度超过10%（不含）的，应组织专家对相关技术措施进行合规性和可行性论证，并承担相应的质量安全责任。

四、招标人压缩定额工期的，应在招标工程量清单的措施项目中补充编制赶工增加费项目，并在招标文件的附件中列明相关技术措施。

赶工增加费应按本通知第三条规定的技术措施测算，单独列项计取税金后计入最高投标限价，并在招标文件中公布。

经测算确定的赶工增加费不得小于以工程造价（不含设备费）为基数，乘以下列费用标准计算的费用：

（一）压缩定额工期幅度在5%（含）以内的，工期每压缩一天的费率为：

1. 建筑工程、轨道交通工程：0.25‰；

2. 市政工程、房屋修缮工程：0.75‰。

（二）压缩定额工期幅度在10%（含）以内的，工期每压缩一天的费率为：

1. 建筑工程、轨道交通工程：0.5‰；

2. 市政工程、房屋修缮工程：1.25‰。

（三）压缩定额工期幅度在20%（含）以内的，工期每压缩一天的费率为：

1. 建筑工程、轨道交通工程：0.9‰；

2. 市政工程、房屋修缮工程：2.55‰。

（四）压缩定额工期幅度超过20%（不含）的，工期每压缩一天的费率为：

1. 建筑工程、轨道交通工程：1.35‰；

2. 市政工程、房屋修缮工程：3.9‰。

五、投标人应当响应招标文件的工期要求，并根据招标条件和自身施工技术水平及管理能力等合理确定投标工期。

六、投标人压缩定额工期的，投标文件中应明确按期完成并保证工程质量、安全的具体技术措施，承担相应的工程质量安全责任；超过10%（不含）的，投标人的相关技术措施应组织专家论证并通过施工单位的企业技术负责人审批。

投标人的赶工增加费应根据相关技术措施进行测算，单独列项并计取税金后计入投标总价。赶工增加费用不得作为让利因素。

七、直接发包的工程，发包、承包双方应根据符合本通知要求的相应技术措施，以及本通知第四条的规定协商确定赶工增加费，单独列项计取税金后计入签约合同价。

八、因发生重大设计变更、异常恶劣天气等因素导致施工合同无法正常按期履行的，发包、承包双方应以签证方式及时进行确认，并按合同约定或经协商一致调整合同工期。

九、工程未按合同中约定的时间开工，或工程实际竣工日期与合同约定的竣工日期不符时，发包、承包双方应按合同约定办理书面确认手续。由此带来的工期延误和费用损失由责任方承担。

十、本通知规定的专家论证活动应由三名以上（单数）施工、技术专家组成的专家小组承担。

十一、本通知与《工期定额》均自2019年3月1日（含）起实施。2019年3月1日前已发出招标文件或已签订施工合同的工程不再调整。《关于贯彻执行2009年〈北京市建设工程工期定额〉和2009年〈北京市房屋修缮工程工期定额〉有关问题的通知》（京建发〔2010〕255号）同时废止。

北京市住房和城乡建设委员会　北京市发展和改革委员会 北京市人力资源和社会保障局 北京市园林绿化局关于印发《北京市建设工程评标专家动态监督管理办法》的通知

（京建法〔2018〕25号）

各区住房城乡建设委，东城、西城区住房城市建设委，经济技术开发区建发局，各区发展改革委、人力社保局、园林绿化局，各有关单位：

为加强本市建设工程评标专家的监督管理，规范建设工程评标专家评标行为，保证评标活动公平、公正、科学合理地进行，根据《中华人民共和国招标投标法》《中华人民共和国招标投标法实施条例》《评标专家和评标专家库管理暂行办法》《北京市评标专家库和评标专家管理办法》等有关法律、法规和规定，市住房城乡建设委、市发展改革委、市人力社保局、市园林绿化局共同制定了《北京市建设工程评标专家动态监督管理办法》，现予以印发，请遵照执行。其他行业评标专家可参照本办法执行。

本办法自2019年1月1日起施行，《北京市建设工程评标专家动态监督管理办法（试行）》（京建法〔2016〕9号）同时废止。

附件：北京市建设工程评标专家动态监督管理办法

附件：

北京市建设工程评标专家动态监督管理办法

第一章　总则

第一条　为加强本市建设工程评标专家的监督管理，规范建设工程评标专家评标行为，保证评标活动公平、公正、科学合理地进行，根据《中华人民共和国招标投标法》《中华人民共和国招标投标法实施条例》《评标专家和评标专家库管理暂行办法》《北京市评标专家库和评标专家管理办法》等有关法律、法规，结合本市实际情况，制定本办法。

第二条 在本市行政区域内，参加依法必须进行招标的建设工程的施工、监理和与工程建设有关的重要设备、材料采购的资格预审评审和评标活动的建设工程评标专家，其评审、评标行为动态监督管理适用本办法。

本办法所称建设工程是指房屋建筑和市政基础设施工程，包括园林绿化工程。

第三条 本办法所称建设工程评标专家(以下简称评标专家)，是指已进入北京市评标专家库，且申报专业为建设工程及其相关专业的人员。

第四条 市发展改革委负责指导和协调评标专家动态监督管理工作。

市人力社保局负责综合管理评标专家，会同有关部门加强对评标专家的动态监督管理工作。

市住房城乡建设委负责建立建设工程评标专家动态监督管理记分平台(以下简称记分平台)，对评标专家在建设工程(园林绿化工程除外)评标活动中的违法违规行为进行处理和记分，并将处理结果通报市人力社保局。市园林绿化局负责对评标专家在园林绿化工程评标活动中的违法违规行为进行处理和记分，并将处理结果通报市人力社保局。

区住房城乡(市)建设委、区园林绿化局依据职责，对参与所监管工程评标活动中的评标专家进行监督管理。

第五条 评标专家具备注册执业资格的，由市住房城乡建设委将其违法违规行为信息纳入人员执业全生命周期管理。

第六条 招标人、招标代理机构、投标人、评标专家发现评标专家存在违法违规行为或掌握评标专家违法违规行为信息的，应采用书面的方式实名向住房城乡建设主管部门或园林绿化行政主管部门报告。住房城乡建设主管部门或园林绿化行政主管部门收到报告后，应当按照相关规定进行调查处理。

第二章 记分标准和记分

第七条 《北京市建设工程评标专家动态监督管理记分标准》(见附表，以下简称《记分标准》)依据法律、法规、规章和规范性文件的规定制定，并根据法律法规和政策变化适时予以补充调整。

第八条 市、区住房城乡建设主管部门或园林绿化行政主管部门发现评标专家出现《记分标准》中所列行为的，应当依据本办法对评标专家予以行政处罚、处理和记分，并将记分结果上传至记分平台；作出行政处罚决定的，由市住房城乡建设主管部门或园林绿化行政主管部门通报市人力社保局和市发展改革委。

第九条 评标专家一次评审、评标过程中存在两个及以上违法违规行为的，应当分别作出行政处罚、处理决定，并累加分值。

评标专家被依法取消评标专家资格的，不再进行记分处理。

第十条 评标专家主动报告其他专家存在违法违规等行为且经查证属实的，予以鼓励。

第十一条 记分周期从每年1月1日起至12月31日止。记分周期届满，评标专家年度积分清零。

第十二条 评标专家可以通过记分平台，查询本人积分情况。

第三章 评标专家积分处理

第十三条 评标专家在一个记分周期内累计积分达到6分(含6分)的，由市住房城乡建设委或市园林绿化局对该专家进行约谈。

评标专家在一个记分周期内累计积分达到本款第(一)至(四)项规定分值的，由市住房城乡建设委或市园林绿化局作出暂停其建设工程评标资格的决定。暂停期满后，除法律法规规定的情形外，可恢复建设工程评标资格：

(一) 累计积分达到9分(含9分)的，暂停建设工程评标资格1个月；恢复评标后，累计积分达到12分(含12分)的，再暂停建设工程评标资格2个月；恢复评标后，累计积分达到18分(含18分)的，再暂停建设工程评标资格3个月；恢复评标后，累计积分达到24分(含24分)的，再暂停建设工程评标资格6个月。

(二) 累计积分直接达到12分(含12分)的，暂停建设工程评标资格3个月；恢复评标后，累计积分达到18分(含18分)的，再暂停建设工程评标资格3个月；恢复评标后，累计积分达到24分(含24分)的，再暂停建设工程评标资格6个月。

(三) 累计积分直接达到18分(含18分)的，暂停建设工程评标资格6个月；

恢复评标后，累计积分达到 24 分(含 24 分)的，再暂停建设工程评标资格 6 个月。

(四) 累计积分直接达到 24 分(含 24 分)的，暂停建设工程评标资格 12 个月。

市住房城乡建设委或市园林绿化局作出暂停或恢复建设工程评标资格决定的，应当在北京工程建设交易信息网和北京市公共资源交易服务平台进行公示，同时通报市人力社保局和市发展改革委。

第十四条 评标专家在一个聘期内出现下述情形的，市住房城乡建设委或市园林绿化局提出对专家的处理建议，市人力社保局作出以下处理决定：

(一) 累计暂停建设工程评标资格超过 12 个月的，取消评标专家资格，且 3 年之内不得再次申报北京市评标专家。

(二) 累计暂停建设工程评标资格超过 15 个月的，取消评标专家资格，且不得再次申报北京市评标专家。

第十五条 评标专家依法被暂停或恢复评标、取消评标专家资格的，北京市评标专家库应当按照市人力社保局的要求，及时落实有关处罚、处理决定。

第十六条 探索建立评标专家记分情况与抽取概率的关联机制，评标专家在一个记分周期的积分将影响其抽取概率。

第四章　监督管理

第十七条 评标专家对本办法中违法违规行为的行政处罚、处理和记分结论有异议的，可向作出行政处罚、处理决定的行政机关提交书面申诉。有关行政机关应当及时核查并答复评标专家，涉及疑难复杂事项的，可依据《北京市招投标行政监督协调机制工作规则》(京发改〔2006〕628 号)提交北京市招投标行政监督协调机制办公室研究。

第十八条 有关部门工作人员在行政处罚、处理、记分管理中存在违规行为的，按照干部管理权限由有关部门依法处理。

第五章　附则

第十九条 本办法自 2019 年 1 月 1 日起施行。

附表：北京市建设工程评标专家动态监督管理记分标准

附表：

北京市建设工程评标专家动态监督管理记分标准

序号	行为类别	违法违规行为	处罚处理依据	违法情节	裁量基准	分值
1	评标纪律	评标过程中从事与评标无关的活动	《北京市评标专家库专家管理细则》（京人社专技发〔2011〕246号）第二十条第（七）项	情节轻微	口头告诫	1
				情节严重	责令改正	3
2	评标纪律	出席评标活动不携带专家证书、电子身份锁	《北京市评标专家库专家管理细则》（京人社专技发〔2011〕246号）第二十条第（七）项	情节轻微	口头告诫	1
				情节严重	取消本次评标资格	3
3	评标纪律	未按要求存放或上交通讯工具（含电子设备等）	《北京市评标专家库专家管理细则》（京人社专技发〔2011〕246号）第二十条第（七）项	情节轻微	口头告诫	3
				情节严重	暂停评标资格1个月	9
4	评标纪律	要求压缩评标时间	《北京市评标专家库专家管理细则》（京人社专技发〔2011〕246号）第二十条第（七）项）	情节轻微	口头告诫	3
				情节严重	暂停评标资格1个月	9
5	评标纪律	未准时出席评标活动	《北京市评标专家库专家管理细则》（京人社专技发〔2011〕246号）第二十条第（四）项	情节轻微	口头告诫	3
				情节严重	取消本次评标资格	6
6	评标纪律	将评标过程中的文件带离评标室	《北京市评标专家库专家管理细则》（京人社专技发〔2011〕246号）第二十条第（七）项	情节轻微	口头告诫	3
				情节严重	暂停评标资格1个月	9
7	评标纪律	进入其他正在评标的评标室	《北京市评标专家库专家管理细则》（京人社专技发〔2011〕246号）第二十条第（七）项	情节轻微	责令改正	3
				情节严重	暂停评标资格3个月	12
8	评标纪律	无故不参加评标活动	《北京市评标专家库专家管理细则》（京人社专技发〔2011〕246号）第二十条第（五）项	情节轻微	口头告诫	6
				情节严重	暂停评标资格1个月	9
9	评标纪律	不服从工作人员管理，经劝阻仍不改正	《北京市评标专家库专家管理细则》（京人社专技发〔2011〕246号）第二十条第（七）项	情节轻微	责令改正	6
				情节严重	暂停评标资格3个月	12

续表

序号	行为类别	违法违规行为	处罚处理依据	违法情节	裁量基准	分值
10	评标纪律	不配合招投标行政监督部门监督检查或调查取证	《北京市评标专家库专家管理细则》(京人社专技发〔2011〕246号)第二十条第(七)项	情节轻微	责令改正	6
				情节严重	暂停评标资格3个月	12
11	评标纪律	向他人透露对投标文件的评审和比较、中标候选人的推荐以及与评标有关的其他情况	《招标投标法》第五十六条	情节轻微	给予警告	6
				情节严重	取消评标委员会成员的资格、构成犯罪的，依法追究刑事责任	24
12	评审质量	提交的评标报告中没有评标结论或有多个评标结论	《招标投标法实施条例》第七十一条第(三)项	情节轻微	责令改正	6
				情节严重	暂停评标资格3个月	12
				情节特别严重	取消评标专家资格	24
13	评审质量	评分汇总出现计算错误	《招标投标法实施条例》第七十一条第(三)项	情节轻微	责令改正	6
				情节严重	暂停评标资格3个月	12
				情节特别严重	取消评标专家资格	24
14	评审质量	评标专家个人评分与其他成员存在重大分歧未做出书面说明、虽然做出书面说明但不能合理解释	《招标投标法实施条例》第七十一条第(三)项	情节轻微	责令改正	6
				情节严重	暂停评标资格3个月	12
				情节特别严重	取消评标专家资格	24
15	评审质量	未按照文件规定的标准和方法进行评审	《招标投标法实施条例》第七十一条第(三)项	情节轻微	责令改正	6
				情节严重	暂停评标资格3个月	12
				情节特别严重	取消评标专家资格	24
16	公正履职	应当启动澄清、说明和补正程序而未启动	《招标投标法实施条例》第七十一条第(三)项	情节轻微	责令改正	6
				情节严重	暂停评标资格3个月	12
				情节特别严重	取消评标专家资格	24

续表

序号	行为类别	违法违规行为	处罚处理依据	违法情节	裁量基准	分值
17	公正履职	接受投标人主动提出的澄清、说明	《招标投标法实施条例》第七十一条第（七）项	情节轻微	责令改正	6
				情节严重	暂停评标资格3个月	12
				情节特别严重	取消评标专家资格	24
18	公正履职	借鉴或抄袭其他专家打分结果	《招标投标法实施条例》第七十一条第（八）项	情节轻微	责令改正	6
				情节严重	暂停评标资格3个月	12
				情节特别严重	取消评标专家资格	24
19	公正履职	将个人已完成的打分结果供其他专家借鉴或抄袭	《招标投标法实施条例》第七十一条第（八）项	情节轻微	责令改正	6
				情节严重	暂停评标资格3个月	12
				情节特别严重	取消评标专家资格	24
20	公正履职	影响或干扰其他专家独立评审	《招标投标法实施条例》第七十一条第（八）项	情节轻微	责令改正	6
				情节严重	暂停评标资格3个月	12
				情节特别严重	取消评标专家资格	24
21	公正履职	在空白评标结论上签字	《招标投标法实施条例》第七十一条第（八）项	情节严重	暂停评标资格3个月	12
				情节特别严重	取消评标专家资格	24
22	公正履职	暗示或者诱导投标人作出澄清、说明	《招标投标法实施条例》第七十一条第（七）项	情节轻微	责令改正	6
				情节严重	暂停评标资格6个月	18
				情节特别严重	取消评标专家资格	24
23	公正履职	应当回避未主动提出回避	《招标投标法实施条例》第七十一条第（一）项	情节轻微	责令改正	6
				情节严重	暂停评标资格6个月	18
				情节特别严重	取消评标专家资格	24

续表

序号	行为类别	违法违规行为	处罚处理依据	违法情节	裁量基准	分值
24	公正履职	私下接触投标人	《招标投标法实施条例》第七十一条第(四)项	情节轻微	责令改正	6
				情节严重	暂停评标资格6个月	18
				情节特别严重	取消评标专家资格	24
25	公正履职	主动向招标人征询确定中标人的意向	《招标投标法实施条例》第七十一条第(五)项	情节轻微	责令改正	6
				情节严重	暂停评标资格6个月	18
				情节特别严重	取消评标专家资格	24
26	公正履职	发表带有倾向或者排斥潜在投标人意见的言论	《招标投标法实施条例》第七十一条第(八)项	情节轻微	责令改正	6
				情节严重	暂停评标资格6个月	18
				情节特别严重	取消评标专家资格	24
27	公正履职	顺从其他专家发表的倾向性或者排斥潜在投标人意见的引导意图	《招标投标法实施条例》第七十一条第(五)项	情节轻微	责令改正	6
				情节严重	暂停评标资格6个月	18
				情节特别严重	取消评标专家资格	24
28	公正履职	依法应当否决的投标不提出否决意见	《招标投标法实施条例》第七十一条第(六)项	情节轻微	责令改正	6
				情节严重	暂停评标资格6个月	18
				情节特别严重	取消评标专家资格	24
29	公正履职	完成潜在投标人排序后无故修改评标结果导致排序变化	《招标投标法实施条例》第七十一条第(八)项	情节严重	暂停评标资格12个月	24
				情节特别严重	取消评标专家资格	24
30	公正履职	评标活动结束前离开评标区	《招标投标法实施条例》第七十一条第(二)项	情节轻微	责令改正	6
				情节严重	暂停评标资格12个月	24
				情节特别严重	取消评标专家资格	24

续表

序号	行为类别	违法违规行为	处罚处理依据	违法情节	裁量基准	分值
31	公正履职	收受投标人的财物或者其他好处	《招标投标法》第五十六条	情节轻微	给予警告	6
				情节严重	取消评标委员会成员的资格、构成犯罪的，依法追究刑事责任	24
32	其他	其他违规违纪行为	《北京市评标专家库专家管理细则》(京人社专技发〔2011〕246 号)第二十条第(七)项	情节轻微	给予警告	3
				情节严重	责令改正	6
33	其他	其他不客观、不公正履职的行为	《招标投标法实施条例》第七十一条第(八)项	情节轻微	责令改正	6
				情节严重	暂停评标资格 3 个月	12
				情节特别严重	取消评标专家资格	24
34	其他	未参加全市统一的评标专家培训考核或培训考核不合格	《北京市评标专家库专家管理细则》(京人社专技发〔2011〕246 号)第二十条第(三)项	情节严重	暂停评标资格 12 个月	24

北京市住房和城乡建设委员会关于优化建设工程招投标营商环境有关问题的通知

（京建发〔2018〕578 号）

各区住房城乡建设委，东城、西城住房城市建设委，经济技术开发区建发局，各有关单位：

为贯彻落实《国务院办公厅关于开展工程建设项目审批制度改革试点的通知》（国办发〔2018〕33 号）、《北京市工程建设项目审批制度改革试点实施方案》（京政办发〔2018〕36 号）文件精神及本市有关优化营商环境的政策，市住房城乡建设委进一步优化本市建设工程招投标工作，现将有关事项通知如下：

一、社会投资的房屋建筑工程，在确定施工单位、监理单位和建设工程货物供应商时，可自主决定发包方式，不再强制要求进行招投标。

二、社会投资的房屋建筑工程，建设单位直接发包的，可直接与承包单位签订合同，不需要到建设行政主管部门办理直接发包手续。

三、社会投资的房屋建筑工程，选择进入北京市公共资源交易建设工程分平台进行招标的，取消招标人自行招标条件备案、资格预审文件备案、招标文件备案和招投标情况书面报告备案，不再公布承包商信息。

四、使用国有企事业单位资金，施工总承包单项合同额 3000 万元以下的房屋建筑工程，招标人自行招标条件备案、资格预审文件备案、招标文件备案和招投标情况书面报告备案全部简化为告知性备案。

五、加强事中事后监管，重点对实行告知性备案或告知承诺制的事项进行检查，严肃查处违法违规行为。

六、各区住房城乡建设委应当严格落实优化营商环境相关政策精神，并将项目信息及时推送至北京市公共资源交易建设工程分平台。

七、本通知自发布之日起实施。

北京市发展和改革委员会关于印发《北京市工程建设项目招标方案核准办法(试行)》的通知

（京发改规〔2018〕3号）

各有关单位：

为进一步优化营商环境，深化工程建设领域“放管服”改革，规范本市工程建设项目招标方案核准工作，依据《中华人民共和国招标投标法》《中华人民共和国招标投标法实施条例》《北京市招标投标条例》《必须招标的工程项目规定》《必须招标的基础设施和公用事业项目范围规定》及有关配套规定，制定《北京市工程建设项目招标方案核准办法(试行)》，现印发给你们，请遵照执行。

附件：北京市工程建设项目招标方案核准办法(试行)

附件：

北京市工程建设项目招标方案核准办法(试行)

第一条 为进一步深化工程建设领域“放管服”改革，优化营商环境，严格落实依法必须招标制度，依法规范工程建设项目招标方案核准工作，依据《中华人民共和国招标投标法》《中华人民共和国招标投标法实施条例》《北京市招标投标条例》《必须招标的工程项目规定》《必须招标的基础设施和公用事业项目范围规定》及有关配套规定，制定本办法。

第二条 按照国家有关规定，本市需要市、区发展改革部门履行项目审批、核准手续的依法必须进行招标的项目，其招标方案应当报市、区发展改革部门核准。

项目招标方案具体包括项目勘察、设计、施工、监理以及重要设备、材料采购等招标范围，以及拟采用的招标方式(公开招标或邀请招标)和招标组织形式(委托招标或自行招标)。

本市实行备案制管理的企业投资项目，项目备案机关不再核准招标方案，如属于依法必须招标的项目，项目单位应当依法组织开展招标工作；如属于非依法必须招标的项目，项目单位可以自主决定工程发包方式。

社会投资建设非依法必须进行招标的项目，市、区发展改革部门不再核准招标方案，项目单位可以自主决定工程发包方式。

第三条 进一步明确项目招标方案核准的条件与标准。

（一）本市使用预算资金200万元人民币以上并且该资金占投资额10%以上的项目；使用国有企业事业单位资金并且该资金占控股或者主导地位的项目；使用国际组织或者外国政府贷款、援助资金的项目；以及大型基础设施、公用事业等关系社会公共利益、公众安全的项目，其勘察、设计、施工、监理以及与工程建设有关的重要设备、材料等采购达到下列国家规定标准的，市、区发展改革部门应当核准招标。

1. 施工单项合同估算价在400万元人民币以上；

2. 重要设备、材料等货物的采购，单项合同估算价在200万元人民币以上；

3. 勘察、设计、监理等服务的采购，单项合同估算价在100万元人民币以上。

国家对大型基础设施、公用事业等关系社会公共利益、公众安全的项目必须招标的具体范围和规模标准另有规定的，遵照国家有关规定执行。

（二）依法必须招标的项目申请不招标的，应当具备下列条件之一：

1. 涉及国家安全、国家秘密或者有特殊保密要求；

2. 抢险救灾或者利用扶贫资金实行以工代赈；

3. 需要采用不可替代的专利或者专有技术；

4. 采购人依法能够自行建设、生产或者提供；

5. 已通过招标方式选定的特许经营（PPP）项目投资人依法能够自行建设、生产或者提供；

6. 需要向原中标人采购工程、货物或者服务，否则将影响施工或者功能配套要求；

7. 有效投标或投标人不足3人，经依法重新招标后仍不足3人；

8. 国家规定的其他特殊情形。

（三）依法应当公开招标的项目，项目单位申请邀请招标的，应当具备下列条件之一：

1. 技术复杂、有特殊要求或者受自然环境限制，只有少量潜在投标人可供选择；

2. 采用公开招标方式的费用占项目合同金额的比例过大。

（四）项目单位申请自行招标的，应当具有编制招标文件和组织评标的能力，具备以下条件：

1. 具有项目法人资格(或者法人资格)；

2. 具有与招标项目规模和复杂程度相适应的工程技术、概预算、财务和工程管理等方面专业技术力量；

3. 有从事同类工程建设项目招标的经验；

4. 拥有3名以上取得招标职业资格的专职招标业务人员；

5. 熟悉和掌握招标投标法及有关法规规章。

第四条 进一步精简申报材料，实行承诺制。项目单位申报招标方案核准，应当作出书面承诺，保证所提交的以下有关说明和证明材料的真实性、准确性、合法性。

（一）项目招标方案核准申请书以及招标方案申报表；

（二）依法必须招标的项目申请不招标的，应当提交公司章程或者股权结构、项目建设资金性质说明，以及拟不招标的范围、理由及相关证明材料；

（三）依法必须公开招标的项目申请邀请招标的，应当提交公司章程或者股权结构、项目建设资金性质说明，以及拟邀请招标的范围、理由及相关证明材料；

（四）项目单位申请自行招标的，应当提交有关专业技术力量、专职招标业务人员和招标经验的说明及相关证明材料。

第五条 进一步优化核准程序，取消招标方案核准初审环节，项目招标方案核准应当遵循以下程序。

（一）国家审批、核准权限内的项目，项目单位在申报可行性研究报告、资金申请报告、项目申请报告的同时报送招标方案申报材料，可以经市发展改革部门转报国家发展改革部门审批、核准。

（二）国家和本市重点项目拟邀请招标或不招标的，应当符合国家和本市法规规定的条件，可以经市发展改革部门转报国家发展改革部门或市政府批准。

（三）市发展改革部门审批、核准权限内的项目，可以经项目所在区发展改革部门转报市发展改革部门核准。

（四）本市审批、核准权限内的项目，项目单位可以按照以下程序申报招标方案核准：

1. 实行核准制的企业投资项目，项目单位可以在申报项目申请报告的同时报送招标方案申报材料，市、区发展改革部门在批复项目申请报告时同步办理招标方案核准。

2. 政府投资项目实行项目建议书、可行性研究报告合并审批的，项目单位可以在申报项目建议书(代可行性研究报告)的同时报送招标方案申报材料，市、区发展改革部门在批复项目建议书(代可行性研究报告)时同步办理招标方案核准。

3. 政府投资项目分步审批项目建议书、可行性研究报告的，项目单位可以在申报项目建议书时报送勘察、设计招标方案申报材料，市、区发展改革部门在批复项目建议书时同步办理勘察、设计招标方案核准。

4. 申请市政府投资补助的项目，项目单位应当在申报资金申请报告时提交项目招标投标工作情况，对于依法必须招标的项目，市、区发展改革部门根据实际情况核准招标方案；对于依法必须招标而未招标的项目，原则上不予支持投资补助；对于非依法必须招标项目，不再核准招标方案。

5. 建设内容单一、建设地点分散、投资规模较小、技术方案简单的政府投资项目直接审批实施方案的，项目单位可以在申报项目实施方案的同时报送招标方案申报材料，市、区发展改革部门可以在批复项目实施方案时同步办理招标方案核准。

6. 项目具有特殊情况确需提前开展勘察、设计招标的，项目单位可以在项目申请报告或可行性研究报告获得批准前单独申报招标方案核准，市、区发展改革部门可先行核准该项目的勘察、设计招标方案。

7. 按照国务院批准的《北京市公共服务类建设项目投资审批改革试点实施方案》规定实行“一会三函”的项目，市、区发展改革部门在制发《建设项目前期工作函》时可以根据项目实际情况同步办理项目招标方案核准，督促项目单位加快组织招标投标等前期工作。

第六条 进一步缩减招标方案核准时限，市、区发展改革部门应当执行以下时限规定：

（一）项目单位将招标方案核准与项目建议书、可行性研究报告、实施方案或者项目申请报告同时申报的，市、区发展改革部门应当在完成有关项目审批、核准的同时完成招标方案核准工作，招标方案核准意见书作为项目批复文件的附件。

（二）项目单位单独申报招标方案核准的，市、区发展改革部门应当自受理申请之日起10个工作日内完成招标方案核准工作。

（三）市、区发展改革部门在完成项目招标方案核准后，应当在5个工作日内将项目招标方案核准情况抄送有关行政主管部门，同时在“北京市发展和改革委员会”门户网站、“北京市公共资源交易服务平台”向社会公布。

（四）在建设项目实施过程中，确有特殊情况需要变更已经核准的招标方案的，项目单位应当将变更的内容、理由及相关证明材料报原项目核准机关批准，原项目核准机关应当自受理有关变更申请之日起5个工作日内重新作出核准。

第七条 本办法所称依法必须招标的项目，是指《必须招标的工程项目规定》（国家发展改革委令2018年第16号）及有关配套文件规定的必须招标的工程项目。

本办法所称依法应当公开招标的项目，是指全部使用国有资金投资或国有资金投资占控股或主导地位的项目，国家和本市重点项目。

第八条 如项目单位提供虚假材料或者隐瞒有关情况，骗取项目招标方案核准意见的，原项目审批核准机关将依照《中华人民共和国行政许可法》等有关规定予以撤销、依法处理，并纳入公共资源交易领域严重失信企业名单实施联合惩戒。

第九条 本办法自印发之日起试行，试行期两年。原北京市发展和改革委员会《关于印发〈北京市工程建设项目招标方案核准办法〉的通知》（京发改〔2006〕664号）、《关于〈北京市工程建设项目招标方案核准办法〉的补充通知》（京发改〔2006〕1126号）同时废止。

北京市住房和城乡建设委员会关于进一步改善和优化本市工程监理工作的通知

（京建发〔2018〕186号）

各有关单位：

为进一步改善和优化本市营商环境，加快转变政府职能，充分发挥工程监理的职能作用，依据《北京市建设工程质量条例》及《建设工程监理范围和规模标准规定》等法律法规，结合本市实际情况，现对进一步改善和优化本市工程监理工作通知如下：

一、自主决定监理发包方式，根据国家发改委发布的《必须招标的工程项目规定》(国家发展和改革委员会第16号令)，监理服务不在必须招标范围内的，由建设单位自主决定发包方式。

二、对于总投资3000万元以下的公用事业工程(不含学校、影剧院、体育场馆项目)，建设规模5万平方米以下成片开发的住宅小区工程，无国有投资成分且不使用银行贷款的房地产开发项目，建设单位有类似项目管理经验和技术人员，能够保证独立承担工程安全质量责任的，可以不实行工程建设监理，实行自我管理模式。鼓励建设单位选择全过程工程咨询服务等创新管理模式。

三、简化监理招投标手续，依法必须履行监理招投标的项目，在保证招标工作质量的前提下，将资格预审文件备案、招标文件备案、招投标书面情况报告备案、合同备案简化为告知性备案。

四、依法可以不实行工程建设监理，实行自我管理模式的工程建设项目，建设单位应承担工程监理的法定责任和义务。市区住房城乡建设主管部门应加强对该类工程施工过程安全质量的监督执法检查。

五、本通知自2018年6月1日起执行。

北京市住房和城乡建设委员会关于对非必须招标的工程项目直接办理建筑工程施工许可证的通知

（京建发〔2018〕172号）

各区住房城乡建设委，东城，西城住房城市建设委，开发区建设局，各有关单位：

为了进一步落实市委市政府关于“优化营商环境”的部署和要求，切实保障建设单位选择工程建设施工监理企业的自主权，加快施工许可审批的办理，现将有关事项通知如下：

一、根据3月27日国家发展和改革委员会发布的《必须招标的工程项目规定》（第16号令）的有关规定，除必须招标的工程项目外，其他工程项目可参照社会投资建设项目，建设单位可以自主决定发包方式，不再强制要求进行招投标。

二、对非必须招标的工程项目，建设单位采取自主决定发包方式的，在确定工程项目施工单位、监理单位后，建设单位在办理施工许可证时不再提交施工、监理合同备案材料，直接办理施工许可证。

三、对不进入北京市公共资源交易平台建设工程分平台招投标的非必须招标工程项目，不收取施工合同、监理合同的登记备案费用。

四、建设单位在选择施工单位、监理单位时应依据相关法律法规，选择与工程项目规模相匹配的具有相应资质和资格的企业和从业人员，切实履行建设单位对施工和监理单位管理的主体责任。

本通知自6月1日起执行。

北京市住房和城乡建设委员会
关于调整北京市建设工程计价依据增值税税率的通知

（京建发〔2018〕191 号）

各有关单位：

根据《财政部 税务总局关于调整增值税税率的通知》（财税〔2018〕32 号）和《住房城乡建设部办公厅关于调整建设工程计价依据增值税税率的通知》（建办标〔2018〕20 号）的要求，现对调整北京市建设工程计价依据（含北京市房屋修缮工程计价依据）中增值税税率的有关事项通知如下：

一、现行北京市建设工程计价依据中增值税税率由 11%调整为 10%。

二、现行北京市建设工程计价依据中以“元”为单位的要素价格和以费率形式计取的有关费用标准不变。

三、实施时间

（一）2018 年 5 月 1 日（含 5 月 1 日）以后开标或签订施工合同的建设工程项目，招标人或发包人应按照本通知执行。

（二）2018 年 4 月 30 日（含 4 月 30 日）前已开标或已签订施工合同的建设工程，发、承包双方按照友好协商的原则，调整合同价款。

（三）自本通知发布之日起执行。

北京市规划和国土资源管理委员会关于进一步优化营商环境深化建设项目行政审批流程改革的意见

（市规划国土发〔2018〕69号）

为加快转变政府职能，建设服务型政府，更好地服务于企业办理行政审批事项，本市对社会投资建设项目行政审批流程进行了优化完善，制定实施意见如下：

一、实施分类管理

将建设项目按照实施方式分为三类。第一类：内部改造项目，可直接办理施工许可证；第二类：现状改建项目，可直接办理建设工程规划许可证；第三类：新建扩建项目，应签订建设用地使用权出让合同，办理建设工程规划许可证、施工许可证。园林绿化许可和施工许可证并联审批。

二、精简审批前置条件

在社会投资的房屋建筑工程中，可由建设单位自主决定发包方式，不再强制要求进行招投标。取消建设单位办理资金保函或资金到位证明。各类审批的前置条件和申报材料按照依法、规范、必要的原则，能减则减，不得设置“兜底条款”。相关部门核发的审批文件由办理部门向其他行政机关推送，实现信息共享，不再要求建设单位反复提交。

三、推进建设项目行政审批与互联网深度融合

以“互联网+政务服务”为抓手，依托本市投资项目在线审批监管平台，大力推进建设项目行政审批电子化。从施工图纸审查和办理施工许可证入手，逐步扩大网上审批的覆盖率，推进电子签章技术在建设项目行政审批业务中的应用，实现对项目审批和建设全过程监管。

四、优化完善技术评估环节

一是推行区域规划管理。在街区层面控制性详细规划编制过程中，同步开展

节能评价、环境影响评价、水影响评价、交通影响评价、地震安全性评价、文物考古调查勘探等评价工作，各专项成果和评审结论纳入控制性详细规划的编制成果。已批复街区层面控制性详细规划的区域，不涉及重大规划调整的，一律不再重复开展上述评估审查工作。二是具体建设项目涉及节能评估、环境影响评价、水影响评价、交通影响评价等评价工作的，通过"多规合一"协同平台，在签订土地出让合同前由市规划国土委统筹各相关部门同步开展，按照规定完成相关审查评价并在项目建设期间通过平台加强事中事后监管。

五、构建施工图联合审查的工作机制

由市规划国土委牵头，将现有的施工图建筑审查、消防审查、人防审查等集中交由综合审查机构统一开展专业技术审查，各部门结果互认，联审之外再无审查。

六、建立全市统一的项目竣工联合验收机制

由市住房城乡建设委牵头，将建设工程竣工验收由原多个管理部门各自独立实施的专项竣工验收模式，转变为"统一平台、信息共享、集中验收、限时办结、统一确认"的"五位一体"验收模式，联验之外再无核验。

七、简化不动产登记办理程序

实现不动产登记、房屋交易、税收征管"一窗办理"，减化手续，减少重复收件。积极构建"互联网+不动产登记"体系，推行不动产登记网上办理，对可通过政府信息共享获取的要件，不再要求申请人提供。不动产登记办理时限压缩到1至5个工作日。对可以公开查询的土地及不动产登记信息，推行线上申请查询机制，提高获取土地和不动产相关信息便利程度。

八、提高市政公用服务效率和水平

在供水、供电、燃气、热力、排水、通信等市政公用基础设施接入环节推行"一站式"窗口服务，并联办理。供水、供电、燃气、热力、排水、通信等市政公用服务企业入驻政务服务大厅，公开办事流程，明确办理时间，为建设单位提供便利。市政公用基础设施接入报装由竣工后提前到施工许可证核发后办理。市政公用基础设施接入条件在工程施工阶段完成，建设工程竣工后直接办理验收和接入。

本意见自2018年3月15日起施行。

附件：

办事流程图

内部改造项目
方式1
现状改建项目
方式2
新建扩建项目
方式3
土地出让
合同1~16天
建设单位
建筑方案
设计环节
建设工程
规划许可证7天
建设单位
施工图
设计环节
施工许可证6天
建设单位
设计环节
联合验收7天
不动产登记1~5天
"一站式"
市政公用服务接入8天
园林绿化许可6天
建设单位承诺　政府监督
施工图审查
各类评价
出让合同履行情况
规划监督

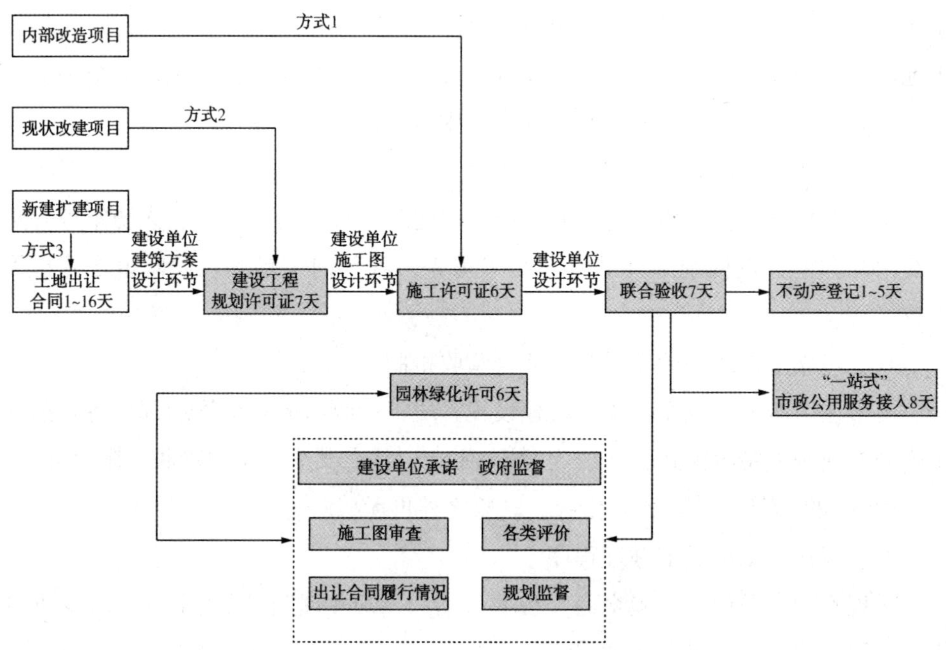

北京市发展和改革委员会关于认真做好《招标公告和公示信息发布管理办法》贯彻实施工作的通知

（京发改规〔2018〕1号）

各有关单位：

为规范招标公告和公示信息发布活动，进一步增强招标投标透明度，保障公平竞争市场秩序，国家发展改革委发布了《招标公告和公示信息发布管理办法》（国家发展改革委令第10号，以下简称《办法》），自2018年1月1日起施行。为做好《办法》的贯彻实施工作，按照《国家发展改革委办公厅关于做好〈招标公告和公示信息发布管理办法〉贯彻实施工作的通知》（发改办法规〔2017〕2012号）要求，现就有关事项通知如下：

一、明确发布媒介

（一）根据《办法》有关规定，北京市公共资源交易服务平台（全国公共资源交易平台〔北京市〕，网址：www.bjggzyfw.gov.cn）为本市依法必须招标项目的招标公告和公示信息发布媒介。本市依法必须招标项目的招标公告和公示信息，应当在"北京市公共资源交易服务平台"发布，"北京市公共资源交易服务平台"与"中国招标投标公共服务平台"通过系统对接，按规定同步交互招标公告和公示信息。《人民日报》《中国日报》、"中国采购与招标网"和"北京市招投标公共服务平台"以及其他媒介不再承担本市发布媒介的功能。

二、做好发布准备工作

（二）北京市经济信息中心要抓紧完成"北京市公共资源交易服务平台"与"中国招标投标公共服务平台"的系统对接、数据规范接口改造、信息录入工具软件研发等准备工作，确保在2018年2月底前能够满足规范交互发布招标公告和公示信息的要求，并实现与"中国招标投标公共服务平台""北京市公共信用信息平台"的互联互通和信息共享，确保向国家平台数据推送的及时性、准确性和完整性。本市各公共资源交易分平台和电子招标投标交易平台（已通过国家检测认证的）应于2018年2月底前与"北京市公共资源交易服务平台"对接，确保按照

《办法》要求的范围和方式推送招标公告和公示信息。

三、明确发布范围

（三）本市依法必须招标项目采用公开招标方式的，应在“北京市公共资源交易服务平台”发布资格预审公告、招标公告、中标候选人公示、中标结果公示等信息。依法必须招标项目采用邀请招标方式的，应在“北京市公共资源交易服务平台”发布中标候选人公示、中标结果公示等信息。

四、明确信息发布主体

（四）本市依法必须招标项目的招标人或其委托的招标代理机构，应当按照《办法》有关规定，以及国家发展改革委会同有关部门制定的标准文件编制招标公告和公示信息，并对其真实性、准确性、合法性负责。

（五）本市依法必须招标项目的招标公告和公示信息除在“北京市公共资源交易服务平台”发布外，招标人或其委托的招标代理机构也可以同步在其他媒介公开，并确保内容一致。其他媒介可以依法全文转载招标公告和公示信息，但不得改变其内容，同时必须注明信息来源。

（六）“北京市公共资源交易服务平台”应当按照《办法》有关规定，免费提供本市依法必须招标项目的招标公告和公示信息发布服务，并允许社会公众和市场主体免费、及时查阅、下载、打印招标公告和公示的完整信息。

五、确定发布方式

（七）按照国家和本市深化“放管服”改革的要求，进一步明确招标公告和公示信息发布途径，招标人或其委托的招标代理机构可以根据招标项目情况分别选择以下方式发布招标公告和公示信息：

1. 本市依法必须招标项目已经进入北京市公共资源交易建设工程分平台、综合交易分平台、软件和信息服务分平台交易的，可以通过已对接的电子招投标交易系统，按照国家和本市电子招标投标数据规范要求，将招标公告和公示信息交互至“北京市公共资源交易服务平台”，“北京市公共资源交易服务平台”自收到信息后12小时内发布。

2. 尚未进入北京市公共资源交易平台体系交易的项目，鼓励招标人或其委托的代理机构登录“北京市公共资源交易服务平台”直接录入招标公告和公示信息。采用电子邮件、电子介质、传真、纸质文本等其他形式提交或者直接录入招标公告和公示信息的，“北京市公共资源交易服务平台”在3个工作日内核验确认并发布。有关行业监督部门可通过“北京市公共资源交易监管平台”开展后续监管工作。

六、切实加强监管

（八）市发展改革委将加强对“北京市公共资源交易服务平台”招标公告和公示信息发布活动的监督管理，依法查处其他媒介违规发布或转载依法必须招标项目的招标公告和公示信息的行为，大力推进全流程电子化招投标和交易信息全面公开。

（九）市、区招投标行政监督部门要按照现行职责分工，加强对本行业、本领域项目招标公告和公示信息发布活动中的违法违规行为监督执法，依法处理有关投诉、举报，严肃查处招标公告和公示信息发布的违法违规行为。

（十）自本通知印发之日起，原北京市发展计划委员会《关于印发〈北京市发展计划委员会关于指定发布依法必须招标项目招标公告的媒介的公告〉的通知》（京计政策字〔2002〕2052 号），市发展改革委《关于规范政府投资建设的市政道路项目招投标信息发布的通知》（京发改〔2004〕86 号）、《关于向〈北京市招投标信息平台〉传送有关招标信息的通知》（京发改〔2005〕1286 号）同时废止。

北京市住房和城乡建设委员会关于进一步明确施工许可审批分工的通知

（京建发〔2017〕548号）

各区住房城乡建设委，东城、西城区住房城市建设委，经济技术开发区建设局，各有关单位：

为进一步落实国务院及市委市政府关于“放管服”工作的有关指示精神，按照简政放权、放管结合、优化服务的原则，现将施工许可审批有关事项通知如下：

一、市住房城乡建设委负责下列工程施工许可审批工作：

（一）城市轨道交通工程；

（二）跨区域市政基础设施工程等线性工程；

（三）列入市级重点工程计划的新建单体建筑面积10万平方米及以上的非住宅类房屋建筑工程；

（四）上级部门指定以及因工程特殊性确实需要由市级办理的工程。

二、除市住房城乡建设委负责审批的工程以外的其他工程施工许可审批工作，全部由工程所在地的区住房城乡（市）建设委按照属地原则办理。

三、中央在京单位建设工程、驻京部队需在地方办理施工许可手续的工程，可按照自愿和便利的原则，由建设单位自行选择市或区级住房城乡（市）建设委办理施工许可手续。

四、北京经济技术开发区建设局在市住房城乡建设委指导、监督下，负责辖区内建设工程施工许可审批管理工作。

五、施工许可审批部门应严格遵守《中华人民共和国行政许可法》《中华人民共和国建筑法》《建筑工程施工许可管理办法》（建设部令第18号）及《北京市建筑工程施工许可办法》（市政府令第139号）等有关规定，按照法定程序、要件、时限等核发施工许可证。

六、市区两级施工许可审批部门应在市住房城乡建设委政务内网综合办公平台上办理相关业务，全过程接受“北京市投资项目在线审批监管平台”的督查考核；承担审批业务的工作人员应认真核对纸质文件与上传电子文件的完整一致，并在8个工作日内作出审批决定。

七、市区两级施工许可审批部门应按照档案管理相关要求，做好施工许可档案的归集整理，并进行妥善保管。

八、施工许可审批部门应加强批后监管，完善颁发施工许可证后的监督检查制度，通过“双随机”等工作制度，对取得施工许可证后条件发生变化、延期开工、中止施工等行为进行监督检查，发现违法违规行为及时处理。

九、市住房城乡建设委通过定期组织业务培训及抽查督导等方式，加强对区级施工许可审批部门的指导和监督；区级审批部门在施工许可办理中遇到问题应及时与市级沟通，接受市级协调与指导，共同为办事单位提供优质快捷服务。

十、市区两级施工许可审批部门应加强工作联动和信息互联互通，紧密配合，共同推进工程建设管理工作。

十一、本通知由市住房城乡建设委负责解释，关于施工许可权限分工的规定，此前相关文件与此文表述不一致的，以此文为准。

十二、本通知自2018年1月1日起施行。

北京市住房和城乡建设委员会 北京市规划和国土资源管理委员会《关于在本市装配式建筑工程中实行工程总承包招投标的若干规定(试行)》的通知

（京建法〔2017〕29 号）

各区住房城乡建设委、规划分局，东城、西城区住房城市建设委，经济技术开发区建设局，各有关单位：

为进一步贯彻落实《国务院办公厅关于大力发展装配式建筑的实施意见》(国办发〔2016〕71 号)、《北京市人民政府办公厅关于加快发展装配式建筑的实施意见》(京政办发〔2017〕8 号)，加快推进装配式建筑和工程总承包模式发展，提升工程建设管理水平，结合我市实际，市住房城乡建设委、市规划国土委共同制定了《关于在本市装配式建筑工程中实行工程总承包招投标的若干规定(试行)》，现予以印发，请认真遵照执行。

附件：关于在本市装配式建筑工程中实行工程总承包招投标的若干规定(试行)

附件：

关于在本市装配式建筑工程中实行工程总承包招投标的若干规定(试行)

一、本市行政区域内装配式建筑工程的工程总承包发包承包活动，适用本规定。

二、装配式建筑原则上应采用工程总承包模式，建设单位应将项目的设计、施工、采购一并进行发包。

三、装配式建筑进行工程总承包发包时，应当在本市公共资源交易平台开展招标投标活动，并接受市规划国土主管部门和市、区住房城乡建设主管部门的监督管理。

市规划国土主管部门和市、区住房城乡建设主管部门按照其职责分工，分别负责各自职责范围内工程总承包招标投标活动的监督管理。

四、装配式建筑工程总承包发包，可以采用以下方式实施：

（一）项目审批、核准或者备案手续完成，其中政府投资项目的工程可行性研究报告已获得批准，进行工程总承包发包；

（二）方案设计或者初步设计完成，进行工程总承包发包。

采用第（一）项情形发包的，工程项目的建设规模、建设标准、功能需求、技术标准、工艺路线、投资限额及主要设备规格等均应确定。

五、工程总承包项目的承包人应当是具有与发包工程规模相适应的工程设计资质和施工总承包资质的企业或联合体。试行期内，发包人不宜将工程总承包业绩设定为承包人的资格条件。

六、工程总承包项目的承包人不得是工程总承包项目的代建单位、项目管理单位、工程监理单位、招标代理单位以及其他为招标项目的前期准备提供设计、咨询服务的单位。

七、工程总承包项目负责人应当具备工程建设类注册执业资格或者高级专业技术职称，并担任过工程总承包项目负责人、设计项目负责人或者施工项目负责人。同时，工程总承包单位的施工项目负责人和设计项目负责人应当是具备相应注册执业资格的人员。

八、工程总承包评标办法宜采用综合评估法，其中施工部分的相对权重一般应为55%~60%，设计部分的相对权重一般应为40%~45%。

九、评标委员会应依据国家和本市有关规定，由招标人代表和有关技术、经济等方面的专家组成，其中技术、经济专家不得少于评标委员会成员总数的三分之二，评标专家应通过随机抽取的方式产生。

十、建设单位应当严格按照国家和本市有关招标投标的相关法律法规，遵循“公开、公平、公正”的原则开展招标活动，不得借装配式建筑或工程总承包的名义随意改变招标范围、招标方式及法定程序，擅自设置排斥潜在投标人的资格条件。

十一、本规定自发布之日起开始试行，试行期两年。

北京市住房和城乡建设委员会
关于建筑垃圾运输处置费用单独列项计价的通知

（京建法〔2017〕27号）

各有关单位：

为贯彻落实《北京市人民政府办公厅关于印发〈北京市2013—2017年清洁空气行动计划重点任务分解2017年工作措施〉的通知》（京政办发〔2017〕1号）精神，全力做好北京市大气污染防治工作，根据《城市建筑垃圾管理规定》《北京市人民政府关于加强垃圾渣土管理的规定》《北京市人民政府办公厅转发市市政市容委关于进一步加强建筑垃圾土方砂石运输管理工作意见的通知》（京政办发〔2014〕6号）及北京市建设工程造价管理的有关规定，现就建筑垃圾运输处置费在工程造价中单独列项计价的有关事项通知如下：

一、建筑垃圾运输处置费用包括的内容

本通知所称建筑垃圾运输处置费用是指房屋建筑和市政基础设施工程（以下简称“建设工程”）的新建、改建、扩建、装饰装修、修缮等产生的施工垃圾场外运输和消纳费用、渣土运输和消纳费用、弃土（石）方运输和经专家论证应消纳处置的弃土（石）方消纳费用，其中：

（一）弃土（石）方运输处置费用是指土石方工程或地基基础工程等施工中产生的除现场留存土、渣土外所有外运土（石）方运输和（或）消纳费用。

（二）渣土运输处置费用是指建设工程的维修改造或局部拆除、地下障碍物拆除、土石方工程或地基基础工程等施工产生的废弃物运输和消纳费用。

（三）施工垃圾运输处置费用是指建设工程中除弃土（石）方和渣土项目外施工产生的建筑废料和废弃物、办公生活垃圾、现场临时设施拆除废弃物和其他弃料等的运输和消纳费用。

本通知所称渣土是指建设工程在施工中产生的无回收再利用价值的废弃物，如桩头、土壤中的填埋垃圾等。

二、计价要求

（一）依据2016年《北京市建设工程计价依据——概算定额》编制设计概算时，建筑垃圾运输处置费用应按本通知附件1的规定，计入设计概算的建筑安装工程费中。

（二）依据《建设工程工程量清单计价规范》（GB 50500—2013）《房屋建筑与装饰工程工程量清单计算规范》（GB 50854—2013）等清单计算规范编制招标工程量清单时，涉及建筑垃圾运输、消纳的项目，应按本通知附件2的规定，分专业单独设置建筑垃圾运输处置费清单项目，并在汇总计算表格中单独设定建筑垃圾运输处置费项目及表格填报要求。

弃土（石）方、渣土项目的招标工程量，由编制人依据专家论证通过的弃土（石）运输处置方案、地质勘察报告、施工图纸、工程量计算规则等，并结合现场实际情况确定。

（三）编制招标控制价（即最高投标限价）时，建筑垃圾运输处置费用应根据招标工程量清单和本通知规定单独计价，并在工程计价汇总表中单独汇总列明。综合单价不应上调或下浮。

弃土（石）方、渣土消纳费用根据专家论证通过的弃土（石）运输处置方案、自然密实状态的容重（密度）、《北京市发展和改革委员会 北京市市政市容管理委员会关于调整本市非居民垃圾处理收费有关事项的通知》（京发改〔2013〕2662号）等计算确定。

（四）编制投标报价时，投标人应根据招标文件要求和招标工程量清单，遵照有关建筑垃圾运输处置管理的规定，结合工程和自身实际情况，自主填报建筑垃圾运输处置项目的价格，但不得低于成本。

三、有关规定

（一）本通知附件1中人工、材料、机械等要素价格执行概、预算书编制当期的市场价格，市场价格不含增值税可抵扣进项税。

（二）施工垃圾场外运输和消纳费用单独补充列在各专业定额的措施项目章节中，并按规定计取各项费用和税金。

（三）在施工发包前，发包人应结合工程实际和市场调研情况，编制建设工程弃土（石）运输处置方案，并组织专家论证。

（四）依法进行招标的建设工程，建筑垃圾运输处置费用应按本通知规定单独列项计价和汇总填报；合同协议书应单独载明建筑垃圾运输处置费用。直接发包的工程，发包、承包双方应参照上述要求在施工合同中单独列出建筑垃圾运输处置费用。

（五）发包、承包双方宜在施工合同中约定建筑垃圾运输处置费用的结算方法。

（六）本通知与北京市现行计价依据配套使用，与现行造价管理规定不一致的地方，以本通知为准。

四、生效日期

本通知自发布之日起生效。2018 年 1 月 1 日（含）以后进入招标程序或依法签订施工合同的工程，按本通知要求执行。

附件 1：略

北京市住房和城乡建设委员会关于推行以银行保函方式缴纳工程质量保证金的通知

(京建法〔2017〕24号)

各区住房城乡建设委、财政局，东城、西城区住房城市建设委，经济技术开发区建设局、财政局，各有关单位：

为贯彻落实《国务院办公厅关于清理规范工程建设领域保证金的通知》(国办发〔2016〕49号)以及《住房城乡建设部财政部关于印发建设工程质量保证金管理办法的通知》(建质〔2017〕138号)精神，切实减轻建筑业企业负担，激发市场活力，根据《中华人民共和国建筑法》《中华人民共和国担保法》等有关法律法规，决定在我市房屋建筑和市政基础设施工程中推行以银行保函方式缴纳工程质量保证金。现就有关事项通知如下：

一、本通知所称工程质量保证金是指发包人与承包人在建设工程承包合同中约定，用以保证承包人在缺陷责任期内对建设工程出现的缺陷进行维修的资金。

缺陷是指建设工程质量不符合工程建设强制性标准、设计文件，或者承包合同的约定。

缺陷责任期一般为1年，最长不超过2年，由发包、承包双方在合同中约定。

二、缺陷责任期从工程通过竣工验收之日起计。由于承包人原因导致工程无法按规定期限进行竣工验收的，缺陷责任期从实际通过竣工验收之日起计。由于发包人原因导致工程无法按规定期限进行竣工验收的，在承包人提交竣工验收报告90天后，工程自动进入缺陷责任期。

三、银行保函是工程质量保证金的缴纳方式之一。发、承包双方在签订施工合同时，承包人有权选定质量保证金缴纳方式。质量保证金的金额不得高于工程价款结算总额的3%. 在工程价款结算未完成前，发、承包双方可以根据施工合同价款协商确定质量保证金的金额。

四、承包人以银行保函方式缴纳工程质量保证金的，应当在工程竣工验收后10个工作日内，向发包人提交银行保函。由于发包人原因导致工程无法按规定期限进行竣工验收的，承包人应当在提交竣工验收报告90天内，经与发包人协商确定日期，向发包人提交银行保函。

五、承包人应对其所出具的银行保函的真实性负责，并按照有关法律法规的规定，配合发包人对工程缺陷进行维修。

六、工程项目竣工验收前，承包人已经向发包人提交履约保证金或履约保函的，发包人不得要求承包人以任何形式缴纳工程质量保证金。

工程竣工验收后，承包人以银行保函方式缴纳工程质量保证金的，发包人不得再另行预留工程质量保证金。

七、缺陷责任期内，承包人应认真履行合同约定的责任，到期后，采用银行保函方式的，银行保函自动失效。

八、发、承包双方在签订施工合同时，发包人强迫承包人必须采用预留工程质量保证金等其他方式的，承包人应当及时举报并提供相关证据。经调查属实的，市、区两级住房城乡建设主管部门应当责令发包人改正，并作为不良行为记录按照有关规定向社会公示；属于政府投资工程的，通报同级相关部门。

九、发包人已经预留工程质量保证金或承包人已经以现金方式缴纳质量保证金的项目，经双方协商一致，可通过签订补充协议将质量保证金的缴纳方式变更为银行保函。

十、本通知内容如与以前规定有不一致之处，以本通知为准。本通知未尽事宜，按国家和我市有关规定执行。

十一、本通知自2017年12月10日起施行。

附件：

工程质量保证金保函

工程质量保证金保函(示范文本)

编号：

致受益人　　　　　　：

鉴于　　　　　　　　　　　　　（下称“被保证人”）与你方签订了编号为　　　　　　　　的　　　　　　　　（合同或协议名称），我行愿就上述合同或协议项下　　　　　　向你方提供如下保证：

一、本保函项下我行承担的保证责任最高限额为(币种、金额、大写) .(下称“保证金额”)

二、我行在本保函项下提供的保证为连带责任保证。

三、本保函的有效期(保证期间，下同)为以下第 种：

1. 本保函有效期至 年 月 日止。

2. .

四、在本保函的有效期内，如被保证人 质量不符合合同或协议的约定，我行将在收到你方提交的本保函原件及符合下列全部条件的索赔通知后个工作日内，以上述保证金额为限支付你方索赔金额：

(一) 索赔通知必须以书面形式提出，列明索赔金额，并由你方法定代表人(负责人)或授权代理人签字并加盖公章。

(二) 索赔通知必须同时附有：

1. 一项书面声明，声明索赔款项并未由被保证人或其代理人直接或间接地支付给你方；

2. 证明质量不符合上述合同或协议约定以及被保证人有责任支付你方索赔金额的证据。

(三) 索赔通知必须在本保函有效期内到达以下地址：

五、本保函保证金额将随被保证人逐步履行保函项下合同约定或法定的义务以及我行按你方索赔通知要求分次支付而相应递减。

六、本保函项下的权利不得转让，不得设定担保。

七、本保函项下的合同或基础交易不成立、不生效、无效、被撤销、被解除，本保函无效；被保证人基于保函项下的合同或基础交易或其他原因的抗辩，我行均有权主张。

八、因本保函发生争议协商解决不成，按以下第 种方式解决：

(一) 向本行所在地的人民法院起诉。

(二) 提交 仲裁委员会(仲裁地点为)，按照申请仲裁时该会现行有效的仲裁规则进行仲裁。仲裁裁决是终局的，对双方均有约束力。

九、本保函有效期届满或提前终止，受益人应立即将本保函原件退还我行；受益人未履行上述义务，本保函仍在有效期届至或提前终止之日失效。

十、本保函适用中华人民共和国法律。

十一、其他条款：

十二、本保函自本行负责人或授权代理人签字并加盖公章之日起生效。

北京市住房和城乡建设委员会关于发布《北京市房屋建筑和市政工程施工招标资格预审文件标准文本(2017版)》《北京市房屋建筑和市政工程施工招标文件标准文本(2017版)》的通知

（京建发〔2017〕440号）

各区住房城乡建设委，东城、西城区住房城市建设委，经济技术开发区建发局，各相关单位：

为进一步规范建设工程施工资格预审文件、施工招标文件编制活动，落实简政放权、放管结合、优化服务的管理要求，促进招标投标活动的公开、公平和公正，市住房城乡建设委编制了《北京市房屋建筑和市政工程施工招标资格预审文件标准文本(2017版)》《北京市房屋建筑和市政工程施工招标文件标准文本(2017版)》(以下简称《标准文本(2017版)》)。现就规范施工资格预审文件、施工招标文件使用通知如下：

一、《标准文本(2017版)》由通用部分和专用部分构成，通用部分与专用部分是不可分割的组成部分，通用部分作为工具书与专用部分配套使用。

二、《标准文本(2017版)》适用于北京市范围内依法必须进行招标的，且设计和施工不是由同一承包人承担的房屋建筑和市政工程。

三、招标人应依据《标准文本(2017版)》，在遵守有关法律、法规、规章和规范性文件的前提下，结合招标项目具体特点和实际需要，按照公开、公平、公正和诚实信用原则，编写施工资格预审文件或施工招标文件。

四、招标人编制的施工资格预审文件、施工招标文件中的专用部分，用于进一步明确通用部分中的未尽事宜，编写时应采用选择、填空式的格式化表述方法，专用部分的标题应当与通用部分的标题相一致、条款号相对应，可进行补充和细化，补充和细化的内容不得违反相关法律、法规、规章和规范性文件，以及平等、自愿、公平和诚实信用原则，不得与《标准文本(2017版)》通用部分内容相抵触，否则抵触内容无效。

五、招标人编制的施工资格预审文件、施工招标文件中的通用部分，应当不加修改地直接引用，并在北京工程建设交易信息网(www. bcactc. com)查询或下载。

六、各相关单位在《标准文本(2017 版)》使用过程中发现的问题，请及时向市住房城乡建设委反馈。

七、本通知自 2017 年 12 月 1 日起正式施行。

附件：略

北京市住房和城乡建设委员会关于印发《关于进一步规范房地产开发项目工程保证担保的办法》的通知

（京建法〔2017〕23号）

各区住房城乡(市)建设委，经济技术开发区建设局，各集团总公司，各有关单位：

为进一步规范房地产开发项目工程保证担保活动，促进房地产开发企业、建筑业企业依法经营，诚信履约，保障合同当事人的合法权益，减少合同纠纷的发生，我委制定了《关于进一步规范房地产开发项目工程保证担保的办法》。现印发给你们，请认真遵照执行。

附件：

关于进一步规范房地产开发项目工程保证担保的办法

第一条 为进一步规范房地产开发项目工程保证担保活动，促进房地产开发企业、建筑业企业依法经营，诚信履约，保障合同当事人的合法权益，减少合同纠纷的发生，根据《中华人民共和国合同法》《中华人民共和国担保法》《中华人民共和国公证法》《中华人民共和国招标投标法实施条例》，以及《国务院办公厅关于促进建筑业持续健康发展的意见》(国办发〔2017〕19号)，结合本市实际情况，制定本办法。

第二条 本市行政区域内工程建设合同造价在1000万元以上的房地产开发项目(包括新建、改建、扩建的项目，以下简称房地产开发项目)工程保证担保活动应当遵守本办法。

本办法所称房地产开发项目工程保证担保活动是指保证人为房地产开发项目施工总承包或专业承包合同提供业主工程款支付、承包人履约等保证担保的活动。

第三条 本市行政区域内的房地产开发项目应当实行工程款支付保证担保和承包人履约保证担保。房地产开发企业和建筑业企业应当根据有关法律法规协商确定工程款支付保证担保、承包人履约保证担保的金额。

本市其他房屋建筑和市政基础设施工程保证担保活动参照本办法。

鼓励建设工程的发包人和承包人采用工程保证担保方式防范和化解工程风险。

工程保证担保费用计入工程造价。

第四条 本办法所称保证人应当是中华人民共和国境内注册的有资格的银行业金融机构、专业担保公司。其中，专业担保公司是指以担保为主要经营范围和主要经营业务，依法登记注册的担保机构。

同一保证人不得为同一工程建设合同提供业主工程款支付担保和承包人履约担保。

第五条 房地产开发项目的工程款支付保证担保和承包人履约保证担保由专业担保公司作为保证人的，房地产开发企业、建筑业企业可以要求专业担保公司办理赋予保函强制执行效力公证。

第六条 房地产开发企业和建筑业企业在办理施工总承包或专业承包合同备案时，应当出示工程款支付保证担保和承包人履约保证担保保函原件，并提交复印件。

市区两级住房城乡建设委应当将上述信息记入施工合同备案管理系统，做好相关统计工作。

对已超过保函有效期的保函复印件，市区两级住房城乡建设委不再继续留存。

第七条 房地产开发项目因规模、结构形式、使用功能等事项发生重大变更，按照《北京市房屋建筑和市政基础设施工程施工合同管理办法》(京建法〔2015〕20号)规定，变更协议应当办理备案的，房地产开发企业和建筑业企业在办理备案时，应当按照本办法第六条的规定，出示相应的工程款支付保证担保和承包人履约保证担保保函的原件，并提交复印件。

第八条 房地产开发企业和建筑业企业在选择专业担保公司时，应当认真考察其承保能力。

专业担保公司应当加强管理，规范经营，建立健全对被保证人及担保项目的保前评审、保后服务和风险监控制度。

专业担保公司担保余额的总额不得超过净资产的10倍；单笔担保金额不得超过该担保公司净资产的50%。不符合该条件的，可以与其他担保公司共同提供担保。

第九条 本办法自2017年12月10日起施行，《关于进一步规范房地产开发项目工程保证担保的暂行办法》(京建法〔2008〕134号)同时废止。

北京市住房和城乡建设委员会关于进一步加强居住项目代征城市道路用地和配套设施建设管理的通知

（京建发〔2017〕406号）

各区住房城乡建设委（房管局），东城、西城区住房城市建设委，开发区建设局（房地局），各房地产开发企业：

近期，“葛宇路”道路名牌事件曝光后，反映出政府管理部门在对房地产开发项目代征道路管理工作中存在信息不对称、机制不完善以及行业监管缺位等问题。按照市委、市政府提出的“吸取教训、举一反三、完善提升”的要求，为加强对房地产开发项目代征城市道路用地工作的管理，确保住宅与各类公共服务设施、市政公用设施（以下简称“配套设施”）同步建设、同步交付使用，进一步规范房地产开发企业（以下简称“开发企业”）建设行为，全面提升行业监管能力和水平，现就有关要求通知如下：

一、市住房城乡建设委负责本市各类居住项目的代征城市道路用地和配套设施建设的监督管理工作，并指导和协调区住房城乡建设委开展有关工作。区住房城乡建设委负责辖区内居住项目的代征城市道路用地和配套设施建设的具体监督管理工作。

二、在本市行政区域内，从事居住项目开发建设经营活动的房地产开发企业，应当按照《规划设计方案审查意见复函》或《建设工程规划许可证》要求编制《居住项目建设方案》。

开发企业编制《居住项目建设方案》时，应当按照市住房城乡建设委制定的《居住项目建设方案》标准文本（见附件1）的格式要求填写，在办理施工招投标手续前报送项目所在区住房城乡建设委备案，并由市住房城乡建设委进行公示。

三、区住房城乡建设委在《居住项目建设方案》备案前，应当组织开发企业与相关配套设施接收使用单位签订《居住项目配套设施建设移交协议》。协议双方应就配套设施的内容、规模、建设标准、移交方式、时间、价格以及双方应履行的权利义务等进行约定。

区住房城乡建设委和配套设施接收使用单位，应依照《居住项目建设方案》和《配套设施建设移交协议》，对配套设施的建设进行全过程监督管理，确保各类配套设施同步设计、同步建设、同步交付使用。配套设施接收使用单位应积极主动做好接收工作。

四、市、区工程招投标管理部门在发布居住项目招标公告时，应当审核施工招标范围和标段划分是否符合《居住项目建设方案》的要求。开发企业未办理《居住项目建设方案》公示或未按照《居住项目建设方案》进行住宅与配套设施招投标的，市、区工程招投标管理部门不予发布招标公告和合同备案。

五、开发企业应按照施工招标内容依法申请办理《建筑工程施工许可证》，住宅与配套设施原则上不得分解办理，以住宅工程为基础统一进行办理。

六、市、区住房城乡建设委房地产开发管理部门，应当在《居住项目建设方案》公示后5个工作日内，将涉及代征城市道路的《居住项目建设方案》信息向市、区交通委及城市管理等部门进行通报。同时，将上述信息向本单位招投标、施工许可、安全质量监督、竣工验收备案、行政执法等业务部门推送，实现信息共享。

七、建设工程安全质量监督机构应当按照《居住项目建设方案》的要求，对配套设施的建设进行监督管理，对工程的竣工验收实施监督执法。未按照《居住项目建设方案》完成配套设施建设和代征城市道路用地验收的项目，开发企业不得组织进行工程竣工验收。

八、开发企业在办理预售许可前，区住房城乡建设委应当对《居住项目建设方案》实施情况进行现场核查，经核查无误，报请市住房城乡建设委出具《居住项目配套设施建设情况确认单》（见附件2）。

未取得《居住项目配套设施建设情况确认单》的项目，市、区住房城乡建设委（房管局）不予办理预售许可手续。

九、开发企业办理竣工验收备案前，应当将各项配套设施和代征城市道路用地竣工验收证明材料提交市、区住房城乡建设委核查，取得市、区住房城乡建设委出具的《居住项目配套设施验收情况确认单》（见附件3），并作为竣工验收报告的附件，向市、区住房城乡建设委申请竣工验收备案。

未取得《居住项目配套设施验收情况确认单》的项目，市、区住房城乡建设委不予办理竣工验收备案手续。

十、开发企业办理项目房产实测绘成果审核手续前，应当完成《居住项目建设方案》中各项配套设施和代征城市道路用地的移交工作，并将移交证明材料提交市、区住房城乡建设委核查，取得《居住项目配套设施移交情况确认单》(见附件4)。

未提交《居住项目配套设施移交情况确认单》的，市、区住房城乡建设委(房管局)不予办理房产实测绘成果审核手续。

十一、开发企业在办理现房销售备案前，应当将各项配套设施和代征城市道路用地移交证明材料提交市、区住房城乡建设委核查，取得《居住项目配套设施移交情况确认单》(见附件4)。

未取得《居住项目配套设施移交情况确认单》的项目，区住房城乡建设委(房管局)不予办理现房销售备案手续。

十二、市、区住房城乡建设委在开发企业资质办理中，应严格审查申报项目配套设施的建设移交情况，没有按时建设和移交的项目，不得作为业绩使用。

十三、各区住房城乡建设委应当落实属地监管责任，加强组织领导，转变观念，充实监管力量，以房地产开发项目监督管理为核心，强化项目过程监管，特别要加强对居住项目代征城市道路用地和配套设施的建设、移交的监督管理工作，依法查处违法违规行为，严格责任追究制度。

十四、开发企业在建设过程中违反本通知规定或弄虚作假交付使用的，市、区住房城乡建设委责令其改正，情节严重的，由市、区住房城乡建设委依法降低或取消其房地产开发企业资质。在整改期内暂停该企业在京所有项目的招标、施工许可、销售许可等手续办理，并作为不良经营行为记录在开发企业信用信息系统中，向社会公布。

十五、本通知自发布之日起施行。

附件：略

北京市住房和城乡建设委员会　北京市发展和改革委员会　北京市人力资源和社会保障局关于进一步加强我市建设工程评标专家管理的通知

（京建法〔2017〕18号）

各区住房城乡建设委，东城、西城区住房城市建设委，经济技术开发区建设局，各区发展改革委，各区人力社保局，各有关单位：

为加强我市建设工程评标专家管理，切实解决当前评标专家管理工作中存在的问题，根据《中华人民共和国招标投标法》《中华人民共和国招标投标法实施条例》《评标专家和评标专家库管理暂行办法》等有关法律、法规，结合本市实际情况，现就进一步加强本市建设工程评标专家管理通知如下：

一、加强评标专家入库管理，严格评标专家准入制度

（一）评标专家候选人的征集采取个人自愿申报与单位推荐相结合的方式进行。所在单位对其推荐的评标专家候选人承担管理责任。

（二）评标专家候选人申请时年龄不得超过65周岁，且身体健康，能够承担评标工作。

（三）所在单位应当对评标专家候选人申报材料的真实性及准确性进行审核并书面确认。申报材料中存在弄虚作假情形的，一经查实，由市人力社保局取消个人申报资格和单位推荐资格，并记入个人和单位的诚信档案。

（四）评标专家候选人申请入库过程中，拒不服从工作人员管理，存在扰乱工作秩序、辱骂或威胁工作人员等行为，造成不良影响的，由市人力社保局取消其申报资格，并记入个人诚信档案。

二、建立评标专家应急抽取机制，完善北京市评标专家库功能

（五）市住房城乡建设委会同市发展改革委、市人力社保局建立建设工程评标专家应急抽取机制，在市公共资源交易建设工程分平台试点开通评标专家应急抽取功能。

（六）因评标专家缺席、回避等原因导致评标活动无法正常开展时，经招标

人申请，市住房城乡建设委确认后，可以在北京市评标专家库中抽取应急评标专家。

（七）应急评标专家确认参加应急评标后，一年内出现迟到三次或缺席一次情形的，由市住房城乡建设委暂停其应急评标专家资格。

（八）本市依法必须进行招标的建设工程项目的评标，采取当天抽取评标专家次日评标的方式进行；本市重要工程的评标，经招标人申请，市住房城乡建设委确认后，可以采用当天抽取应急评标专家当天评标的方式进行。

（九）应急评标专家履行的权利、承担的义务与本市评标专家库评标专家相同。应急评标专家因个人住址或工作单位等信息发生变化，不能参加应急评标的，应当及时通过北京市评标专家库管理信息系统自行修改相关信息。

三、加强评标专家管理，建立专家信用管理制度

（十）对违法违规评标专家作出的行政处理决定，应当在北京市工程建设交易信息网和北京市公共资源交易服务平台进行实名公示。

市住房城乡建设委应当加强评标专家信用管理，实现违规评标专家一处失信处处受限。

（十一）评标专家出现违法违纪行为的，由市人力社保局暂停其所在单位下一年度评标专家候选人推荐资格。

（十二）评标专家的个人信息发生变更的，应当在变更之日起30日内登录北京市评标专家库管理信息系统进行修改。

（十三）评标专家所在单位发生变更的，原所在单位应当及时将调离本单位的评标专家信息告知市人力社保局；变更后单位不同意其继续担任评标专家的，由市人力社保局暂停其评标专家资格。

（十四）评标专家存在个人信息弄虚作假、未按要求变更或修改个人信息、故意阻挠管理部门调查质询工作等行为的，视为《北京市评标专家库专家管理细则》（京人社专技发〔2011〕246号）第二十条第七项规定的其他违法违纪行为。

四、加强评标专家队伍建设，建立培训考核长效机制

（十五）本市建设工程全面推行电子化招标投标，探索并逐步试行本市行政区域内远程、异地评标。评标专家应当接受电子化评标培训，具备电子化评标能力后，可参加电子化招标项目的评标。

（十六）评标专家应当加强对招投标相关政策法规的学习，市住房城乡建设委定期组织建设工程评标专家综合能力考核，评标专家未按照要求参加考核或考

核结果不合格的，由市住房城乡建设委暂停其评标资格，同时将处理结果抄送市人力社保局、市发展改革委。

（十七）评标专家在市住房城乡建设委组织的评标专家考核活动中，出现作弊、替考等诚信缺失行为的，由市人力社保局取消其评标专家资格，并记入个人诚信档案。

（十八）本通知自发布之日起施行。

北京市住房和城乡建设委员会关于完善市、区两级建设工程招标投标监督和施工许可管理工作的通知

（京建发〔2017〕283号）

各区住房城乡建设委，东城、西城区住房城市建设委，经济技术开发区建设局，各有关单位：

为深入贯彻落实中央简政放权、放管结合、优化服务精神，进一步完善我市房屋建筑和市政基础设施工程（以下简称"建设工程"）招标投标监督和施工许可管理工作，按照职责法定、权责一致、重心下移、强化监管、优化服务的原则，经市住房城乡建设委研究决定，明确市、区两级住房城乡建设部门分级管理的工程范围。现将有关事项通知如下：

一、市住房城乡建设委负责实施中央在京单位及驻京部队项目、市级审核立项（含核准、备案）或跨区的建设工程项目的招投标及施工许可审批的监督管理工作。

二、各区住房城乡建设管理部门在市住房城乡建设委指导、监督下，负责实施区级审核立项（含核准、备案）的建设工程项目的招标投标及施工许可审批的监督管理工作。

三、集中建设的政策性住房项目、既有建筑节能专项改造、抗震节能综合改造、环境整治等民生改造工程项目，中关村国家自主创新示范区核心区范围内项目以及区属机关及企事业单位负责实施的建设工程项目，由工程所在地的区住房城乡建设管理部门负责实施招标投标及施工许可审批的监督管理工作。

四、既有建筑装饰装修改造项目的施工许可审批由工程所在地的区住房城乡建设管理部门负责实施管理。

五、北京经济技术开发区建设局在市住房城乡建设委指导、监督下，负责对所辖区域内建设工程项目实施招标投标及施工许可审批的监督管理工作。

六、市、区住房城乡建设管理部门应当切实履行职责，依法对所辖项目实施

监督管理。

（一）区住房城乡建设管理部门应当严格按照《中华人民共和国招标投标法》《中华人民共和国招标投标法实施条例》《北京市招标投标条例》以及相关配套政策的规定，在市住房城乡建设委的指导下办理上述工程项目的招投标监管事项。

（二）区住房城乡建设管理部门办理施工、监理和重要材料设备招标备案和施工许可审批等手续，应当在统一的建设工程招标投标监管平台及市住房城乡建设委工程项目审批综合办公平台上操作运行，并接受市住房城乡建设委的业务监督和检查。

（三）区住房城乡建设管理部门应当按国家及北京市有关规定做好档案管理和保密工作，做好数据统计并按要求上报有关数据。

（四）区住房城乡建设管理部门应当加强施工许可审批、质量安全监督、扬尘治理、合同履约检查、企业行为管理等方面的联动，形成立体监督体系，加大查处违法违规工程和各种违法违规行为的力度，预防质量安全事故的发生。

（五）市住房城乡建设委将依照《中华人民共和国行政许可法》等相关法律法规规定，对区住房城乡建设管理部门作出的审批及其他监督管理事项进行指导、检查，对违反施工许可审批和招投标监管等法律法规和本通知规定的行为进行纠正，并通过记分、通报批评等措施予以惩戒。造成不良社会后果的，收回相关区招标投标和施工许可管理权，情节严重的，报送纪检监察部门，并依法依规追究相关单位和人员的责任。

七、本通知实施过程中有关施工许可审批和招投标管理相关问题的解释，按照部门职责分别由市住房城乡建设委工程建设管理处和市建设工程招标投标管理办公室负责。

八、本通知自2017年8月1日起施行。2013年印发的《关于进一步规范市区（县）两级建设工程招标投标监督和施工许可管理的通知》（京建发［2013］103号）文件同时废止。

北京市住房和城乡建设委员会关于印发《北京市建设工程电子化招投标工作实施方案》的通知

（京建发〔2017〕75号）

各区住房城乡建设委，东城、西城区住房城市建设委，经济技术开发区建发局，各有关单位：

根据《北京市人民政府办公厅关于印发〈北京市整合建立统一规范的公共资源交易平台实施方案〉的通知》（京政办发〔2016〕9号）的有关规定，为进一步发挥电子化交易平台在规范招投标活动、提高工作效率等方面的作用，我委制定了《北京市建设工程电子化招投标工作实施方案》，现印发给你们。本通知自印发之日起实施，请结合实际认真贯彻落实。

特此通知。

附件：北京市建设工程电子化招投标工作实施方案

附件：

北京市建设工程电子化招投标工作实施方案

我市在各类房屋建筑和市政基础设施工程（以下简称建设工程）中推行电子化招投标以来，大幅降低了交易成本，提升了招投标监管服务质量和效率，有效遏制了围标串标、弄虚作假等违法违规行为。为进一步加快推进我市建设工程电子化招投标工作开展实施，结合我市实际，制定本方案。

一、基本原则

坚持统一平台、规范管理。北京市公共资源交易建设工程分平台（以下简称建设工程交易平台）是我市建设工程电子化招投标交易的统一平台。属于依法必须招标的建设工程，必须进入建设工程交易平台进行招投标交易。市区两级执行统一的电子化招投标交易流程、监管程序和服务标准。

坚持统筹规划、有序推进。鼓励有条件的区试点先行，结合试点情况分步实施。在电子化招投标推进过程中，面对出现的新情况新问题，要勇于创新，结合实际解决问题。

坚持资源共享、便捷高效。加强信息集成，优化交易流程，提高交易透明度，实现资源共享。依法依规公开有关招标投标信息，为市场主体、社会公众和有关部门提供简化便捷的服务。

二、工作目标和实施步骤

（一）工作目标

按照市住房城乡建设委的统一部署和要求，从 2017 年 7 月 1 日起，全市各区建设工程实现全过程电子化招投标，即在招标公告、资格审查、文件备案、专家抽取、开标、评标、中标公示等环节实现全过程电子化。

（二）实施步骤

1. 准备阶段（2017 年 3 月 1 日至 2017 年 3 月 31 日）。召开全市建设工程招投标全面实施电子化工作会，统一思想认识，听取各区意见，做好技术准备，完善系统平台程序。

2. 试点阶段（2017 年 4 月 1 日至 2017 年 6 月 30 日）。选择在朝阳、大兴、顺义、昌平四个区率先试点实施电子化招投标，结合试点经验和各区实际情况，不断完善优化系统平台、软硬件设施，其他各区做好上线前的准备工作。

3. 全面推广阶段（2017 年 7 月 1 日）。自 2017 年 7 月 1 日起，各区依法必须招标的建设工程，均须进入建设工程交易平台进行全过程电子化招投标交易，全市建设工程招投标实现全过程电子化。

三、工作要求

（一）加强协调配合

各区应具备建设工程电子化招投标工作的硬件设施，具体标准由市交易中心制定，应严格按照电子化招投标流程、监管与服务标准进行人员配备，尚不具备条件的应加快推进相关建设与人员配备。市招标办会同市交易中心对各区电子化招投标推广工作予以具体指导，同时做好信息和网络设备等服务保障工作。

（二）狠抓工作落实

各区住房城乡建设部门要将推进电子化招投标工作纳入目标管理考核，确保责任到位，任务落实。市招标办、市交易中心在加强服务保障的同时，要对各区电子化招投标场所设施建设、监管标准、服务规范等进行考核评价，抓好各项工作落实。

（三）加强宣传培训

电子化招投标对于营造公开、公平、公正的招投标市场环境、降低市场主体成本、推进简政放权、加强市区一体化等方面具有重要意义，市招标办、市交易中心协同各区住房城乡建设部门制定培训计划，对各区工作人员进行系统培训，同时做好对市场主体的宣传与服务工作。

北京市住房和城乡建设委员会关于进一步加强我市建设工程招投标管理的通知

（京建发〔2016〕444号）

各区住房城乡建设委，东城、西城区住房城市建设委，经济技术开发区建发局，各有关单位：

为进一步加强我市建设工程招投标管理，规范招投标活动，维护招投标各方主体合法权益，现将有关问题通知如下：

一、在建设工程招投标活动中，禁止出现下列行为：

（一）不同投标人委托在同一单位缴纳社会保险的人员编制投标文件、办理投标事宜的；

（二）不同投标人的投标文件出自同一台电脑或同一单位电脑的；

（三）不同投标人通过同一单位的IP地址下载招标文件或上传投标文件的；

（四）不同投标人的投标文件中（投标人针对投标项目特点自行编制部分）出现整章节、整段落或错误异常一致的；

（五）不同投标人的投标报价异常一致的（精确到人民币"元"）。

二、招标人编制招标文件时，应将上述条款纳入招标文件，并列为否决投标条款单独列项。

评标委员会在评标时发现存在上述所列行为的，应当否决相关投标并报告有关行政监督部门。评标委员会不按照招标文件规定的标准和方法评标，由行政监督部门责令改正；情节严重的，禁止其在一定期限内参加依法必须进行招标的项目的评标；情节特别严重的，取消其评标专家资格。

三、对认定投标人有本通知第一条所列行为的，行政监督部门应责令其对相关工作进行整改，对其不良行为按照《北京市建筑业企业资质及人员资格动态监督管理暂行办法》（京建法〔2007〕825号）予以记分，并纳入企业及个人诚信档案。

市、区建设行政监督部门按照职责分工，分别负责所监管工程上述所列行为的认定查处工作。

四、招投标活动中存在串通投标行为的，行政监督部门应依据《中华人民共和国招标投标法》、《中华人民共和国招标投标法实施条例》等法律法规予以处罚。

五、各级行政监督部门要切实履行好监督管理职责，进一步加强对我市建设工程特别是国家及本市重点建设项目、保障性安居工程等民生工程招投标活动的监督管理，进一步加大日常监督与执法力度，坚决遏制串通投标行为。在执行过程中遇到的问题，请及时报我委。

六、本通知自 2017 年 1 月 1 日起施行。

北京市人民政府关于印发《北京市公共服务类建设项目投资审批改革试点实施方案》的通知

（京政发[2016]35号）

各区人民政府，市政府各委、办、局，各市属机构：

现将《北京市公共服务类建设项目投资审批改革试点实施方案》印发给你们，请认真贯彻落实。

附件：北京市公共服务类建设项目投资审批改革试点实施方案

附件：

北京市公共服务类建设项目投资审批改革试点实施方案

为认真落实《国务院关于北京市开展公共服务类建设项目投资审批改革试点的批复》（国函〔2016〕83号）精神，有效推进公共服务类建设项目投资审批改革试点工作，结合实际，特制定本实施方案。

一、指导思想

全面贯彻落实党的十八大和十八届二中、三中、四中、五中全会精神，深入学习贯彻习近平总书记系列重要讲话和对北京工作的重要指示精神，牢固树立创新、协调、绿色、开放、共享的发展理念，坚持简政放权、放管结合、优化服务，牢牢把握首都城市战略定位，深入实施京津冀协同发展战略，着力推进供给侧结构性改革，加快疏功能、转方式、治环境、补短板、促协同，积极开展公共服务类建设项目投资审批改革试点，有效促进投资项目尽快落地，切实加快北京城市副中心建设，着力打造国际一流和谐宜居之都的示范区。

二、试点范围和时间

（一）试点范围

北京城市副中心道路、停车设施、垃圾和污水处理设施及教育、医疗、养老等公共服务类建设项目。

中央国家机关在京重点建设项目，本着协调沟通、保障重点的原则参照执行。

（二）试点时间

试点期为3年，自国务院批复之日（2016年5月13日）起算。

三、主要措施

（一）实行集体审议，提高决策效率和水平

1. 关于北京城市副中心道路、停车设施、垃圾和污水处理设施及教育、医疗、养老等公共服务类建设项目。由北京城市副中心建设领导小组（以下简称领导小组）办公室牵头，于每年年初汇总相关方面意见后，制定拟纳入试点范围的公共服务类建设项目年度建设计划，报领导小组会议审定；各有关部门根据会议精神分别办理项目审批手续。领导小组会议审定后，如需对纳入试点范围的项目进行调整，由领导小组下设的相关专项工作指挥部提出调整意见，经领导小组办公室汇总后，报领导小组组长批准。

2. 关于中央国家机关在京重点建设项目。由市住房城乡建设委商中共中央直属机关事务管理局、国家机关事务管理局确定。

（二）优化审批流程，简化审批手续和环节

1. 简化建设项目前期工作启动手续。根据领导小组会议审议通过的投资项目建设计划，由发展改革部门按照立项权限，向项目单位和有关审批部门制发《建设项目前期工作函》，确定项目主体。对符合条件的建设项目，按规定拨付前期工作经费，并督促项目单位加快组织开展环境影响报告书（表）、可行性研究报告、规划设计方案编制，以及勘察设计招标投标、施工招标投标等项目开工前所有前期工作。

2. 简化建设项目立项手续。将项目建议书和可行性研究报告合并审批。

3. 简化规划许可手续。规划国土部门会同相关单位先行审定建设项目设计方案，并出具审查意见；项目单位可依据审查意见到相关部门办理审批手续，并组织开展有关工作。相关审批手续齐备后，即可办理建设项目选址意见书、建设用地规划许可证、建设工程规划许可证。

4. 简化划拨用地报批手续。市政府批准用地的，在征地“一书四方案”（建设项目用地呈报说明书和农用地转用方案、补充耕地方案、征收土地方案、供地方案）和区政府用地申请函中提出供地方式，由市规划和国土资源管理委员会审核并报市政府批准后，办理征地批复，在征地批复中明确供地方式，并据此核发

《国有建设用地划拨决定书》。

5. 简化施工招标投标手续。在保证招标投标工作质量前提下，招标人与投标人可协商确定与工程规模相匹配的投标文件编制时间。项目单位可依据建设项目设计方案的审查意见办理开标手续。

6. 简化施工审批手续。规划国土部门出具建设项目设计方案审查意见后，项目单位即可申请办理施工图审查、施工登记等手续。在项目单位取得用地批准手续、规划国土部门出具的相应确认文件、公安消防机构出具的消防设计审核意见，依法确定施工单位、施工现场具备施工条件的前提下，住房城乡建设部门予以办理施工登记，并同步开展质量监督、安全监督、建筑节能设计备案工作。将除市政府投资项目外的年度投资计划与施工许可并联办理。

7. 简化水影响评价审查手续。将水影响评价技术审查内容简化为符合水资源和供排水条件、符合防洪安全要求、不改变排水分区、保水保土措施等四项控制要素。项目单位以上述四项控制要素为主要内容编制水影响评价文件，报水务部门。

(三)精简审批事项及中介服务事项，加强事中事后监管

1. 凡是在控制性详细规划阶段、土地整理储备阶段交通、水务部门已经出具意见的，对区域内的具体建设项目，简化交通影响、水影响方面的评估审查。

2. 取消在已批准建设用地范围内改建或扩建项目的用地预审；经勘查未形成重要矿产资源储量的通州区，建设项目用地手续不需进行压覆重要矿产资源核查工作(建设项目用地预审属于国土资源部审批的不在此列)。

3. 建设项目节水设施方案改由项目单位按权限向市水务局或区水务局备案，市水务局或区水务局加强监管。

4. 取消人民防空工程施工图备案。在施工图审查阶段，区民防局加强与人民防空工程施工图审查机构工作衔接，同步履行监管职责。

5. 严格按照《中华人民共和国水法》《中华人民共和国防洪法》和《中华人民共和国水土保持法》等法律法规限定的范围开展水影响评价中的洪水影响评价、编制水土保持方案工作，范围以外的项目不再开展。

6. 除国家法律法规设定的中介服务事项外，结合本市实际，对投资领域中介服务事项进行清理，并对保留的中介服务事项服务范围、内容、程序、时限等进行优化和规范。针对重大项目(高风险项目)的环境影响评价和社会稳定风险评估，统一开展入户调查、发放调查问卷等工作。

（四）下放行政审批事项，实现就近高效办理

1. 将建设项目（不含市政府直接投资和资本金注入的建设项目）的立项审批（包括项目建议书、可行性研究报告、初步设计概算、决算、招标方案审批等）下放至通州区发展改革委，年度投资计划办理也同步下放。

2. 对以出让方式获得土地使用权的建设项目，将其土地出让审批由市政府下放至通州区政府；将其地价评审由市规划和国土资源管理委员会下放至通州区规划和国土资源管理部门。

3. 将建设项目施工环节的许可、服务、监管事项（包括施工、监理和材料设备招标投标活动监督管理，质量监督注册、安全监督手续、建筑节能设计审查备案、施工许可，建筑安全生产、工程质量监督管理，竣工备案，新型墙体材料专项基金和散装水泥专项资金的征收、返退）下放至通州区住房城乡建设委。

4. 将建设项目（不含市级管理河道和跨区建设项目）水影响评价审查下放至通州区水务局。

5. 将移植限伐区林木审批、采伐限伐区 1 至 499 株林木审批下放至通州区园林绿化局。

6. 将建设项目修建人民防空工程标准审查、人民防空工程竣工备案、人民防空工程建设方案咨询、人民防空工程质量监督下放至通州区民防局。

7. 中央国家机关在京重点建设项目的相关审批手续，仍由市级审批部门负责办理。

（五）创新审批方式，探索实行告知承诺制

探索实行审批部门一次性告知项目单位应具备的条件和需提交的材料，以及项目建设具体标准和要求；项目单位书面承诺按照标准和要求执行后，审批部门即以一定方式认可项目单位的申请事项，项目单位据此即可开展所申请事项的实施工作。同时，审批部门要对项目单位承诺事项的落实情况加强监管，对于确按标准和要求实施的，予以发放证照。

四、工作要求

（一）加强组织领导，明确工作责任。市政府推进职能转变协调小组要加强对试点改革工作的统筹指导，周密部署、精心组织，稳妥有序推进。市政府审改办要认真做好推进试点改革的组织协调工作，并会同有关部门研究解决改革中的具体问题。市级投资项目审批部门要全面落实试点改革措施，严格按照改革后的工作流程开展审批服务，明确相关审批手续办理时限；进一步做好审批事项下放

的衔接工作，切实加强对通州区对口部门的指导督促。通州区政府要组织区相关部门承接好下放的审批事项，规范高效开展审批服务工作。市政府督查室会同市政府审改办要加强督促检查，推动各项改革措施落到实处、取得实效。

（二）扎实细致准备，确保试点工作顺利推进。进一步细化工作流程，以建设项目前期工作函办理、设计方案审查、施工登记等环节为重点，细化完善相关审批手续的办理条件和办理程序，建立相关工作制度，确保各环节有序顺畅衔接。制定完善简化审批手续的具体措施、下放和承接行政审批事项的具体方案，以及审批事项取消后的事中事后监管措施。对规划选址、环境影响评价、征地拆迁等与群众利益密切相关的事项，要充分听取群众意见，妥善处理好有关问题，为试点工作顺利推进提供有力保障。

（三）坚持多措并举，切实提高审批服务和监管工作水平。将试点项目全部纳入市投资项目在线审批监管平台，并对该平台进行完善，确保其能够适应试点改革工作要求。通过推行网上审批、强化信息共享、探索实行告知承诺制等，着力提高审批服务效率。积极推进并联审批，加快手续办理，确保在项目竣工验收前办理完成各项法定审批手续。进一步强化事中事后监管，防止出现管理真空，特别是要加大信用监管力度，推进守信联合激励和失信联合惩戒等，切实提高信用监管工作水平。同时，加强对从事项目审批工作人员的教育培训，使其准确掌握工作流程和操作办法，推动各项改革措施有效施行。

（四）努力改革创新，推动试点工作不断深化。市政府各有关部门和单位要切实转变管理服务理念，探索创新管理服务方式、方法；要密切跟踪试点改革进展情况，结合实际，深入研究改进措施，推动试点改革不断深化。

（五）及时进行评估，认真总结试点经验。市政府相关部门、通州区政府要建立改革试点信息收集和分析机制，及时将改革措施实施情况、工作中遇到的问题和有关建议报送市政府审改办。市政府审改办每半年组织开展改革试点评估，形成评估报告；试点期结束前，组织对改革试点工作进行全面总结评估。

附件：略

北京市住房和城乡建设委员会关于印发《关于建筑业营业税改征增值税调整北京市建设工程计价依据的实施意见》的通知

（京建发〔2016〕116号）

各有关单位：

根据《关于做好建筑业营改增建设工程计价依据调整准备工作的通知》（建办标〔2016〕4号）、《关于全面推开营业税改征增值税试点的通知》（财税〔2016〕36号）等文件规定，建筑业自2016年5月1日起纳入营业税改征增值税（以下简称“营改增”）试点范围。为适应国家税制改革要求，满足建筑业营改增后建设工程计价需要，结合本市实际情况制订了《关于建筑业营业税改征增值税调整北京市建设工程计价依据的实施意见》，现印发给你们，请遵照执行。

附件：关于建筑业营业税改征增值税调整北京市建设工程计价依据的实施意见

附件：

关于建筑业营业税改征增值税调整北京市建设工程计价依据的实施意见

一、实施时间及适用范围

（一）执行《建设工程工程量清单计价规范》、北京市《房屋修缮工程工程量清单计价规范》（以下简称“清单计价规范”）和（或）2012年《北京市建设工程计价依据—预算定额》、2012年《北京市房屋修缮工程计价依据—预算定额》、2014年《北京市城市轨道交通运营改造工程计价依据—预算定额》及配套定额（以下简称“预算定额”）的工程，按以下规定执行：

1. 凡在北京市行政区域内且《建筑工程施工许可证》注明的合同开工日期或未取得《建筑工程施工许可证》的建筑工程承包合同注明的开工日期（以下简称“开工日期”）在2016年5月1日（含）后的房屋建筑和市政基础设施工程（以下简

称“建筑工程”)，应按本实施意见执行。

2. 开工日期在2016年4月30日前的建筑工程，在符合《关于全面推开营业税改征增值税试点的通知》(财税〔2016〕36号)等财税文件规定前提下，参照原合同价或营改增前的计价依据执行。

(二) 执行2001年《北京市建设工程预算定额》、2005年《北京市房屋修缮工程预算定额》及配套定额且开工日期在2016年4月30日前的建筑工程，可按原合同价或营改增前的计价依据执行。

(三) 按2004年《北京市建设工程概算定额》及配套定额编制设计概算的建筑工程，按营改增前的计价依据执行。

二、实施依据

(一)《关于做好建筑业营改增建设工程计价依据调整准备工作的通知》(建办标〔2016〕4号)。

(二)《关于全面推开营业税改征增值税试点的通知》(财税〔2016〕36号)。

(三)《营业税改征增值税试点方案》(财税〔2011〕110号)、《关于简并增值税征收率政策的通知》(财税〔2014〕57号)等。

(四) 现行计价依据，包括清单计价规范、预算定额、造价管理办法等。

(五) 其他有关资料。

三、费用组成内容

(一) 营改增后建筑安装工程费用项目的组成内容除本办法另有规定外，均与预算定额的内容一致。

(二) 企业管理费包括预算定额的原组成内容，城市维护建设税、教育费附加以及地方教育费附加，营改增增加的管理费用等。

(三) 建筑安装工程费用的税金是指国家税法规定应计入建筑安装工程造价内的增值税销项税额。

四、其他有关说明

(一) 预算定额的调整内容是根据营改增调整依据的规定和要求等修订完成，不改变清单计价规范和预算定额的作用、适用范围及费用计价程序等。预算定额依据“价税分离”计价规则调整的相关内容详见附件。

(二) 2012年《北京市房屋修缮工程计价依据—预算定额》古建筑工程各费用项目的计费基数均做调整，调整的计费基数详见附件。

(三) 预算定额的调整内容对应定额编制期的除税价格及费率。

(四) 建筑业营改增后，工程造价按“价税分离”计价规则计算，具体要素价格适用增值税税率执行财税部门的相关规定。税前工程造价为人工费、材料费、施工机具使用费、企业管理费、利润和规费之和，各费用项目均以不包含增值税(可抵扣进项税额)的价格计算。

(五) 建筑业营改增后建设工程发承包及实施阶段的计价活动，适用一般计税方法计税的建筑工程执行“价税分离”计价规则；选择适用简易计税方法计税的建筑工程参照原合同价或营改增前的计价依据执行，并执行财税部门的规定。

(六)材料(设备)暂估价、确认价均应为除税单价，结算价格差额只计取税金。专业工程暂估价应为营改增后的工程造价。

(七)总承包工程合同项下的专业分包工程、材料(设备)按照总承包工程合同的计价规则执行。专业承包工程合同项下材料(设备)按照专业承包工程合同的计价规则执行。

(八)风险幅度确定原则：风险幅度均以材料(设备)、施工机具台班等对应除税单价为依据计算。

(九)《北京工程造价信息》(营改增版)中的除税材料(设备)市场信息价格，包括除税的材料(设备)原价、运杂费、运输损耗费和采购及保管费。

五、现行造价管理办法中与本实施意见内容不一致的地方，以本实施意见为准。

六、本实施意见自发布之日起执行，尚未开标且不能在2016年4月30日前完成合同签订的依法进行招标的项目，招标文件及招标控制价编制均应按本实施意见要求执行。

附件：略

北京市住房和城乡建设委员会　北京市发展和改革委员会关于印发《北京市建设工程施工综合定量评标办法》的通知

（京建法〔2016〕4号）

各区住房城乡建设委，发展改革委，东城、西城区住房城市建设委，经济技术开发区建设局，各有关单位：

为贯彻实施《中华人民共和国招标投标法实施条例》《关于做好招标投标法实施条例贯彻实施工作意见的通知》(国办发〔2012〕21号)，建立健全建筑市场诚信体系，规范房屋建筑和市政基础设施工程施工招投标活动中主体的行为，市住房城乡建设委、市发展改革委制定了《北京市建设工程施工综合定量评标办法》(以下简称“办法”)，现印发给你们，请遵照执行。

本规定自2016年3月1日起施行，《北京市建设工程施工综合定量评标办法(试行)》(京建法〔2012〕27号)同时废止，《北京市工程建设项目施工评标办法》(京发改〔2006〕1217号)与本办法规定不一致的，以本办法为准。

附件：北京市建设工程施工综合定量评标办法

附件：

北京市建设工程施工综合定量评标办法

第一章　总　则

第一条　为了规范建设工程施工招投标活动中的评标行为，维护招投标当事人的合法权益，建立健全建筑市场诚信体系，切实保障工程质量和施工安全，根据《中华人民共和国招标投标法》《招标投标法实施条例》《关于做好招标投标法实施条例贯彻实施工作意见的通知》(国办发〔2012〕21号)等有关规定，结合本市实际情况，制定本办法。

第二条　本市依法必须招标的建设工程施工总承包项目，采用综合评估法进行量化评标的，适用本办法。国家法律、法规、规章对评标活动另有规定的，遵照其规定。

本办法中的建设工程是指房屋建筑和市政基础设施工程。

第三条 评标活动应当遵循公平、公正、科学、择优的原则依法进行。

第四条 招标人应当采取必要的措施，保证评标活动在严格保密的情况下进行。

第二章 评标委员会

第五条 评标活动由招标人依法组建的评标委员会负责。

第六条 评标委员会由招标人代表和有关技术、经济等方面的专家组成，成员人数为五人以上的单数，其中技术、经济专家不得少于评标委员会成员总数的三分之二；实行工程量清单招标的房屋建筑及其附属设施工程建设项目，经济方面的评标专家应当不少于二名。

评标委员会中的招标人代表应当是本单位熟悉相关业务的在职人员。其中国家和本市重点项目以及全部使用国有资金投资和国有资金投资占控股或主导地位的项目，招标人代表还应当具有相关专业高级以上职称或同等专业水平。

第七条 在评标前，由评标委员会成员共同推举产生或者招标人直接确定一名评标委员会负责人。评标委员会负责人主要负责以下工作：

（一）组织评标委员会成员学习招标文件中载明的评标标准和方法。

（二）提醒招标人做好评标准备工作，包括提供所需的评标基础资料、实行暗标评审的应除去能够识别投标人身份的信息等。

（三）汇总各评标委员会成员认为需要投标人澄清、说明或者补正的问题，组织评标委员会对投标人质询并对投标人的答复进行评审。

（四）对出现较大争议的事项进行书面记录。

（五）查验评标用表格和评标记录的完整性及有效性。

（六）组织对评标结论进行复核确认。

（七）组织编写评标报告，推荐中标候选人。

第八条 实行工程量清单招标的，招标人可以在评标前自行或者组织造价咨询、招标代理等专业机构进行清标，即对基础性数据进行分析和整理，但不得对投标文件进行评价、打分等评审性工作。清标人员有第十四条规定的情形的，应当回避。使用计算机辅助评标的，应当由评标委员会借助计算机辅助评标系统进行清标。

评标时，评标委员会应当复核并确认清标结果。

第九条 招标人或其委托的招标代理机构应当向评标委员会提供评标所必需的信息，但不得利用提供信息的机会，干扰评标委员会客观公正地履行职责。

采用纸质资料评标的，招标人应保证至少每两名评标委员会成员共同使用一份招标文件，但其中评标标准和方法应当保证每人使用一份。

第三章 评标办法与评标要求

第十条 招标文件中载明的评标办法应当区分技术标、商务标和信用标，分别设立具体的评标因素和评标标准，其中信用标的评审应当直接采用开标当日市住房和城乡建设委公布的企业市场行为信用评价分值，并按照本办法的规定将其纳入相应投标人的最终得分。

第十一条 商务标、技术标、信用标评分权重合计为100%，信用标在总得分中所占权重一般为5%~20%，并应当符合本办法附表的规定。商务标和技术标在总得分中的权重合计为95%~80%，其中，技术标的相对权重一般不得高于40%，商务标的相对权重不得少于60%。

第十二条 评标专家出席评标时，应当准时签到，并主动出示专家证书和本人有效身份证件，经招标人或其委托的招标代理机构确认其身份后参与评标。

第十三条 评标委员会成员在评标前，应当签署评标专家声明书，声明本人没有依法应当回避的情形，保证遵守有关评标管理规定以及评标纪律，客观、公正地进行评标，并接受有关行政监督部门的监督。

第十四条 评标委员会成员具有下列情形之一的，应当主动提出回避：

（一）投标人或者投标人主要负责人的近亲属。

（二）评标项目主管部门或者行政监督部门的人员。

（三）与投标人有利害关系或者经济利益关系，包括本人所在单位与投标人有隶属关系；从投标人单位调离、辞职或者离职不足三年；从投标人单位退休不足五年；投标人单位的股东等。

（四）曾因招标、评标以及其他与招标投标有关活动中从事违法行为受过行政处罚或者刑事处罚。

招标人或其招标代理机构发现评标委员会成员有前款规定情形之一的，应当予以更换。

第十五条 评标委员会成员在评标过程中应当遵守下列规定：

（一）独立进行评审，不得对其他评标委员会成员的评审意见施加影响。

（二）不得将投标文件带离评标地点评审。

（三）不得无故中途退出评标。

（四）不得复印、带走与评标内容有关的资料。

（五）不得私下接触投标人，不得收受投标人给予的财物或者其他好处。

（六）不得向招标人征询确定中标人的意向，不得接受任何单位或者个人明示或者暗示提出的倾向或者排斥特定投标人的要求。

（七）不得有其他不客观，不公正履行职务的行为。

第十六条 评标委员会应当严格按照招标文件规定的评标标准和方法对投标文件进行评标。招标文件中没有的评标标准和方法不得作为评标依据。

第四章 评标程序

第十七条 评标委员会评标时，先对投标文件进行初步评审，逐项列出投标文件的投标偏差；后对经初步评审合格后的投标文件的技术标和商务标作详细评审、比较，再纳入信用标。

技术标实行暗标评审的，应当先评审技术标。

第十八条 实行资格后审的项目，资格审查因素仅限于投标人资质、财务状况、类似项目业绩、技术和管理人员能力、拟投入生产资源，以及其他工程技术管理要素等。

第十九条 技术标评审的一般程序为：

（一）技术标的符合性评审。

（二）施工组织设计，包括施工方案、质量保证措施、安全和绿色施工保障措施等评审。

（三）按照评标标准和方法计算得分，并就每项评分写出评审意见。

第二十条 商务标评审的一般程序为：

（一）对投标价格及其各组成要素的合理性和符合性进行逐项评审。

（二）汇总需要投标人澄清、说明或者补正的问题，以书面形式发放投标人，采用电子化招投标的应通过电子化平台发放。

（三）按照评标标准和方法，计算得分，并加权折算商务标和技术标的合计得分。

第二十一条 信用标评审的一般程序为:

(一) 采集市住房和城乡建设委员会公布的各投标人的企业信用评价分值。

(二) 按照评标标准和方法,在商务标和技术标加权得分的基础上,进行二次加权,折算总得分。

第二十二条 投标人应当以书面形式对评标委员会提出的问题作出澄清、说明或者补正,但不得超出投标文件的范围或者改变投标文件的实质性内容。

房屋建筑工程投标报价低于标底6%或招标控制价6%的,市政工程投标报价低于标底6%或招标控制价8%的,或者评标委员会认为投标报价组成明显不合理的,评标委员会应当要求投标人就其报价的合理性作出详细说明,评标委员会对该报价应进行详细分析及质询。

评标委员会对投标人澄清、说明或者补正的内容进行评审,并依法判定是否低于成本或者实质响应招标文件。

低于成本或者未能实质响应招标文件的投标,应当废标。

第二十三条 招标人设有标底的,在评标时作为参考。

标底应当由造价工程师签字,并加盖造价工程师执业专用章。招标人不具有自行招标能力的,应当委托有相应资质的社会中介机构编制,并加盖该中介机构的公章。

第二十四条 招标人可以在招标文件中明示最高投标限价(招标控制价)或者最高投标限价的计算方法。超出最高投标限价的投标为无效投标。政府投资项目的最高投标限价不得超出政府批准的投资概算。

第二十五条 在评标过程中发现下列情形之一的,评标委员会应当否决投标人的投标或者作废标处理:

(一) 投标文件未经投标单位盖章和单位负责人签字。

(二) 投标文件未按规定的格式填写,内容不全或关键字迹模糊、无法辨认。

(三) 同一投标人提交两个以上不同的投标文件或者投标报价,但招标文件要求提交备选投标的除外。

(四) 投标人名称或组织结构与资格预审时不一致。

(五) 未按招标文件要求提交投标保证金。

(六)投标联合体没有提交共同投标协议。

(七)投标人不按照要求对投标文件进行澄清、说明或者补正。

(八)投标报价低于成本或者高于招标文件设定的最高投标限价。

（九）投标人不符合国家或者招标文件规定的资格条件，或者与资格预审结果相比资质、业绩有降低。

（十）投标文件没有对招标文件的实质性要求和条件作出响应。

（十一）投标人有串通投标、弄虚作假、行贿等违法行为。

（十二）符合招标文件规定的其他废标条件。

第二十六条 评标委员会否决不合格投标或者认定废标后，当有效投标不足三个时，经评审后，认为有效投标均不符合招标文件的技术要求或者明显缺乏竞争力时，应当否决全部投标。

所有投标被否决的，招标人应当依法重新招标。

第二十七条 评标委员会对于评标过程中发现的问题，应当及时处理，并作出书面记录。

第二十八条 在技术标评审过程中，评标委员会个别成员的单项评分与其余评标委员会成员的单项评分平均差异在20%以上或者有重大意见分歧时，评标委员会负责人应当提醒其进行复核，经复核后该评标委员会成员仍坚持其独立意见的，应当作出书面说明。但是该成员所评出的总分顺序与其他成员相对一致、不影响中标结果的，应当视为合理。

第二十九条 评标时，投标人技术标和商务标的得分应当采用去掉所有评标委员会成员打分中的最高分和最低分后计算的算术平均值。

第三十条 招标人应当根据工程建设项目规模、技术复杂程度、评标方法和投标人数量等，确定合理的评标时间。超过三分之一的评标委员会成员认为评标时间不够的，招标人应适当延长。

招标人和评标委员会均不得随意缩短评标时间。

第三十一条 评标委员会每位成员均应当对本人的评审意见写出说明并签字，并对本人评审意见的真实性和准确性负责，不得随意涂改所填内容。

第三十二条 招标人认为部分评标专家的评标结果出现重大偏差，可能影响中标结果的，可以提请评标委员会进行复审。评标委员会拒绝复审的，招标人应当作出书面记录。

第三十三条 评标结束后，评标委员会应当及时编写并向招标人提交书面评标报告。

评标报告由评标委员会全体成员签字。

第三十四条 对评标结论持有异议的评标委员会成员可以书面阐述其不同意

见和理由。评标委员会成员拒绝在评标报告上签字且不陈述其不同意见和理由的，视为同意评标结论。评标委员会应当对此作出书面说明并记录在案。

第三十五条 评标结束后，由招标人向评标专家支付劳务费。除此之外，评标专家不得接受该项目招投标相关单位和个人的任何其他礼物、现金或者有价证券等财物。

第三十六条 招投标双方应当分别为对方在招标文件和投标文件中涉及的商业秘密保密，未经对方书面同意，不得披露或者提供给第三人，违反者应当承担相应的法律责任。

第五章 附 则

第三十七条 违反本办法规定应当予以处罚的，由有关行政监督部门按照国家及本市有关法律法规规章的规定处理，并于处理决定送达后五个工作日内将违法行为及处理结果记入本市招标投标活动违法行为记录系统。

第三十八条 施工专业承包、专业分包招标的评标活动，参照本办法执行。采用经评审的最低投标价法的，其评标办法另行制定。

第三十九条 本办法自2016年3月1日起施行。

北京市住房和城乡建设委员会　北京市工商行政管理局关于印发《北京市房屋建筑和市政基础设施工程施工合同管理办法》的通知

（京建法〔2015〕20号）

各区、县住房和城乡建设委员会，东城、西城区住房和城市建设委员会，经济技术开发区建设发展局，各区、县工商分局，各有关单位：

为加强本市建筑市场管理，进一步规范房屋建筑和市政基础设施工程施工合同的订立及履行，保护合同当事人的合法权益，北京市住房和城乡建设委员会、北京市工商行政管理局共同制定了《北京市房屋建筑和市政基础设施工程施工合同管理办法》。现印发给你们，请遵照执行。

附件：北京市房屋建筑和市政基础设施工程施工合同管理办法

附件：

北京市房屋建筑和市政基础设施工程施工合同管理办法

第一章　总　　则

第一条　为了维护建筑市场秩序，规范市场行为，保护合同当事人的合法权益，根据《中华人民共和国合同法》《中华人民共和国建筑法》《中华人民共和国招标投标法》等有关法律、法规、规章的规定，结合本市实际，制定本办法。

第二条　本市行政区域范围内的房屋建筑和市政基础设施工程施工合同(以下简称施工合同)的订立、履行及其监督管理，适用本办法。

本办法所称房屋建筑工程，是指各类房屋建筑及其附属设施和与其配套线路、管道、设备安装工程及室内外装修工程。

本办法所称市政基础设施工程，是指城市道路、轨道交通、供水、排水、燃气、热力、污水处理、垃圾处理、地下公共设施及附属设施土建、管道、设备安装工程。

本办法所称施工合同包括施工总承包合同、专业承包合同。

本办法所称专业承包是指具备专业工程施工资质的承包人直接从建设单位承包专业工程。

第三条 市工商行政管理部门是本市施工合同的综合管理部门，负责参与制定施工合同示范文本，组织开展合同行政指导。市住房城乡建设主管部门是本市施工合同的行业管理部门，负责本市施工合同订立及履行情况的监督管理。

区、县工商行政管理部门负责在本辖区内参与推行施工合同示范文本，开展合同行政指导。区县住房城乡(市)建设主管部门按照职责分工负责本辖区内施工合同订立及履行情况的监督管理。

第四条 发包人、承包人应当遵循平等、自愿、公平和诚实信用等原则，依法订立施工合同，依照合同约定行使权利，履行义务。

实行监理的工程，发包人、承包人之间与施工合同有关的联系活动应当通过监理人进行。

第五条 市建筑业联合会作为行业自律性组织，应当指导、帮助建筑业企业及从业人员提高施工合同管理能力，健全施工合同纠纷人民调解制度，探索施工合同风险防范机制，引导承包人与发包人订立并履行公平、合理的施工合同条款，妥善解决合同纠纷。

第二章 合同订立

第六条 工程项目发包时，发包人、承包人应当依法订立施工合同。施工合同应当采用书面形式订立。

发包人应当是发包工程项目的法人或者其他组织。房地产开发项目的发包人，应当具有相应的房地产开发企业资质等级。承包人应当是具有与所承接工程相适应的资质等级并取得安全生产许可证的建筑施工企业。

实行招标投标的工程，发包人应当与招标人相一致，承包人应当与中标人相一致。

第七条 实行招标投标的工程，发包人和承包人应当自中标通知书发出之日起三十日内，按照招标文件、中标人的投标文件和中标通知书订立施工合同。

直接发包的工程，发包人和承包人应当在领取施工许可证前依法订立施工合同。

第八条 施工合同文件一般包括合同协议书、合同专用条款、合同通用条款、技术标准和要求、图纸、已标价的工程量清单或工程报价单，以及合同当事人约定构成合同组成部分的其他文件，实行招标投标的工程，还应当包括中标通知书、投标函及投标函附录。

第九条 下列内容应当在施工合同中明确约定：

（一）承包范围、质量标准、合同价格形式、合同价款及支付方式；

（二）合同工期及其所依据的定额工期、工期调整方式；

（三）建设单位项目负责人、承包人项目负责人的权利和义务；

（四）工程货物的供应与结算方式；

（五）有暂估价项目的，列明其种类与处理方式；

（六）合同价款的调整因素、方法及时限；

（七）安全文明施工费（含建设工程扬尘治理专项资金）的数额、支付计划、使用要求等；

（八）大气污染防治责任和要求；

（九）索赔的程序、金额确认与支付时限；

（十）竣工验收和工程移交；

（十一）竣工合同价款结算编制与核对、支付及时限；

（十二）工程质量保修的责任、内容与保证方式；

（十三）违约责任；

（十四）与履行合同、支付价款相关的担保事项；

（十五）争议解决方式；

（十六）其他应当在施工合同中明确约定的内容。

第十条 除国家另有规定外，本市推行使用住房城乡（市）建设主管部门和工商行政管理部门共同制定的施工合同示范文本。

第十一条 实行工程量清单计价的工程，合同价格形式应当采用单价合同。建设规模较小，技术难度较低，定额工期在一年以内，且施工图设计已审查批准的建设工程，可以采用总价合同。

发包人、承包人应当在合同中明确约定承担计价风险的内容、范围以及超出约定风险范围的调整方式。

第十二条 发包人、承包人应当按照国家或市住房城乡建设主管部门颁发的工期定额及有关文件规定，结合建设工程项目实际情况确定合理工期，并在施工合同中予以明确。没有相应工期定额的建设工程项目，由发包人（或邀请承包人)组织相关专家论证确定合理工期，并在施工合同中予以明确。任何一方均不得任意压缩合理工期。

发包人、承包人应当在施工合同中明确约定影响工期的因素和责任，以及费用调整的计算原则。

第十三条 发包人要求工程质量高于国家和本市质量标准或者要求获得奖项的，应当与承包人在施工合同中明确约定工程质量标准、相应费用、双方承担责任及需要提供的相应条件。

发包人、承包人应当在施工合同中明确材料、设备采购、运输、存储、检验、安装及验收的责任，约定施工工艺和工程质量的检查与验收要求，并按施工合同和规范、标准的要求组织施工。

第三章　合同备案

第十四条 依法领取施工许可的工程，施工合同应当备案。

第十五条 发包人应当自施工合同订立后七日内按规定到市或者区县住房城乡(市)建设主管部门办理施工合同备案。

第十六条 施工合同备案应当提交以下书面材料：

(一) 双方签订的全部合同(包括合同正副本)；

(二) 委托代理人的法人委托书原件(法定代表人委托其代理人签订合同时需提供)；

(三) 工程建设项目廉政责任书(双方加盖单位公章、法定代表人章及监督部门章)；

(四)《合同签订备案表》(一式三份)；

(五) 加盖备案章的《施工招标文件》原件(一份)；

(六)加盖登记章的《中标通知书》(一份)。

上述第(五)项、第(六)项只适用于招标投标的建设工程项目，其中，实行电子招标投标的工程不再另行提交。

第十七条 市或者区县住房城乡(市)建设主管部门应当在收到书面施工合同备案材料之日起七日内，对符合要求的施工合同予以备案。对于不符合要求的，应一次性告知需要补齐和补正的内容。

第十八条 施工合同履行过程发生重要变更时，发包人与承包人应当及时确认变更内容和相应的合同价款，依法签订变更协议，保障自身的合法权益。

建设工程规模、结构形式、使用功能等事项发生重大变更，依法应当取得有关行政主管部门批准的，发包人应当在变更前先取得有关行政主管部门的批准文件。发包人自签订变更协议之日起七日内持有关行政主管部门的批准文件及变更协议到市或者区县住房城乡(市)建设主管部门备案。

第十九条 解除施工合同的，发包人、承包人应当签订解除协议或者双方已具备法院或仲裁机构出具的已生效的判决书、裁定书、裁决书或调解书。原施工合同未解除前，发包人不得将该工程另行发包给其他承包人，其中，依法实行招标投标的工程，发包人不得另行组织招标投标活动。

发包人应当自签订解除协议之日起七日内持解除协议或已生效的判决书、裁定书、裁决书或调解书到市或者区县住房城乡(市)建设主管部门办理解除施工合同备案。

第二十条 项目负责人发生变更的，发包人与承包人应当订立书面变更协议。发包人应当自签订变更协议之日起七日内持变更协议到市或者区县住建委备案。变更后人员的注册建造师资格应当符合注册建造师执业管理的相关规定。实行招标投标的工程项目，项目负责人是否承担在建项目的起止时间，以备案时间为准。

技术负责人、质量负责人、安全负责人发生变更的，应当经发包人书面同意。

第四章 合同履行

第二十一条 发包人、承包人应当建立健全施工合同管理制度，明确施工合同管理机构和管理人员。施工合同管理人员应当具备相应的合同管理能力。

实行监理的工程，监理人应当按照监理合同的约定，对承包人履行施工合同的情况实施监督管理。

第二十二条 发包人、承包人、监理人应当健全施工合同档案、台账、报表等管理制度，并按照本办法附表的要求，在施工现场留存相关资料，随工程进度及时更新。

第二十三条 发包人按照施工合同约定支付工程价款的，承包人应当按照施工合同约定组织施工。承包人未按照施工合同约定组织施工的，发包人有权按照施工合同约定追究承包人责任。

发包人未按照施工合同约定支付相应工程价款的，承包人有权按照施工合同约定程序停止施工。

第二十四条 对施工合同履行过程中发生工程变更及合同约定允许调整的内容，发包人、承包人应当及时对工程变更事项或者合同约定允许调整的内容如实记录并履行书面确认手续。履行书面确认手续的人员，应当是发包人、承包人的法定代表人或者其授权人员。

工程变更或者合同约定允许调整的内容涉及工程价款调整的，发包人、承包人应当及时确认相应的工程变更价款。确认的工程变更价款与工程进度款同期支付。

第二十五条 发包人和承包人应当依照法律法规及合同约定履行合同，不得因合同履行等原因引发群体性事件或其他影响社会稳定的问题。在施工合同履行过程中发生争议时，发包人、承包人应当在保证工程质量和安全的前提下，自行协商解决；协商不成的，应当根据施工合同约定的争议解决方式，向仲裁机构申请调解、仲裁或者向人民法院起诉。

第五章　合同的监督管理

第二十六条 市和区县住房城乡(市)建设主管部门应当切实履行职责，依法对所辖项目的施工合同备案及施工合同履行过程实施监督管理。

第二十七条 市和区县住房城乡(市)建设主管部门建立施工合同监督检查制度。施工合同监督检查采取抽查和会同工商行政管理等部门联合检查的方式进行。

市和区县住房城乡(市)建设主管部门履行监督检查职责时，被检单位应当如实提供与检查事项有关的文件、资料，并对有关检查事项涉及的问题做出解释和说明。

第二十八条 市和区县住房城乡(市)建设主管部门应当制定施工合同的归档、调阅、保管、销毁等档案管理制度，做好施工合同档案管理工作。

第二十九条 施工企业在资质升级、增项中的业绩认定，以备案的施工合同为依据。

第三十条 市和区县住房城乡(市)建设主管部门在监督检查和表彰评优时，应当以备案施工合同及其履行情况为依据。

第三十一条 市和区县住房城乡(市)建设主管部门发现发包人、承包人在施工合同备案、履行过程中存在违法发包、转包、挂靠、违法分包等违法违规行为的，应当根据有关规定依法进行处罚或处理，并将处罚或处理结果记入其诚信记录，向社会公示。

任何单位和个人有权向市和区县住房城乡(市)建设主管部门举报上述违法违规行为，市和区县住房城乡(市)建设主管部门一经接到举报，应当调查核实，并依法查处。

第三十二条 发包人、承包人有下列情形之一的，市和区县住房城乡(市)建设主管部门发现后，可以责令改正，并记入其诚信记录，向社会公示。其中，承包人的行为还应当记入市建筑业企业资质动态监管系统。

（一）发包人、承包人未依法订立书面施工合同的；

（二）发包人、承包人在施工合同中未明确本办法第九条约定的内容的；

（三）发包人未按本办法进行施工合同备案的；

（四）发包人未按本办法进行施工合同变更、解除以及项目负责人变更备案手续的；

（五）发包人在原施工合同未解除前，将该工程发包给其他承包人的；

(六)发包人或者承包人未按照本办法附表的要求，在施工现场存留相应资料，或者不能提供与检查事项有关的文件、资料或不配合监督检查的。

第三十三条 发包人、承包人有下列情形之一的，视其情节轻重，市住房城乡建设委可以依法限制其在本市范围内发包或承接新的工程，并记入发包人、承包人的诚信记录，向社会公示。承包人的行为同时记入市建筑业企业资质动态监管系统，其中，属于外地施工企业的，将相关信息抄送企业注册地省级住房城乡建设主管部门，并抄报住房城乡建设部：

（一）违法发包工程的；

（二）转包、违法分包工程的；

（三）有挂靠行为或允许其他单位或个人以本单位名义承揽工程的；

（四）拖欠工程价款、劳务费或劳务作业人员工资的；

（五）发生工程质量安全责任事故或工程质量安全问题造成不良社会影响的。

第三十四条 市和区县住房城乡(市)建设主管部门工作人员在施工合同备案和对施工合同履行监督管理过程中，要严格依法行政、公正执法，对其中涉及商业秘密的数据信息负有保密义务。

市和区县住房城乡(市)建设主管部门工作人员未按照有关法律法规及本办法的规定办理施工合同备案，或者发现违法违规行为不及时查处的，由市和区县住房城乡(市)建设主管部门责令限期改正，情节严重的，对直接责任人员给予行政处分；构成犯罪的，依法追究刑事责任。

第六章　附　则

第三十五条　施工专业分包合同管理参照本办法执行。本办法所称专业分包是指具备专业工程施工资质的承包人从施工总承包单位承包专业工程。

第三十六条　本办法自2016年1月1日起施行，《北京市房屋建筑和市政基础设施工程施工合同管理办法(试行)》(京建法〔2008〕138号)同时废止。

附表：施工现场留存资料清单

附表：

施工现场留存资料清单

序号	参建方	留存资料
1	发包人	工程款支付、收讫凭证；施工、监理合同，工程量清单及所有补充变更协议、备案证明；建设单位项目负责人的授权委托书；依法应当招标的工程，提供施工招标文件及备案表等
2	承包人	中标通知书；施工总承包单位、分包单位项目管理人员名单及注册执业证书、劳动合同、社会养老保险证明、工资发放资料；中标或做变更备案的建造师注册执业证书、身份证、法人授权委托书、变更备案手续；发包人提供的关于技术负责人、质量负责人、安全负责人变更的书面同意资料；专业、劳务分包合同及备案证明；分包工程款、劳务费收讫凭证；根据合同约定，应当由承包人采购(租赁)的与工程建设有关的主要材料、设备采购(租赁)的台账、合同及支付款项的发票(或收据)等
3	监理人	监理例会纪要、月报及监理工程师通知单、回复单；专业及劳务分包单位进场报审材料；工程材料、构配件、设备报审表；工程款支付审批表等

北京市住房和城乡建设委员会关于印发《关于深化建设工程货物招标投标改革创新的若干规定》的通知

（京建法〔2015〕4号）

各区、县住房城乡建设委，东城、西城区住房城市建设委，经济技术开发区建设局，各有关单位：

为进一步规范建设工程货物招标投标活动，在保证招标投标活动的公开、公平、公正、择优的前提下提高效率，我委以十八届三中全会“切实转变政府职能，深化行政审批改革，创新行政监管方式，增强政府公信力和执行力”精神为指导思想，结合本市实际情况，制定了《关于深化建设工程货物招标投标改革创新的若干规定》，现印发给你们，请遵照执行。

本规定自2015年3月1日起施行，《关于深化建设工程货物招标投标改革创新的若干规定（试行）》（京建法〔2014〕1号）同时废止。

附件：关于深化建设工程货物招标投标改革创新的若干规定

附件：

关于深化建设工程货物招标投标改革创新的若干规定

一、创新监管模式，提高服务质量

进一步明确招标范围，推行差别化监管，变事前审批为事中控制、事后处理，实现全面管理向有效治理转变。

（一）明确招标范围。招标人对建设工程项目实行总承包招标时，未包括在总承包范围内的建设工程货物或者以暂估价形式包括在总承包范围内的建设工程货物，达到国家和本市规定的招标规模标准的，应当依法进行招标。

建设工程货物是指市、区（县）住房和城乡建设行政主管部门监管范围内与房屋建筑和市政基础设施工程有关的重要设备、材料，其中重要设备包括电梯、配电设备（含电缆）、防火消防设备、锅炉暖通及空调设备、给排水设备、楼宇自动化设备等，重要材料包括建筑门窗(幕墙)、建筑防水材料、建筑石材、建筑陶瓷、建筑涂料、外墙保温材料等。市住房和城乡建设委员会根据情况适时调整重要设备、材料名录。

(二) 实施差别化监管。非国有资金投资的依法必须进行招标的建设工程货物，招标人可以自主招标；国有企业自有资金投资的依法必须进行招标的建设工程货物，招标人可以办理集中备案；加强政府投资和国有事业单位自有资金投资的建设工程货物招投标监管。

(三) 实行资格预审文件、招标文件告知性备案制度。招标人对资格预审文件、招标文件的真实性、合法性负责。政府投资和国有事业单位自有资金投资的依法必须进行招标的建设工程货物，招标人在资格预审文件、招标文件发出的同时，向市、区(县)住房和城乡建设行政主管部门备案。

市、区(县)住房和城乡建设行政主管部门对提交的资格预审文件、招标文件进行抽查，发现违反法律法规规定的，应责令招标人改正。招标人在做出改正前，应当暂停招标投标活动。

(四) 实现全部管理事项即时办理。将建设工程货物招标所涉及的自行招标条件备案、资格预审文件备案、招标文件备案、招标投标情况书面报告备案、合同备案均调整为即时办理。

二、优化招标程序，提高招标质量

充分发挥市场在资源配置中的决定性作用，充分发挥各方主体的主观能动性，进一步优化招标流程，简化招标程序，推行科学合理的评标办法，提高招标质量。

(一) 简化招标前置条件。建设工程招标人对项目实行总承包招标时，以暂估价形式包括在总承包范围内依法必须招标的建设工程货物，应当由总承包中标人依法组织招标。总承包中标人取得总承包中标通知书即可启动货物招标，总承包招标时已经提交的入场招标资料，货物招标时无需重复提交。

(二) 实行同一类别建设工程货物联合招标。同一工程建设项目中不同标段的总承包中标人可以联合组织招标，集中采购同一类别建设工程货物。

(三) 实现程序并联。招标人采取资格预审的，可以将发布资格预审公告和发出资格预审文件并联实施，也可以在发出资格预审文件同时一并发出招标文件，将资格预审嵌入到投标准备期中并联开展。招标人采取资格后审的，可以将发布招标公告和发出招标文件并联实施。

（四）取消投标报名。潜在投标人按照资格预审公告或招标公告规定要求，直接获取资格预审文件或招标文件，参加资格预审或投标活动。

（五）提倡资格后审。招标人可根据招标货物特点、市场环境、管理要求等自主选择采用资格预审或资格后审方式，对于具有通用技术和性能标准的建设工程货物，提倡实行资格后审。

（六）优化投标文件编制时限。在保证招标投标工作质量的前提下，招标人与所有投标人达成一致意见并书面确认后，可以适当优化投标文件编制时间，但自招标文件发出之日起至投标截止时间之日止不得少于5天。

（七）推行科学合理的评标办法。对于具有通用技术和性能标准的建设工程货物，提倡对技术部分采用合格制评审的办法。对于技术复杂的建设工程货物，鼓励采用更能体现性价比的评审方法，适当提高非价格因素权重。

（八）探索评定分离制度。将评标委员会评标和招标人定标分为两个环节，评标委员会的评审意见作为招标人定标的参考，招标人可在评标委员会评审的基础上，根据招标文件规定的程序和方法进行定标，确定中标人。

三、加大公开力度，强化社会监督

以招标过程中的重要环节为切入点，引入社会监督，切实加大公开力度，构建更加公开透明的招标投标环境，确保招标投标活动的公平公正性。

（一）公开资格预审文件和招标文件。把资格预审文件和招标文件向社会公开，扩大招标采购信息的公开范围和程度，为接受社会监督提供条件。

潜在投标人对资格预审文件、招标文件内容有异议或投诉的，应当在规定的时限内，向招标人或市、区（县）住房和城乡建设行政主管部门提出，逾期提出的，不予受理。招标人或市、区（县）住房和城乡建设行政主管部门收到相关异议或投诉后应当及时处理。对违反法律法规规定的，招标人应予以纠正，并重新发出资格预审文件、招标文件。

（二）加大评标活动公开力度。实时公开有形建筑市场封闭评标区内的评标活动，接受社会监督，规范评标委员会评标行为。

（三）完善社会监督员监督制度。引入社会监督员进驻有形建筑市场，对开标、评标活动以及招投标各方主体行为进行实时监督，构建更加公开透明的招标投标环境。

四、规范主体行为，加大执法力度

明确招投标各方主体责任，规范各方主体行为，加大执法处罚力度，严厉打击违法违规行为，切实维护招投标当事人的合法权益。

（一）强化招标人责任。招标人需建立完善的内部管理制度，强化责任意识和法律意识，并对招标活动负责，招标人内部纪检监察部门应当对招标过程进行全程监督。

（二）建立投标人承诺制。投标人在投标时须出具由投标人法定代表人签字并加盖企业公章的诚信守法承诺书。

（三）加大对违法违规行为处罚力度。违反相关法律法规规定应当予以处罚的，由有关行政监督部门按照国家及本市有关法律法规规章的规定处理，并将违法行为及处理结果记入本市招标投标活动违法行为记录系统。

北京市住房和城乡建设委员会关于进一步加强建筑工程施工许可管理工作的通知

（京建发〔2014〕480号）

各区、县住房城乡建设委，东城、西城区住房城市建设委，经济技术开发区建设局：

为了全面贯彻落实《建筑工程施工许可管理办法》（住房城乡建设部令第18号，以下简称《办法》）和《住房城乡建设部办公厅关于进一步加强建筑工程施工许可管理工作的通知》（建办市〔2014〕34号，以下简称《通知》）精神，进一步做好我市建筑工程施工许可审批管理工作，严格执行基本建设程序，确保工程质量安全，现将有关事项通知如下：

一、加强领导，明确责任

市和区县住房城乡建设委要加强对施工许可管理工作的领导，进一步明确领导和管理责任，充实人员，健全机构，完善管理制度，切实履行好施工许可的审批和监管职责。

二、严格执行施工许可制度

依照《办法》的有关规定，工程投资额在30万元以上并且建筑面积在300平方米以上（不包含30万元、300平方米本数在内）的建筑工程，开工建设前必须依法领取施工许可证，未办理施工许可证的工程不得开工建设。

三、加强施工许可受理条件审查

严格施工许可受理条件的审查，不得随意增减法定审查条件。其中，依照《通知》的有关规定：

（一）对于依法必须招标的工程项目，应提交中标通知书和合同备案表；直接发包的工程项目应提交直接发包登记表和合同备案表。

（二）对于建设资金落实情况，在提交银行出具的到位资金证明或银行付款保函、第三方担保的同时，还应在《施工许可申请表》“无拖欠工程款情形的承诺书”一栏进行书面承诺并加盖建设单位公章。

四、规范现场踏勘行为

继续严格执行《北京市建设工程施工许可现场踏勘工作管理办法》，要对施工现场是否具备施工条件、现场房屋征收拆迁情况、施工区域内安全防护措施以及是否存在违法开工行为等情况进行重点勘察。

五、严格执行施工许可审批程序

按照市住房城乡建设委发布的《北京市建设和房屋行政许可、管理事项程序性规定》的有关要求，严格履行施工许可审批程序。进一步规范受理、审查、决定、告知行为。对申请材料不齐全或者不符合法定形式的，应当按规定当场一次性告知申请人需要补正的全部内容。对准予或不予施工许可的决定，应及时告知申请人。

六、继续加强信息化建设

除保密工程外，市和区县住房城乡建设委办理建筑工程施工许可证必须全部通过“市住房城乡建设委施工许可信息系统”统一受理、审查、决定、制证。施工许可证办结后系统自动将施工许可证信息通过市住房城乡建设委官方网站进行公示。各区县住房城乡建设委不得脱离信息系统单独办理施工许可手续。

各区县住房城乡建设委应健全完善施工许可信息系统运行所必须的软硬件设备，提高施工许可办事人员的操作技能。

七、统一更换新版《建筑工程施工许可证》

市和区县住房城乡建设委施工许可审批管理部门，要按照《通知》要求，统一使用新版《建筑工程施工许可证》及《施工许可申请表》，原老版本《建筑工程施工许可证》及《施工许可申请表》不再使用。新版《建筑工程施工许可证》由市住房城乡建委统一印制、下发和管理；新版《施工许可申请表》由施工许可信息系统自动生成，由申请单位完成网上申报后自行下载。

八、严肃查处无证施工等违法建设行为

市和区县住房城乡建设委应严格按照《办法》和《通知》要求，加大颁发施工许可证后的监督检查力度，对取得施工许可证后条件发生变化、延期开工、中止施工等行为进行监督检查。对于无证开工等违法违规行为及时处理，对于建设单位、施工单位及单位责任人员依法进行处罚。

九、强化服务意识，转变工作作风

市和区县住房城乡建设委施工许可工作人员要认真贯彻建委系统政风行风建设工作部署，恪尽职守，依法行使职权，坚决杜绝失职、渎职、把关不严和弄虚作假等现象；进一步转变工作作风，强化为工程建设服务的意识，提高工作质量和工作效率，严禁吃、拿、卡、要等违法违纪行为，树立良好的社会形象。

北京市住房和城乡建设委员会关于进一步加强和规范建设工程招标投标工作的通知

（京建法〔2011〕12号）

各区、县住房城乡建设委，各省（市）驻京建管处，各集团（总公司），各有关单位：

为进一步规范我市房屋建筑和市政基础设施工程（以下简称“建设工程”）招标投标活动，切实解决当前招标投标领域存在的突出问题，根据《中华人民共和国招标投标法》《北京市招标投标条例》《全面规范本市建筑市场进一步强化建设工程质量安全管理工作的意见》（京政办发【2011】46号）等法律法规和文件的规定，现就进一步加强建设工程招标投标管理工作通知如下：

一、依法必须进行招标的建设工程项目，建设工程总承包招标文件中以暂估价和暂列金额列项的专业工程和设备、材料，达到国家和本市规定的必须招标的规模标准的，应当按照总承包招标方式或有关项目审批部门核准的招标方式进行招标。

二、招标人、招标代理机构应当按照法律、法规、规章、规范性文件的规定和电子化招标投标的要求编制资格预审文件和招标文件。

依法必须招标的施工、监理和与工程建设有关的设备、材料招标时，资格预审文件和招标文件应当报市、区（县）招标投标监管部门备案。

三、资格预审文件、招标文件设定的必要合格条件、废标条件等否决性条款应当清晰、明确，并集中单列。资格预审文件、招标文件中其他组成文件的规定与集中单列的否决性条款不一致的，以集中单列的否决性条款为准。

四、资格预审文件、招标文件应当将下列情形列为废标条件：

（一）不同投标人的资格预审申请文件、投标文件由同一单位或者个人编制的；

（二）不同投标人委托同一单位或者个人办理投标事宜的；

（三）不同投标人的资格预审申请文件、投标文件载明的项目管理机构成员出现同一人的；

（四）不同投标人委托同一人踏勘现场或投标的；

（五）不同投标人的资格预审申请文件、投标文件相互混装的；

（六）不同投标人的投标保证金从同一单位或者个人的账户转出的；

（七）法律、法规、规章和规范性文件规定的其他情形。

五、建设工程施工招标文件、合同中，以下内容应当集中单独列出：

（一）以暂估价、暂列金额列项的专业工程和设备、材料；

（二）施工总承包范围内的其他拟分包情况；

（三）须具备工程建设类执业资格和持证上岗的人员情况。

六、提倡实行资格后审。国有资金投资的建设工程，具有通用技术和性能标准，施工总承包三级资质等级即可承担且单项合同额不超过三千万元的，施工招标应当采用资格后审方式；对投标文件技术部分应采用合格制评审的方法，对项目负责人只进行工程建设类注册执业资格和安全生产考核合格证的审查。

七、招标人或者投标人应当按规定选用节能、节水、节地、节材、绿色环保的材料、设备和自主创新产品，积极推动技术创新。政府投资的建设工程，招标人编制的招标文件应当根据国家和本市有关的规定对使用自主创新产品和实施技术创新的投标人进行加分。提倡其他投资性质的建设工程参照上述规定执行。

八、建设工程监理项目招标时，监理费不作为竞争因素。招标人应在招标文件中给定监理费，监理费应当严格按照国家和本市有关法律、文件规定的施工监理服务收费基准价和人工日费用标准计取；技术特别复杂的项目可以在规定的范围内适当上浮。

九、施工项目开标时，投标人拟派的项目负责人应当参加开标会议。投标人拟派的项目负责人缺席的，招标人应当如实记录，该投标人的投标文件作废标处理。

资格预审后，确需更换项目负责人的，变更后的项目负责人的资格、业绩等条件不得低于通过资格预审时的项目负责人。

十、公开招标项目中标候选人公示时，招标人应当同时公示以下信息：

（一）采用资格预审时的资格预审结果；

（二）开标记录；

（三）投标文件被判为废标的投标人的名称、废标的原因及依据；

（四）评标委员会对投标报价修正的原因、依据和修正结果；

（五）评标委员会成员对各投标人的评分；

（六）评标委员会推荐的中标候选人名单。

十一、非国有资金投资的建设工程项目，经项目审批部门核准为邀请招标或者依法不需要项目审批部门核准招标方式的，招标人可以选择将自行招标条件备案、招标方式抄报、资格预审文件备案、招标文件备案、招标投标情况书面报告提交、合同备案等事项一次性集中办理。

非国有资金投资的建设工程的评标专家由招标人在本市评标专家库或招标代理机构评标专家库中抽取。

本通知所称非国有资金投资的建设工程是指除全部使用国有资金以及国有资金占控股或主导地位之外的建设工程，同时不包括国家融资、国际组织或外国政府贷款建设工程、保障性住房等政府回购项目。

十二、招标代理机构代理建设工程项目时，应当与招标人签订书面委托代理合同，并报市、区（县）招标投标监管部门备案；委托代理合同中应明确项目负责人，项目负责人应为具有工程建设类注册执业资格的本单位工作人员；项目负责人应在招标代理机构编制的资格预审文件、招标文件、招标控制价、标底等重要文件上加盖注册执业印章。

进入本市有形建筑市场从事招标代理活动的人员应当实名办理业务，从事招标代理活动的从业人员应当参加市住房和城乡建设委员会规定的培训，具备与所从事岗位相适应的专业知识和能力。

十三、评标专家在北京市有形建筑市场内的评标行为应当遵守评标专家行为守则，市、区（县）招标投标监管部门依据法律、法规、规章和守则的规定对评标专家行为进行监督管理。

十四、招标人、招标代理机构应当做好招标项目全部资料的保存工作，市、区（县）招标投标监管部门可组织专家对招标投标情况进行抽查并进行后评估，后评估内容包括资格预审评审、评标、招标投标情况书面报告等，评估结果作为评价招标人、投标人、招标代理机构、评标专家工作的依据。

十五、市住房和城乡建设委员会会同有关部门聘请社会监督员进驻有形建筑市场，对开标、评标等活动和招标投标有关主体进行实时监督。

十六、施工企业、监理企业应当根据投标文件、备案合同派驻现场技术、经济管理人员。项目负责人、总监理工程师发生变更的，应当经建设单位同意并依法办理合同变更手续。

施工企业合同管理人员应当参加市住房和城乡建设委员会的业务培训，具备与所从事岗位相适应的专业知识和能力。

十七、建设工程合同签订及发生重要变更后，当事人应当按照国家和本市有关规定及时办理合同备案；没有及时备案的，市、区(县)住房和城乡建设委员会发现后应责令改正；至竣工验收备案前仍未备案的，市、区(县)建设行政主管部门依法予以查处，将未备案合同情况抄报合同当事人上级主管部门并向社会公示。

未备案的建设工程合同不作为企业资质升级的工程业绩。

十八、全市建设工程招标投标工作应在统一的管理平台上办理，市、区(县)建设工程招标投标监管部门按职责分工进行监管，市建设工程招标投标监管部门负责制定统一的工作程序和工作标准，并加强对区(县)招标投标监管部门的培训、指导、考核。

十九、本通知自2011年12月1日起实施，《北京市建设工程施工分包招标投标管理办法》(京建法〔2005〕121号)同时废止。

北京市住房和城乡建设委员会关于贯彻执行《关于进一步规范北京市房屋建筑和市政基础设施工程施工发包承包活动的通知》有关问题的通知

（京建发〔2011〕21号）

各区、县住房城乡（市）建设委，外省市驻京建管处，各集团总公司，各有关单位：

为贯彻落实住房和城乡建设部整顿和规范建筑市场秩序电视电话会议精神，进一步明确肢解发包工程、扩大劳务分包等违法违规行为的界定标准或范围，现就贯彻执行《关于进一步规范北京市房屋建筑和市政基础设施工程施工发包承包活动的通知》（京建发〔2011〕130号）的有关问题通知如下

一、单位工程的具体范围

（一）房屋建筑工程。依据《建筑工程施工质量验收统一标准》（GB 50300—2001）中单位工程的认定标准，九个分部工程、以及红线内的市政工程，均应包含在单位工程的范围内。房屋建筑工程竣工验收后再行发包的精装修工程、旧房改造的装修工程，可以由建设单位单独发包

（二）新建的城市道路工程。所有的专业管线都应当纳入施工总承包范围内统一发包。单独的管线改造或单一管线施工可以由建设单位单独发包。

（三）城市桥梁工程、给水排水管道工程。其施工总承包范围，参照新建的城市道路工程。

（四）城市轨道交通工程。其中的土建工程（地基与基础、防水工程、主体结构、二次结构、建筑装饰装修、建筑屋面等）应当发包给一个施工总承包单位。轨道交通工程中的建筑设备安装工程（建筑给排水及采暖、建筑电气、通风与空调工程等）可以与土建工程一并发包，也可以由建设单位统一发包给一个建筑设备安装工程总承包单位。

二、第八条规定的“涉及施工质量的结构材料及重要的功能性材料、设备”的具体范围

（一）用于承重结构的钢筋、混凝土；

（二）用于承重墙体的砌筑砂浆、砖和泥凝土小型砌块；

（三）防水材料；

（四）建筑外窗；

（五）外墙和屋面保温材料；

（六）钢结构工程用钢材及焊接材料；

（七）主体结构使用的预制构件。

三、第九条规定的“与工程有关的大型机械、周转性材料租赁和主要材料、设备采购”的具体范围

（一）大型机械：塔式起重机、升降机、施工外用电梯、泥凝土搅拌机、汽车式起重机、挖掘机、装载机。

（二）周转性材料租赁：组合钢木模板、跳板、钢管扣件、顶托、碗扣脚手架、U 型销、自锁式模块脚手架、架子管扣件、活动脚手架、路桥桥墩支撑脚手架。

（三）主要建筑材料：钢材、钢筋、水泥、水泥商品构件、混凝土、木材、木制品、门窗、幕墙、铜铝、砖、石材、玻璃、玻璃制品、防水卷材、电线电缆、水暖材料、卫生洁具、水嘴、通风材料、开关、电线、管件、建筑陶瓷、建筑涂料、建筑防水材料、外墙和屋面保温材料。

（四）辅助材料和机具：安全网、测量仪器、变压器、电箱、电闸箱漏电保护器、布料机（杆）、地泵、220 伏电压以外的电工工具、电动吊篮、发电机、高级泵、卷扬机漏电保护器。

（五）设备采购：电梯、配电设备（含电缆）、防火消防设备、锅炉暖通及空调设备、给排水设备、楼宇自动化设备等。包括单项合同估算价在 30 万元人民币以上的各种设备。

北京市住房和城乡建设委员会关于进一步规范北京市房屋建筑和市政基础设施工程施工发包承包活动的通知

（京建发〔2011〕130号）

各区、县住房城乡建设委，各省（市）驻京建管处，各集团（总公司），各有关单位：

为深入贯彻《关于开展工程建设领域突出问题专项治理工作的意见》（中办发[2009]27号）以及住房和城乡建设部和我市工程建设领域突出问题专项治理工作的有关要求，深入治理当前比较突出的建设单位肢解发包工程、指定分包单位或建筑材料、建筑构配件和设备生产厂、供应商，承包单位转包、违法分包工程等问题，保障工程质量和施工安全，维护建筑市场秩序，依据《中华人民共和国建筑法》《中华人民共和国招标投标法》《建设工程质量管理条例》《建设工程安全生产管理条例》《房屋建筑和市政基础设施工程施工分包管理办法》（建设部令第124号）等法律法规，现就进一步规范我市房屋建筑和市政工程（以下简称建设工程）施工发包承包活动通知如下：

一、建设工程发包人应当将工程发包给具备相应资质条件的承包人。建设单位发包工程时应当以单位工程为最小单位，将其发包给一个施工总承包单位。

建设单位将单位工程发包给多个施工单位的，视为肢解发包。

二、对单位工程中部分专业性较强的专业工程，建设单位可以与总承包单位在合同中明确约定，由总承包单位依法分包给具备相应资质的专业承包单位。

建设单位自行发包单位工程中的专业工程，发生工程质量、安全生产事故或工期延误的，建设单位应承担相应的法律责任。

三、施工现场应当由施工总承包单位统一管理。总承包单位对其承包范围内施工安全、工程质量全面负责，分包单位对分包工程的质量和安全生产负责，总承包单位对分包工程承担连带责任。

分包单位应当服从总承包单位的安全生产管理，分包单位不服从管理导致生产安全事故的，由分包单位承担主要责任。

四、依法招标的工程，施工合同备案后，建设单位与承包单位再行订立并执行背离备案合同实质性内容的协议，视同虚假招标，按照《中华人民共和国招标投标法》有关规定处罚。

五、建设单位应严格执行本市现行的工期定额及有关规定，任何单位和个人不得任意压缩定额工期。确需调整的，建设单位应当组织专门论证和审定。建设单位要求施工工期小于定额工期时，必须在招标文件中明示增加费用，压缩的工期天数不得超过定额工期的30%。超过30%的，视为任意压缩合理工期，依照《建设工程质量管理条例》处理。

六、建设单位在建设项目预算中应当按照国家和本市的规定，单独列支安全文明施工措施费等保证工程建设质量和安全的专项经费，专款专用，并在招标文件或合同中予以明确。

建设单位应当按照合同约定及时足额支付保证工程建设质量和安全的专项经费，施工单位不得挪作他用。

七、建设单位不得指定分包单位。因建设单位指定分包单位造成建设工程质量缺陷或施工安全事故的，建设单位应当承担主要责任。

八、涉及施工质量的结构材料及重要的功能性材料、设备，应当由施工单位采购。按照合同约定，建筑材料、建筑构配件和设备由施工单位采购的，建设单位不得指定生产厂、供应商。因建设单位指定生产厂、供应商，或直接采购涉及施工质量的结构材料及重要的功能性材料、设备，造成建设工程质量缺陷或施工安全事故的，建设单位应当承担相应责任。

施工单位要按照工程设计要求、施工技术标准和合同约定，对建筑材料、建筑构配件、设备进行检验，未经检验或者检验不合格的，不得使用。因施工单位过错，造成建设工程质量缺陷或施工安全事故的，施工承包单位也应当承担相应的过错责任。

九、除小型机具和辅料之外，总承包单位、专业承包单位将与工程有关的大型机械、周转性材料租赁和主要材料、设备采购发包给劳务分包单位的，按照《建设工程质量管理条例》关于违法分包工程的规定处罚；因上述行为导致劳务分包合同价款结算争议，或者引发群体性事件的，由总承包单位、专业承包单位承担主要责任。

十、建设工程招标人在招标文件中将用于支付必然发生但暂时不能确定价格的建筑材料、建筑构配件和设备设为暂估价，或将暂时不能确定金额的专业工程设为暂定项目的，应当按照国家和本市工程造价管理的有关规定执行，暂估价和暂定项目应当反映市场价格水平。暂估价和暂定项目的合计金额占合同金额的比例不得超过30%。

招标文件中暂估价和暂定项目的合计金额占合同金额的比例超过30%的，视为该工程不具备招标条件。市和区(县)建设主管部门对其招标文件不予备案，应当要求招标人在工程具备招标条件后再进行招标发包。

列为暂估价的建筑材料、建筑构配件和设备采购以及暂定项目满足招标规模的，应当依法招标发包。

十一、建设工程设计中已经明确要求，且本市有关行政主管部门已经发布市场价格信息的建筑材料、建筑构配件和设备，或者已经进行认价或限价的建筑材料、建筑构配件和设备，招标人不得在招标文件或合同中将其列为暂估价。

十二、总承包单位、专业承包单位有下列情形之一的，按照《建设工程质量管理条例》中有关转包工程的规定处罚：

（一）将其承包的全部建设工程交由其他单位或个人完成的；

（二）未在施工现场设立项目管理机构，或者施工现场项目管理机构的主要管理人员(包括项目负责人、技术负责人和专职安全生产管理人员)所持有的注册执业资格证书、安全生产考核合格证书中载明的单位与本单位不符，且与本单位无社会保险关系的；

（三）施工总承包单位与其承包范围内专业分包工程的发包单位分别为两个独立法人单位的；

（四）工程主体结构使用的主要建筑材料、建筑构配件以及设备由该工程的专业分包单位负责购买的。

十三、建设单位有下列情形之一的，市和区(县)建设行政主管部门依法给予行政处罚或行政处理后，作为不良行为记入北京市建筑市场监管信息系统，向社会公示：

（一）肢解发包工程的；

（二）指定分包单位、生产厂或供应商的；

（三）未按合同约定支付工程款的；

（四）非因施工总承包或专业承包单位原因，不及时确认相应的工程变更价款，或者确认的工程变更价款未与工程进度款同期支付的；

（五）未按合同约定进行工程价款结算，造成工程价款结算纠纷的；

（六）将工程发包给未办理进京备案手续的外省市建筑企业的；

（七）直接将劳务作业发包给劳务分包企业或个人的；

（八）任意压缩定额工期的；

（九）未按时足额支付安全文明施工措施费的。

十四、建设单位有下列情形之一的，在依法行政处罚或行政处理并向社会公示的同时，责令整改，整改期限内暂停其在本市行政区域内新开工程；属于房地产开发企业的，同时可以限制其网上签约手续：

（一）在备案的施工合同外，又与承包单位订立并执行背离备案合同实质性内容的协议，造成质量安全事故或群体性事件的；

（二）指定分包单位或生产厂、供应商，或直接采购涉及施工质量的结构材料及重要的功能性材料，造成工程质量缺陷、工程质量事故或施工安全事故的；

（三）未按合同约定支付工程款或进行工程价款结算，引发群体性事件的。

十五、施工总承包、专业承包单位有下列情形之一的，市和区（县）建设主管部门依法给予行政处罚或行政处理后，作为不良行为记入北京市建筑市场监管信息系统，向社会公示：

（一）未取得建设单位书面认可并报市或区县建设行政主管部门备案，擅自更换合同中约定的项目经理的；

（二）项目经理未按规定履行职责的；

（三）派驻施工现场项目管理机构的各岗位管理人员（项目负责人、技术负责人、安全生产管理人员，以及各专业施工员、质检员、试验管理员、材料员、造价员、测量员、劳动力管理员），未持有省级建设行政主管部门颁发的注册执业资格证书、安全生产考核合格证书或岗位证书的；

（四）分包工程的，未依法订立分包合同，并按照有关规定向市或区（县）建设主管部门备案的；

（五）使用未经检验或检验不合格的建筑材料、建筑构配件、设备的；

（六）将劳务作业发包给未办理进京备案手续的外省市建筑劳务企业的；

（七）把安全文明施工措施费挪作他用的。

十六、施工总承包、专业承包单位有下列情形之一的，在依法处罚并向社会公示的同时，责令整改，整改期限内限制其在本市行政区域内承接新的工程，属于外省市企业的，通报其注册所在地省级住房城乡建设主管部门：

（一）转包工程的；

（二）违法分包工程的；

（三）使用未经检验或检验不合格的建筑材料、建筑构配件、设备，造成工程质量隐患、工程质量事故或施工安全事故的；

（四）因施工总承包、专业承包单位原因，造成劳务分包合同价款结算争议，引发群体性事件的；

（五）在备案的施工合同外，又与发包单位订立并执行背离备案合同实质性内容的协议，造成质量安全事故或群体性事件的。

十七、市住房和城乡建设委各有关监管机构应当按照各自职责，认真落实建筑市场监督管理责任，加强建筑市场监督执法检查，严格查处肢解发包、指定分包、转包、违法分包等违法违规行为。各区、县住房城乡建设委应根据属地管理的原则，切实履行起本辖区内建筑市场秩序监管的职责，规范建设工程的发包承包活动。市区两级建委要协同配合，形成执法合力，保障建设工程的质量安全。

十八、本通知自 2011 年 5 月 1 日起施行。

北京市人力资源和社会保障局关于印发《北京市评标专家库专家管理细则》的通知

（京人社专技发〔2011〕246 号）

各有关单位：

现将修订后的《北京市评标专家库专家管理细则》印发给你们，请贯彻执行。原北京市人事局《关于印发<北京市评标专家库专家管理细则>的通知》（京人发〔2006〕42 号）废止。

北京市评标专家库专家管理细则

一、总　则

第一条　为加强北京市评标专家队伍的管理和建设，根据《北京市评标专家库和评标专家管理办法》和北京市专业技术人员管理有关规定，制定本细则。

第二条　本细则适用于北京市评标专家库专家的审核、认定、聘用、培训、考核等管理。

第三条　北京市人力资源和社会保障局负责综合管理北京市评标专家，委托北京市经济信息中心负责北京市评标专家库运行、专家信息的日常维护及服务工作，委托北京市人事考试中心负责北京市评标专家库评标专家增选、信息修改、聘书管理等日常工作。会同市政府有关招标投标行政监督部门考核认定评标专家资格，对评标专家进行培训、考核工作。

二、申请和认定

第四条　入选北京市评标专家库的专家，应当具备以下条件：

（一）从事相关专业领域工作满 8 年并具有高级专业技术职称。

（二）熟悉有关招标投标和政府采购的相关法律法规和业务知识。

（三）能够认真、公正、诚实、廉洁地履行职责。

（四）申请时，年龄未满 70 周岁且身体健康，能够承担评标工作。

（五）符合法律、法规和规章规定的其他条件。

（六）部分专业技术要求的具体条件，由北京市人力资源和社会保障局会同市政府有关招标投标行政监督部门另行制定。

第五条 北京市评标专家候选人采取个人申请和单位推荐两种方式，面向社会公开征集。

第六条 申请程序：

（一）申请人须在规定时间内，登录“北京市招投标信息平台”北京市评标专家库申请系统，在线填报个人信息，并打印申请表。

（二）按照评审专业对申报人的要求准备相关证明材料。

（三）申请表须本人确认签字，在职人员和退休返聘人员须本人现工作单位审核并加盖单位印章，退休未返聘人员须原工作单位审核并加盖单位印章。

（四）按照有关要求报送申请表及相关申请材料。

第七条 北京市人力资源和社会保障局会同市政府有关招标投标行政监督部门对申请人申报材料进行审核，并组织招投标法律法规和专业的培训考核，考核通过者纳入北京市评标专家库统一管理，并由北京市人力资源和社会保障局颁发《北京市评标专家聘书》。

三、聘任管理

第八条 北京市评标专家实行聘期管理，聘期为1~3年。聘期届满，经培训考核合格的可以续聘并换发《北京市评标专家聘书》；培训考核不合格或未参加培训考核的不再续聘，如果再次申请入选评标专家库，须按照新侯选专家重新申报；聘期内，评标专家年龄达到70周岁时，自动解聘。

第九条 评标专家入库以后，可根据系统授权，使用个人用户名和登录密码进入专家库管理信息系统，在线修改个人基本信息并向北京市人事考试中心提交申请及相关书面材料。需要修改评标专业的评标专家，须按照新侯选专家重新申报。

第十条 北京市评标专家库实行动态管理，根据评标工作需要及时更新、补充，并记载评标专家个人信息及参加历次评标活动的具体情况。北京市经济信息中心和北京市人事考试中心应按照职责分工，准确记录并及时更新评标专家库信息。

第十一条 担任评标委员会成员的评标专家因故不能参加评标活动，应于评标前一个工作日的工作时间向北京市经济信息中心请假，以便及时调整补充评标专家。

未按照上述要求请假，且无不可抗力原因的，视为无故不参加评标活动。

第十二条 评标专家的聘书是参加评标活动的有效证件，聘期内有效。聘书要妥善保存，不得损毁、涂改、转让，在参加评标活动时必须随身携带。聘书因故发生污损、遗失时，应向北京市人事考试中心申请换发或补办。

四、权利和义务

第十三条 担任评标委员会成员的评标专家享有下列权利：

(一)依法按照招标文件确定的评标标准和方法，对投标文件进行独立评审，提出评审意见，不受任何单位或个人的干预。

(二)接受参加评标活动的合法劳务报酬，劳务报酬的支付标准和办法由市政府有关招标投标行政监督部门分行业制定。

(三)向招标人或向有关行政监督部门反映评标活动中发现的违法违规行为。

(四)法律、法规规定的其他权利。

第十四条 担任评标委员会成员的评标专家承担下列义务：

(一)准时出席评标活动并客观公正地进行评标。

(二)遵守评标工作纪律，不得私下接触投标人，不得收受他人的财物或者其他好处，不得透露对投标文件的评审和比较、中标候选人的推荐情况以及与评标有关的其他情况。

(三)积极协助和配合有关行政监督部门的监督检查。

(四)评标专家工作单位发生变化，应及时修改个人相关信息。

(五)具有法定回避情形的，应当主动提出回避。

(六)法律、法规规定的其他义务。

第十五条 担任评标委员会成员的评标专家有下列情形之一的，应当主动提出回避：

(一)投标人或者投标人的主要负责人的近亲属。

(二)与投标人存在人事或劳动关系。

(三)与投标人有其他社会关系或经济利益关系，可能影响公正评审的。

(四)项目主管部门或者行政监督部门的行政工作人员。

五、培训与考核

第十六条 北京市评标专家库专家培训工作由市政府有关招标投标行政监督部门按专业类别分别组织，原则上每年组织一次。

第十七条 评标专家参加培训时间可计算为专业技术人员接受继续教育的学时。

第十八条 评标专家考核分为日常考核和年度考核，由北京市人力资源和社会保障局会同市政府有关招标投标行政监督部门组织实施。日常考核是对聘任期内评标专家参加历次评标活动情况的考核，包括参加评标活动情况、遵守评标工作纪律情况、公正履行职责情况等。年度考核在日常考核的基础上进行。考核结果作为评标专家续聘、解聘的依据。

第十九条 建立北京市评标专家库专家评标情况信息通报制度。

各网络终端应当在获知评标专家名单后，及时将评标专家是否按时参加评标活动的情况以书面等方式，通报本行业招投标行政监督部门；招标代理机构应当在评标活动结束后及时以书面等方式，将评标专家参加评标活动情况通报本行业招投标行政监督部门；市政府有关招标投标行政监督部门依据评标专家参加评标活动情况，对专家参加评标活动作出评价，分别以书面等形式抄送北京市人力资源和社会保障局和北京市经济信息中心。

第二十条 评标专家有下列情形之一的，经市政府有关招标投标行政监督部门确认后，予以暂停评标资格，并报北京市人力资源和社会保障局备案。

（一）受到有关行政监督部门行政处罚的。

（二）在一个年度内，出席评标工作少于抽中次数三分之一的。

（三）未参加全市统一组织或市政府有关招标投标行政监督部门组织的评标专家培训或年度考核为不合格的。

（四）在一个年度内，无不可抗力原因，无故三次及以上迟到评标活动的。

（五）在一个年度内，无故不参加评标活动两次的。

（六）因与招投标业务无关原因，与招标代理机构发生纠纷的。

（七）其他违法违纪行为的。

第二十一条 评标专家有下列情形之一的，经市政府有关招标投标行政监督部门确认后，由北京市人力资源和社会保障局予以解聘。

（一）年龄达到70周岁的。

（二）聘期届满，未按照有关要求办理续聘手续的。

（三）在一个年度内，无故不参加评标活动三次及以上的。

（四）使用不实信息和虚假材料骗取评标专家资格的。

（五）因在招标、评标以及其他与招标投标有关活动中从事违法行为而受到刑事处罚的。

（六）其他违法违纪行为的。

六、附则

第二十二条 本实施细则由北京市人力资源和社会保障局负责解释。

第二十三条 本实施细则自发布之日起执行。

北京市住房和城乡建设委员会关于印发《北京市建设房管系统关于加强作风建设推进行政审批制度改革的实施方案》的通知

（京建法〔2009〕97号）

机关各处室、直属事业单位，各区县建委、房管局，经济技术开发区建设局、房地局：

按照市委关于开展加强领导干部作风建设年活动的总体部署和市政府提出的加快审批速度、推进行政审批制度改革的具体要求，市建委制定了《北京市建设房管系统关于加强作风建设推进行政审批制度改革的实施方案》。现印发给你们，请认真贯彻实施。

附件：北京市建设房管系统关于加强作风建设推进行政审批制度改革的实施方案

附件：

北京市建设房管系统关于加强作风建设推进行政审批制度改革的实施方案

为贯彻落实市委市政府统一部署，在全市建设房管系统扎实开展领导干部作风建设年活动，改进工作作风，提高服务质量和工作效率，实现“保增长、保民生、保稳定”的工作目标，市建委决定进一步加大全市建设房管系统行政审批制度改革与管理创新力度，加强市和区县建委（房管局）以及处室之间的审批联动，加快审批速度，取消、简化和下放一批审批事项。具体实施方案如下：

一、取消、简化和下放的具体措施

（一）加强审批联动

将工程质量监督注册、工程施工安全监督备案、建筑节能设计审查备案和建设工程施工许可证核发四项审批事项整合为一项审批事项。建设单位申领建设工程施工许可证时，同时提交四项审批事项要求提交的材料，内容重复的材料提交一次即可。

（二）取消审批事项

1. 取消危旧房改造项目备案、经济适用住房项目行政事业性收费减半缴纳手续和建设项目纳入经济适用住房计划等3个事项。

2. 将前期物业管理招标备案和前期物业管理中标备案2个事项合并为前期物业管理招投标备案1个事项。

3. 根据工作实际，暂时取消外省市工程造价咨询企业在京承揽业务备案、城市房屋拆迁单位资质批准和物业管理人员资格审查3项审批事项。

（三）精简审批程序

1. 取消审批事项5个工作日的受理时限，全部审批事项改为即时受理。办理人员接到申请后，立即依照规定对申请材料进行审查，符合受理标准的，即时受理；不符合受理标准的，依照规定程序处理。

2. 23项审批事项（包括16个大项和7个小项）即时审批。申请人提交申请后，审批机关立即进行审查，并决定是否予以批准。审批后，即时制发《办理结果通知书》和有关文书，不得要求申请人另日取件。

（四）精简审批材料

1. 招标人发布施工总承包招标文件时，招投标管理部门不再要求具备建设工程规划许可证，有满足招标需要的施工图纸、建设资金等即可。建设工程规划许可证在开标时予以核验。

2. 申请建设工程施工许可证时，建设单位提交的土地批准手续可以为土地出让合同和土地出让金全额缴纳证明或建设用地批准书。

3. 办理施工安全监督备案时，提交的材料从8项减为3项，减少社保证明凭证等5项材料。

4. 办理竣工验收备案时，竣工验收备案表由建设单位、施工单位、设计单位、监理单位四方盖章改为只由建设单位盖章。

5. 办理商品房预售许可证时，不再要求开发企业提交施工进度照片。

6. 办理房屋所有权初始登记时，不再提交地价款核实函和竣工验收备案表两项材料。

（五）压缩审批时限

将建设工程施工许可证核发、中央和军队在京建设项目选址征询意见通知书、房改售房方案核准、建造师初始注册等45项（包括29个大项和16个小项）审批事项的审批时限进行压缩。

（六）下放审批事项

1. 房地产开发企业暂定级资质审批，由区县建委受理后直接审批。

2. 建筑业企业资质证书变更。除报建设部审批的资质证书变更外，其他资质证书变更由区县建委受理后直接审批。市建委为每个区县建委刻制一枚印有编号的“北京市建筑业企业资质证书变更专用章”。区县建委审批后，在资质证书变更栏内加盖专用章。

3. 区县建委受理的建设工程工程施工许可，区县建委初审后，市建委不再复审，直接审批，即时办结。

4. 业主委员会备案。由区县建委（房管局）备案改为由街道办事处备案。

（七）开展便民服务

1. 房屋抵押登记取消批量收件限制，抵押登记不再要求申请人提交电子文档。

2. 审批结束后，以短信方式告知审批结果。申请人同意的，利用邮政快递送达有关文书（审批机关承担快递费用），减少申请人往返审批机关次数。

3. 将建筑业企业出京介绍信和诚信证明格式发布在北京建设网上供企业下载打印，到建委办事大厅盖章即可，立等可取，减少等待时间。

4. 办理房屋登记时，实行平行式办公，排队取号，设老弱病残专号，优先办理，确有特殊困难的上门办理。

（八）加强培训教育

市区建设房管部门要加大对审批事项办理人员培训力度，进行业务知识、法律法规、文明礼仪、心理学及廉政知识的综合培训，提高办理人员综合素质。各单位、各部门要切实改进工作作风，改善服务态度，提高服务质量，深入推进党风廉政建设，加强对审批权力的监督和制约，切实防范廉政风险。

二、工作要求

（一）统一思想，提高认识

加快审批速度、推进行政审批制度改革，是巩固深入学习科学发展观活动成果，贯彻市委关于开展加强领导干部作风建设年活动的总体部署，实现“保增长、保民生、保稳定”目标的重要保障。市和区县建委（房管局）要切实提高认识，加强组织领导，进一步转变政府职能，推进管理体制机制创新，切实提高审批效率和服务水平。

（二）完善制度，抓好落实

各区县建委(房管局)应当根据本实施方案要求，一方面，尽快整合审批机构，转变行政职能，加强本单位内部联动，提高审批效率。尽快建立和完善行政服务大厅，推进信息化建设，推行网上审批，为申请人提供优质高效服务。另一方面，健全完善管理制度，制定行政审批公示、监督检查、责任追究、文明服务规范、首问负责制、一次性告知等规章制度，加大对审批服务人员的培训力度，规范审批行为，并主动接受社会监督，抓好各项制度的落实。

(三)规范管理，强化监管

市和区县建委(房管局)要按照依法分工、权责一致、科学合理、重心下移、强化监管的原则，创新建筑市场、房地产市场和建材市场监管体制和机制，进一步明确市和区县两级建委(房管局)职责，强化服务意识，加强市和区县两级工作的协调配合，规范管理行为，构建上下协调、横向联动、一体化运行的建筑市场服务和监督管理体系。

市建委将加强对全市建设房管系统行政审批事项办理情况的监督检查。各单位要严格按照本实施方案和《北京市建设和房屋行政许可管理事项程序性规定》(2009 版，另行印发)要求，统一办理标准、统一办理时限、统一服务规范。凡不按照规定擅自增加申请材料、延长审批时限或擅自增加审批事项等行为的，将依法予以处理。工作人员在行政审批工作中存在玩忽职守、滥用职权、徇私舞弊等行为的，依法给予处分；构成犯罪的，依法追究刑事责任。

本实施方案中的具体规定和要求，已编入《北京市建设和房屋行政许可管理事项程序性规定》(2009 版)中，请各单位严格按照程序性规定贯彻落实。

北京市住房和城乡建设委员会办公室关于施行北京市房屋建筑和市政基础设施工程招标投标活动投诉处理办法的通知

（京建市〔2008〕688号）

各区、县建委，各集团（总公司），各建筑业企业，各有关单位：

为规范本市房屋建筑和市政基础设施工程招标投标投诉处理工作，我委制定了《北京市房屋建筑和市政基础设施工程招标投标活动投诉处理办法》。现印发给你们，请认真学习并依照执行。

附件：北京市房屋建筑和市政基础设施工程招标投标活动投诉处理办法

附件：

北京市房屋建筑和市政基础设施工程招标投标活动投诉处理办法

第一章　总则

第一条　为规范本市房屋建筑和市政基础设施工程招标投标投诉处理程序，依法保护国家利益、社会公共利益和招标投标活动当事人的合法权益，根据《北京市招标投标条例》《工程建设项目招标投标活动投诉处理办法》（国家发展和改革委员会等七部委令第11号）等有关法律、法规、规章，结合本市实际，制定本办法。

第二条　本市行政区域内房屋建筑和市政基础设施工程施工、监理以及与工程建设有关的重要设备、材料采购的招标投标活动（以下简称招标投标活动）投诉及其处理，适用本办法。

前款所称招标投标活动，包括招标、投标、开标、评标、定标以及合同签订等阶段。

第三条　市、区（县）建设行政主管部门依据职责分别负责所监管工程的招标投标投诉处理，具体工作可委托招标投标监督管理机构进行。

第四条 市、区(县)建设行政主管部门或者其委托的招标投标监督管理机构(以下统称投诉处理机构)应当指定专人负责投诉受理和处理的具体工作，明确投诉受理电话、传真、电子信箱和通讯地址，并向社会公布。

第二章 受 理

第五条 投标人和其他利害关系人认为招标投标活动不符合法律、法规和规章规定，使其权益受到侵害的，有权依法向投诉处理机构投诉。

前款所称其他利害关系人是指投标人以外的，与招标项目或者招标活动有直接或间接利益关系的公民、法人和其他组织。

第六条 投诉人不得以投诉为名排挤竞争对手，不得进行虚假、恶意投诉，阻碍招标投标活动的正常进行。

第七条 投标人投诉前，可以向招标人提出书面异议，招标人应当及时对异议做出书面答复。

对招标人的答复不满意，或者招标人未及时作出答复的，提出异议的投标人应当及时提起投诉，投诉时限须符合本办法第八条的规定。

第八条 投诉人对招标投标活动进行投诉的，应当符合下列时限要求：

(一) 对招标公告、投标邀请书的投诉，为招标公告发布之日、收到投标邀请书之日起十日内；

(二) 对资格预审文件、招标文件及其修改和补充文件的投诉，为招标人发出该文件之日起十日内；

(三) 对开标过程问题的投诉，为开标结束之日起十日内；

(四) 投标人对评审或评标过程问题的投诉，为评审或评标结果公示之日起十日内；

(五) 招标人和招标代理公司对评审或评标过程问题的投诉，为评审或评标结束之日起十日内；

(六)评标专家对评审或评标过程问题的投诉，为评审或评标结束之日起十日内。

(七)其他投诉，为知道或者应当知道其利益受到侵害之日起十日内。

第九条 投诉人向投诉处理机构投诉时应当提交投诉书并填写《投诉登记表》。

投诉书应当包括下列内容：

（一）投诉人的名称、地址及有效联系方式；

（二）被投诉人的名称、地址及有效联系方式；

（三）投诉事项的基本事实；

（四）相关请求；

（五）相关证明材料。

第十条 法人投诉的，投诉书应当由其法定代表人签字并加盖公章，并提交法定代表人身份证明材料（如工商注册登记资料等）；其委托的代理人应当提交法人授权委托书、有效身份证明复印件等。

其他组织投诉的，投诉书应当由其主要负责人签字并加盖公章，并提交该组织有关证明材料；其委托的代理人应当提交授权委托书、有效身份证明复印件等。

公民投诉的，投诉书应当由本人签字，并提交有效身份证明复印件；其委托的代理人应当提交授权委托书、有效身份证明复印件等。

投诉书有关材料是外文的，投诉人应当同时提供其中文译本，投诉处理以中文译本为准，因外文译本和中文译本差别导致的责任由投诉人承担。

第十一条 投诉材料齐全且合法有效的，投诉处理机构应当当场接收并向投诉人制发《投诉材料接收单》。

投诉内容涉及违纪行为或者涉嫌犯罪行为的，投诉处理机构应当书面告知投诉人同时向纪检监察部门或者公安、检察机关投诉、举报。

第十二条 投诉处理机构应当在十个工作日内对投诉材料进行审查，并分别做出以下决定：

（一）有本办法第十四条情形之一的，不予受理；

（二）对不属于本部门受理的投诉，书面告知投诉人向其他行政主管部门提出投诉；

（三）对于符合投诉受理条件的，予以受理，受理日期为收到投诉书的日期。

第十三条 被投诉人是国有资产监督管理机关监管企业的，投诉处理机构受理后将投诉事项通报国有资产监督管理机关；被投诉人是行政事业单位的，投诉处理机构受理后将投诉事项通报该行政事业单位的上级主管机构。投诉事项涉及工程项目属于国有资金或者国家融资项目的，投诉处理机构将投诉事项通报该项目建设单位的上级主管机构。

第十四条 有下列情形之一的投诉，不予受理：

（一）投诉人不是所投诉招标投标活动的参与者，或者与投诉项目无任何利害关系。

（二）投诉事项不具体，且未提供有效线索，难以查证的。

（三）投诉书未署具投诉人真实姓名、签字和有效联系方式的。

（四）以法人名义投诉的，投诉书未经法定代表人签字并加盖公章的。

（五）超过投诉时效的。

（六）已经做出处理决定，并且投诉人没有提出新的证据的。

（七）投诉事项已进入行政复议程序或行政诉讼程序的。

（八）投诉人主动撤回投诉后，又以同一事实和理由再次提出投诉的。

（九）以联合体名义招标或投标的，投诉时不以联合体的名义进行投诉的。

（十）投诉事项属于有关法律、法规和规章规定处于保密阶段的事项，投诉人未能提供其信息来源或有效证据的。

第三章 调查取证

第十五条 投诉处理机构受理投诉后，应调取、查阅有关文件，调查、核实有关情况。

对情况复杂、涉及面广的重大投诉事项，投诉处理机构可以会同其他行政主管部门进行联合调查。

对调查中发现的违纪行为或者涉嫌犯罪行为，投诉处理机构应当将有关材料移送给纪检监察部门或者公安、检察机关。

第十六条 投诉事项涉及工程项目属于国有资金或者国家融资项目，且影响中标人确定的，投诉处理机构建议招标人暂缓进行招标投标活动，市、区（县）招标投标监督管理机构暂缓办理招标投标备案手续。

第十七条 投诉人有责任提供证据证明自己提出的主张。

在投诉处理过程中，投诉处理机构应当听取被投诉人的陈述和申辩。被投诉人应当提供证据证明自己的主张。

第十八条 投诉处理机构可要求投诉人和被投诉人对证据进行质证，并做好记录。

第十九条 投诉处理机构调查取证时，应当由两名以上行政执法人员进行，并制作笔录，交被调查人签字确认。

第二十条　负责处理投诉的工作人员，有下列情况之一的，应当主动回避：

（一）近亲属是被投诉人、投诉人，或者是被投诉人、投诉人的主要负责人；

（二）在近三年内本人曾经在被投诉人单位担任高级管理职务；

（三）与被投诉人、投诉人有其他利害关系，可能影响对投诉事项公正处理的。

第二十一条　负责处理投诉的工作人员应当严格遵守下列保密制度：

（一）妥善保管和使用投诉材料，不得私自摘抄、复印、借阅、扣押、销毁等；

（二）严禁将投诉事项透露给与投诉无关的单位和个人；

（三）对于在投诉处理过程中所接触到的国家秘密、商业秘密和个人隐私予以保密。

第二十二条　对投诉处理机构依法进行的调查，投诉人、被投诉人、招标代理机构以及评标委员会成员等与投诉事项有关的当事人应当予以配合，如实提供有关材料及情况，不得拒绝、隐匿或者弄虚作假。

第四章　处　理

第二十三条　投诉处理机构应当根据调查和取证情况，对投诉事项进行审查，按照下列规定做出处理决定：

（一）投诉缺乏事实根据或者法律依据的，驳回投诉；

（二）投诉情况属实，招标投标活动确实存在违法行为的，依据《中华人民共和国招标投标法》及其他有关法规、规章处理。

第二十四条　投诉处理决定做出前，投诉人要求撤回投诉的，应当以书面形式提出并说明理由，由投诉处理机构视以下情况，决定是否准予撤回：

（一）已经查实有违法行为的，应当不准撤回，并继续调查直至做出处理决定；

（二）撤回投诉不损害国家利益、社会公共利益和其他当事人的合法权益的，准予撤回，投诉处理过程终止。投诉人不得以同一事实和理由再次提出投诉。

第二十五条　投诉处理决定书应当包括下列主要内容：

（一）投诉人和被投诉人的名称、住址；

（二）投诉项目的基本情况；

（三）投诉人的投诉事项、证据；

（四）被投诉人的答辩及请求、证据；

（五）投诉处理机构认定的基本事实；

（六）投诉处理机构的处理决定及依据。

第二十六条 投诉处理机构应当自受理投诉之日起三十日内，对投诉事项做出处理决定，并以书面形式通知投诉人、被投诉人和其他与投诉处理结果有关的当事人。

被投诉人是国有资产监督管理机关监管企业的，投诉处理机构将投诉处理决定通报国有资产监督管理机关；被投诉人是行政事业单位的，投诉处理机构将投诉处理决定通报该行政事业单位的上级主管机构。投诉项目属于国有资金或者国家融资项目的，投诉处理机构将投诉处理决定通报该项目建设单位的上级主管机构。

第二十七条 情况复杂，不能在规定期限内做出处理决定的，经投诉处理机构负责人批准，可适当延长期限，但延期不得超过十个工作日。投诉处理机构应将延期情况书面告知投诉人和被投诉人。

延期后投诉人仍不能提供证据证明投诉事实的，驳回投诉。

第二十八条 对于因处理投诉而暂缓办理招标投标备案手续的项目，投诉调查处理结束后，投诉处理机构应及时告知招标人，并通知有关部门恢复办理招标投标备案手续。

第二十九条 当事人对投诉处理决定不服或者投诉处理机构逾期未作出处理的，可以依法申请行政复议或者向人民法院提起行政诉讼。

第五章 监督管理

第三十条 在投诉处理过程中发现招标人、招标代理机构、投标人、评标专家等有违法行为的，市、区（县）建设行政主管部门应依据《中华人民共和国招标投标法》《北京市招标投标条例》《房屋建筑和市政基础设施施工招标投标管理办法》等法律、法规、规章给予行政处罚，处罚结果记入北京市建设行业信用信息系统。

第三十一条 投诉人故意捏造事实、伪造证明材料的，属于虚假恶意投诉，由投诉处理机构驳回投诉，市、区（县）建设行政主管部门给予警告并记入北京市建设行业信用信息系统；情节严重的，处一万元以下罚款。

法人和其他组织虚假恶意投诉的，市、区（县）建设行政主管部门在依法处罚的同时向其主管部门进行通报；个人虚假恶意投诉的，市、区(县)建设行政主管部门在依法处罚的同时向所在单位进行通报。

第三十二条 投诉人明知其投诉属于不予受理的情形仍然投诉而干扰招标投标后续工作正常开展的，责令改正，投诉处理机构可以向其上级主管部门或所在单位进行通报。

第三十三条 投诉人、被投诉人等与投诉事项有关的当事人对投诉处理机构依法进行的调查不予配合，拒绝提供、隐匿有关材料或者提供虚假信息的，责令改正，投诉处理机构可以向其上级主管部门或所在单位进行通报。

第三十四条 投诉处理机构对评标专家依法处罚后，应通报评标专家管理部门，由评标专家管理部门依据有关规定暂停、取消其评标专家资格。

第三十五条 投诉处理机构工作人员在处理投诉过程中徇私舞弊、滥用职权或者玩忽职守，对投诉人打击报复的，依法给予行政处分；构成犯罪的，依法追究刑事责任。

第三十六条 对于性质恶劣、情节严重的投诉事项，投诉处理机构可以将投诉处理结果在有关媒体上公布，接受舆论和公众监督。

第六章　附　　则

第三十七条 投诉处理机构所制发的投诉处理决定书等文书应加盖市、区(县)建设行政主管部门招标投标投诉处理专用章。

第三十八条 投诉处理机构应当建立投诉处理档案，并做好保存和管理工作，接受有关管理部门的监督检查。

第三十九条 投诉处理机构处理投诉时不得向投诉人和被投诉人收取任何费用。

第四十条 本办法自 2009 年 1 月 1 日起施行。

北京市住房和城乡建设委员会关于转发《建筑工程安全防护、文明施工措施费用及使用管理规定》的通知

（京建施〔2005〕802号）

各区、县建委，各集团、总公司，各有关单位：

为加强建筑工程安全生产、文明施工管理，保障施工从业人员的作业条件和生活环境，防止施工安全事故发生，建设部印发了《建筑工程安全防护、文明施工措施费用及使用管理规定》(建办[2005]89号，以下简称《管理规定》)。现将《管理规定》转发你们。同时，结合本市实际情况，补充如下具体规定，请一并遵照执行：

一、建筑工程安全防护、文明施工措施费用是按照国家现行的建筑施工安全、施工现场环境与卫生标准和有关规定及《北京市建设工程施工现场安全防护、场容卫生、环境保护及保卫消防标准》和《北京市建设工程施工现场生活区设置和管理标准》，购置和更新施工安全防护用具及设施、改善安全生产条件和作业环境所需要的费用。

二、建设单位、设计单位在编制工程概算时，应当依据北京市概算定额、费用定额及有关规定，合理确定工程安全防护、文明施工措施费。

三、建设工程标底编制应当按照现行计价办法执行，但临时设施费费率不得进行浮动。

四、投标人编制投标文件时，应当按照以下办法计取安全防护、文明施工措施费：

1. 按定额计价的工程，在投标报价总价中应当包括安全防护、文明施工措施费，但应当将安全防护、文明施工措施费单独列项。安全防护、文明施工措施费不得低于依据附表一规定的费率计算所需费用总额的90%。

2. 实行工程量清单计价的工程，措施项目清单中所列安全防护、文明施工措施费用，应当不低于按照附表二中规定的费率计取的费用。

五、房屋修缮工程的施工单位计取的环境保护费、文明施工费、安全施工

费、临时设施费等安全防护、文明施工措施费用不得低于依据《北京市房屋修缮预算定额》中相应费率计算所需费用总额的90%。

六、对房屋进行整体拆除的工程，建设单位在编制工程预算时，应当按照附表三、附表四规定的费率计算安全防护、文明施工措施费用。投标人投标时安全防护、文明施工措施费用的报价，不得低于依据附表三、附表四规定费率计算所需费用总额的90%。

七、依据附表一、二、三、四计算的安全防护、文明施工措施费不包括由于施工中特殊原因发生的如防护棚、防噪声设施等措施费用以及因施工场地狭小发生的租用临时用地的费用及相关交通费。

若发生上述费用，应当另行计算，并列入安全防护、文明施工措施费。

八、按照本通知第四、五、六项计算的安全防护、文明施工措施费不得作为让利因素参与竞标。

九、市建委将依据有关法律法规及市场价格变动情况适时调整附表一、二、三、四规定的费率并及时公布。

十、建设单位与施工单位在施工合同中应当明确约定安全防护、文明施工措施费的总费用，并约定该费用的预付和支付计划、使用要求、调整方式等内容。市建委进行施工合同备案时，应当严格审查上述内容，对不符合规定要求的，责令改正。

附：附表一、附表二、附表三、附表四

附表一：

序号	项目			计费基数	费率(%)
1	建筑工程	建筑面积	50000m^2 以外	直接费	3
			50000m^2 以内		3.4
			20000m^2 以外		4
2	装饰工程			人工费	17
3	申请工程				21
4	市政工程	道路、桥梁		直接费	4.4
		管道			4
5	绿化工程			人工费	5.4
6	庭园工程			直接费	3.2

注：构筑物、钢结构工程、独立土石方、地下降水工程、桩基础、仿古建筑按建筑工程50000m^2以内标准的70%执行。

附表二：

序号	项目			计费基数	费率(%)
1	建筑工程	建筑面积	50000m² 以外		2.48
			50000m² 以内		2.81
			20000m² 以外	分部	3.3
2	装饰工程			分项	2.19
3	安装工程			清单	2.7
4	市政工程	道路、桥梁		费用	3.63
		管道		合计	3.3
5	绿化工程				0.69
6	庭园工程				2.64

注：构筑物、钢结构工程、独立土石方、地下降水工程、桩基础、仿古建筑按建筑工程 50000m² 以内标准的 70%执行。

附表三：人工拆除

类别	费用名称	计费基数	费率(%)
	综合费率		6.7
平房	其中：环境保护费		1
	文明施工费	人工费	1.2
	安全措施费		1
	临时措施费		3.5
	综合费率		5.7
	其中：环境保护费		0.9
楼房	文明施工费	人工费	1
	安全措施费		0.8
	临时措施费		3

附表四：机械拆除

类别	费用名称	计费基数	费率(%)
	综合费率		2.3
平房	其中：环境保护费		0.35
	文明施工费	人工费	0.4
	安全措施费		0.35
	临时措施费		1.2
	综合费率		2.05
	其中：环境保护费		0.3
楼房	文明施工费	人工费	0.35
	安全措施费		0.3
	临时措施费		1

北京市住房和城乡建设委员会　北京市规划委员会关于加强外交使团驻京建设工程管理的通知

（京建法〔2005〕645号）

各区、县建委，市规划委各分局，各设计、施工单位：

为加强对外交使团驻京建设工程监督管理，保证建设工程质量与安全，规范建设行为，依据《中华人民共和国建筑法》《中华人民共和国招标投标法》等法律，结合外交部《关于各国驻华大使馆、各国际组织驻华代表机构馆舍建设工程有关问题的函》和本市实际，现将有关事项通知如下：

一、本通知所称外交使团驻京建设工程是指在京的外国驻华大使馆、国际组织驻华代表机构办公楼、大使官邸、馆员住房及附属设施的新建、改建或者扩建工程。

二、外交使团驻京建设工程的建设应当遵守国家建设工程管理的法律法规，执行基本建设程序。但我国政府与外国政府、国际组织签订的协议中，对外交使团驻京建设工程的建设有特殊约定的，从其约定。

三、北京市规划委员会(以下简称市规划委)、北京市建设委员会(以下简称市建委)依据职责负责外交使团驻京建设工程的监督管理工作。

北京外交人员服务局(以下简称外服局)依据其职责负责外交使团驻京建设工程的统一协调管理，并办理相关手续。

四、外服局提交外国政府、国际组织代表出具的设计质量“责任自负”书面意见后，市规划委在办理外交使团驻京建设工程的工程规划许可证时，不再将勘察、设计招标备案手续、人防部门出具的审查意见作为前置条件。符合规划要求的，市规划委在15日内审核完毕后发证。

外交使团驻京建设工程可不进行施工图设计文件审查。

五、外交使团驻京建设工程施工和与工程建设有关的重要设备、材料等的采购应当依法进行招标。招标方式(公开招标、邀请招标)由外国政府、国际组织代表与外服局确定，并在发布招标公告或者发出投标邀请书 5 个工作日前抄报市建委。招标人应当自确定中标人之日起 15 日内，向市建委提交招标投标情况书面报告。

外交使团驻京建设工程施工合同订立后 7 个工作日内应当向市建委备案。

外交使团驻京建设工程中使用我国政府投资的外交公寓等工程项目，应当依法进行公开招标。

六、外交使团驻京建设工程采用公开招标方式进行施工招标的，应当通过资格预审选择实力强、信誉好的建筑施工企业作为投标候选人。

七、外交使团驻京建设工程实行工程监理的，由外服局或者其委托单位依据职责及有关协议进行工程项目管理。

八、外交使团驻京建设工程施工许可手续由外服局办理。建设资金落实证明应当由外国政府、国际组织驻华机构出具。

九、外交使团驻京建设工程由市工程质量监督机构进行工程质量安全监督。但有关政府协议或外事部门规定的工程保密部位的质量安全，由外服局负责工程质量安全管理。

十、外交使团驻京建设工程应当自竣工验收合格之日起 15 日内，由外服局到市建委办理工程竣工验收备案手续。外服局不能提交公安消防部门工程验收合格文件的，应当出具经公安消防部门认可的外国政府、国际组织对外交使团驻京建设工程规划范围内消防责任自负的证明。

十一、设计单位未经招标投标，也未经外服局同意，擅自承接外交使团驻京建设工程设计工作的，市规划委依法进行处理。

外交使团驻京建设工程施工企业应当严格执行国家和本市工程建设强制性标准，履行施工合同义务。对工程未取得施工许可证前擅自进场施工的施工企业，市建委将依法对施工企业和有关责任人员进行处罚。

关于转发财政部、建设部《建设工程价款结算暂行办法》的通知

（京财经二〔2005〕1032 号）

市属各有关单位、各区县财政局、建委：

为维护建设市场秩序，规范建设工程价款结算行为，财政部、建设部联合颁发了《建设工程价款结算暂行办法》(财建〔2004〕369 号，以下简称《暂行办法》)。现将《暂行办法》转发你们。同时，结合本市实际情况，补充如下具体规定，请一并遵照执行。

一、对于包工包料的工程，按工程开工第一年度的计划工作量(不含发包人供应的特殊材料设备)预付工程款；工程的合同工期在 12 个以上(不含 12 个月)的按 10%至 20%预付；合同工期在 12 个月以下的按 20%至 30%预付。

专业安装工程，按工程开工第一年度的计划工作量(不含发包人供应的特殊材料设备)的 10%至 15%预付。

预付款的具体比例由发承包双方按照主述范围在合同中约定。

二、工程进度款的支付按发承包双方每月已确认的工程价款(含当月工程发生并已经双方确认的调整价款)的 70%至 90%向承包人支付。

三、施工合同没有约定预付款起扣点的，按累计完成合同价款的 60%时开始抵扣，每次抵扣比例不低于工程预付款的 20%。当合同价加工程已发生并经发承包双方确认的调整价款累计支付达 90%时，暂停支付工程进度款。

四、在工程竣工后，发承包双方应及时办清工程竣工结算。在办理工程竣工验收备案手续时，发包方应提交经发承包双方签字盖章的合同价款拨付情况说明。有关部门根据工程竣工验收备案情况办理权属登记手续。

五、对已竣工未验收且未实际投入使用的工程以及停工停建工程的质量争议，发承包双方应在合同约定的期限内(没约定期限的为 14 天)按照《暂行办法》相关规定解决。

六、施工总承包单位、专业承包单位在取得的工程预付款、进度款、竣工款结算价款中，应当优先支付劳务分包单位的劳务工程款。

附件：建设工程价款结算暂行办法

附件：

建设工程价款结算暂行办法

第一章 总 则

第一条 为加强和规范建设工程价款结算，维护建设市场正常秩序，根据《中华人民共和国合同法》、《中华人民共和国建筑法》、《中华人民共和国招标投标法》、《中华人民共和国预算法》、《中华人民共和国政府采购法》、《中华人民共和国预算法实施条例》等有关法律、行政法规制订本办法。

第二条 凡在中华人民共和国境内的建设工程价款结算活动，均适用本办法。国家法律法规另有规定的，从其规定。

第三条 本办法所称建设工程价款结算（以下简称“工程价款结算”），是指对建设工程的发承包合同价款进行约定和依据合同约定进行工程预付款、工程进度款、工程竣工价款结算的活动。

第四条 国务院财政部门、各级地方政府财政部门和国务院建设行政主管部门、各级地方政府建设行政主管部门在各自职责范围内负责工程价款结算的监督管理。

第五条 从事工程价款结算活动，应当遵循合法、平等、诚信的原则，并符合国家有关法律、法规和政策。

第二章 工程合同价款的约定与调整

第六条 招标工程的合同价款应当在规定时间内，依据招标文件、中标人的投标文件，由发包人与承包人（以下简称“发、承包人”）订立书面合同约定。

非招标工程的合同价款依据审定的工程预（概）算书由发、承包人在合同中约定。

合同价款在合同中约定后，任何一方不得擅自改变。

第七条 发包人、承包人应当在合同条款中对涉及工程价款结算的下列事项进行约定：

（一）预付工程款的数额、支付时限及抵扣方式；

（二）工程进度款的支付方式、数额及时限；

（三）工程施工中发生变更时，工程价款的调整方法、索赔方式、时限要求及金额支付方式；

（四）发生工程价款纠纷的解决方法；

（五）约定承担风险的范围及幅度以及超出约定范围和幅度的调整办法；

（六）工程竣工价款的结算与支付方式、数额及时限；

（七）工程质量保证（保修）金的数额、预扣方式及时限；

（八）安全措施和意外伤害保险费用；

（九）工期及工期提前或延后的奖惩办法；

（十）与履行合同、支付价款相关的担保事项。

第八条 发、承包人在签订合同时对于工程价款的约定，可选用下列一种约定方式：

（一）固定总价。合同工期较短且工程合同总价较低的工程，可以采用固定总价合同方式。

（二）固定单价。双方在合同中约定综合单价包含的风险范围和风险费用的计算方法，在约定的风险范围内综合单价不再调整。风险范围以外的综合单价调整方法，应当在合同中约定。

（三）可调价格。可调价格包括可调综合单价和措施费等，双方应在合同中约定综合单价和措施费的调整方法，调整因素包括：

1. 法律、行政法规和国家有关政策变化影响合同价款；

2. 工程造价管理机构的价格调整；

3. 经批准的设计变更；

4. 发包人更改经审定批准的施工组织设计（修正错误除外）造成费用增加；

5. 双方约定的其他因素。

第九条 承包人应当在合同规定的调整情况发生后 14 天内，将调整原因、金额以书面形式通知发包人，发包人确认调整金额后将其作为追加合同价款，与工程进度款同期支付。发包人收到承包人通知后 14 天内不予确认也不提出修改意见，视为已经同意该项调整。

当合同规定的调整合同价款的调整情况发生后，承包人未在规定时间内通知发包人，或者未在规定时间内提出调整报告，发包人可以根据有关资料，决定是否调整和调整的金额，并书面通知承包人。

第十条 工程设计变更价款调整

（一）施工中发生工程变更，承包人按照经发包人认可的变更设计文件，进行变更施工，其中，政府投资项目重大变更，需按基本建设程序报批后方可施工。

（二）在工程设计变更确定后14天内，设计变更涉及工程价款调整的，由承包人向发包人提出，经发包人审核同意后调整合同价款。变更合同价款按下列方法进行：

1. 合同中已有适用于变更工程的价格，按合同已有的价格变更合同价款；

2. 合同中只有类似于变更工程的价格，可以参照类似价格变更合同价款；

3. 合同中没有适用或类似于变更工程的价格，由承包人或发包人提出适当的变更价格，经对方确认后执行。如双方不能达成一致的，双方可提请工程所在地工程造价管理机构进行咨询或按合同约定的争议或纠纷解决程序办理。

（三）工程设计变更确定后14天内，如承包人未提出变更工程价款报告，则发包人可根据所掌握的资料决定是否调整合同价款和调整的具体金额。重大工程变更涉及工程价款变更报告和确认的时限由发承包双方协商确定。

收到变更工程价款报告一方，应在收到之日起14天内予以确认或提出协商意见，自变更工程价款报告送达之日起14天内，对方未确认也未提出协商意见时，视为变更工程价款报告已被确认。

确认增（减）的工程变更价款作为追加（减）合同价款与工程进度款同期支付。

第三章 工程价款结算

第十一条 工程价款结算应按合同约定办理，合同未作约定或约定不明的，发、承包双方应依照下列规定与文件协商处理：

（一）国家有关法律、法规和规章制度；

（二）国务院建设行政主管部门、省、自治区、直辖市或有关部门发布的工程造价计价标准、计价办法等有关规定；

（三）建设项目的合同、补充协议、变更签证和现场签证，以及经发、承包人认可的其他有效文件；

（四）其他可依据的材料。

第十二条 工程预付款结算应符合下列规定：

（一）包工包料工程的预付款按合同约定拨付，原则上预付比例不低于合同金额的10%，不高于合同金额的30%，对重大工程项目，按年度工程计划逐年预付。计价执行《建设工程工程量清单计价规范》(GB50500—2003)的工程，实体性消耗和非实体性消耗部分应在合同中分别约定预付款比例。

（二）在具备施工条件的前提下，发包人应在双方签订合同后的一个月内或不迟于约定的开工日期前的7天内预付工程款，发包人不按约定预付，承包人应在预付时间到期后10天内向发包人发出要求预付的通知，发包人收到通知后仍不按要求预付，承包人可在发出通知14天后停止施工，发包人应从约定应付之日起向承包人支付应付款的利息(利率按同期银行贷款利率计)，并承担违约责任。

（三）预付的工程款必须在合同中约定抵扣方式，并在工程进度款中进行抵扣。

（四）凡是没有签订合同或不具备施工条件的工程，发包人不得预付工程款，不得以预付款为名转移资金。

第十三条 工程进度款结算与支付应当符合下列规定：

（一）工程进度款结算方式

1. 按月结算与支付。即实行按月支付进度款，竣工后清算的办法。合同工期在两个年度以上的工程，在年终进行工程盘点，办理年度结算。

2. 分段结算与支付。即当年开工、当年不能竣工的工程按照工程形象进度，划分不同阶段支付工程进度款。具体划分在合同中明确。

（二）工程量计算

1. 承包人应当按照合同约定的方法和时间，向发包人提交已完工程量的报告。发包人接到报告后14天内核实已完工程量，并在核实前1天通知承包人，承包人应提供条件并派人参加核实，承包人收到通知后不参加核实，以发包人核实的工程量作为工程价款支付的依据。发包人不按约定时间通知承包人，致使承包人未能参加核实，核实结果无效。

2. 发包人收到承包人报告后14天内未核实完工程量，从第15天起，承包人报告的工程量即视为被确认，作为工程价款支付的依据，双方合同另有约定的，按合同执行。

3. 对承包人超出设计图纸(含设计变更)范围和因承包人原因造成返工的工程量，发包人不予计量。

（三）工程进度款支付

1. 根据确定的工程计量结果，承包人向发包人提出支付工程进度款申请，14天内，发包人应按不低于工程价款的60%，不高于工程价款的90%向承包人支付工程进度款。按约定时间发包人应扣回的预付款，与工程进度款同期结算抵扣。

2. 发包人超过约定的支付时间不支付工程进度款，承包人应及时向发包人发出要求付款的通知，发包人收到承包人通知后仍不能按要求付款，可与承包人协商签订延期付款协议，经承包人同意后可延期支付，协议应明确延期支付的时间和从工程计量结果确认后第15天起计算应付款的利息（利率按同期银行贷款利率计）。

3. 发包人不按合同约定支付工程进度款，双方又未达成延期付款协议，导致施工无法进行，承包人可停止施工，由发包人承担违约责任。

第十四条 工程完工后，双方应按照约定的合同价款及合同价款调整内容以及索赔事项，进行工程竣工结算。

（一）工程竣工结算方式

工程竣工结算分为单位工程竣工结算、单项工程竣工结算和建设项目竣工总结算。

（二）工程竣工结算编审

1. 单位工程竣工结算由承包人编制，发包人审查；实行总承包的工程，由具体承包人编制，在总包人审查的基础上，发包人审查。

2. 单项工程竣工结算或建设项目竣工总结算由总（承）包人编制，发包人可直接进行审查，也可以委托具有相应资质的工程造价咨询机构进行审查。政府投资项目，由同级财政部门审查。单项工程竣工结算或建设项目竣工总结算经发、承包人签字盖章后有效。

承包人应在合同约定期限内完成项目竣工结算编制工作，未在规定期限内完成的并且提不出正当理由延期的，责任自负。

（三）工程竣工结算审查期限

单项工程竣工后，承包人应在提交竣工验收报告的同时，向发包人递交竣工结算报告及完整的结算资料，发包人应按以下规定时限进行核对（审查）并提出审查意见。

工程竣工结算报告金额	审查时间
1500 万元以下	从接到竣工结算报告和完整的竣工结算资料之日起 20 天
2500 万元-2000 万元	从接到竣工结算报告和完整的竣工结算资料之日起 30 天
32000 万元-5000 万元	从接到竣工结算报告和完整的竣工结算资料之日起 45 天
45000 万元以上	从接到竣工结算报告和完整的竣工结算资料之日起 60 天
建设项目竣工总结算在最后一个单项工程竣工结算审查确认后 15 天内汇总，送发包人后 30 天内审查完成。	

（四）工程竣工价款结算

发包人收到承包人递交的竣工结算报告及完整的结算资料后，应按本办法规定的期限（合同约定有期限的，从其约定）进行核实，给予确认或者提出修改意见。发包人根据确认的竣工结算报告向承包人支付工程竣工结算价款，保留 5% 左右的质量保证（保修）金，待工程交付使用一年质保期到期后清算（合同另有约定的，从其约定），质保期内如有返修，发生费用应在质量保证（保修）金内扣除。

（五）索赔价款结算

发承包人未能按合同约定履行自己的各项义务或发生错误，给另一方造成经济损失的，由受损方按合同约定提出索赔，索赔金额按合同约定支付。

（六）合同以外零星项目工程价款结算

发包人要求承包人完成合同以外零星项目，承包人应在接受发包人要求的 7 天内就用工数量和单价、机械台班数量和单价、使用材料和金额等向发包人提出施工签证，发包人签证后施工，如发包人未签证，承包人施工后发生争议的，责任由承包人自负。

第十五条 发包人和承包人要加强施工现场的造价控制，及时对工程合同外的事项如实纪录并履行书面手续。凡由发、承包双方授权的现场代表签字的现场签证以及发、承包双方协商确定的索赔等费用，应在工程竣工结算中如实办理，不得因发、承包双方现场代表的中途变更改变其有效性。

第十六条 发包人收到竣工结算报告及完整的结算资料后，在本办法规定或合同约定期限内，对结算报告及资料没有提出意见，则视同认可。

承包人如未在规定时间内提供完整的工程竣工结算资料，经发包人催促后 14 天内仍未提供或没有明确答复，发包人有权根据已有资料进行审查，责任由承包人自负。

根据确认的竣工结算报告，承包人向发包人申请支付工程竣工结算款。发包人应在收到申请后15天内支付结算款，到期没有支付的应承担违约责任。承包人可以催告发包人支付结算价款，如达成延期支付协议，承包人应按同期银行贷款利率支付拖欠工程价款的利息。如未达成延期支付协议，承包人可以与发包人协商将该工程折价，或申请人民法院将该工程依法拍卖，承包人就该工程折价或者拍卖的价款优先受偿。

第十七条 工程竣工结算以合同工期为准，实际施工工期比合同工期提前或延后，发、承包双方应按合同约定的奖惩办法执行。

第四章 工程价款结算争议处理

第十八条 工程造价咨询机构接受发包人或承包人委托，编审工程竣工结算，应按合同约定和实际履约事项认真办理，出具的竣工结算报告经发、承包双方签字后生效。当事人一方对报告有异议的，可对工程结算中有异议部分，向有关部门申请咨询后协商处理，若不能达成一致的，双方可按合同约定的争议或纠纷解决程序办理。

第十九条 发包人对工程质量有异议，已竣工验收或已竣工未验收但实际投入使用的工程，其质量争议按该工程保修合同执行；已竣工未验收且未实际投入使用的工程以及停工、停建工程的质量争议，应当就有争议部分的竣工结算暂缓办理，双方可就有争议的工程委托有资质的的检测鉴定机构进行检测，根据检测结果确定解决方案，或按工程质量监督机构的处理决定执行，其余部分的竣工结算依照约定办理。

第二十条 当事人对工程造价发生合同纠纷时，可通过下列办法解决：

（一）双方协商确定；

（二）按合同条款约定的办法提请调解；

（三）向有关仲裁机构申请仲裁或向人民法院起诉。

第五章 工程价款结算管理

第二十一条 工程竣工后，发、承包双方应及时办清工程竣工结算，否则，工程不得交付使用，有关部门不予办理权属登记。

第二十二条 发包人与中标的承包人不按照招标文件和中标的承包人的投标文件订立合同的，或者发包人、中标的承包人背离合同实质性内容另行订立协议，造成工程价款结算纠纷的，另行订立的协议无效，由建设行政主管部门责令改正，并按《中华人民共和国招标投标法》第五十九条进行处罚。

第二十三条 接受委托承接有关工程结算咨询业务的工程造价咨询机构应具有工程造价咨询单位资质，其出具的办理拨付工程价款和工程结算的文件，应当由造价工程师签字，并应加盖执业专用章和单位公章。

第六章 附 则

第二十四条 建设工程施工专业分包或劳务分包，总(承)包人与分包人必须依法订立专业分包或劳务分包合同，按照本办法的规定在合同中约定工程价款及其结算办法。

第二十五条 政府投资项目除执行本办法有关规定外，地方政府或地方政府财政部门对政府投资项目合同价款约定与调整、工程价款结算、工程价款结算争议处理等事项，如另有特殊规定的，从其规定。

第二十六条 凡实行监理的工程项目，工程价款结算过程中涉及监理工程师签证事项，应按工程监理合同约定执行。

第二十七条 有关主管部门、地方政府财政部门和地方政府建设行政主管部门可参照本办法，结合本部门、本地区实际情况，另行制订具体办法，并报财政部、建设部备案。

第二十八条 合同示范文本内容如与本办法不一致，以本办法为准。

第二十九条 本办法自公布之日起施行。

北京市发展和改革委员会　北京市人事局关于印发《北京市评标专家库和评标专家管理办法》的通知

（京发改〔2004〕2898号）

各有关单位：

根据《北京市招标投标条例》的有关规定，市发展改革委和市人事局共同制定了《北京市评标专家库和评标专家管理办法》，现予以印发，请遵照执行。

附件：北京市评标专家库和评标专家管理办法

附件：

北京市评标专家库和评标专家管理办法

第一条　为实现评标专家资源共享，加强对评标专家的监督，保证评标活动的公平、公正，提高评标质量，根据《中华人民共和国招标投标法》、《北京市招标投标条例》和《评标专家和评标专家库管理办法》（原国家计委29号令），结合本市实际情况，制定本办法。

第二条　本市建立全市统一的北京市评标专家库，为工程建设、货物和服务采购以及其他项目的评标活动提供评标专家资源。

北京市评标专家库建立后，市政府各部门、各区县政府及其部门不再另行设置评标专家库。

第三条　市发展改革部门负责指导协调北京市评标专家库的组建、管理和监督工作。

第四条　市人事部门负责建立和管理北京市评标专家库；认定专家库的专家，并会同有关部门，组织培训、考核评标专家；按照整合资源、适当集中、方便招标人的原则合理确定网络终端，监督网络终端抽取评标专家的有关工作。

第五条　市政府有关招标投标行政监督部门在各自的职责范围内推荐评标专

家人选；监督评标专家在有关评标活动中的行为。

第六条 北京市评标专家库为社会各界开展招标活动提供评标专家资源，各类招标项目的招标人或者其委托的招标代理机构均可以从北京市评标专家库中免费抽取评标专家。

第七条 北京市评标专家库建立后，本市政府投资、政府融资和政府采购项目(以下简称政府项目)的评标专家，全部使用国有资金投资或者国有资金投资占控股或者主导地位的建设项目以及重点建设项目的评标专家，应当从北京市评标专家库中随机抽取；北京市评标专家库不能提供上述项目所需特殊专业评标专家的，招标人或其委托的招标代理机构应当根据北京市评标专家库网络终端出具的书面通知，从国家有关部门依法组建的评标专家库中抽取。

法律、法规、规章另有规定的，从其规定。

使用国际组织或者外国政府贷款、援助资金的项目进行招标，贷款方、资金提供方对确定评标专家有不同规定的，可以适用其规定。

第八条 入选北京市评标专家库的专家，应当具备以下条件：

（一）从事相关专业领域工作满 8 年并具有高级职称或同等专业水平；

（二）熟悉有关招标投标和政府采购的相关法律法规和业务知识；

（三）能够认真、公正、诚实、廉洁地履行职责；

（四）身体健康，能够承担评标工作；

（五）符合法律、法规和规章规定的其他条件。

各专业评标专家的具体条件，由市人事部门会同市政府有关部门制定并向社会公布。

第九条 进入北京市评标专家库的专家按下列程序确定：

（一）评标专家入选北京市评标专家库，采取个人申请和单位推荐的方式。采取单位推荐方式的，应事先征得被推荐人同意。

（二）申请人或者被推荐人持市人事部门统一印制的申请表及符合本办法第八条规定条件的证明材料，报市人事部门。填报资料须由本人所在单位人事部门审核盖章。

（三）市人事部门会同市政府有关部门对申请人或者被推荐人进行审核。

（四）市人事部门对符合条件的评标专家申请人或者被推荐人进行招标投标法律、法规和专业知识的考核，为合格者颁发北京市评标专家证书。

第十条 担任评标委员会成员的评标专家享有下列权利：

（一）依法按照招标文件确定的评标标准和方法，对投标文件进行独立评审，提出评审意见，不受任何单位或个人的干预；

（二）接受参加评标活动的合法劳务报酬；

（三）向招标人或向有关行政监督部门反映评标活动中发现的违法违规行为；

（四）法律、法规规定的其他权利。

第十一条 担任评标委员会成员的评标专家承担下列义务：

（一）准时出席评标活动并客观公正地进行评标；

（二）遵守评标工作纪律，不得私下接触投标人，不得收受他人的财物或者其他好处，不得透露对投标文件的评审和比较、中标候选人的推荐情况以及与评标有关的其他情况；

（三）积极协助和配合有关行政监督部门的监督检查；

（四）具有法定回避情形的，应当主动提出回避；

（五）法律、法规规定的其他义务。

第十二条 北京市评标专家库采取随机抽取方式确定评标专家。抽取工作由市人事部门确定的网络终端负责。

第十三条 北京市评标专家库网络终端承担下列义务：

（一）提供必要的工作场所并配备相关设施和人员，保持良好的工作状态；

（二）依法为招标人或其委托的招标代理机构提供服务，并建立相关工作制度；

（三）严格遵守有关评标专家抽取工作的保密规定；

（四）按市人事部门的规定，定期报送有关信息，自觉接受市人事部门的监督。

第十四条 网络终端应当按照规定程序随机抽取、落实评标专家名单，记录抽取结果及通知情况。网络终端工作人员、招标人或者其委托的招标代理机构人员应当在书面记录上签字。

第十五条 评标专家名单应当在开标前一个工作日内确定，特殊项目的评标专家名单应当在开标前两个工作日内确定。

评标专家名单在中标结果确定前保密。

第十六条 市人事部门建立北京市评标专家考评制度。考评分为日常考评和年度考评，考评的内容主要包括：业务能力、个人信用、参加评标和培训情况等。考评结果记入评标专家档案，作为专家续聘和奖罚的依据。

第十七条 北京市评标专家库实行动态管理。评标专家每届聘期 3 年，聘期届满，考核合格的可以续聘。

第十八条 评标专家有违反招标投标法律、法规和规章规定的行为的，由有关行政监督部门依法处理。有关行政监督部门应当在作出处理决定之日起五个工作日内通报市人事部门，并将处罚决定录入北京市招标投标活动违法行为记录系统。

评标专家违法违规情节严重的，由市人事部门取消评标专家资格。因违法违规被取消资格的专家，3 年内不得重新申报北京市评标专家库评标专家，不得参与本市政府项目评标活动。

第十九条 评标专家有下列情形之一的，由市人事部门暂停其评标活动或者取消评标专家资格：

（一）年度考评不合格的；

（二）因工作调动，不再适宜担任评标专家的；

（三）因身体健康原因不能胜任评标工作的；

（四）本人申请不再担任评标专家的。

第二十条 北京市评标专家库的组建、运行、管理和评标专家的评标活动接受社会监督。任何单位和个人有权向有关行政监督部门和监察部门投诉和举报。

第二十一条 北京市评标专家库建立后，本市政府项目的招标人或其委托的招标代理机构，不按照本《办法》从北京市评标专家库中抽取专家的，评标无效；情节严重的，由有关行政监督部门给予警告。

第二十二条 本办法自发布之日起施行。

北京市财政局　北京市住房和城乡建设委员会关于北京市政府采购工程项目招投标有关问题的通知

（京财采购〔2004〕1723 号）

市属各委、办、局，各区县财政局、建委：

为进一步贯彻落实《中华人民共和国招标投标法》《中华人民共和国政府采购法》和《财政部 2004 年政府采购工作要点》精神，加强政府采购工程招标投标管理，规范政府采购工程招标投标活动行为，促进政府采购工程建设顺利实施，提高采购效率，现将我市政府采购工程项目的有关问题通知如下：

一、我市政府采购工程类项目包括：使用财政性资金进行房屋建筑及其附属设施和与其配套的线路、管道、设备安装的新建、改建、扩建工程；市政基础设施的新建、改建、扩建工程；房屋装饰装修工程。

二、列入年度政府投资计划的政府采购工程项目的招标投标工作仍按现行管理模式实施，即在同级建委招投标管理部门的监督下完成招标工作。招标工作完成后，项目单位需将有关资料报政府采购监管部门备案。

三、已纳入当年政府采购计划的续建项目或新建项目，项目单位需将项目建议书及批复、可行性研究报告及批复、初步设计概算及批复等文件的复印件一次性报采购办备案。

四、政府采购工程项目的招标投标活动必须严格按照《中华人民共和国招标投标法》进行公开招标。纳入当年政府采购计划的续建项目，项目单位需将招标公告、招标文件（含评标办法）、评审专家名单、评标报告、中标通知书及合同等复印件报采购办备案；纳入当年政府采购计划的新建项目，项目单位需在开标前将招标公告、招标文件（含评标办法）等复印件报采购办备案，公开招标投标活动结束后，项目单位需将评审专家名单、评标报告、中标通知书及合同等复印件报采购办备案。

五、除投资主管部门已批准招投标活动方式外的修缮、维护及改造项目，采购资金在 100 万元(不含 100 万元)以下，但建筑面积在 300 平方米以上的项目，经政府采购监管部门批准后，可以自行组织或委托集中采购机构(政府采购中心)或委托政府采购业务代理机构实施。采购活动结束后，项目单位持政府采购监管部门的批复、项目评审意见书、中标通知书、合同等有关手续到同级建委办理施工许可证等手续。

各有关单位在执行中如遇到问题，请及时与同级建委和财政局主管部门取得联系，以便此项工作顺利开展。

北京市人民政府办公厅关于市政府有关部门实施招标投标活动行政监督有关问题的通知

（京政办函〔2002〕90号）

各区、县人民政府，市政府各委、办、局，各市属机构：

根据《国务院办公厅印发国务院有关部门实施招标投标活动行政监督的职责分工意见的通知》（国办发［2000］34号）及《北京市人民政府办公厅关于市政府有关部门实施招标投标活动行政监督有关问题的通知》（京政办函［2002］90号）精神，经市政府批准，现就市政府有关部门实施招标投标活动行政监督的职责分工，提出如下意见：

一、市发展计划行政主管部门负责指导和协调全市招标投标工作；指定发布招标公告的报刊、信息网络或其他媒介；会同有关行政主管部门拟定《北京市招标投标条例》配套规章草案、有关政策和必须进行招标的项目范围、规模标准以及不适宜进行招标的项目，报市政府批准。

二、项目审批部门在审批必须进行招标的项目可行性研究报告时，核准项目的招标方式（公开招标或邀请招标）和招标组织形式（委托招标或自行招标）以及国家出资项目的招标范围（发包初步方案）。项目审批后，项目审批部门应当及时向有关行政主管部门通报所确定的招标方式和范围等情况。

三、对于招标投标过程（包括招标、投标、开标、评标、中标）中泄露保密资料、泄露标底、串通招标、串通投标、歧视排斥投标等违法活动的监督执法，按现行职责分工，分别由有关行政主管部门负责并受理投标人和其他利害关系人的投诉。按照这一原则，工业、商业、水利、交通、信息化等行业和产业项目的招标投标活动的监督执法，分别由工业、商业、水利、交通、信息化等行政主管部门负责；建设工程的勘察、设计的招标投标活动的监督执法，由市规划行政主管部门负责；各类房屋建筑及其附属设施的建造和与其配套的线路、管道、设备的安装项目和市政工程（包括市政道路、公用事业、环境卫生等方面，下同）新建项目的招标投标活动的监督执法，由市建设行政主管部门负责；市政工程维修养护项目的招标投标活动的监督执法，由市市政行政主管部门负责；进口机电设备采购项目的招标投标活动的监督执法，由市外经贸行政主管部门负责。有关行政主管部门须将监督过程中发现的问题，及时通知项目审批部门，项目审批部门根据情况依法暂停项目执行或者暂停资金拨付。

四、市发展计划行政主管部门负责组织稽察特派员，对本市重点建设项目实施过程中的招标投标活动进行监督执法；负责对依法必须招标的建设项目招标方案的报送、核准事项的执行情况、招标公告的发布等招标投标活动的监督执法。

五、从事各类工程建设项目招标代理业务的招标代理机构的资格，由市建设行政主管部门认定；从事与工程建设有关的进口机电设备采购招标代理业务的招标代理机构的资格，由市外经贸行政主管部门认定；从事其他招标代理业务的招标代理机构的资格，按现行职责分工，分别由市有关行政主管部门认定。

六、市人事行政主管部门负责建立和管理全市统一的评标专家名册。

七、要切实加强市政府各部门在招标投标立法和监督执法方面的统一、协调、规范，任何单位和个人均不得随意扩大招标投标监督管理权限和增加招标投标管理环节。各部门要严格依照本规定的职责分工，各司其职，密切配合，共同做好招标投标的监督管理工作。

八、本意见经市政府同意先予试行，试行过程中的矛盾和问题应及时与市编办联系，并由市编办提出意见报市政府同意后，予以调整、完善。

第五部分

法律法规适用解释及意见

全国人大常务委员会法制工作委员会对建筑施工企业母公司承接工程后交由子公司实施是否属于转包以行政处罚两年追溯期认定法律适用问题的意见

（法工办发〔2017〕223号）

住房和城乡建设部办公厅：

你部关于建筑施工企业母公司承接工程后交由子公司实施是否属干转包以及行政处罚两年追溯期认定法律适用问题的请示（建法函〔2017〕227号）收悉，经研究，提出以下意见，供参考：

一、关于母公司承接建筑工程后将所承接工程交由其子公司实施的行为是否属于转包的问题。建筑法第二十八条规定，禁止承包的全部建筑工程转包给他人，禁止承包单位将其承包的全部建筑工程肢解以后以分包的名义分别转包给他人。合同法第二百七十二条规定，发包人不得将应当由一个承包人完成的建设工程肢解成若干部分发包给几个承包人。承包人不得将其承包的全部建设工程转包给第三人或者将其承包的全部建设工程肢解以后以分包的名义分别转包给第三人。禁止承包人将工程分包给不具备相应资质条件的单位，禁止分包单位将其承包的工程再分包。建设工程主体结构的施工必须由承包人自行完成。招标投标法第四十八条规定，中标人不得向他人转让中标项目，也不得将中标项目肢解后分别向他人转让。中标人按照合同约定或者经招标人同意，可以将中标项目的部分非主体，非关健性工作分包给他人完成，接受分包的人应当具备相应的资质条件，并不得再次分包。上述法律对建设工程转包的规定是明确的，这一问题属于法律执行问题，应当根据实际情况依法认定、处理。

二、关于建筑市场中违法发包，转包，分包，挂靠等行为的行政处罚追溯期限问题，同意你部的意见，对于违法发包、转包、分包，挂靠等行为的行政处罚追溯期限，应当从违法发包、转包、分包、挂靠的建筑工程竣工验收之日起计算。合同工程量未全部完成而解除或暂时终止履行合同的，为合同解除或终止之日。

全国人大常务委员会法制工作委员会对地方性法规中以审计结果作为政府投资建设项目竣工结算依据有关规定的研究意见

(法工委函〔2017〕2号)

2015年5月，我委收到中国建筑业协会《关于申请对规定“以审计结果作为建设工程竣工结算依据”的地方性法规进行立法审查的函》。来函对地方性法规中有关以审计结果作为政府投资和以政府投资为主的建设项目竣工结算依据的规定提出审查建议。建议认为，该规定混淆了行政法律关系与民事法律关系的界限，与审计法、合同法的有关规定相抵触。

收到审查建议后，我委对有关审计的地方性法规进行了梳理，发现有部分省、自治区、直辖市和一些设区的市在地方性法规中对审计结果作为政府投资和以政府投资为主的建设项目竣工结算依据做了规定。这些规定主要有三种情况：一是直接规定审计结果应当作为竣工结算的依据；二是规定建单位应当在招标文件中载明或者在合同中约定以审计结果作为竣工结算的依据；三是规定建单位可以在招标文件中载明或者在合同中约定以审计结果作为竣工结算的依据。

我们研究认为，审计法第二十二条规定，“审计机关对政府投资和以政府投资为主的建设项目的预算执行情况和决算，进行审计监督”. 为执行审计法的规定，地方性法规对保障审计监督作出具体规定，是必要的。但是，地方性法规规定的第一、二种情况，即直接规定以审计结果作为竣工结算的依据和规定应当在招标文件中载明或者在合同中约定以审计结果作为竣工结算的依据，虽然可以在一定程度上加强对政府投资资金的保障，在法律上却存在以下问题：一是扩大了审计决定的效力范围。根据审计法的规定，审计机关对政府投资和以政府投资为主的建设项目的预算执行情况和决算，进行审计监督；审计机关在法定职权范围内做出的审计报告、审计决定，被审计单位应当执行；被审计单位对审计机关作出的有关财务收支的审计决定不服的，可以依法申请行政复议或者提起行政诉讼。审计法规范的是审计机关与被审计单位之间的行政关系，不是被审计单位与其合同相对方的民事合同关系。审计法的规定不宜直接引申为应当以审计结果作为被审计单位与施工单位进行结算的依据。地方性法规以审计结果作为被审计单位与施工单位进行结算的依据，实质上是以审计决定改变建设工程合同，扩大了审计决定的法律效力范围。

二是限制民事权利，超越了地方立法权限。根据立法法规定，民事基本制度只能制定法律。地方性法规为执行法律、行政法规的规定，可以根据本行政区域的实际情况作出具体规定，但无权对法律规定的民事权利作出限制或者减损的规定。在投资建设活动中，负责政府投资和以政府投资为主建设工程的建设单位与施工单位是平等的民事主体，双方签订的建设工程合同属于民事合同。虽然建设工程出资全部或者主要来源于国家财政，有一定的特殊性，但并不能因此改变二者之间平等的民事法律关系。地方性法规强制要求已审计结果作为合同双方竣工结算依据，将适用于被审计单位的审计决定扩大适用于被审计单位的合同相对人，限制了施工企业正当的合同权利，缺乏上位法依据，超越了地方立法权。

此外，目前各地对该问题所做的规定相互之间差异较大，也不利于法制统一和在全国范围内形成一致的市场规则。

根据宪法、立法法的规定，地方性法规不得与法律相抵触，不得超越地方立法权限。为维护国家法制统一，对地方性法规中直接规定以审计结果作为竣工结算的依据和规定应当在招标文件中载明或者在合同中约定以审计结果作为竣工结算依据的条款，应当予以清理纠正。地方性法规规定的第三种情况，即规定建设单位可以在招标文件中载明或者在合同中约定以审计结果作为竣工结算的依据的条款，不存在与法律不一致、超越地方立法权限的问题。

审计制度是国家治理体系的重要组成部分，审计监督对保障国有资金的安全和效益，维护国家财经秩序，促进廉政建设具有重要作用。各地方应当在维护法制统一原则基础上，保障审计机关依照法定职权和程序加强审计监督，依法维护审计结论的权威性和强制力，保证审计工作的有效性，保护审计人员的积极性，并依法维护合同当事人的合法权益。针对现实中存在的政府投资建设领域管理制度不完善、国有资金浪费严重等问题，应当在法律规定的框架内，多措并举，通过加强综合治理措施加以解决。一是加快培育完善工程造价咨询中介市场，加强中介市场的政府监督和行业自律，为建设单位和施工单位提供优质的造价咨询服务，以减轻审计机关的压力。二是加强对建设单位追责力度，对审计中发现的超概算、超预算等问题，强化建单位本身的行政责任和有关责任人的责任。三是对施工单位虚报、重复计算工程量等问题，可以通过民事仲裁或者诉讼等途径解决。四是对建设单位和施工单位恶意串通骗取国家资金的，可以通过合同无效等法律规定的制度解决。五是对构成犯罪的单位和个人，可以由司法机关依法追究刑事责任。

最高人民法院　国家发展改革委员会　工业和信息化部　住房和城乡建设部 交通运输部　水利部　商务部　国家铁路局　中国民用航空局关于在招标投标活动中对失信被执行人实施联合惩戒的通知

（法〔2016〕285号）

为贯彻党的十八届三中、四中、五中全会精神，落实《中央政法委关于切实解决人民法院执行难问题的通知》（政法〔2005〕52号）、《国务院关于促进市场公平竞争维护市场正常秩序的若干意见》（国发〔2014〕20号）、《国务院关于印发社会信用体系建设规划纲要（2014—2020年）的通知》（国发〔2014〕21号）、《关于对失信被执行人实施联合惩戒的合作备忘录》（发改财金〔2016〕141号）要求，加快推进社会信用体系建设，健全跨部门失信联合惩戒机制，促进招标投标市场健康有序发展，现就在招标投标活动中对失信被执行人实施联合惩戒的有关事项通知如下。

一、充分认识在招标投标活动中实施联合惩戒的重要性

诚实信用是招标投标活动的基本原则之一。在招标投标活动中对失信被执行人开展联合惩戒，有利于规范招标投标活动中当事人的行为，促进招标投标市场健康有序发展；有利于建立健全“一处失信，处处受限”的信用联合惩戒机制，推进社会信用体系建设；有利于维护司法权威，提升司法公信力，在全社会形成尊重司法，诚实守信的良好氛围。各有关单位要进一步提高认识，在招标投标活动中对失信被执行人实施联合惩戒，有效应用失信被执行人信息，推动招标投标活动规范、高效、透明。

二、联合惩戒对象

联合惩戒对象为被人民法院列为失信被执行人的下列人员：投标人、招标代理机构、评标专家以及其他招标从业人员。

三、失信被执行人信息查询内容及方式

（一）查询内容

失信被执行人（法人或者其他组织）的名称、统一社会信用代码（或组织机构

代码）、法定代表人或者负责人姓名；失信被执行人（自然人）的姓名、性别、年龄、身份证号码；生效法律文书确定的义务和被执行人的履行情况；失信被执行人失信行为的具体情形；执行依据的制作单位和文号、执行案号、立案时间、执行法院；人民法院认为应当记载和公布的不涉及国家秘密、商业秘密、个人隐私的其他事项。

（二）推送及查询方式

最高人民法院将失信被执行人信息推送到全国信用信息共享平台和“信用中国”网站，并负责及时更新。

招标人、招标代理机构、有关单位应当通过“信用中国”网站（www.creditchina.gov.cn）或各级信用信息共享平台查询相关主体是否为失信被执行人，并采取必要方式做好失信被执行人信息查询记录和证据留存。投标人可通过“信用中国”网站查询相关主体是否为失信被执行人。

国家公共资源交易平台、中国招标投标公共服务平台、各省级信用信息共享平台通过全国信用信息共享平台共享失信被执行人信息，各省级公共资源交易平台通过国家公共资源交易平台共享失信被执行人信息，逐步实现失信被执行人信息推送、接收、查询、应用的自动化。

四、联合惩戒措施

各相关部门应依据《中华人民共和国民事诉讼法》《中华人民共和国招标投标法》《中华人民共和国招标投标法实施条例》《最高人民法院关于公布失信被执行人名单信息的若干规定》等相关法律法规，依法对失信被执行人在招标投标活动中采取限制措施。

（一）限制失信被执行人的投标活动

依法必须进行招标的工程建设项目，招标人应当在资格预审公告、招标公告、投标邀请书及资格预审文件、招标文件中明确规定对失信被执行人的处理方法和评标标准，在评标阶段，招标人或者招标代理机构、评标专家委员会应当查询投标人是否为失信被执行人，对属于失信被执行人的投标活动依法予以限制。

两个以上的自然人、法人或者其他组织组成一个联合体，以一个投标人的身份共同参加投标活动的，应当对所有联合体成员进行失信被执行人信息查询。联合体中有一个或一个以上成员属于失信被执行人的，联合体视为失信被执行人。

（二）限制失信被执行人的招标代理活动

招标人委托招标代理机构开展招标事宜的，应当查询其失信被执行人信息，鼓励优先选择无失信记录的招标代理机构。

(三)限制失信被执行人的评标活动

依法建立的评标专家库管理单位在对评标专家聘用审核及日常管理时，应当查询有关失信被执行人信息，不得聘用失信被执行人为评标专家。对评标专家在聘用期间成为失信被执行人的，应及时清退。

(四)限制失信被执行人招标从业活动

招标人、招标代理机构在聘用招标从业人员前，应当明确规定对失信被执行人的处理办法，查询相关人员的失信被执行人信息，对属于失信被执行人的招标从业人员应按照规定进行处理。

以上限制自失信被执行人从最高人民法院失信被执行人信息库中删除之时起终止。

五、工作要求

(一)有关单位要根据本《通知》，共同推动在招标投标活动中对失信被执行人开展联合惩戒工作，指导、督促各地、各部门落实联合惩戒工作要求，确保联合惩戒工作规范有序进行。

(二)有关单位应在规范招标投标活动中，建立相关单位和个人违法失信行为信用记录，通过全国信用信息共享平台、国家公共资源交易平台和中国招标投标公共服务平台实现信用信息交换共享和动态更新，并按照有关规定及时在“信用中国”网站予以公开。

(三)有关单位应当妥善保管失信被执行人信息，不得用于招标投标以外的事项，不得泄露企业经营秘密和相关个人隐私。

最高人民法院关于适用《中华人民共和国合同法》若干问题的解释(一)

(法释〔1999〕19号)

《最高人民法院关于适用〈中华人民共和国合同法〉若干问题的解释(一)》已于1999年12月1日由最高人民法院审判委员会第1090次会议通过，现予公布，自1999年12月29日起施行。

为了正确审理合同纠纷案件，根据《中华人民共和国合同法》(以下简称合同法)的规定，对人民法院适用合同法的有关问题作出如下解释：

一、法律适用范围

第一条 合同法实施以后成立的合同发生纠纷起诉到人民法院的，适用合同法的规定；合同法实施以前成立的合同发生纠纷起诉到人民法院的，除本解释另有规定的以外，适用当时的法律规定，当时没有法律规定的，可以适用合同法的有关规定。

第二条 合同成立于合同法实施之前，但合同约定的履行期限跨越合同法实施之日或者履行期限在合同法实施之后，因履行合同发生的纠纷，适用合同法第四章的有关规定。

第三条 人民法院确认合同效力时，对合同法实施以前成立的合同，适用当时的法律合同无效而适用合同法合同有效的，则适用合同法。

第四条 合同法实施以后，人民法院确认合同无效，应当以全国人大及其常委会制定的法律和国务院制定的行政法规为依据，不得以地方性法规、行政规章为依据。

第五条 人民法院对合同法实施以前已经作出终审裁决的案件进行再审，不适用合同法。

二、诉讼时效

第六条 技术合同争议当事人的权利受到侵害的事实发生在合同法实施之前，自当事人知道或者应当知道其权利受到侵害之日起至合同法实施之日超过一年的，人民法院不予保护；尚未超过一年的，其提起诉讼的时效期间为两年。

第七条 技术进出口合同争议当事人的权利受到侵害的事实发生在合同法实施之前，自当事人知道或者应当知道其权利受到侵害之日起至合同法施行之日超过两年的，人民法院不予保护；尚未超过两年的，其提起诉讼的时效期间为四年。

第八条 合同法第五十五条规定的“一年”、第七十五条和第一百零四条第二款规定的“五年”为不变期间，不适用诉讼时效中止、中断或者延长的规定。

三、合同效力

第九条 依照合同法第四十四条第二款的规定，法律、行政法规规定合同应当办理批准手续，或者办理批准、登记等手续才生效，在一审法庭辩论终结前当事人仍未办理批准手续的，或者仍未办理批准、登记等手续的，人民法院应当认定该合同未生效；法律、行政法规规定合同应当办理登记手续，但未规定登记后生效的，当事人未办理登记手续不影响合同的效力，合同标的物所有权及其他物权不能转移。

合同法第七十七条第二款、第八十七条、第九十六条第二款所列合同变更、转让、解除等情形，依照前款规定处理。

第十条 当事人超越经营范围订立合同，人民法院不因此认定合同无效。但违反国家限制经营、特许经营以及法律、行政法规禁止经营规定的除外。

四、代位权

第十一条 债权人依照合同法第七十三条的规定提起代位权诉讼，应当符合下列条件：

（一）债权人对债务人的债权合法；

（二）债务人怠于行使其到期债权，对债权人造成损害；

（三）债务人的债权已到期；

（四）债务人的债权不是专属于债务人自身的债权。

第十二条 合同法第七十三条第一款规定的专属于债务人自身的债权，是指基于扶养关系、抚养关系、赡养关系、继承关系产生的给付请求权和劳动报酬、退休金、养老金、抚恤金、安置费、人寿保险、人身伤害赔偿请求权等权利。

第十三条 合同法第七十三条规定的"债务人怠于行使其到期债权，对债权人造成损害的"，是指债务人不履行其对债权人的到期债务，又不以诉讼方式或者仲裁方式向其债务人主张其享有的具有金钱给付内容的到期债权，致使债权人的到期债权未能实现。

次债务人（即债务人的债务人）不认为债务人有怠于行使其到期债权情况的，应当承担举证责任。

第十四条 债权人依照合同法第七十三条的规定提起代位权诉讼的，由被告住所地人民法院管辖。

第十五条 债权人向人民法院起诉债务人以后，又向同一人民法院对次债务人提起代位权诉讼，符合本解释第十三条的规定和《中华人民共和国民事诉讼法》第一百零八条规定的起诉条件的，应当立案受理；不符合本解释第十三条规定的，告知债权人向次债务人住所地人民法院另行起诉。

受理代位权诉讼的人民法院在债权人起诉债务人的诉讼裁决发生法律效力以前，应当依照《中华人民共和国民事诉讼法》第一百三十六条第（五）项的规定中止代位权诉讼。

第十六条 债权人以次债务人为被告向人民法院提起代位权诉讼，未将债务人列为第三人的，人民法院可以追加债务人为第三人。

两个或者两个以上债权人以同一次债务人为被告提起代位权诉讼的，人民法院可以合并审理。

第十七条 在代位权诉讼中，债权人请求人民法院对次债务人的财产采取保全措施的，应当提供相应的财产担保。

第十八条 在代位权诉讼中，次债务人对债务人的抗辩，可以向债权人主张。

债务人在代位权诉讼中对债权人的债权提出异议，经审查异议成立的，人民法院应当裁定驳回债权人的起诉。

第十九条 在代位权诉讼中，债权人胜诉的，诉讼费由次债务人负担，从实现的债权中优先支付。

第二十条 债权人向次债务人提起的代位权诉讼经人民法院审理后认定代位权成立的，由次债务人向债权人履行清偿义务，债权人与债务人、债务人与次债务人之间相应的债权债务关系即予消灭。

第二十一条 在代位权诉讼中，债权人行使代位权的请求数额超过债务人所负债务额或者超过次债务人对债务人所负债务额的，对超出部分人民法院不予支持。

第二十二条 债务人在代位权诉讼中，对超过债权人代位请求数额的债权部分起诉次债务人的，人民法院应当告知其向有管辖权的人民法院另行起诉。

债务人的起诉符合法定条件的，人民法院应当受理；受理债务人起诉的人民法院在代位权诉讼裁决发生法律效力以前，应当依法中止。

五、撤销权

第二十三条 债权人依照合同法第七十四条的规定提起撤销权诉讼的，由被告住所地人民法院管辖。

第二十四条 债权人依照合同法第七十四条的规定提起撤销权诉讼时只以债务人为被告，未将受益人或者受让人列为第三人的，人民法院可以追加该受益人或者受让人为第三人。

第二十五条 债权人依照合同法第七十四条的规定提起撤销权诉讼，请求人民法院撤销债务人放弃债权或转让财产的行为，人民法院应当就债权人主张的部分进行审理，依法撤销的，该行为自始无效。

两个或者两个以上债权人以同一债务人为被告，就同一标的提起撤销权诉讼的，人民法院可以合并审理。

第二十六条 债权人行使撤销权所支付的律师代理费、差旅费等必要费用，由债务人负担；第三人有过错的，应当适当分担。

六、合同转让中的第三人

第二十七条 债权人转让合同权利后，债务人与受让人之间因履行合同发生纠纷诉至人民法院，债务人对债权人的权利提出抗辩的，可以将债权人列为第三人。

第二十八条 经债权人同意，债务人转移合同义务后，受让人与债权人之间因履行合同发生纠纷诉至人民法院，受让人就债务人对债权人的权利提出抗辩的，可以将债务人列为第三人。

第二十九条 合同当事人一方经对方同意将其在合同中的权利义务一并转让给受让人，对方与受让人因履行合同发生纠纷诉至人民法院，对方就合同权利义务提出抗辩的，可以将出让方列为第三人。

七、请求权竞合

第三十条 债权人依照合同法第一百二十二条的规定向人民法院起诉时作出选择后，在一审开庭以前又变更诉讼请求的，人民法院应当准许。对方当事人提出管辖权异议，经审查异议成立的，人民法院应当驳回起诉。

最高人民法院关于适用《中华人民共和国合同法》若干问题的解释(二)

(法释〔2009〕5号)

《最高人民法院关于适用〈中华人民共和国合同法〉若干问题的解释(二)》已于2009年2月9日由最高人民法院审判委员会第1462次会议通过，现予公布，自2009年5月13日起施行。

为了正确审理合同纠纷案件，根据《中华人民共和国合同法》的规定，对人民法院适用合同法的有关问题作出如下解释：

一、合同的订立

第一条 当事人对合同是否成立存在争议，人民法院能够确定当事人名称或者姓名、标的和数量的，一般应当认定合同成立。但法律另有规定或者当事人另有约定的除外。

对合同欠缺的前款规定以外的其他内容，当事人达不成协议的，人民法院依照合同法第六十一条、第六十二条、第一百二十五条等有关规定予以确定。

第二条 当事人未以书面形式或者口头形式订立合同，但从双方从事的民事行为能够推定双方有订立合同意愿的，人民法院可以认定是以合同法第十条第一款中的“其他形式”订立的合同。但法律另有规定的除外。

第三条 悬赏人以公开方式声明对完成一定行为的人支付报酬，完成特定行为的人请求悬赏人支付报酬的，人民法院依法予以支持。但悬赏有合同法第五十二条规定情形的除外。

第四条 采用书面形式订立合同，合同约定的签订地与实际签字或者盖章地点不符的，人民法院应当认定约定的签订地为合同签订地；合同没有约定签订地，双方当事人签字或者盖章不在同一地点的，人民法院应当认定最后签字或者盖章的地点为合同签订地。

第五条 当事人采用合同书形式订立合同的，应当签字或者盖章。当事人在合同书上摁手印的，人民法院应当认定其具有与签字或者盖章同等的法律效力。

第六条 提供格式条款的一方对格式条款中免除或者限制其责任的内容，在合同订立时采用足以引起对方注意的文字、符号、字体等特别标识，并按照对方的要求对该格式条款予以说明的，人民法院应当认定符合合同法第三十九条所称“采取合理的方式”。

提供格式条款一方对已尽合理提示及说明义务承担举证责任。

第七条 下列情形，不违反法律、行政法规强制性规定的，人民法院可以认定为合同法所称“交易习惯”：

（一）在交易行为当地或者某一领域、某一行业通常采用并为交易对方订立合同时所知道或者应当知道的做法；

（二）当事人双方经常使用的习惯做法。

对于交易习惯，由提出主张的一方当事人承担举证责任。

第八条 依照法律、行政法规的规定经批准或者登记才能生效的合同成立后，有义务办理申请批准或者申请登记等手续的一方当事人未按照法律规定或者合同约定办理申请批准或者未申请登记的，属于合同法第四十二条第（三）项规定的“其他违背诚实信用原则的行为”，人民法院可以根据案件的具体情况和相对人的请求，判决相对人自己办理有关手续；对方当事人对由此产生的费用和给相对人造成的实际损失，应当承担损害赔偿责任。

二、合同的效力

第九条 提供格式条款的一方当事人违反合同法第三十九条第一款关于提示和说明义务的规定，导致对方没有注意免除或者限制其责任的条款，对方当事人申请撤销该格式条款的，人民法院应当支持。

第十条 提供格式条款的一方当事人违反合同法第三十九条第一款的规定，并具有合同法第四十条规定的情形之一的，人民法院应当认定该格式条款无效。

第十一条 根据合同法第四十七条、第四十八条的规定，追认的意思表示自到达相对人时生效，合同自订立时起生效。

第十二条 无权代理人以被代理人的名义订立合同，被代理人已经开始履行合同义务的，视为对合同的追认。

第十三条 被代理人依照合同法第四十九条的规定承担有效代理行为所产生

的责任后，可以向无权代理人追偿因代理行为而遭受的损失。

第十四条 合同法第五十二条第（五）项规定的“强制性规定”，是指效力性强制性规定。

第十五条 出卖人就同一标的物订立多重买卖合同，合同均不具有合同法第五十二条规定的无效情形，买受人因不能按照合同约定取得标的物所有权，请求追究出卖人违约责任的，人民法院应予支持。

三、合同的履行

第十六条 人民法院根据具体案情可以将合同法第六十四条、第六十五条规定的第三人列为无独立请求权的第三人，但不得依职权将其列为该合同诉讼案件的被告或者有独立请求权的第三人。

第十七条 债权人以境外当事人为被告提起的代位权诉讼，人民法院根据《中华人民共和国民事诉讼法》第二百四十一条的规定确定管辖。

第十八条 债务人放弃其未到期的债权或者放弃债权担保，或者恶意延长到期债权的履行期，对债权人造成损害，债权人依照合同法第七十四条的规定提起撤销权诉讼的，人民法院应当支持。

第十九条 对于合同法第七十四条规定的“明显不合理的低价”，人民法院应当以交易当地一般经营者的判断，并参考交易当时交易地的物价部门指导价或者市场交易价，结合其他相关因素综合考虑予以确认。

转让价格达不到交易时交易地的指导价或者市场交易价百分之七十的，一般可以视为明显不合理的低价；对转让价格高于当地指导价或者市场交易价百分之三十的，一般可以视为明显不合理的高价。

债务人以明显不合理的高价收购他人财产，人民法院可以根据债权人的申请，参照合同法第七十四条的规定予以撤销。

第二十条 债务人的给付不足以清偿其对同一债权人所负的数笔相同种类的全部债务，应当优先抵充已到期的债务；几项债务均到期的，优先抵充对债权人缺乏担保或者担保数额最少的债务；担保数额相同的，优先抵充债务负担较重的债务；负担相同的，按照债务到期的先后顺序抵充；到期时间相同的，按比例抵充。但是，债权人与债务人对清偿的债务或者清偿抵充顺序有约定的除外。

第二十一条 债务人除主债务之外还应当支付利息和费用，当其给付不足以清偿全部债务时，并且当事人没有约定的，人民法院应当按照下列顺序抵充：

（一）实现债权的有关费用；

（二）利息；

（三）主债务。

四、合同的权利义务终止

第二十二条 当事人一方违反合同法第九十二条规定的义务，给对方当事人造成损失，对方当事人请求赔偿实际损失的，人民法院应当支持。

第二十三条 对于依照合同法第九十九条的规定可以抵销的到期债权，当事人约定不得抵销的，人民法院可以认定该约定有效。

第二十四条 当事人对合同法第九十六条、第九十九条规定的合同解除或者债务抵销虽有异议，但在约定的异议期限届满后才提出异议并向人民法院起诉的，人民法院不予支持；当事人没有约定异议期间，在解除合同或者债务抵销通知到达之日起三个月以后才向人民法院起诉的，人民法院不予支持。

第二十五条 依照合同法第一百零一条的规定，债务人将合同标的物或者标的物拍卖、变卖所得价款交付提存部门时，人民法院应当认定提存成立。

提存成立的，视为债务人在其提存范围内已经履行债务。

第二十六条 合同成立以后客观情况发生了当事人在订立合同时无法预见的、非不可抗力造成的不属于商业风险的重大变化，继续履行合同对于一方当事人明显不公平或者不能实现合同目的，当事人请求人民法院变更或者解除合同的，人民法院应当根据公平原则，并结合案件的实际情况确定是否变更或者解除。

五、违约责任

第二十七条 当事人通过反诉或者抗辩的方式，请求人民法院依照合同法第一百一十四条第二款的规定调整违约金的，人民法院应予支持。

第二十八条 当事人依照合同法第一百一十四条第二款的规定，请求人民法院增加违约金的，增加后的违约金数额以不超过实际损失额为限。增加违约金以后，当事人又请求对方赔偿损失的，人民法院不予支持。

第二十九条 当事人主张约定的违约金过高请求予以适当减少的，人民法院应当以实际损失为基础，兼顾合同的履行情况、当事人的过错程度以及预期利益等综合因素，根据公平原则和诚实信用原则予以衡量，并作出裁决。

当事人约定的违约金超过造成损失的百分之三十的，一般可以认定为合同法第一百一十四条第二款规定的“过分高于造成的损失”。

六、附则

第三十条 合同法施行后成立的合同发生纠纷的案件，本解释施行后尚未终审的，适用本解释；本解释施行前已经终审，当事人申请再审或者按照审判监督程序决定再审的，不适用本解释。

最高人民法院关于审理建设工程施工合同纠纷案件适用法律问题的解释

（法释〔2004〕14号）

《最高人民法院关于审理建设工程施工合同纠纷案件适用法律问题的解释》已于2004年9月29日由最高人民法院审判委员会第1327次会议通过，现予公布，自2005年1月1日起施行。

根据《中华人民共和国民法通则》《中华人民共和国合同法》《中华人民共和国招标投标法》《中华人民共和国民事诉讼法》等法律规定，结合民事审判实际，就审理建设工程施工合同纠纷案件适用法律的问题，制定本解释。

第一条 建设工程施工合同具有下列情形之一的，应当根据合同法第五十二条第（五）项的规定，认定无效：

（一）承包人未取得建筑施工企业资质或者超越资质等级的；

（二）没有资质的实际施工人借用有资质的建筑施工企业名义的；

（三）建设工程必须进行招标而未招标或者中标无效的。

第二条 建设工程施工合同无效，但建设工程经竣工验收合格，承包人请求参照合同约定支付工程价款的，应予支持。

第三条 建设工程施工合同无效，且建设工程经竣工验收不合格的，按照以下情形分别处理：

（一）修复后的建设工程经竣工验收合格，发包人请求承包人承担修复费用的，应予支持；

（二）修复后的建设工程经竣工验收不合格，承包人请求支付工程价款的，不予支持。

因建设工程不合格造成的损失，发包人有过错的，也应承担相应的民事责任。

第四条 承包人非法转包、违法分包建设工程或者没有资质的实际施工人借用有资质的建筑施工企业名义与他人签订建设工程施工合同的行为无效。人民法院可以根据民法通则第一百三十四条规定，收缴当事人已经取得的非法所得。

第五条 承包人超越资质等级许可的业务范围签订建设工程施工合同，在建设工程竣工前取得相应资质等级，当事人请求按照无效合同处理的，不予支持。

第六条 当事人对垫资和垫资利息有约定，承包人请求按照约定返还垫资及其利息的，应予支持，但是约定的利息计算标准高于中国人民银行发布的同期同类贷款利率的部分除外。

当事人对垫资没有约定的，按照工程欠款处理。

当事人对垫资利息没有约定，承包人请求支付利息的，不予支持。

第七条 具有劳务作业法定资质的承包人与总承包人、分包人签订的劳务分包合同，当事人以转包建设工程违反法律规定为由请求确认无效的，不予支持。

第八条 承包人具有下列情形之一，发包人请求解除建设工程施工合同的，应予支持：

（一）明确表示或者以行为表明不履行合同主要义务的；

（二）合同约定的期限内没有完工，且在发包人催告的合理期限内仍未完工的；

（三）已经完成的建设工程质量不合格，并拒绝修复的；

（四）将承包的建设工程非法转包、违法分包的。

第九条 发包人具有下列情形之一，致使承包人无法施工，且在催告的合理期限内仍未履行相应义务，承包人请求解除建设工程施工合同的，应予支持：

（一）未按约定支付工程价款的；

（二）提供的主要建筑材料、建筑构配件和设备不符合强制性标准的；

（三）不履行合同约定的协助义务的。

第十条 建设工程施工合同解除后，已经完成的建设工程质量合格的，发包人应当按照约定支付相应的工程价款；已经完成的建设工程质量不合格的，参照本解释第三条规定处理。

因一方违约导致合同解除的，违约方应当赔偿因此而给对方造成的损失。

第十一条 因承包人的过错造成建设工程质量不符合约定，承包人拒绝修理、返工或者改建，发包人请求减少支付工程价款的，应予支持。

第十二条 发包人具有下列情形之一，造成建设工程质量缺陷，应当承担过错责任：

（一）提供的设计有缺陷；

（二）提供或者指定购买的建筑材料、建筑构配件、设备不符合强制性标准；

（三）直接指定分包人分包专业工程。

承包人有过错的，也应当承担相应的过错责任。

第十三条 建设工程未经竣工验收，发包人擅自使用后，又以使用部分质量不符合约定为由主张权利的，不予支持；但是承包人应当在建设工程的合理使用寿命内对地基基础工程和主体结构质量承担民事责任。

第十四条 当事人对建设工程实际竣工日期有争议的，按照以下情形分别处理：

（一）建设工程经竣工验收合格的，以竣工验收合格之日为竣工日期；

（二）承包人已经提交竣工验收报告，发包人拖延验收的，以承包人提交验收报告之日为竣工日期；

（三）建设工程未经竣工验收，发包人擅自使用的，以转移占有建设工程之日为竣工日期。

第十五条 建设工程竣工前，当事人对工程质量发生争议，工程质量经鉴定合格的，鉴定期间为顺延工期期间。

第十六条 当事人对建设工程的计价标准或者计价方法有约定的，按照约定结算工程价款。

因设计变更导致建设工程的工程量或者质量标准发生变化，当事人对该部分工程价款不能协商一致的，可以参照签订建设工程施工合同时当地建设行政主管部门发布的计价方法或者计价标准结算工程价款。

建设工程施工合同有效，但建设工程经竣工验收不合格的，工程价款结算参照本解释第三条规定处理。

第十七条 当事人对欠付工程价款利息计付标准有约定的，按照约定处理；没有约定的，按照中国人民银行发布的同期同类贷款利率计息。

第十八条 利息从应付工程价款之日计付。当事人对付款时间没有约定或者约定不明的，下列时间视为应付款时间：

（一）建设工程已实际交付的，为交付之日；

（二）建设工程没有交付的，为提交竣工结算文件之日；

（三）建设工程未交付，工程价款也未结算的，为当事人起诉之日。

第十九条 当事人对工程量有争议的，按照施工过程中形成的签证等书面文件确认。承包人能够证明发包人同意其施工，但未能提供签证文件证明工程量发生的，可以按照当事人提供的其他证据确认实际发生的工程量。

第二十条　当事人约定，发包人收到竣工结算文件后，在约定期限内不予答复，视为认可竣工结算文件的，按照约定处理。承包人请求按照竣工结算文件结算工程价款的，应予支持。

第二十一条　当事人就同一建设工程另行订立的建设工程施工合同与经过备案的中标合同实质性内容不一致的，应当以备案的中标合同作为结算工程价款的根据。

第二十二条　当事人约定按照固定价结算工程价款，一方当事人请求对建设工程造价进行鉴定的，不予支持。

第二十三条　当事人对部分案件事实有争议的，仅对有争议的事实进行鉴定，但争议事实范围不能确定，或者双方当事人请求对全部事实鉴定的除外。

第二十四条　建设工程施工合同纠纷以施工行为地为合同履行地。

第二十五条　因建设工程质量发生争议的，发包人可以以总承包人、分包人和实际施工人为共同被告提起诉讼。

第二十六条　实际施工人以转包人、违法分包人为被告起诉的，人民法院应当依法受理。

实际施工人以发包人为被告主张权利的，人民法院应当追加转包人或者违法分包人为本案第三人。发包人只在欠付工程价款范围内对实际施工人承担责任。

第二十七条　因保修人未及时履行保修义务，导致建筑物毁损或者造成人身、财产损害的，保修人应当承担赔偿责任。

保修人与建筑物所有人或者发包人对建筑物毁损均有过错的，各自承担相应的责任。

第二十八条　本解释自二　　五年一月一日起施行。

施行后受理的第一审案件适用本解释。

施行前最高人民法院发布的司法解释与本解释相抵触的，以本解释为准。